[고암 강정구 정년퇴임 기념문집 2]

국가보안법의 야만성과 반(反)학문성

국가보안법의 야만성과 반(反)학문성

초판 1쇄 발행 2010년 7월 20일

편저자	강정구
펴낸이	윤관백
펴낸곳	
제 작	김지학
편 집	이경남·장인자·김민희·하초롱
표 지	김현진
영 업	이주하

등록   제5-77호(1998.11.4)
주소   서울시 마포구 마포동 324-1 곶마루빌딩 1층
전화   02)718-6252 / 6257
팩스   02)718-6253
E-mail   sunin72@chol.com

정가 · 23,000원
ISBN   978-89-5933-363-9   93300

· 잘못된 책은 바꿔 드립니다.

[고암 강정구 정년퇴임 기념문집 2]

국가보안법의 야만성과 반(反)학문성

강정구 편저

책을 내면서

　국가보안법은 내가 본격적인 학문의 길에 접어들면서부터 내 주위를 감돌아 왔고, 그것은 지금 정년을 맞아 공식적인 학계를 마무리하려는 이 시점에서도 마찬가지다. 대학원에서 우리 남북 현대사를 주된 연구영역으로 설정하고, 냉전성역허물기와 평화·통일만들기를 학군적 소명과 정체성으로 굳히면서부터 국가보안법의 그림자는 더욱 나를 다라 다녔다. 도서관에서 북한서적, 특히 김일성선집이나 김정일관련 책 등을 접할 때는 혹시 주위에 한국유학생이 없는지 두리번거리기 일쑤였다. 또 책 뒤에 붙어 있는 카드에 열람한 사람의 이름을 쓰는 관행을 지키지도 않았다.
　미국의 위스콘신-매디슨 대학 사회학과는 진보적 사회학으로 널리 알려졌고 특히 내가 속한 '계급분석과 역사변동'(Class Analysis and Historical Change)이라는 세부 전공영역은 마르크스주의 교수들이 주도하고 있었다. 내가 박사논문 자격시험을 마치고 나니까 외국인 동료가 "이제 너도 마르크스주의자가 되었군"이라면서 농담반 진담반 식으로 축하를 해 주었다. 수강한 과목 중에 마르크스주의 계급분석으로 널리 알려진 Erik Wright라는 교수가 맡고 있던 계급분석 강좌가 있었다. 그때 함께 수강한 몇몇 한국유학생들은 학과에 특별히 부탁해 그 수강과목을 우리에게만 다른 이름으로 (Individual Study) 성적기록부에 남기도록 한 적도 있었다. 귀국해서 닥쳐올 국가보안법의 목조르기를 미리 막자는 의도에서였다. 귀국 당시 진보지향 책들이 혹시 입국과정에서 문제가 되지 않을까 염려해 짐 밑으로 넣고 표지를 하는 등 잔꾀를 부리기도 하였다.

　박사학위논문("Rethinking South Korean Land Reform: Focusing on U.S. Occupation as a Struggle Against History") 자체가 비록 있는 그대로의 진실을 밝히고 기존 서양학계의 왜곡을 통렬히 논박한 것이었지만 국가보안법에 의해 반미(反美)로 몰릴 가능성이 있었다. 그래서 나는 박사학위논문을 출간한 책의 2쇄 제목을『좌절된 사회혁명: 미 점령하의 남한·필리핀과 북한 비교연구』(열음사, 1990)로 선정하면서도 계속 망설이다 결단을 내리고는 정면대응하기로 했다.

　냉전성역허물기와 평화통일만들기를 학문 좌표와 소명으로 설정한 가운데 이를 제대로 이행하기 위해서는 우리 남북현대사와 조미관계, 한미관계, 남북관계, 한국전쟁, 분단, 주한미군, 군사안보, 평화, 통일 등 불가침과 금기의 성역을 선도적으로 치고 나가 물꼬를 트는 작업이 긴요하다고 판단했다. 물론 학문의 본질이란 게 참과 진실을 밝히고 알리는 것이기에 이는 당연한 것이긴 하다. 그렇지만 쉽게 하지 않으려하는 이들 금기와 성역 분야를 내 자신이 먼저 치고 나가, 물꼬가 조금 트이고 군불이 지펴지면, 다음 후발자가 이를 디딤돌로 이 부문에서 더욱 대문을 활짝 열어 재낄 수 있을 것이란 기대 또한 컸다. 이는 또한 남북의 진정한 화해와 평화·통일로 나아가는 디딤돌이 된다고 보았다.

　바람잡이와 군불지피기는 당연히 지식인의 의무라고 보았고, 특히 나 같은 경우에 더욱 해당한다고 생각해 왔다. 대학교수라는 신분보장과 미국유학이란 배경이 냉전의 많은 제약을 덜 받는 위치를 '보장'해 줄 것이고, 또 국가보안법 같은 게 괴롭히더라도 상대적으로 나는 괴로움을 덜 받을 위치에 있다고 착각하였기에(사실은 더욱 표적이 되는데도) 나 같은 사람이 그런 역할을 맡는 것은 당연한 의무지사로 여겼다. 곧, 내 학문을 신속기동학문으로, 또 나 자신을 신속기동 학자로 자가(自家) 규정한 셈이다.

　사실 나는 마지막 유학시기 후배동료들과의 모임에서도 이런 것을 나의 학문과 삶의 소명으로 삼을 수밖에 없을 것 같다고 이야기했다. 그때 어떤 후배 부인께서 왜 그런 짐을 자진해서 걸머지려 하느냐면서 안타까워하기도 했다. 2005년 10월 11일경 6·25통일내전 필화사건으로 구속 직전으로 몰랐을 당시 갑자기 그 후배 부인이 안타까워하던 일이 떠오르면서 본래부터 내 삶의 궤도에 예비하고 있었던 길을 지금 걸어가고 있는 것이라 생각하니 마음이 한결 가벼워졌다.

우리 현대 민족사 자체가 시련과 좌절의 연속이니까 그 속에 몸담고 있는 내 자신이 이런 시련을 겪는 것은 당연한 일이라고 여겼다. 미국에서 귀국해 얼마 되지 않은 시점부터 나는 우리 큰 녀석과 작은 녀석에게 종종 아버지께 무슨 일이 생기더라도 엄마를 잘 도우면서 의젓하게 대처하라고 아내 몰래 당부하곤 했다. 또 이 땅에 전쟁위기가 감돌 대마다 나중의 올바른 역사를 위해 나의 글모음을 아들에게 소중히 간직할 것을 부탁하곤 했다.

그러다 예기치 않게 만경대필화사건으로 진짜 옥살이를 하게 되었다. 다시 6·25통일내전필화사건으로 온 나라가 광란의 도가니로 몰리는 야만의 한복판에 서 있기도 했다. 또 이 때문에 학문의 보금자리라는 대학에서 마저 직위해제를 당하기도 했다. 아직도 대법원 확정판결은 내려지지 않고 나의 삶을 옥죄고 있다. 그래서 나도 모르는 사이 글쓰기나 삶에서 자기검열을 체질화 하는 부끄러운 모습을 보이고 있다.

이 글을 마지막으로 다듬고 있는 이 시점에서도 극우·분단·숭미·반민족 단체로 보이는 무슨 '국가정상화추진위원회'라는 곳에서 나를 '친북·반국가 행위자' 100명 가운데 포함시켰다. 또 6월의 지자체 선거를 앞두고 국가보안법의 어두운 그림자가 내 주위를 감돌고 있는 느낌이다.

1993년 3월 말, 한반도가 전쟁위협에 휩싸인 시점에 나는 한국전쟁 재조명을 통해 임박한 전쟁위협의 심각성을 경고하기 위해 긴급 호소하는 심정으로 「미국과 한국전쟁」(『역사비평』 1993년 여름호 계간21호)이란 논문을 썼다. 여러 극우단체들이 나를 검찰에 고발했지만 나는 다행히 소환도 당하지 않고 무혐의 처분을 받았다. 그런데 1997년 대통령 선거를 앞두고 느닷없이 검찰이 이 논문을 극우논객에게 감정 의뢰한 것을 만경대필화사건 관련 조사를 받던 중 발견했다. 아마 대통령 선거에 악용할 의도를 가지고 있었던 것 같다. 1997년 당시 서울대 사회학과 교수로 있던 고영복 교수가 '간첩'혐의로 체포되고 한 아무개 등 사회학과 교수들이 대거 대통령 선거를 위한 제물로 선정되었다는 소문이 파다했다. 이명박정권 이후 세상이 거꾸로 가는 판이니까 또 이런 음모가 한 쪽 음침한 곳에서 진행되는 것이 아닌지 의심스럽다.

필화사건 관련 법정에서였다. 변호사는 나의 학문지향에 관해 "혹자는 피고인의 이러한 태도가 너무 비판적인데 치우쳐, 학문으로서의 객관성이 약한 것이 아니냐는 비판을 하기도 하는데, 이에 대하여는 어떻게 생각하는가요?"라는 질문을 했다. 이에 나는 다음과 같이 대답했다.

> 저는 저의 학문이 객관적이라고 확신하고 있습니다만 저의 학문연구 결과가 객관성이 약한 것처럼 보이고 마치 학문이 아닌 것처럼 보이는 것은 너무나도 당연하다고 봅니다. 왜냐면 저의 주 연구분야가 현대사, 통일, 북한이고 이 분야의 연구주제는 대부분 냉전에 의해 왜곡되고 은폐되었기에 이것을 바로잡고 진실을 밝히는 것이 마치 학문이 아닌 것 같고 객관성이 덜한 것처럼 보이게 마련입니다. 대표적인 본보기가 한국전쟁입니다. 비정상적인 사람이 정상적인 사람을 보면 오히려 비정상적으로 보이게 마련입니다. 저의 학문연구 결과가 마치 객관성이 약한 것처럼 보이는 것 자체가 제 자신이 추구하는 학문적 좌표인 민족, 민중, 비판 학문에 충실하다는 증거라고 생각합니다.

2006년 8월 24일 필화사건 항소심 법정에서였다. 항소이유를 추가 진술하면서 1심 판결이 '학문윤리 위배'를 강요하기 때문에 항소가 불가피하다고 주장했다. 당시는 김병준 교육부 총리의 학문윤리 위배 문제를 계기로 학문윤리 또는 연구윤리가 사회적 쟁점이 되고 있을 때다. 당시의 논의는 타인의 연구결과 표절이나 자기 표절의 문제로 연구윤리 문제를 국한시키고는 국가보안법 7조가 학문윤리 위배를 강제하는 제1의 주적임을 누구도 주목하지 않았다. 바로 나의 1심 판결이 미국과 북한에 관한 한 학문적으로 귀결된 진실과 사실을 진실과 사실대로 서술하지 말도록 하는 판결을 내렸기 때문에 1심 판사는 학문·연구 윤리 위배를 강요하는 야만적 역할을 한 셈이었다. 참과 진실을 밝히는 것이 본질인 학문을 전업으로 하는 학자로서 이런 반 학문윤리 행위를 수용할 수 없기에 항소하지 않을 수 없다고 진술했다.

재판법정 이야기를 하다 보니 갑자기 법정에서 있었던 지난 일들 몇몇이 주마등처럼 떠오른다. 1993년 1월 28일 이른바 김낙중 선생님 재판 법정에서다. 평소 일생을 조국의 평화와 통일을 위해 온갖 고초를 회피하지 않으신 선생님의 고결함에 감읍하고 있던 차에 한승헌 선생님을 비롯한 변호인 측 증인 신문 요청이 있어 나는 당연히 법정으로 나갔다.

변호인 신문이 끝난 후 있는 줄도 몰랐던 검사의 반대 증인 신문이 따랐다. 검사는 북한이 아직도 '간첩'을 내려 보내 피고와 접선하고 있는 엄연한 현실을 두고 볼 때 적화통일을 여전히 기도하고 있는 게 분명한데 어째서 증인은 감히 북한이 적화통일을 포기하고 평화통일과 공존을 추구한다고 주장할 수 있느냐고 따졌다. 난생 처음 법정에서 검사신문을 받고 이러한 질문을 전혀 예상하지 못한 터라 나는 무척 당황했다. 그러던 중 갑자기 좋은 생각이 곧바로 떠올랐다. 아마 평소 공안검사에게 무슨 할 일이 없어 그 따위 정권하수인 짓거리를 하느냐는 경멸의 눈과 종종 조작을 일삼는 반인륜적인 패륜행위 때문에 적개심을 품고 있었던 것이 발동한 것 같았다. "검사는 미국 CIA가 세계 방방곡곡에 스파이를 파견하고 있고, 이곳 남한 땅에도 수백 명의 미국스파이가 우글거리고 있는 사실을 상식적으로 알고 있을 것이다. 그러면 당신은 미국이 남한을 또 세계 모든 나라들을 속국으로 만들려는 것으로 단정지울 수 있느냐"고 반문했다.

물론 북에서 내려왔다는 분들이 간첩이라기보다 노태우 대통령의 7·7선언이 나오고 탈냉전이 된 시점에서 평화통일을 의논하기 위한 특사일 수도 있다는 가정에서다. 그랬더니 갑자기 검사는 한국전쟁이 남침이라고 생각하느냐 아니면 북침으로 생각하느냐 하는 유치하고 꼼수 섞인 질문을 했다. 이것이야 나의 전공이니까 20~30분 동안 온갖 학설을 들먹이면서 신나게 설명했더니 이제 그만하라고 했다. 신나는 순간이었다.

또 2002년 8월 29일 서초동 지방법원에서 이른바 '만경대필화사건' 재판 현장에서다. 당시 나는 내 자신이 재판을 받는다는 것이 도저히 용납되지 않아 "21세기 인권의 시대 학문과 사상의 자유를 원천적으로 짓밟는 이 야만적인 국보법이 살아 있으면서 한국사회가 어떻게 문명사회일 수 있느냐? 한국은 야만의 사회다"라고 외쳤다. 이에 발끈한 담당검사가 예상 밖의 즉각적 반격을 가해 왔다. "피고는 우리 사회가 야만사회라 하는데 그러면 국보법으로 기소하는 나는 야만인이란 말인가?" 그러자 일초의 여유도 주지 않고 나는 직격탄을 쏘아 붙였다. "그러면 이제까지 야만인이 아니라고 생각하고 있었단 말인가?" 온 법정이 찬물을 끼얹은 듯 일시에 침묵 속으로 빠져들었다. 나중에 들은 이야기지만 담당검사는 "왜 내가 공안 검사 짓 하면서 이런 수모를 당해야 하느냐? 못해 먹겠다"고 하소연을 했다 한다.

개인적으로 안쓰러운 느낌은 들지만 개인 속성이 어떻든 구조 속의 개인은 바로 이 구조 때문에 함께 지탄을 받지 않을 수 없다. 공안검사 부서라는 '야만적' 구조 속에 들어갈 것을 선택한 게 바로 검사 자신이기 때문이다. 그래서 나는 사후에도 사과하지 않았고 해서도 안 된다고 여겼다. 반인륜적 범죄를 저지른 개인을 공소기간 없이 무기한 처벌하기 위해 2002년 출범한 국제형사재판소(ICC)는 상관의 명령에 의해 저지른 살인이나 반인륜적 범죄에 대해서도 그 개인에게 책임을 물어 처벌하도록 규정했다. 군대 상관의 명령을 받았기 때문에 무죄를 적용한 이제까지의 국제관례를 근본적으로 바꾼 올바른 결정이다. 당연히 조직과 구조 때문에 또는 이를 핑계로 개인이 책임을 면제받을 수 없다.

이 내용을 2004년 11월 11일 『데일리스프라이즈』 연재 기고문 속에 실었더니 편집진이 제목을 자기들 멋대로 「야만의 한국사회, 야만적 공안검사」로 바꾸었다. 나중에 2005년 12월 6·25통일내전필화사건 검사 조사에서 담당 검사가 첫 번째 화제로 이끌어 낸 것이 바로 이 기고문이었다. 아마도 그들은 나에게 앙갚음을 할 수 있는 절호의 기회로 생각했는지도 모른다. 그들이야 어떻게 나오든 나는 이명박정권 이후 대한민국의 검찰과 일부 판사들에 더욱 더 경멸과 조롱의 눈길을 보내지 않을 수 없다.

이 책에 수록된 나의 필화사건 재판관련 자료들은 이런 반학문적 야만행위를 강제하는 국가보안법으로부터 학문의 본질인 진실을 밝히고 알리기 위한, 그리고 신성한 학문의 자유를 보장받기 위한, 내 나름대로의 법정투쟁사이다. 또 부끄럽고 부끄러운 한국사회의 단면을 역사 속에 남기려는 사료이고 동시에 유사한 시련을 겪고 있는 진보인사들이 참조할 수 있는 참고자료이다.

하루빨리 이것들이 지나간 역사가 되기를 바란다. 아니 흘러간 역사로 만들어야 하겠다.

2010년 3월 15일 새벽
강정구

차 례

책을 내면서　5

제1부 국가보안법의 족쇄　15
6·25통일전쟁 필화사건 공소장　17
1심 판결문　31
2심 판결문　61

제2부 국가보안법이 구금한 현대사 진실　83
표적 1: 서해교전과 맹목적 냉전성역의 허구성　85
표적 2: 주한미군이 우리의 안보를 지켜준다고?　115
표적 3: 그래, 주적이 누구인지 분명히 말 하마　121
표적 4: 맥아더를 알기나 하나요?
　　　　 : 맥아더에 대한 짝사랑, 더 이상 적절치 않다　131

제3부 국가보안법의 야만성과 반(反)학문성 I　145
1심 첫머리 진술　147
1심 마무리 진술　181
2심 항소이유서　199
2심 마무리 진술　281

제4부 국가보안법의 야만성과 반(反)학문성 II　391
김정인| 학문의 자유와 국가보안법　393
전규찬| 언론 자유, 그 화려한 신화와 우울한 현실　413
오동석| 강정구사건을 통해 본 학문의 자유와 국가보안법　433

제1부

국가보안법의 족쇄

6 · 25통일전쟁 필화사건 공소장

서울 중앙지방검찰청

2005 형제 90020호　　　　　　2005. 12. 23
2005 형제 115070호
수시자: 서울중앙지방법원　　　발신자: 서울중앙지방검찰청
제　목　공소장　　　　　　　　검　사　안×× 인

아래와 같이 공소를 제기합니다.

피고인	성　　　명	강 정 구
	주민등록번호	45××××(60세)
	직　　　업	동국대학교 교수
	주　　　거	서울 중구 중림동 ××× ××××××××아파트 ××× 동 ××××호
	본　　　적	경남 창녕군 ××× ××× ×××

죄　　명　　국가보안법위반(찬양 · 고무 등)
공소사실　　별지 공소사실과 같음
신　　병　　불구속
변 호 인　　법무법인 한결(담당변호사: 박승헌, 류신환, 차병직, 민
　　　　　　병덕, 김태휘, 박경일)

붙임　　1. 변호인선임서 1부　끝.

공 소 사 실

　피고인은 2001.9.20. 서울중앙지방법원에 국가보안법위반(찬양·고무 등)으로 구속 기소되었다가 같은 해 10.18. 보석으로 석방되어 현재 제1심 재판 계속 중에 있는 자로서,

　1965.3. 서울대학교 사회학과에 입학하여 1972.2. 이를 졸업하고, (주) 대성모방을 거쳐 (주) 삼화에서 직장생활을 하다가 1981.8.경 미국으로 건너가 유학생활을 시작하여 1983.8. 템플대학에서 석사학위를 취득하고, 이어서 위스콘신-매디슨 대학 박사과정에 입학하여 그때부터 본격적으로 북한에 깊은 관심을 가지고 꾸준히 북한사회에 대해 연구한 결과 1987.12. 같은 대학원에서 '남한의 농지개혁의 재조명-미군정하의 남한, 필리핀과 북한 비교연구'라는 제목의 논문으로 사회학 박사 학위를 취득하고 귀국한 후, 1988.1. 동국대학교 및 서울대학교 강사, 1989.3. 동국대학교 사회학과 조교수를 거쳐 1997.9. 같은 대학 정교수로 임명되어 현재까지 재직해오면서,

　평소 우리나라의 해방 당시 만약 미국이 개입하지 않았다면 이미 소련이 진주하였던 북한뿐만 아니라 남한도 공산주의·사회주의로 이행하는 것이 역사적 필연이었음에도 미국의 부당한 개입에 의해 한반도가 분단되기에 이르렀고, 당시 대다수 민중의 뜻과는 반대로 남한은 자본주의를 택함으로써 민족사적 정통성을 갖추지 못하였고,

　6·25전쟁은 민족자주세력인 북한과 외세의존세력인 남한과의 민족해방전쟁의 성격을 가진 통일내전이었는데 외세인 미국이 부당하게 개입하여 결국 북한의 민족자주화 투쟁이 완수되지 못하였고, 따라서 미국은 내전에 부당하게 개입한 명백한 침략자이고 분단 및 반통일의 주범이며, 지금도 한반도 전쟁위기는 대부분 미국이 주도한 것이고,

　현재 남한은 정치·경제·군사·문화적으로 미국에 예속되어 있는 신식민지이므로 남과 북이 자주적인 통일을 이루기 위해 북한 주체사상의 대내적 주체노선과 대외적 자주노선을 수용하여 연방제 통일을 지향하여야 하며, 이를 위해서는 주한미군이 철수하여야 하고, 국가보안법은 통일행로를 가로막는 걸림돌로 대표적인 악법이므로 반드시 철폐되어야 한다는 생각

을 갖고 있었던 바,

위와 같은 생각을 구체적으로 실천하기 위한 활동의 일환으로, 1994.7.경 민족통일의 실현을 위해 평화협정의 체결, 남북한 상호군축, 외국 군대의 단계적 철수 등을 실천 강령으로 조직된 '자주평화통일민족회의' 정책위원장, 1998.4.경 '평화주의자 김낙중[1993.10.8. 국가보안법위반(간첩)죄로 무기징역 확정] 석방대책위' 발기인, 1999.5.7.경 국가보안법 철폐, 주한미군 철수, 평화협정 체결, 연방제 통일방안의 합의·확산을 4대 정치적 과제로 하여 결성된 '민족화해자주통일협의회(약칭 자통협)' 공동의장, 2001.3.경 외세를 배격하는 자주, 평화협정체결 등 평화통일, 민족대단결로 조국통일 실현을 목적으로 설립된 '6·15남북공동선언 실현과 한반도 평화를 위한 통일연대(약칭 통일연대)'의 공동대표(현재 지도위원), 2002.경 한반도의 평화와 민족의 자주평화통일, 비핵 군축 등 전쟁반대의 목적으로 설립된 '평화와 통일을 여는 사람들(약칭 평통사)'의 지도위원, 2004.9.경 위평통사 부설 평화·통일 연구소장 등을 역임하면서 각종 반미 집회에 참석하여 '주한미군 철수, 미국에 의한 한반도 전쟁위기 고조' 발언을 하는 등 반미 활동을 전개하여 오던 자인바,

북한 공산집단은 정부를 참칭하고 국가를 변란 할 목적으로 조직된 반국가단체로서 대남 적화통일을 기본 목표로 설정하고, 마르크스·레닌주의에 기초한 변증법적 유물론의 역사관에 서서 대한민국의 역사를 지배계급에 대한 피지배계급의 계급투쟁으로, 대한민국의 현실을 미제국주의의 강점하에 그들이 내세운 파쇼정권을 통하여 종속된 식민지 반자본주의 사회로서 모든 인민이 수탈당하고 있다고 규정하면서 조국의 자주적 통일과 인민해방을 위해서는 남한의 노동자·농민·진보적 청년학생·진보적 지식인을 혁명의 주력군으로, 도시소시민·애국적 군인·양심적 민족자본가·반제 애국인 등 각계각층의 인민을 보조역량으로 삼아 반미·반정부 통일전선을 형성하여 폭력·비폭력, 합법·비합법·반합법의 모든 수단을 동원하여 미제국주의 침략자들과 파쇼정권 및 매판자본가를 타도함으로써 민족해방인민민주주의 혁명을 이룩해야 한다고 주장하는 한편, 일제시절 공산주의자들의 독립운동을 부각, 찬양하는 반면 민족주의 계열의 독립운동

을 평가절하하고, 6·25전쟁을 미제국주의의 침략전쟁에 항거하는 조국(민족)해방전쟁이라고 왜곡하면서 통일방안으로는 소위 고려연방제 통일방안을 내세워 국가보안법 폐지, 북미평화협정 체결, 주한미군 철수, 공산주의 활동 합법화 등이 그 선결조건이 되어야 한다고 끊임없이 선전·선동하고 있다는 사실(2000.6.15. 남북공동선언에서 위 선결조건을 전제하지 않는다고 하는 소위 '낮은 단계의 연방제'를 주장하고 있으나, 이는 '고려연방제'에 이르는 잠정적 단계로 설정된 것으로 이후 계속하여 국가보안법 폐지, 주한미군 철수 등을 선전·선동하고 있는 등 실질적으로는 통일방안에 변화가 없음)을 잘 알고 있음에도,

1. 2002.6.29.경 제2차 서해교전에 대한 글을 『진보평론』지에 기고하기로 마음먹고, 그 무렵부터 2002.8.경까지 서울 중구 중림동 200 소재 삼성 사이버빌리지아파트 110동 1302호 피고인의 집에서 「서해교전과 맹목적 냉전 성역의 허구성」이라는 제목의 기고문을 작성한 후, 같은 해 8. 말경 『진보평론』 편집실 담당자에게 이메일로 전송하여 『진보평론』 2002년 가을호(13호)에 게재되도록 하고, 같은 해 9.24.경 동국대학교 인터넷 서버 피고인의 홈페이지 중 '짧은 글 모음'란에 위 글을 게재하였는바, 그 주요 내용은,

- 1차 서해교전에 이어 2차 서해교전에서도 남한사회는 냉전에 마비된 맹목성과 극단성을 보이고 있다. 남한 측 피해가 1차보다 더 커서인지 오히려 이번 2차 서해교전에서는 더 심한 것 같다. 교전이 발발하자 아무런 결정적인 증거도 없이 막무가내식의 북한의 계획적인 도발론, 선제공격론, 확전론이 즉각적으로 등장했다.
- 북방한계선이 영해선이나 군사분계선이라는 냉전성역이 허구라는 것은 너무도 자명하다. 단순히 허구에 불과한 것이 아니라 유엔해양법과 정정협정을 위배하고 있다.
- 남한의 대부분의 언론과 군과 정치인은 이러한 (정전협정, 유엔해양법) 위배를 인정하기보다는 1차 교전 때 차영구 국방부 대변인처럼 북한이 과거 묵시적으로 북방한계선을 수용하고 실제적으로 관할해

왔다면서 남한이 국제법상 실효성의 원칙과 응고의 원칙에 의해 북방한계선은 군사분계선이고 영해선이라는 억지주장을 펼쳐왔다.
○ 1950~60년대와 달리 1970년대에는 유엔해양법이 12해리 영해를 채택하면서 북방한계선이나 서해 5도 주변해역은 1950~60년대에는 유엔해양법상 공해였지만, 1970년대는 북한의 영해로 분류될 수 있게 된 것이다.
○ 북한은 1999년 9월에는 새로운 해상군사분계선을, 2000년 3월 23일에는 남한의 서해 5도로 하여금 자신들의 설정한 두 개의 수로로 통항하라는 서베를린식 〈5개 섬 통항질서〉를 선포했다. 서로 합일점을 찾지 못하고 있는 북방한계선을 그 관련 준거틀인 유엔해양법, 정정협정, 서베를린 국제관례를 기준으로 삼아 진단한다면 북한의 통항질서 선포는 합당하다. 또한 남한이 북방한계선을 영해선이나 해상군사분계선 및 해상포위선으로 설정하는 것은 마치 남의 집 안마당에 무단으로 줄을 그어 그 한쪽을 불법 점거한 셈이 된다.
○ 2003년 한반도 전쟁위기를 획책할 것으로 보이는 미국이 서해교전의 우발적 충돌을 악용해 전쟁의 빌미로 삼을 것에 대한 심각한 우려를 자아내고 있다.
○ (북한의 선제공격설에 대하여) 제1차 서해교전에서 실제적으로 선제공격을 한 것은 북한이 아니라 남한이다. 선제공격으로 북한의 선제사격을 유도하고는 이에 대해 선제포격으로 과잉대응을 하겠다는 면밀한 사전 시나리오를 암시한다. 냉전성역을 극복한 올바른 인식하에 분석한 1차 서해교전에 대한 역사적 진실은 다음과 같다: 북한 배의 정당한 월선(꽃게잡이 때문에 생긴 우발적이든 북방한계선의 불법성을 보여주기 위한 계획적이든 상관없이) → 남한의 불법영해침해 규정 → 남한의 밀어붙이기식의 충돌선제공격 → 북한의 선제사격 → 남한의 선제 포격 → 북한 배 퇴각이 1차 서해교전이라는 인과고리 속에서 남한은 첫째, 북한 배의 정당한 월선을 영해침범이라고 규정하는 불법성을, 둘째, 밀어붙이기식의 충돌성 선제공격을, 셋째, 북한의 선제사격에 대한 선제포격이라는 과잉대응을 함으로써 세 가

지 잘못을 저질렀다. 북한의 남한의 밀어붙이기식의 선제공격에 기관총의 선제사격을 감행한 한 가지 잘못을 저질렀고, 남한의 선제포격에 대해 옹진반도에 있는 미사일이나 해안포로 응사하지 않는 자제력 있는 결단을 보여주었다.
○ 제2차 서해교전에서도 역시 북한의 계획적 선제 공격론이 자명한 것처럼 회자되고 있다. 그러나 이러한 주장은 주장에 불과할 뿐 그 객관적 근거가 없다. 2차 서해교전의 인과사실은 아래와 같다. 북한 배의 정당한 월선(꽃게잡이 때문에 생긴 우발적인 것이든 북방한계선의 불법성을 보여주기 위한 계획적이든 상관없이) → 남한의 불법영해침해 규정 → 남한의 밀어붙이기식의 차단기동(400미터 정도 접근했으나 충동공격은 하지 않은 상태였음) → 북한의 선제포격 → 남한의 대응 포격 → 북한 배 퇴각
○ 서해교전의 근본요인도 바로 북방한계선의 '위배 및 불법성'에 있음을 직시해야 한다. 라는 등인 바,

위와 같이, 북방한계선은 북한의 영해에 불법적으로 설정된 것이고, 북한의 서해 5도 통항질서 선포는 정당하며, 서해교전은 불법적인 북방한계선에서 비롯된 것으로 한국 측에서 밀어붙이기식 선제공격을 가하여 발생한 것이라는 등으로 주장함으로써,

국가의 존립·안전이나 자유민주적 기본질서를 위태롭게 한다는 점을 알면서, 북방한계선은 북한의 영해에 미군이 일방적으로 설정한 비법적인 선이고, 서해 5도 통항질서는 정당하며, 서해교전은 한국의 선제공격에 의한 것으로 한국의 호전세력과 미국이 주도하여 한반도 전쟁위기를 조장한다는 등으로 선전·선동하고 있는 반국가단체인 북한의 활동에 동조하고,

2. 2004.2.경 위 피고인의 집에서 '주한미군이 우리 안보를 지켜준다고'라는 제목의 기고문을 작성하여 2004.3.1.경 『작은 책』(도서출판 '일하는 사람들의 작은 책' 발행)에 게재되도록 하였는바, 그 주요내용은,

○ '자발적 노예주의'라는 소제목하에,
  - 미국이 우리를 일본의 식민지에서 해방시켜 주었다고 한다. 과연 그런가? 표면적으로 보면 미국은 조선의 해방을 위해 조선 땅에서는 피 한 방울도 흘리지 않았다. 해방 전에 소련군은 조선 땅에서 일본 관동군을 물리치기 위해 피를 흘리며 일본군과 전투를 벌려 직접적으로 조선의 해방에 도움을 주었다.
  - 만약 미국이 주도해서 조선을 분단시키지 않았다면 6·25전쟁이 일어났을까 라는 질문을 던져보자. 응당 전쟁은 일어나지 않았을 것이다. 이 통일전쟁은 분단 때문에 일어났기에 분단을 주도한 원흉인 미국이야말로 6·25전쟁의 원인 제공자 곧 기원인 셈이다.
  - 6·25전쟁은 그때 외국군이 한반도에 없었기에 내전이었고, 북한 지도부가 시도한 통일전쟁이었다. 만약 집안싸움인 이 내전에 미국이 개입하지 않았다면 전쟁은 한 달 이내 끝났을 테고 우리가 실제 겪었던 그런 살상과 파괴라는 전쟁피해는 없었을 것이고 통일은 이룩되었을 것이다.
  - 만약 미국이 개입하지 않았다면 남북 전체가 공산화되었을 것이다. 당시 조선 사람들은 공산주의를 자본주의보다 훨씬 더 좋아했다. 해방공간에 만약 미국과 소련이라는 외세의 개입이 없었다면 남북을 통틀어 조선사회 전체가 공산화되는 것은 우리 역사의 필연이었다.
○ '주한미군 불가피론'이라는 소제목하에,
  - 1990년대 이후 미국이 전쟁을 주도한 것은 서해교전을 뺀 여섯 번으로 미국주도의 한반도 전쟁위기 주도 확률은 8분의 6이다. 그러나 남과 북의 전쟁위기 주도 확률은 각기 8분의 1로서 북한이 전쟁위기를 주도하였다는 북한 전쟁위협론은 허위이고, 오히려 한반도 전쟁위기를 불러오는 주범은 북한이 아니라 미국, 곧 주한미군이다.
  - 국방부나 극우신문이 들먹이는 남한군 열세론은 허구에 지나지 않고 오히려 남한군이 북한군에 비해 훨씬 우세할 수밖에 없는 조건을 갖추고 있다.
  - 동북아 세력균형론의 허구성을 들춰보겠다. 세력균형은 해양세력인

남한·일본·미국과 대륙세력인 북한·중국·러시아 사이의 군사적 세력균형을 말한다. 그러나 군사비를 보면 미국은 4천억 달러, 세계 2위인 일본이 500억, 남한이 160억으로 해양세력 전체가 4천 600억 달러 안팎이다. 대조적으로 중국 250억, 러시아 200~250억, 북한 150억으로 대륙세력은 고작 600억도 채 되지 못한다. 진정한 세력균형은 4천 억짜리 미국을 빼버리는 것이다.

○ '미군주둔을 간청하는 정치인들'이라는 소제목하에,
  - 미국은 100조 원이 넘을 것으로 추정되는 (평택 미군기지) 이전 비용을 '한구측 비용 전액부담' 형식으로 부담시키는 강도행위를 완벽하게 해냈다. 우리 (국방부·외무부) 관리들은 주인 행세는커녕 강도를 돕는 공범자 구실을 했다. 이러한 상황에서 주한미군을 완전 철수시키고, 미국에 대해 주권국가로서 자주적이고 대등한 관계를 설정해 자존을 지키고 숭고한 6·15공동선언을 실현하여 민족의 평화와 통일의 대업을 일구어 갈 주체는 우리 시민·민중사회일 수밖에 없다. 라는 등인 바,

위와 같이, 조선의 해방에 직접적으로 도움을 준 나라는 미국이 아니라 소련이고, 미국이 주도하여 한반도를 분단하였기 때문에 6·25전쟁이 발생한 것이며, 6·25전쟁은 내전으로 북한 지도부가 시도한 통일전쟁이었으므로 만약 미국이 개입하지 않았으면 한 달 이내로 전쟁이 끝나 남북이 공산화 되었을 것이고 이는 역사의 필연이었으며, 북한이 아니라 주한미군이 한반도 전쟁위기를 불러오는 주범이므로 철수하여야 한다는 등으로 주장함으로써

국가의 존립·안전이나 자유민주적 기본질서를 위태롭게 한다는 정을 알면서, 6·25전쟁을 조국(민족)해방전쟁이라고 규정하면서 제국주의인 미국에 한반도 분단 및 6·25전쟁의 책임이 있고, 주한미군의 존재가 우리 민족의 자주성을 짓밟고 한반도 전쟁위기를 조장하고 있으므로 즉각 철수시켜야 한다는 등으로 선전·선동하고 있는 반국가단체인 북한의 활동에 동조하고,

3. 2005.3.16.경 위 피고인의 집에서 「그래 주적이 누구인지 분명히 말하마」라는 제목의 기고문을 작성하여 같은 날 인터넷 신문『데일리 서프라이즈』에 게재되도록 하였는바, 그 주요내용은,

- 군부, 관료, 언론, 정치, 학술, 경제 등의 고위직을 대부분 점유하는 이 땅의 기성 주류들은 일제식민지배 35년, 미국의 신식민지배 60년, 도합 100년 가까이 대를 이어 일본인보다 더 일본인처럼 또 미국인보다 더 미국인처럼 행세해 왔다. 그들은 식민지 생활을 하도 오래하다 보니 자신들이 식민지 지배를 받고 있다는 사실조차 의식하지 못한 채 제국주의 식민지배를 내면화한 자발적 노예주의라는 불치병에 완전 감염됐다는 것이다.
- 미국 주도의 외세에 의해 분단과 전쟁을 강요당했던 우리 민족이 또 다시 미국 때문에 이런 길을 되풀이 하는 일이란 상상조차 허용될 수 없다. 제네바 협정을 75% 가까이 위배해 북핵 문제를 야기한 부시 미국이 이제 이를 빌미로 우리 민족을 전쟁의 도가니 속으로 야금야금 몰아넣어 더 이상 되돌릴 수 없는 막다른 골목으로 빠뜨리는 끔찍한 음모의 덫을 우리 민족에게 걸고 있다.
- 직격탄에는 MD처럼 맞받아치는 직격탄이 제격이다. 그래 주적은 바로 너 미국이다. 왜냐고? 한반도에서 전쟁을 일으켜 우리 민족을 죽이려는 전쟁주범이 바로 우리의 주적인데, 그게 바로 미국 너희 나라이기 때문이다.
- 냉전기간인 1953년부터 1989년까지 한반도에는 세 번의 전쟁위기가 있었다. 68년의 미국간첩선 푸에블로호 나포사건, 69년의 미국스파이 비행기 격추사건, 76년 판문점 미루나무사건이다. 76년의 경우 b-52에 핵폭탄을 싣고 한반도 주위에 접근할 정도로 핵전쟁 일보 직전이었다. 68년의 1-21사태는 위기였지만 미국만이 전쟁을 최종 결정할 수 있었기에 전쟁위기로까지 발전하지 않았다.
- 탈냉전시기인 1990년대 이후 지금까지 한반도에서는 무려 여덟 번의 전쟁위기가 있었다. 1991~1992년 120일 전투시나리오와 이종구 국방

장관의 엔테베 작전 언급 등 제2의 한국전쟁위기 1994년 6월 영변 핵위기, 엉터리 미국의 인공위성 사진으로 북한이 핵무기를 개발한다고 단정 짓고 핵전쟁 실전연습까지 벌였던 1998~1999년 금창리 핵위기, 98년 여름 대포동 인공위성 발사를 계기로 발발한 미사일위기, 휴전 이후 최초의 정규군에 의한 무력충돌이라는 99년의 1차 서해교전, 2002년 부시의 악의 축 전쟁위협, 2002년 2차 서해교전, 또 2003~현존의 전쟁위기 등이다.

○ 이렇듯 휴전 이후 지금까지 한반도에는 무려 11번의 전쟁위기가 있었고, 이 가운데 남과 북이 잘못해서 전쟁위기가 생긴 것은 서해교전 각각 한번이다. 나머지 9번은 모두 미국이 주도했다. 곧 이 땅의 전쟁주범은 북한이나 남한이 아니라 미국이라는 게 명백해 진다.

○ 2004 국방백서는 한반도 분쟁 시 미군 69만, 군함 160척, 비행기 2,000대가 투입된다고 명시하고 있다. 이를 하이드는 우리 민족의 요구사항으로 착각하는 모양인데 천부당만부당한 이야기다. 우리가 진정 필요한 것은 한반도를 완전 초토화시킬 이런 가공스런 미국의 군사력이 아니라 우리 민족끼리 자주적으로 평화와 통일로 나아가는데 미국의 방해책동을 막는 것이다.

○ 주한미군의 전략적 유연성을 불가피하게 만드는 한미연합지휘체제와 같은 중심고리로 공고화된 구조를 하나하나 허무는 작업이 필요하다. 우리 모두가 진정한 이 땅의 주인으로 대미 예속적 고리를 군사영역에서부터 끊기 시작해 전 사회영역으로 확대시켜야 할 것이다. 북한이 한반도 전쟁의 주범이거나 주적이 아니라 미국이 바로 주범이고 주적이다. 라는 등인 바,

위와 같이, 우리나라는 미국의 신식민지 지배하에 있고, 미국에 의해 한반도의 분단과 전쟁이 강요되었으며, 미국이 북핵 위기를 야기하여 우리 민족을 전쟁의 위기에 몰아넣고 있으므로 미국이 우리나라의 주적이라는 등으로 주장함으로써

국가의 존립·안전이나 자유민주적 기본질서를 위태롭게 한다는 정을

알면서도, 남조선은 미제의 식민지로서 자주성을 상실하였으므로 반미자주화 투쟁을 힘차게 벌여 나가 민족의 자주성을 회복하고, 미국이 한반도 전쟁위기를 조장하여 우리 민족을 말살하려 하고 있으므로 민족공조로 미제국주의 세력을 한반도에서 축출하여야 한다고 선전·선동하고 있는 반국가단체인 북한의 활동에 동조하고,

4. 2005. 6. 30. 19:30경 인천 중구 답동 3가 소재 가톨릭 회관 504호에서 개최된 인천통일연대 주최 '한국전쟁의 역사적 재조명과 맥아더의 재평가' 토론회에서 주제발표를 맡아 "6·25전쟁은 통일전쟁으로 분단 때문에 일어났기에 분단을 주도한 원흉인 미국이야말로 6·25전쟁의 원인제공자이고, 미국이 개입하지 않았다면 한국전쟁에서 최소한 400만 명 이상의 사상자가 발생하지 않았을 것이며, 생명은인론을 주장하는 사람들은 통일 이후 숙청대상이었으나 미국으로부터 목숨을 구한 친일민족 반역자에 불과하다. 맥아더의 본색을 알면 당장 맥아더 동상을 부숴야 한다"라는 등으로 주장하고,

2005. 7. 26. 피고인의 주거지에서 「맥아더를 알기나 하나요」라는 제목의 기고문을 작성하여 그 무렵 인터넷 신문 『데일리 서프라이즈』에 게재되도록 하였는바, 그 주요내용은,

- ○ '38선 분단 집행의 집달리 맥아더'라는 소제목하에,
  - 한반도는 936년 고려의 통일 이후 이렇게 오랫동안 분단된 적은 없다. 주한미군이 평택으로 이주하면 최소한 50년은 더 머물겠다하니 이대로 되면 분단이 최소한 110년은 된다는 얘기다.
  - 이 민족비극의 원조인 38선은 미국이 이미 45년 7월 중에 계획을 세웠고, 최종 획정은 8월 11일 러스크라는 중령이 미 국무성 한구석에서 지도로 확정지었다. 우리 조선사람 누구와도 상의 한마디 없이 또 연합국 누구와도 상의 없이 독단으로 결정했다. 이 결정을 바로 집행한 당사자가 맥아더이다. 8월 15일 일반경령 1호를 선포해 38선에서 하루아침에 우리의 조국을 두 동강 내어버린 것이다.

○ '식민지 총독과 같은 점령군 사령관'이라는 소제목하에,
  - (미군과 소련군의 포고문을 각 제시하면서) 완전히 식민지 총독부임과 같은 서슬 퍼런 모습으로 점령군의 면모를 발휘한 맥아더와 북한을 점령한 소련군 사령관 치스차코프는 하늘과 땅 차이다.
  - 미군이 직접적인 군사통치를 자행한 남쪽은 점령 3년 동안 1946년 대구 10월 항쟁, 1948년 제주 4·3항쟁과 여순항쟁 등 인민항쟁과 야산대와 유격대 투쟁 등 수많은 항쟁과 전투와 폭동의 연속이었다. 그 결과 1950년 6·25전쟁 직전부터 무려 10만 명의 희생이 발생했다. 곧 이미 한국전쟁의 시발인 작은 전쟁의 연속이었다.
  - 반면에 간접적인 점령정책과 조선인에 의한 자치정부를 시행한 북쪽에서는 이런 진통과 혼란이 없이 안정을 누렸으며 친일청산과 대대적인 사회경제개혁이 이뤄져 친일파가 더욱 기승을 부린 남쪽과는 극히 대조적이었다.
○ '분단세력과 동북아 파시스트 후견인'이라는 소제목하에,
  - 한반도의 분단을 주도하고 강제한 장본인이 미국이라는 것은 너무나 명백하다. 38선의 지리적 분단에서부터 신탁파동의 이념적 분단, 5·10단정단선의 정치적 분단 등을 주조하고 강요했다.
  - 분단 국내비호세력인 정치-관료 친일세력의 대부가 이승만이었다. (맥아더는) 미 국무성의 반대에도 불구하고 이승만을 상해임정의 김구나 다른 민족인사들보다 먼저 군용기편으로 한국에 데려와 이승만 영웅 만들기에 결정적 기여를 했다. 더 나아가 대만의 장개석과 연대해 맥아더-장개석-이승만 동북아 파시스트 연결망을 형성해 중국 본토 탈환을 노리고 소련에 대한 봉쇄나 격파의 첨병을 자원하고 자행했다. 이런 기조가 6·25전쟁에서 이 전선을 중국과 소련까지 확장시켜 3차 대전까지 몰고 가려는 과대망상을 하는 전쟁광의 형태로 나타났다.
○ '원자탄 26개로 한반도 종말을 기도한 사람이 생명은인으로 둔갑되는 난장판'이라는 소제목하에,
  - 남의 집안싸움이 통일내전에 미국이 개입하지 않았다면 전쟁은 한

달 이내 끝났을 것이고 사상자는 아무리 많아야 남북한 합쳐 1만 명 미만일 것이다. 그렇다면 미국의 개입으로 인해 약 3백 99만 명이 더 죽게 되었다는 의미다.
○ '민간인 학살책임자가 생명은인이라니'라는 소제목하에,
 - 미국의 민간인 학살은 적과의 전투행위 중에 불가피하게 발생하거나, 결코 우연적이고 개인적인 실수나 순간적인 판단착오 때문에 일어난 사건이 아니다.
 - 그(맥아더)의 임기 중에 발생한 이승만정부의 민간학살에 대한 궁극적 책임도 그의 몫이다.
○ '분단과 전쟁의 주도자가 보은론으로 칙사 대접받는 복마전'이라는 소제목하에,
 - 6·25전쟁은 통일전쟁이면서 동시에 내전이었다. 곧 당시 외국군이 한반도에 없었기에 집안싸움이었다. 곧 후삼국시대 견훤과 궁예, 왕건 등이 모두 삼한통일의 대의를 위해 서로 전쟁을 했듯이 북한의 지도부가 시도한 통일전쟁이었다. 이 같은 성격의 집안싸움인 통일내전에 외세인 미국이 사흘 만에 개입해 전쟁주체가 된 셈이다. 만약 집안싸움인 이 통일내전에 미국이 개입하지 않았다면 전쟁은 한 달 이내 끝났을 테고, 물론 우리가 실지 겪었던 그런 살상과 파괴라는 비극은 없었을 것이다.
 - 맥아더는 남의 집안싸움인 통일내전 사흘만인 27일 한국전선을 시찰하고, 미국정부에 개입을 요구하고, 곧바로 소사 등에 폭격을 감행한 전쟁광이었다.
 - 결론적으로 미국의 제국주의적 개입이 없었다면 민족의 분단과 전쟁도 없었을 것이다. 그야말로 미국이라는 존재는 보은론과는 정반대로 우리에게 비극과 질곡, 전쟁, 지난 6월 전쟁위기설과 같이 오늘날까지 지속되는 한반도 전쟁위기를 몰고 왔고 또 몰아오고 있는 주범인 것이다. 여기에 맥아더는 그 첨병의 역할을 초기에 집행한 집달리인 셈이다.
 - 극소수 인명살상에 그쳤을 6·25확대내전이 그토록 많은 살상과 파

괴가 미국 때문에 일어난 것을 보면 미국은 생명의 은인이 아니라 생명을 앗아간 원수다. 원수를 은인으로 보는 이런 역사왜곡, 곧 대미보은론은 이제 탈냉전 통일시대를 맞아 완전히 폐기돼야 한다. 물론 맥아더동상도 함께 역사 속으로 던져버려야 한다. 라는 등인 바,

위와 같이, 미군이 점령군으로서 직접적인 군사통치를 한 남쪽은 그에 반대한 좌익의 투쟁으로 혼란의 연속이었고 토지개혁과 친일파 청산이 이루어지지 않아 정통성을 결여하였다는 취지로 폄하하는 반면 소련이 해방군으로서 간접적인 통치를 한 북쪽은 혼란 없이 토지개혁과 친일파 청산이 이루어졌다고 긍정적으로 평가하고, 미국이 주도하여 한반도를 분단하였기 때문에 6·25전쟁이 발생한 것이며, 6·25전쟁은 내전으로 북한 지도부가 시도한 통일전쟁이었으므로 만약 미국이 제국주의적으로 개입하지 않았으면 한 달 이내로 전쟁이 끝나 피해가 최소화되었을 것인데 맥아더라는 전쟁광 때문에 수백만이 더 죽게 되었다는 등으로 주장함으로써

국가의 존립·안전이나 자유민주적 기본질서를 위태롭게 한다는 정을 알면서도, 미군은 우리 민족을 억압하고 자주성을 훼손하는 제국주의 첨병으로서 점령군인 반면 소련군은 우리 민족의 반제국주의 투쟁에 도움을 준 해방군이고, 일제에 이어 미제의 식민지로 전락한 남쪽은 민족사적 정통성이 없는 반면 해방 이전 김일성의 독립투쟁을 이어받아 토지개혁과 친일파 청산에 성공한 북쪽이 정통성 있는 정권이며, 6·25전쟁을 조국(민족)해방전쟁이라고 규정하면서 제국주의인 미국에 한반도 분단 및 6·25전쟁의 책임이 있고, 주한미군의 존재가 우리 민족의 자주성을 짓밟고 한반도 전쟁위기를 조장하고 있으므로 즉각 철수시켜야 한다는 등으로 선전·선동하고 있는 반국가단체인 북한의 활동에 동조한 것임.

서울중앙지방법원 판결

사   건   2001고단9724 국가보안법위반(찬양·고무등)
             2005고단7068(병합)
피 고 인   강정구(45××××-××××××), 동국대 사회학과 교수
             주거 서울 중구 중림동 ××× ×××××××아파트 ×××동 ××××호
             본적 경남 창녕군 ××× ××× ×××
검   사   오영신
변 호 인   법무법인 한결
             담당변호사 백승헌, 윤복남, 류신환
판결선고   2006.5.26

주 문

피고인을 징역 2년 및 자격정지 2년에 처한다.
이 판결 선고 전의 구금일수 52일을 위 징역형에 산입한다.
다만 이 판결확정일로부터 3년간 위 징역형의 집행을 유예한다.

이 유

범죄사실

피고인은 1972.2 서울대학교 사회학과를 졸업하고, 1981.8.경 미국에 유학하여 1987.12. 위스콘신-매디슨 대학에서 「남한의 농지개혁의 재조명-

미군정하의 남한, 필리핀과 북한 비교연구」라는 제목의 논문으로 사회학 박사 학위를 취득하고 귀국한 후, 1988.1. 동국대학교 및 서울대학교 강사, 1989.3. 동국대학교 사회학과 조교수를 거쳐 1997.9. 같은 대학 정교수로 임명되어 현재까지 재직해 오고 있다.

피고인은 1994.7.경 민족통일의 실현을 위해 평화협정의 체결, 남북한 상호군축, 외국군대의 단계적 철수 등을 실천 강령으로 조직된 '자주평화통일민족회의' 정책위원장, 1998.4.경 '평화주의자 김낙중[1993.10.8. 국가보안법위반(간첩)죄로 무기징역 확정] 석방대책위' 발기인, 1999.5.7.경 국가보안법 철폐, 주한미군철수, 평화협정 체결, 연방제 통일방안의 합의·확산을 4대 정치적 과제로 하여 결성된 '민족화해자주통일협의회(약칭 자통협)' 공동의장, 2001.3.경 '2001년 8·15민족대축전'을 앞두고 외세를 배격하는 자주, 평화협정체결 등 평화통일, 민족대단결로 조국통일 실현을 목적으로 설립된 '6·15남북공동선언 실현과 한반도 평화를 위한 통일연대(약칭 통일연대)'의 공동대표(현재 지도위원), 2002.경 한반도의 평화와 민족의 자주평화통일, 비핵 군축 등 전쟁반대의 목적으로 설립된 '평화와 통일을 여는 사람들(약칭 평통사)'의 지도위원, 2004.9.경 위 평통사 부설 평화·통일 연구소장 등을 역임하면서 각종 반미 집회에 참석하여 '주한미군 철수, 미국에 의한 한반도 전쟁위기 고조' 발언을 하는 등 활동을 전개하였다.

피고인은, 북한 공산집단이 정부를 참칭하고 국가를 변란할 목적으로 조직된 반국가 단체로서 대남 적화통일을 기본 목표로 설정하고, 마르크스·레닌주의에 기초한 변증법적 유물론의 역사관에 서서 대한민국의 역사를 지배계급에 대한 피지배계급의 계급투쟁으로, 대한민국의 현실을 미제국주의의 강점하에 그들이 내세운 파쇼정권을 통하여 종속된 식민지 반자본주의 사회로서 모든 인민이 수탈당하고 있다고 규정하면서 조국의 자주적 통일과 인민해방을 위해서는 남한의 노동자·농민·진보적 청년학생·진보적 지식인을 혁명의 주력군으로, 도시소시민·애국적 군인·양심적 민족자본가·반제 애국인 등 각계각층의 인민을 보조역량으로 삼아 반미·반정부 통일전선을 형성하여 폭력·비폭력, 합법·비합법·반합법의 모든 수단을 동원하여 미제국주의 침략자들과 파쇼정권 및 매판자본가를 타도함으로써 민족해방인민민주주의 혁명을 이룩해야 한다고 주장하는 한편, 일제시절 공산주의자들의 독립운동을 부각, 찬양하는 반면 민족주의 계열의 독립운동을 평가절하하고, 6·25전쟁을 미제국주의의 침략전쟁에 항거한 조국(민족)해방전쟁이라고 왜곡하면서 통일방안으로는 소위 고려연방제 통일방안을 내세워 국가보안법 폐지, 북미평화협정 체결, 주한미군 철수, 공산주의 활동 합법화 등이 그 선결조건이 되어야 한다그 끊임없이 선전·선동하고 있다는 사실을 잘 알고 있음에도,

[2001고단9724]
1. 2010.10.경 피고인의 주거지에서 「한국전쟁과 민족통일」이라는 논문을 집필하였는 바, 그 주요내용은
 ○ 5단계로서의 한국전쟁이라는 소제목하에
  - 전쟁주체를 중심으로 본 한국전쟁은 외세와 외세의존 국내세력을 한편으로 하고 민족자주세력을 다른 한편으로 하는 민족해방전쟁 또는 내전의 형태를 띠었다.
  - 1948.2.7. 구국투쟁에서 비롯된 1단계 작은전쟁은 남한 좌익혁명세력이 주도했고 동시에 4·3항쟁이나 여순항쟁에서 보는 바와 같이 남한 민중세력이 적극 호응한 전쟁이었다.
  - 한국전쟁이 단순히 1950년 6월 25일에 갑자기 발생한 것이 아니라 최소한 1948년부터 시작되었다는 것을 의미한다. 또한 전쟁의 목표는 어디까지나 남북분단을 저지시켜 민족통일을 이룩하려는 통일전쟁이었다.
  - 2단계 전쟁은 1950년 6월 25일에 비롯된 북한이 제한적으로 전쟁을 확대하여 서울 긴급점령하고 이승만정권을 무너뜨려 통일정부 수립을 꾀한 제한 확대전쟁이고 흔히들 6·25전쟁으로 알려져 있으며 그 본질은 순수내전이다.
  - 3단계는 2단계의 제한확대전인 순수내전에 미국이라는 외세가 즉각적으로 참전하여 지리멸렬하는 외세 의존, 반민중세력을 긴급 수혈하면서부터 시작된다.

- 전쟁은 순수내전의 의미는 퇴색하고 남의 순수내전에 '불법적'으로 개입한 미국으로부터 해방을 추구하는 민족해방전쟁이 지배적인 성격이 된다.
- 미국의 즉각적인 개입에도 불구하고 미군과 남한군은 패전을 거듭해 한 달 내에 남한의 90%를 상실하게 되었다. 이런 사실은 미국이 제한확대전쟁에 개입하지 않았을 경우 몇 주 내에 민족통일이 북한주도로 이뤄졌을 것임을 입증한다.

○ 한국전쟁의 민족 중심적 인식이라는 소제목하에
- 작은 전쟁이 통일전쟁이었음을 보여주듯이 6·25전쟁이라 일컫는 제한확대전쟁 또한 통일전쟁이었음을 분명히 보여준다.
- 6·25전쟁은 새로운 전쟁이라기보다는 1948년 2.7 구국투쟁에서 시작된 '작은전쟁'의 연속이었으며, 작은전쟁만으로는 통일을 성취하기 힘들다고 보았기 때문에 서울을 집중적으로 공략하여 통일을 성취하려고 전쟁을 확대시킨 확대전쟁이었다.
- 6·25제한확대전쟁은 한반도에서 진행된 대한민국과 조선민주주의인민공화국이라는 이중주권 상황에서 전개된 순수내전이었다.
- 이 내전에 외세인 미국이 한쪽인 북한을 '침략자'로 규정하고 즉각적인 무력개입을 꾀한 것이야말로 침략행위이다. 순수내전으로 시작된 6·25제한확대전쟁이 외세의존, 반혁명, 반민중세력의 전멸로 마무리되려는 시점에서 미국이라는 외세가 무력개입함으로써 전쟁주체가 바뀌고 전쟁의 성격도 순수내전에서 조국(민족)해방전쟁으로 전환한다.
- 남의 내전에 외세가 무력 개입한 결과로 북한이 추구한 제한적 무력에 의한 조국통일은 좌절된다. 좌절 뿐 아니라 민중세력이 오히려 외세에 의해 와해될 위기를 맞게 되었다.
- 중국은 우방인 북한이 붕괴되는 시점에서 전쟁에 개입하게 된다. 그러므로 중국의 참전은 다분히 방어적인 성격이었다.
- 소련이 6·25확대전쟁에 관계한 것은 어디까지나 북한주도의 확대전쟁에 동맹적 수준에서 동의와 지원을 한 것으로 평가되어야 한다.

그래서 소련은 처음부터 이를 내전이라 규정하며 불간섭입장을 천명하고, 직접적인 전쟁개입을 자제했다.
○ 한국전쟁의 극복과 통일이라는 소제목하에
- 김일성 전쟁책임론은 분단과 전쟁을 넘어 통일로 나아가야 하는 우리의 민족사적 여정에 걸림돌만 될 뿐이다.
- 김일성에게 전쟁발발의 전적인 책임을 지우는 것은 한국전쟁을 6·25확대전쟁 이후로 한정시키기 때문에 한국전쟁의 총체적 구도를 포착하지 못한다.
- 6·25확대전쟁의 책임 문제를 거론할 수 있겠으나 전쟁원인을 행위자 개인이나 집단의 의도적 결과로만 보는 설명은 과학적이지 못하다.
- 사회형성론에 의한 한국전쟁의 기원은 해방이 되면서부터 사회주의로 지향하던 조선의 내재적 역사방향을 거꾸로 돌린 외세, 특히 미국에 의해 주도된 민족분단에 있다.
- 결론적으로 한국전쟁의 시발인 작은전쟁과 6·25확대전쟁에서 전면전쟁으로 비화된 데 대한 전쟁책임론은 미국에게 돌아가야지 김일성이나 이승만 등에게 돌릴 수는 없는 것이다.
○ 맺음말이라는 소제목하에
- 한국전쟁은 해방 당시의 민족사적 핵심과제인 친일파 청산, 민족통일국가 수립 등이 미국에 의해 좌절된 상태에서, 이를 늦게나마 구현하려는 민족민중지향 통일혁명세력과 이를 저지하려는 외세와 이 외세와 동맹한 반혁명세력 간의 공식적인 무력투쟁이었다. 곧 통일혁명전쟁이었다. 물론 이런 원인을 제공한 것은 미국이었다는 등

6·25전쟁은 1948.2.부터 개시된 전쟁으로서 민족자주세력과 외세의존세력 간 조국통일해방전쟁의 성격을 띤 내전임에도 미국이 '불법하게' 개입하였고, 따라서 미국은 침략자이며 이에 반해 소련이나 중국의 개입은 정당하다고 왜곡하고, 6·25전쟁에 대해 김일성에게 전적인 책임을 지울 수는 없고 오히려 미국이 책임이 있다고 주장하는 한편, 남한을 외세의존 및 반민중세력이라고 기술함으로써, 국가의 존립·안전이나 자유민주적 기본질서를 위태롭게 한다는 정을 알면서도 6·25전쟁을 조국통일해방전쟁이라

고 주장하면서 미국과 남한에 전쟁책임이 있다고 선전하고 있는 반국가단체인 북한의 활동을 찬양·고무·선전 또는 이에 동조하는 행위를 할 목적으로 위 표현물을 제작하고, 그 무렵 "경제와 사회" 겨울호에 게재함으로써 이를 배포하고,

2. 가. 2001.4. 초순 서울대 총학생회 측으로부터 주체사상 토론회에 참석하여 주체사상의 형성, 발전과정에 대해 발표하여 달라는 부탁을 받고 이를 수락한 다음, 그 무렵 피고인의 주거지에서 「주체사상은 어떻게 형성·발전되었는가」라는 자료를 제작하여 미리 서울대 총학생회 측에 전달하여 주고, 같은 달 23. 서울 관악구 신림동 소재 서울대학교 문화관에서 개최된 주체사상 토론회에 참석하여 약 150여 명의 학생 및 일반인 등을 상대로 위 자료를 토대로 강연하면서,
- ○ 공화국 사회주의 건설과정에 대한 이해 없이 주사의 거대일반이론 내용만 강조하여 '철학적 원리' 등에서 자귀 하나하나에 매달리는 분석철학적 방법론으로 주사를 분석, 비판하는 것은 일면적 접근으로, 주사를 제대로 이해하기 위해서는 주체사상이 형석, 발전되어 온 역사적 맥락을 이해하는 것이 중요하다고 전제한 후,
- ○ 90년대 초반 동구사회주의 체제의 몰락이라는 도미노 상황에서 공화국이 생존권을 누릴 수 있었고, 극에 달한 식량난과 경제난, 미국의 대공화국 압살정책, 김일성 주석의 유고 등이 겹친 고난의 행군 기간을 극복할 수 있었던 것은 주체사상 때문이고,
- ○ 현 시기는 6·15공동선언으로 본격적 통일시대 또는 통일성취시대로 진입한 것으로 규정할 수 있으나, 현 통일정세를 분석함에 있어
  - 외적으로는 미국은 부시정권 등장 이후 신제국주의와 황야의 무법자적인 폭력중심의 세계지배질서를 강요하고, 북한에 대한 강경일변도의 대북 적대정책 기조를 재현하고 있으며
  - 내적으로는 종속적 신자유주의 경제정책에 따라 공기업의 해외매각화로 국민경제의 터전이 무너져 통일의 결정적 시기에 자원을 동원하여 통일사업을 전개하여야 할 국가가 자원동원 능력을 상실하고

있다고 주장하고,
- ○ 위와 같은 외적·내적 통일 정세 가운데 주체사상의 현재적 과제와 주체사상의 역할로서는
  - 첫째, 남북 주도를 통한 한반도 문제의 한반도화라는 대내적 주체노선을 강화하여야 하고,
  - 둘째, 제2의 친일파 청산의 차원에서 사대주의 세력에 대한 배척과 청산운동을 전개할 필요성이 있으며
  - 셋째, 신자유주의에 부화뇌동할 것이 아니라 대내적 주체노선을 지향하여야 하며
  - 넷째, 분단과 반통일의 주범인 미국과 일본과의 관계에서 자주노선을 견지하여야 할 뿐만 아니라
  - 다섯째, 주체사상의 핵심인 대외적 자주노선과 대내적 주체노선은 오늘날 통일성취시대에 기본적인 길잡이 역할을 하여야 한다고 강조하는 등

주체사상을 긍정적으로 부각시키는 한편, 외적·내적 통일정세를 극복하고 통일을 이루기 위해서는 주체사상을 받아들여야 한다고 주장함으로써 국가의 존립·안전이나 자유민주적 기본질서를 위태롭게 한다는 정을 알면서 통일을 위해서는 자주적 주체노선의 입장에서 외세 및 남한 사회의 친미사대주의 세력을 척결하여야 한다고 선전·선동하고 있는 반국가단체인 북한의 활동에 동조하고,

나. 2001. 5. 초순 고려대 총학생회 측으로부터 주체사상 토론회에 참석하여 달라는 부탁을 받고 이를 수락한 다음, 그 무렵 피고인의 주거지에서 "이북사회 자주노선의 의미와 그 배경"이라는 자료를 제작하여 미리 고려대 총학생회 측에 전달하여 주고, 같은 해 6. 13. 서울 성북구 안암동 소재 고려대학교 경영관에서 개최된 주체사상 토론회에 참석하여 약 200여 명의 학생 및 일반인 등을 상대로 위 자료를 토대로 강연하면서
  - ○ 주체사상의 핵심이라고 할 수 있는 대외적 자주노선 또는 대내적 해방공간의 민주개혁에서 건국사상총동원운동을 통하여 민족자긍심과

자존을 높이면서 정권 초기부터 추구되었고, 1955년 12월부터 본격화되어 1956년 8월에 발생한 종파사건에서 절정화 되었고, 이어 1958년 3월 제1회 당대표자 대회에서 마무리되어 전후복구 및 사회주의 건설노선에서 주체노선이 정착되었다.

○ 이 결과 북한은 자주 또는 주체의 나라라는 명성을 얻었고 제3세계의 귀감이 되기도 하였지만 투쟁 대상국이었던 미국과 일본으로부터는 악의에 찬 '악당국가'라는 낙인을 받아 엄청난 시련을 받고 있다.

○ 항일무장세력이 주축인 북한정권은 조선사회의 내적인 동력과 소련의 방조에 힘입어 민족사적 과제였던 친일파 숙청과 일제잔재 청산을 최대의 과제로 설정하여 거의 완벽하게 구현하였다.

○ 더 나아가 북한은 단순한 친일파 청산수준에 머문 것이 아니라 북한권력 핵심의 두 기둥인 노동당과 인민정권에서 항일민족해방투쟁에 직접 참여한 세력들이 압도적 구성을 이룸으로써 반제 자주노선과 민족정통성의 굳건한 터전을 이룩하였다.

○ 북한은 6·25전쟁이라는 민족 내부의 내전에 외세로서 전쟁발발 사흘 만에 개입하였던 미국을 한 달 만에 거의 물리치고 그들이 주장하는 민족해방과 통일과업을 이루어 반미자주화 투쟁을 마무리하려고 하였으나 이 시점에서 인천상륙작전이라는 복병을 만나 1950년 10월 평양이 미군에 점거당하는 정권소멸의 위기에 직면하였다. 이때 바로 항미원조보가위국이라는 명분하에 참전한 중국 인민지원군의 도움으로 미군에게 사상 최초로 대 패전을 안겨주었다.

○ 북한의 대미 자주화 투쟁은 지금 현시점에서도 가열차게 진행되고 있는 진행형이다. 이 힘들고 험난한 대미 자주화 투쟁과정에서 북한은 끈질기게 고난을 헤쳐 나갔고 의연하게 이를 극복하여 확고한 자주노선의 전통과 체질화가 이루어졌다. 이를 바탕으로 사회주의체제의 붕괴 등으로 고립무원인 상태에서 동구사회주의의 도미노 몰락에서도 사회주의를 보전할 수 있었고, 극심한 경제난과 식량난으로 인한 고난의 행군에서도 끈질긴 생명력을 발휘할 수 있었다.

○ 90년대 북한의 경제난과 식량난이 극에 달하였음에도 불구하고 북한

은 여전히 대내적 및 대외적 자주노선을 굳건히 지키고 있음을 우리
는 주목해야 한다고 주장한 후

마지막 결론부분으로서 공화국 '자주노선 함의'라는 제하에 위 서울대학교에서 개최되었던 주체사상 토론회에서와 마찬가지로 6·15공동선언 이후 통일성취시대에 진입하였음에도 현재 미 제국주의 중심의 외세와 사대주의 반민족 세력이 이를 가로막고 있다고 분석한 후 이를 극복하기 위해서는 남북주도를 통한 한반도 문제의 한반도화라는 대내적 주체노선을 강화하고 주체사상의 핵심인 대외적 자주노선과 대내적 주체노선이 오늘날 통일성취시대의 길잡이 역할을 하여야 한다고 강조하는 등 해방 후 북한이 민족정통성이 있는 정권이라고 서술하고, 반미자주화의 관점에서 주체사상의 긍정적인 측면을 부각함으로써 국가의 존립·안전이나 자유민주적 기본질서를 위태롭게 한다는 정을 알면서도 김일성 및 이를 계승한 김정일 정권의 정통성을 주장하고 통일을 위해서는 자주적 주체노선의 입장에서 외세 및 남한 사회의 친미사대주의 세력을 척결하여야 한다고 선전·선동하고 있는 반국가단체인 북한의 활동에 동조하고,

다. 2001.7. 말경 경북대 총학생회 측으로부터 주체사상 토론회에 참석하여 달라는 부탁을 받고 이를 수락한 다음, 그 무렵 피고인의 주거지에서 「주체사상이 이북사회에 미친 영향」이라는 자료를 제작하여 미리 경북대 총학생회 측에 전달하여 주고 같은 해 8.8. 경북대학교 전산소에서 개최된 주체사상 토론회에 참석하여 약 100여 명의 학생 및 일반인 등을 상대로 위 자료를 토대로 강연하면서

- 공화국은 노동당과 인민정권의 주축이 항일투쟁 세력으로 이루어져 민족정통성을 확립하였고, 농지와 더불어 보즈적 생산수단까지 재분배하는 혁명적 토지개혁을 완수함으로써 민중성을 확보하였다.
- 공화국정권은 권력핵심부가 항일무장투쟁세력이라는 권력뿌리의 정당성을, 남한에서 연판장 선거로 선출된 약 200여 명의 남한 인민대표와 북한에서 선출된 100여 명의 대표가 조선 전체 인민대표자회의를 개최하여 북의 인민정권을 출범시킴으로써 제한적이나마 권력창

출의 정당성을, 토지개혁·남녀차별금지법제정·노동법제정·중요재산국유화 등 반제반봉건민주개혁을 실천하여 권력행사의 정당성을 획득함으로써 정통성이 있는 정권이라고 주장하고

한국전쟁으로부터 본격적으로 시작된 대미 반외세자주화투쟁은 공화국에게 죽느냐 사느냐 하는 생존권을 위한 투쟁의 연속으로 위 서울대 및 고려대 주체사상 토론회에서 주장한 바와 같이 주체사상의 대외적 자주노선을 유지, 강화함으로써 힘들고 험난한 대미 자주화 투쟁과정에서 공화국은 끈질기게 고난을 헤쳐 나갔고 의연하게 이를 극복하였다면서, 마지막 결론 부분으로 역시 위 서울대 및 고려대 주체사상토론회에서와 같이 주체사상이 통일성취시대에서 길잡이 역할을 하여야 한다고 강조하는 등 북한을 민족정통성 및 정당성을 갖춘 정권이라고 서술하고 주체사상을 수용하여야 한다고 주장함으로써 국가의 존립, 안전이나 자유민주적 기본질서를 위태롭게 한다는 정을 알면서 통일을 위해서는 자주적 주체노선의 입장에서 외세 및 남한 사회의 친미사대주의 세력을 척결하여야 한다고 선전·선동하고 있는 반국가단체인 북한의 활동에 동조하고,

3. 2001년 8·15민족대축전을 준비하기 위해 구성된 '6.15. 남북공동선언 실천을 위한 2001 민족공동행사 추진본부'(이하 추진본부라 함) 측은 위 대축전의 서울·평양 동시개최가 바람직하다는 정부 입장에 따라 북측 준비위와 위 대축전 문제를 협의하기 위한 2001.7.18~19, 7.31~8.3, 두 차례에 걸친 실무접촉에서 서울·평양 동시개최 및 남북 상호방문을 주장하였으나 북측이 서울 방문은 곤란하다고 주장하자 민간교류의 활성화가 절실히 요구되는 현실 등을 감안, 북측의 입장을 받아들여 행사를 남북에서 동시에 개최하되 남측에서만 300명 상당이 방북키로 합의하였으나, 장소에 관하여 북측은 계속 '조국통일 3대헌장 기념탑'(이하 3대 헌장탑이라 함) 앞에서의 행사를 고수하였는 바,
  ○ 위 3대 헌장탑은 북한이 '조국통일 3대헌장'(이하 3대헌장이라 함)을 선전하기 위해 건립한 것으로서
    - 위 3대헌장은 북한이 1994.7.8. 김일성 사망 이후 김정일의 통일지도

자상 부각 등 통치체제의 공고성을 대내외에 선전하고, 남, 북, 해외의 친북반한 세력을 규합, 주한미군 철수·국가보안법 철폐 등 우리의 안보 무력화 공세를 적극 전개하는 한편 대남선전선동에 활용, 대남 적화통일 노선을 구축하기 위해 1997.8.4. 기존의 '조국통일 3대원칙(자주·평화·민족대단결)', '전민족대단결 10대 강령', '연방제 통일방안' 등 3개의 통일노선을 묶어 '민족의 통일 강령'이라 발표한 것인데,
- 첫째, 위 '조국통일 3대원칙'은 7·4남북공동성명에서 발표한 자주, 평화, 민족대단결 통일 원칙과 표현만 같을 뿐, 북한이 자의적으로 해석하여 그들의 통일원칙으로 선전·선동하고 있는 것으로 실질적인 내용은
  · '자주'의 원칙은 '주한미군 철수' 및 '미국의 내정 불간섭'이 선행되어야 하고
  · '평화'의 원칙은 남한 내 '핵무기 철거', '군사훈련 중지' 등이 선결조건이며
  · '민족대단결'의 원칙은 '국가보안법 철폐' 및 '폭압기구 철폐 후 전민족적 연공통일전선형성'을 의미하는 것이고,
- 둘째, '전민족 대단결 10대 강령'은 통일 문제에 남한 당국을 배제하고 반정부세력들의 합법공간을 마련, 통일전선을 형성하려는 통일전선 전략의 일환이고,
- 셋째, '연방제 통일방안'은 국가보안법과 폭압기구 철폐, 제정당 단체 합법화, 북미 평화협정 체결, 주한미군 철수 등을 선결조건으로 제시하고 있는 통일방안으로 연공합작 통일기반 조성을 위한 위장평화술에 불과한 것이므로 위와 같은 의미가 담긴 3대헌장을 선전하기 위한 3대 헌장탑 앞에서 북한이 개최하는 행사에 우리 방북단이 참석하는 것은 북한의 통일방안을 지지하는 것으로 평가되어 북한의 정치적 선전·선동에 이용당할 우려가 있고,
- 통일부에서도 위와 같은 판단하에 위 장소에서의 행사개최는 절대로 허용할 수 없다는 입장에서 2001.8.13. 추진본부 측에 방북불허통보

를 하였다가 민간교류를 활성화한다는 차원에서 추진본부 측의 거듭된 방북허가요청을 받아들여 조건부로 방북을 허용하기로 하되,
- 방북승인 조건으로 조국통일3대헌장 기념탑 관련행사 참여 금지 등 3개항을 조건으로 하는 '확약서'를 제출받고,
- 2001.8.14. 21:00경부터 22:00경까지 명동성당 3층 카톨릭회관에서 방북 시 유의사항으로 '대한민국 국가정체성을 훼손시키는 언동 삼가, 무분별한 통일논의 자제, 군사안보 문제 등 남북관계에 부담을 주는 합의 자제, 방북기간 중 활동은 추진본부 집행부의 통제에 협조하고 개별적으로라도 3대 헌장탑행사 참가는 금지한다'는 내용을 교육하고,
○ 이에 따라 위 김종수 신부도
- 위와 같은 교육 직후, 이번 방북이 '3대 헌장탑 행사에 참가하지 않는다'는 등의 조건하에 승인된 것이라고 교육 참석자들에게 재차 강조하였고
- 피고인과 함께 탑승한 북한행 비행기 안에서도 위 조건부 방북 승인의 점에 대해 탑승객들에게 설명하였을 뿐만 아니라
- 또한, 8.15. 16:00경 북한 도착 후 평양 고려호텔 1층 로비에서 방북단을 향해 3대 헌장탑 행사는 참가해서는 안된다는 것을 고지하였는바,
평소 북한에 대해 잘 알고 있는 피고인으로서는 위 3대 헌장탑의 의미와 성격을 잘 알고 있었을 뿐만 아니라 정부가 위 3대 헌장탑 앞에서의 행사를 금지하는 이유를 충분히 이해하고 있었고, 또한 위 방북 전 교육 등을 통해 3대 헌장탑 앞에서의 행사금지방침을 더욱 명확히 인식하고 있었으며 평양 고려호텔에서도 3대 헌장탑 앞 행사참가를 두고 논란이 있다는 것을 알았음에도, 2001.8.15. 18:20경 방북단 중 약 150여 명과 함께 평양 고려호텔에서 북한 측이 미리 준비한 버스를 이용하여 고려호텔을 출발, 19:00경 통일의 거리에서 하차한 다음 그곳에서부터 3대 헌장탑까지 민주노총과 한국노총 등의 깃발을 앞세우고 행진하면서 '조국통일', '민족자주' 등을 연호하는 평양 시민들에게 손을 흔들면서 답례하고, 같은 날 19:20경 3대 헌장탑 앞에 도착하여 미리 준비되어 있는 연단 앞 좌측 좌석에 앉은 후 곧바로 시작되어 개막선언, 축하연설, 기념식수, 문화공연 순으로 진행된

대축전 개막식에서, 북측 준비위원장 김영성의 개막선언에 이어 등단한 김영대 최고인민위원회 상임위원회 부위원장이 "자주성이 민족의 생명이며 어떤 경우에도 양보할 수 없는 민족의 최고이익"이라고 연설하고, 계속하여 안경호 조평통 부위원장이 "김정일 국방위원장이 방러에 앞서 미군철수와 6·15선언 이행을 강조하신 것은 우리 민족의 자주통일 의지의 원칙적 입장을 밝힌 것이다"라는 연설을 하자 이에 호응하여 박수를 치는 등, 김일성이 제시한 조국통일방침을 찬양·선전할 목적으로 건립된 위 3대 헌장탑 앞에서의 행사에 참가함으로써 국가의 존립·안전이나 자유 민주적기본질서를 위태롭게 한다는 정을 알면서도 남한 방북단이 대축전에 참가한 기회에 위 3대헌장에 입각한 통일원칙을 선전·선동하려는 반국가단체인 북한 및 그 구성원의 활동에 동조하고,

4. 북한에 대해 잘 알고 있는 피고인으로서는, 북한은 김일성의 생가인 '만경대'를 북한을 방문하는 자들이 필수적으로 들러야 할 관광장소로 조성한 후 김일성의 항일무장투쟁경력 및 그 이후 혁명활동에 대해 찬양·선전하는 장소로 적극 활용하고 있으며 만경대와 김일성, 김일성과 주체사상은 분리하려 하여도 분리할 수 없는 불가분의 관계라는 것을 잘 알고 있을 뿐만 아니라 평소 통일을 위해서는 주체사상의 대외적 자주노선을 수용하여 외세 특히 미국의 간섭이나 개입을 배격하고, 주체사상이 통일시대의 길잡이 역할을 하여야 한다는 생각을 갖고 있었던 바, 2001.8.17. 16:30경부터 약 40분간 김일성의 생가인 만경대를 방문하여 북측 안내원으로부터 만경대의 유래, 김일성의 일생 및 업적 등에 대해 설명을 듣고 그 안내에 따라 김일성 생가, 기념관을 차례로 둘러본 후, 방명록이 있는 테이블까지 걸어가 그 곳에 비치되어 있던 방명록에 "만경대정신 이어받아 통일위업 이룩하자"고 기재하여, 피고인의 평소 소신대로 자주적인 통일을 이루기 위해서는 김일성 정신 내지 주체사상을 의미하는 만경대정신을 계승하여야 한다고 주장함으로써 국가의 존립·안전이나 자유민주적 기본질서를 위태롭게 한다는 정을 알면서도 주체사상의 창시자인 김일성을 찬양하면서 통일을 위해서는 주체노선을 견지하여야 한다고 선전·선동하고 있는 반국가

단체인 북한의 활동에 동조하고,

[2005고단7068]

5. 2002.6.29.경 제2차 서해교전에 대한 글을 『진보평론』지에 기고하기로 마음먹고, 그 무렵부터 2008.8.경까지 서울 중구 중림동 ××× 소재 ××××××××아파트 ×××동 ××××호 피고인의 집에서 「서해교전과 맹목적 냉전성역의 허구성」이라는 제목의 기고문을 작성한 후, 같은 해 8. 말경 『진보평론』 편집실 담당자에게 이메일로 전송하여 『진보평론』 2002년 가을호(13호)에 게재되도록 하고, 같은 해 9.24.경 동국대학교 인터넷서버 피고인의 홈페이지 중 '짧은 글 모음'란에 위 글을 게재하였는바, 그 주요 내용은,

- 1차 서해교전에 이어 2차 서해교전에서도 남한사회는 냉전에 마비된 맹목성과 극단성을 보이고 있다. 남한 측 피해가 1차보다 더 커서인지 오히려 이번 2차 서해교전에서는 더 심한 것 같다. 교전이 발발하자 아무런 결정적인 증거도 없이 막무가내식의 북한의 계획적인 도발론, 선제공격론, 확전론이 즉각적으로 등장했다.
- 북방한계선이 영해선이나 군사분계선이라는 냉전성역이 허구라는 것은 너무도 자명하다. 단순히 허구에 불과한 것이 아니라 유엔해양법과 정전협정을 위배하고 있다.
- 남한의 대부분의 언론과 군과 정치인은 이러한 (정전협정, 유엔해양법) 위배를 인정하기보다는 1차 교전 때 차영구 국방부 대변인처럼 북한이 과거 묵시적으로 북방한계선을 수용하고 실제적으로 관할해 왔다면서 남한이 국제법상 실효성의 원칙과 응고된 원칙에 의해 북방한계선은 군사분계선이고 영해선이라는 억지주장을 펼쳐왔다.
- 1950~60년대와 달리 1970년대에는 유엔해양법이 12해리 영해를 채택하면서 북방한계선이나 서해 5도 주변해역은 1950~60년대에는 유엔해양법상 공해하였지만, 1970년대는 북한의 영해로 분류될 수 있게 된 것이다.
- 북한은 1999년 9월에는 새로운 해상군사분계선을, 2000년 3월 23일에는 남한의 서해 5도로 하여금 자신들이 설정한 두 개의 수로로 통항

하라는 서베를린식 〈5개 섬 통항질서〉를 선포했다. 서로 합일점을 찾지 못하고 있는 북방한계선을 그 관련 준거틀인 유엔해양법, 정전협정, 서베를린 국제관례를 기준으로 삼아 진단한다면 북한의 통항질서 선포는 합당하다. 또한 남한이 북방한계선을 영해선이나 해상군사 분계선 및 해상포위선으로 설정하는 것은 마치 남의 집 안마당에 무단으로 줄을 그어 그 한쪽을 불법점거한 셈이 된다.

○ 2003년 한반도 전쟁위기를 획책할 것으로 보이는 미국이 서해교전의 우발적 충돌을 악용해 전쟁의 빌미로 삼을 것에 대한 심각한 우려를 자아내고 있다.

○ (북한의 선제공격설에 대하여) 제1차 서해교전에서 실제적으로 선제공격을 한 것은 북한이 아니라 남한이다. 선제공격으로 북한의 선제사격을 유도하고는 이에 대해 선제포격으로 과잉대응을 하겠다는 면밀한 사전 시나리오를 암시한다. 냉전성역을 극본한 올바른 인식하에 분석한 1차 서해교전에 대한 역사적 진실은 다음과 같다. 북한 배의 정당한 월선(꽃게잡이 때문에 생긴 우발적이든 북방한계선의 불법성을 보여주기 위한 계획적이든 상관없이) → 남한의 불법영해침해 규정 → 남한의 밀어붙이기식의 충돌선제공격 → 북한의 선제사격 → 남한의 선제 포격 → 북한 배 퇴각이 1차 서해교전이라는 인과고리 속에서 남한은 첫째, 북한 배의 정당한 월선을 영해침범이라고 규정하는 불법성을, 둘째, 밀어붙이기식의 충돌성 선제공격을, 셋째, 북한의 선제사격에 대한 선제포격이라는 과잉대응을 함으로써 세 가지 잘못을 저질렀다. 북한은 남한의 밀어붙이기식의 선제공격에 기관총의 선제사격을 감행한 한 가지 잘못을 저질렀고, 남한의 선제포격에 대해 옹진반도에 있는 미사일이나 해안포로 응사하지 않는 자제력 있는 결단을 보여주었다.

○ 제2차 서해교전에서도 역시 북한의 계획적 선제공격론이 자명한 것처럼 회자되고 있다. 그러나 이러한 주장은 주장에 불과할 뿐 그 객관적 근거가 없다. 2차 서해교전의 인과사실은 아래와 같다. 북한 배의 정당한 월선(꽃게잡이 때문에 생긴 우발적인 것이든 북방한계선

의 불법성을 보여주기 위한 계획적이든 상관없이) → 남한의 불법영
해침해 규정 → 남한의 밀어붙이기식의 차단기동(400미터 정도 접근
했으나 충돌공격은 하지 않은 상태였음) → 북한의 선제포격 → 남한
의 대응포격 → 북한 배 퇴각
  o 서해교전의 근본요인도 바로 북방한계선의 '위배 및 불법성'에 있음
    을 직시해하 한다. 라는 등인 바
위와 같이, 방방한계선은 북한의 영해에 불법적으로 설정된 것이고, 북
한의 서해 5도 통항질서 선포는 정당하며, 서해교전은 불법적인 북방한계
선에서 비롯된 것으로 한국 측에서 밀어붙이기식 선제공격을 가하여 발생
한 것이라는 등으로 주장함으로써, 국가의 존립·안전이나 자유민주적 기
본질서를 위태롭게 한다는 정을 알면서, 북방한계선은 북한의 영해에 미군
이 일방적으로 설정한 비법적인 선이고, 서해 5도 통항질서는 정당하며, 서
해교전은 한국의 선제공격에 의한 것으로 한국의 호전세력과 미국이 주도
하여 한반도 전쟁위기를 조장한다는 등으로 선전·선동하고 있는 반국가
단체인 북한의 활동에 동조하고,

6. 2004.2.경 위 피고인의 집에서 「주한미군이 우리 안보를 지켜준다고」
라는 제목의 기고문을 작성하여 2004.3.1.경『작은 책』(도서출판 '일하는 사
람들의 작은 책' 발행)에 게재되도록 하였는바, 그 주요내용은,
  o '자발적 노예주의'라는 소제목하에
    - 미국이 우리를 일본의 식민지에서 해방시켜 주었다고 한다. 과연 그
      런가? 표면적으로 보면 미국은 조선의 해방을 위해 조선 땅에서는
      피 한 방울도 흘리지 않았다. 해방 전에 소련군은 조선 땅에서 일본
      관동군을 물리치기 위해 피를 흘리며 일본군과 전투를 벌려 직접적
      으로 조선의 해방에 도움을 주었다.
    - 만약 미국이 주도해서 조선을 분단시키지 않았다면 6·25전쟁이 일
      어났을까라는 질문을 던져보자. 응당 전쟁은 일어나지 않았을 것이
      다. 이 통일전쟁은 분단 때문에 일어났기에 분단을 주도한 원흉인
      미국이야말로 6·25전쟁의 원인 제공자 곧 기원인 셈이다.

- 6·25전쟁은 그때 외국군이 한반도에 없었기에 내전이었고 북한 지도부가 시도한 통일전쟁이었다. 만약 집안싸움인 이 내전에 미국이 개입하지 않았다면 전쟁은 한 달 이내 끝났을 테고 우리가 실제 겪었던 그런 살상과 파괴라는 전쟁피해는 없었을 것이고 통일은 이룩되었을 것이다.
- 만약 미국이 개입하지 않았다면 남북 전체가 공산화되었을 것이다. 당시 조선 사람들은 공산주의를 자본주의보다 훨씬 더 좋아했다. 해방공간에 만약 미국과 소련이라는 외세의 개입이 없었다면 남북을 통틀어 조선사회 전체가 공산화되는 것은 우리 역사의 필연이었다.

○ '주한미군 불가피론'이라는 소제목하에,
- 1990년대 이후 미국이 전쟁을 주도한 것은 서해교전을 뺀 여섯 번으로 미국주도의 한반도 전쟁위기 주도 확률은 8분의 6이다. 그러나 남과 북의 전쟁위기 주도확률은 각기 8분의 1로서 북한이 전쟁위기를 주도하였다는 북한 전쟁위협론은 허위이고, 오히려 한반도 전쟁위기를 불러오는 주범은 북한이 아니라 미국, 곧 주한미군이다.
- 국방부나 극우신문이 들먹이는 남한군 열세론은 허구에 지나지 않고 오히려 남한군이 북한군에 비해 훨씬 우세할 수밖에 없는 조건을 갖추고 있다.
- 동북아 세력균형론의 허구성을 들춰보겠다. 세력균형은 해양세력인 남한·일본·미국과 대륙세력인 북한·중국·러시아 사이의 군사적 세력균형을 말한다. 그러나 군사비를 보면 미국은 4천억 달러, 세계 2위인 일본이 500억, 남한이 160억으로 해양세력 전체가 4천 600억 달러 안팎이다. 대조적으로 중국 250억, 러시아 200~250억, 북한 15억으로 대륙세력은 고작 600억도 채 되지 못한다. 진정한 세력균형은 4천억짜리 미국을 빼버리는 것이다.

○ '미군주둔을 간청하는 정치인들'이라는 소제목하에
- 미국은 100조 원이 넘을 것으로 추정되는 (평택 미군기지) 이전 비용을 '한국 측 비용 전액부담' 형식으로 부담시키는 강도행위를 완벽하게 해냈다. 우리 관리들은 주인 행세는커녕 강도를 돕는 공범자 구

실을 했다. 이러한 상황에서 주한미군을 완전 철수시키고, 미국에 대해 주권국가로서 자주적이고 대등한 관계를 설정해 자존을 지키고 숭고한 6·15공동선언을 실현하여 민족의 평화와 통일의 대업을 일구어 갈 주체는 우리 시민·민중사회일 수밖에 없다. 자발적 노예주의에 매몰된 한국의 주류나 이 주류 못지않는 노무현정부에게 기대할 수도 없거니와 맡길 수도 없다. 단지 그들을 견인하거나 강제하는 길밖에 없는 것 아닌가?라는 등인 바,

위와 같이 조선의 해방에 직접적으로 도움을 준 나라는 미국이 아니라 소련이고, 미국이 주도하여 한반도를 분단하였기 때문에 6·25전쟁이 발생한 것이며, 6·25전쟁은 내전으로 북한 지도부가 시도한 통일전쟁이었으므로 만약 미국이 개입하지 않았으면 한 달 이내로 전쟁이 끝나 남북이 공산화되었을 것이고 이는 역사의 필연이었으며, 북한이 아니라 주한미군이 한반도 전쟁위기를 불러오는 주범이므로 철수하여야 한다는 등으로 주장함으로써, 국가의 존립·안전이나 자유민주적 기본질서를 위태롭게 한다는 정을 알면서 6·25전쟁을 조국(민족)해방전쟁이라고 규정하면서 제국주의인 미국에 한반도 분단 및 6·25전쟁의 책임이 있고, 주한미군의 존재가 우리 민족의 자주성을 짓밟고 한반도 전쟁위기를 조장하고 있으므로 즉각 철수시켜야 한다는 등으로 선전·선동하고 있는 반국가단체인 북한의 활동에 동조하고,

7. 2005.3.16.경 위 피고인의 집에서 '그래 주적이 누구인지 분명히 말하마'라는 제목의 기고문을 작성하여 같은 날 인터넷 신문 「데일리 서프라이즈」에 게재되도록 하였는바, 그 주요내용은,
  ○ 군부, 관료, 언론, 정치, 학술, 경제 등의 고위직을 대부분 점유하는 이 땅의 기성 주류들은 일제식민지배 35년, 미국의 신식민지배 60년, 도합 100년 가까이 대를 이어 일본인보다 더 일본인처럼 또 미국인보다 더 미국인처럼 행세해 왔다. 그들은 식민지 생활을 하도 오래하다 보니 자신들이 식민지 지배를 받고 있다는 사실조차 의식하지 못한 채 제국주의 식민지배를 내면화한 자발적 노예주의라는 불치병에

완전 감염됐다는 것이다.
- 미국 주도의 외세에 의해 분단과 전쟁을 강요당했던 우리 민족이 또다시 미국 때문에 이런 길을 되풀이하는 일이란 상상조차 허용될 수 없다. 제네바 협정을 75% 가까이 위배해 북핵 문제를 야기한 부시 미국이 이제 이를 빌미로 우리 민족을 전쟁의 드가니 속으로 야금야금 몰아넣어 더 이상 되돌릴 수 없는 막다른 골목으로 빠뜨리는 끔찍한 음모의 덫을 우리 민족에게 걸고 있다.
- 직격탄에는 MD처럼 맞받아치는 직격탄이 제격이다. 그래 주적은 바로 너 미국이다. 왜냐고? 한반도에서 전쟁을 일으켜 우리 민족을 죽이려는 전쟁주범이 바로 우리의 주적인데, 그게 바로 미국 너희 나라이기 때문이다.
- 냉전기간인 1953년부터 1989년까지 한반도에는 세 번의 전쟁위기가 있었다. 68년의 미국간첩선 푸에블로호 나포사건, 69년의 미국스파이 비행기 격추사건, 76년 판문점 미루나무사건이다. 76년의 경우 b-52에 핵폭탄을 싣고 한반도 주위에 접근할 정도로 핵전쟁 일보 직전이었다. 68년의 1·21사태는 위기였지만 미국만이 전쟁을 최종 결정할 수 있었기에 전쟁위기로까지 발전하지 않았다.
- 탈냉전시기인 1990년 이후 지금까지 한반도에서는 무려 여덟 번의 전쟁위기가 있었다. 1991~1992년 120일 전투시나리오와 이종구 국방장관의 엔테베 작전 언급 등 제2의 한국전쟁위기, 1994년 6월 영변핵위기, 엉터리 미국의 인공위성 사진으로 북한이 핵무기를 개발한다고 단정 짓고 핵전쟁 실전연습까지 벌였던 1998~1999년 금창리 핵위기, 98년 여름 대포동 인공위성 발사를 계기로 발발한 미사일위기, 휴전 이후 최초의 정규군에 의한 무력충돌이라는 99년 1차 서해교전, 2002년 부시의 악의 축 전쟁위협, 2002년 2차 서해교전, 또 2003~현존의 전쟁위기 등이다.
- 이렇듯 휴전 이후 지금까지 한반도에는 무려 11번의 전쟁위기가 있었고, 이 가운데 남과 북이 잘못해서 전쟁위기가 생긴 것은 서해교전 각각 한번이다. 나머지 9번은 모두 미국이 주도했다. 곧 이 땅의 전쟁

주범은 북한이나 남한이 아니라 미국이라는 게 명백해 진다.
○ 2004 국방백서는 한반도 분쟁 시 미군 69만, 군함 160척, 비행기 2,000대가 투입된다고 명시되고 있다. 이를 하이드는 우리 민족의 요구사항으로 착각하는 모양인데 천부당만부당한 이야기다. 우리가 진정 필요한 것은 한반도를 완전 초토화시킬 이런 가공스런 미국의 군사력이 아니라 우리 민족끼리 자주적으로 평화와 통일로 나아가는 데 미국의 방해책동을 막는 것이다.
○ 북한이 한반도 전쟁의 주범이거나 주적이 아니라 미국이 바로 주범이고 주적이다.
○ 주한미군의 전략적 유연성을 불가피하게 만드는 한미연합지휘체제와 같은 중심고리로 공고화된 구조를 하나하나 허무는 작업이 필요하다. 우리 모두가 진정한 이 땅의 주인으로 대미 예속적 고리를 군사영역에서부터 끊기 시작해 전 사회영역으로 확대시켜야 할 것이다.

라는 등인 바,

위와 같이, 우리나라는 미국의 신식민지 지배하에 있고, 미국에 의해 한반도의 분단과 전쟁이 강요되었으며, 미국이 북핵 위기를 야기하여 우리 민족을 전쟁의 위기에 몰아넣고 있으므로 미국이 우리나라의 주적이라는 등으로 주장함으로써 국가의 존립·안전이나 자유민주적 기본질서를 위태롭게 한다는 정을 알면서도, 남조선은 미제의 식민지로서 자주성을 상실하였으므로 반미자주화 투쟁을 힘차게 벌여나가 민족의 자주성을 회복하고, 미국이 한반도 전쟁위기를 조장하여 우리 민족을 말살하려 하고 있으므로 민족공조로 미제국주의 세력을 한반도에서 축출하여야 한다고 선전·선동하고 있는 반국가단체인 북한의 활동에 동조하고,

8. 2005.6.30. 19:30경 인천 중구 답동 3가 소재 가톨릭회관 504호에서 개최된 인천 통일연대 주최 '한국전쟁의 역사적 재조명과 맥아더의 재평가' 토론회에서 주제발표를 맡아 "6·25전쟁은 통일전쟁으로 분단 때문에 일어났기에 분단을 주도한 원흉인 미국이야말로 6·25전쟁의 원인제공자이고, 미국이 개입하지 않았다면 한국전쟁에서 최소한 400만 명 이상의 사상자가

발생하지 않았을 것이며, 생명은인론을 주장하는 사람들은 통일 이후 숙청 대상이었으나 미국으로부터 목숨을 구한 친일민족반역자에 불과하다. 맥아더의 본색을 알면 당장 맥아더동상을 부숴야 한다"라는 등으로 주장하고,
 2005.7.26. 피고인의 주거지에서「맥아더를 알기나 하나요」라는 제목의 기고문을 작성하여 그 무렵 인터넷 신문『데일리 서프라이즈』에 게재되도록 하였는바, 그 주요내용은,

- ㅇ '38선 분단 집행의 집달리 맥아더'라는 소제목하에
  - 한반도는 936년 고려의 통일 이후 이렇게 오랫동안 분단된 적은 없다. 주한미군이 평택으로 이주하면 최소한 50년은 더 머물겠다하니 이대로 되면 분단히 최소한 110년은 된다는 야기다.
  - 이 민족비극의 원조인 38선은 미국이 이미 45년 7월 중에 계획을 세웠고, 최종확정은 8월 11일 러스크라는 중령이 미 국무성 한구석애서 지도로 확정지었다. 우리 조선사람 누구와도 상의 한마디 없이도 연합국 누구와도 상의 없이 독단으로 결정했다. 이 결정을 바로 집행한 당사자가 맥아더이다. 8월 15일 일반명령 1호로 선포해 38선에서 하루아침에 우리의 조국을 두 동강 내어버린 것이다.
- ㅇ '식민지 총독과 같은 점령군 사령관'이라는 소제목하에
  - (미군과 소련군의 포고문을 각 제시하면서) 온전히 식민지 총독부임과 같은 서슬퍼런 모습으로 점령군의 면모를 발휘한 맥아더와 북한을 점령한 소련군 사령관 치스차코프는 하늘과 땅 차이다.
  - 미군이 직접적인 군사통치를 자행한 남쪽은 점령 3년 동안 1946년 대구 10월 항쟁, 1948년 제주 4·3항쟁과 여순항쟁 등 인민항쟁과 야산대와 유격대 투쟁 등 수많은 항쟁과 전투와 폭동의 연속이었다. 그 결과 1950년 6·25전쟁 직전부터 무려 10만 명의 희생이 발생했다. 곧 이미 한국전쟁의 시발인 작은전쟁의 연속이었다.
  - 반면에 간접적인 점령정책과 조선인에 의한 자치정부를 시행한 북쪽에서는 이런 진통과 혼란이 없이 안정을 누렸으며 친일청산과 대대적인 사회경제개혁이 이뤄져 친일파가 더욱 기승을 부린 남쪽과는 극히 대조적이었다.

○ '분단세력과 동북아 파시스트 후견인'이라는 소제목하에
  - 한반도의 분단을 주도하고 강제한 장본인이 미국이라는 것은 너무나 명백하다. 38선의 지리적 분단에서부터 신탁파동의 이념적 분단, 5·10단정단선의 정치적 분단 등을 주조하고 강요했다.
  - 분단 국내비호세력인 정치·관료 친일세력의 대부가 이승만이었다. (맥아더는) 미 국무성의 반대에도 불구하고 이승만을 상해임정의 김구나 다른 민족인사들보다 먼저 군용기편으로 한국에 데려와 이승만 영웅 만들기에 결정적 기여를 했다. 더 나아가 대만의 장개석과 연대해 맥아더-장개석-이승만 동북아 파시스트 연결망을 형성해 중국 본토 탈환을 노리고 소련에 대한 봉쇄나 격파의 첨병을 자원하고 자행했다. 이런 기조가 6·25전쟁에서 이 전선을 중국과 소련까지 확장시켜 3차 대전까지 몰고 가려는 과대망상을 하는 전쟁광의 형태로 나타났다.
○ '원자탄 26개로 한반도 종말을 기도한 사람이 생명의 은인으로 둔갑되는 난장판'이라는 소제목하에,
  - 남의 집안싸움인 통일내전에 미국이 개입하지 않았다면 전쟁은 한 달 이내 끝났을 것이고 사상자는 아무리 많아야 남북한 합쳐 1만 명 미만일 것이다. 그렇다면 미국의 개입으로 인해 약 3백 99만 명이 더 죽게 되었다는 의미다.
○ '민간인 학살책임자가 생명은인이라니'라는 소제목하에,
  - 미국의 민간인 학살은 적과의 전투행위 중에 불가피하게 발생하거나, 결코 우연적이고 개인적인 실수나 순간적인 판단착오 때문에 일어난 사건이 아니다.
  - 그(맥아더)의 임기 중에 발생한 이승만정부의 민간학살에 대한 궁극적 책임도 그의 몫이다.
○ '분단과 전쟁의 주도자가 보은론으로 칙사대접받는 복마전'이라는 소제목하에,
  - 6·25전쟁은 통일전쟁이면서 동시에 내전이었다. 곧 당시 외국군이 한반도에 없었기에 집안싸움이었다. 곧 후삼국시대 견훤과 궁예, 왕

건 등이 모두 삼한통일의 대의를 위해 서로 전쟁을 했듯이 북한의 지도부가 시도한 통일전쟁이었다. 이 같은 성격의 집안싸움인 통일내전에 외세인 미국이 사흘만에 개입해 전쟁주체가 된 셈이다. 만약 집안싸움인 이 통일내전에 미국이 개입하지 않았다면 전쟁은 하달 이내 끝났을 테고, 물론 우리가 실제 겪었던 그런 살상과 파괴라는 비극은 없었을 것이다.
- 맥아더는 남의 집안싸움인 통일내전 사흘만인 27일 한국전선을 시찰하고, 미국정부에 개입을 요구하고, 곧바로 소사 등에 폭격을 감행한 전쟁광이었다.
- 결론적으로 미국의 제국주의적 개입이 없었다던 민족의 분단과 전쟁도 없었을 것이다. 그야말로 미국이라는 존재는 보은론과는 정반대로 우리에게 비극과 질곡, 전쟁, 지난 6월 전쟁위기설과 같이 오늘날까지 지속되는 한반도 전쟁위기를 몰고 왔고 또 몰아오고 있는 주범인 것이다. 여기에 맥아더는 그 첨병의 역할을 초기에 집행한 집달리인 셈이다.
- 극소수 인명살상에 그쳤을 6·25확대내전에 그토록 많은 살상과 파괴가 미국 때문에 일어난 것을 보면 미국은 생명의 은인이 아니라 생명을 앗아간 원수다. 원수를 은인으로 보는 이런 역사왜곡, 곧 대미보은론은 이제 탈냉전 통일시대를 맞아 완전히 폐기돼야 한다. 물론 맥아더동상도 이제 역사 속으로 던져버려야 한다. 라는 등인 바,

위와 같이, 미국이 점령군으로서 직접적인 군사통치를 한 남쪽은 그에 반대한 좌익의 투쟁으로 혼란의 연속이었고 토지개혁과 친일파 청산이 이루어지지 않아 정통성을 결여하였다는 취지로 폄하하는 반면 소련이 해방군으로서 간접적인 통치를 한 북쪽은 혼란 없이 토지개혁과 친일파 청산이 이루어졌다고 긍정적으로 평가하고, 미국이 주도하여 한반도를 분단하였기 때문에 6·25전쟁이 발생한 것이며, 6·25전쟁은 내전으로 북한 지도부가 시도한 통일전쟁이었으므로 만약 미국이 제국주의적으로 개입하지 않았으면 한 달 이내로 전쟁이 끝나 피해가 최소화되었을 것인데 맥아더라는 전쟁광 때문에 수백만이 더 죽게 되었다는 등으로 주장함으로써 국가의 존

립·안전이나 자유민주적 기본질서를 위태롭게 한다는 정을 알면서도, 미군은 우리 민족을 억압하고 자주성을 훼손하는 제국주의 첨병으로서 점령군인 반면 소련군은 우리 민족의 반제국주의 투쟁에 도움을 준 해방군이고, 일제에 이어 미제의 식민지로 전락한 남쪽은 민족사적 정통성이 없는 반면 해방 이전 김일성의 독립투쟁을 이어 받아 토지개혁과 친일파 청산에 성공한 북쪽이 정통성 있는 정권이며, 6·25전쟁을 조국(민족)해방전쟁이라고 규정하면서 제국주의인 미국에 한반도 분단 및 6·25전쟁의 책임이 있고, 주한미군의 존재가 우리 민족의 자주성을 짓밟고 한반도 전쟁위기를 조장하고 있으므로 즉각 철수시켜야 한다는 등으로 선전·선동하고 있는 반국가단체인 북한의 활동에 동조하였다.

증거의 요지
판시 제1 내지 제4의 사실(2001고단9724)
1. 피고인의 일부 법정진술
1. 제1회 내지 제3회, 제6회, 제8회 공판조서 중 피고인의 일부 진술 기재
1. 피고인에 대한 각 검찰 피의자신문조서 중 일부 진술기재
1. 김명상, 노주식, 조성우에 대한 각 증인신문조서 사본
1. 경찰 압수조서
1. 각 토론자료(수사기록 847쪽에서 855쪽까지, 946쪽에서 956쪽까지, 1123쪽에서 1129쪽까지)
1. 한국전쟁과 민족통일(수사기록 1160쪽에서 1177쪽까지)
1. 각 수사보고(8·15행사관련 통일뉴스내용입수, 수사기록 778쪽, 825쪽)
1. 수사보고(인터넷자료검색, 수사기록 2914쪽)
1. 수사보고(북한중앙TV자료, 수사기록 2924쪽)
1. 수사보고(저서발췌, 수사기록 3205쪽)

판시 제5 내지 제8의 사실(2005고단7068)
1. 피고인의 일부 법정 진술
1. 피고인에 대한 각 검찰 피의자신문조서 중 일부 진술기재
1. 맥아더를 알기나 하나냐?(수사기록 267쪽에서 273쪽까지, 이하 쪽수만 표시함), 통일내전주장이 뭐가 문제냐(286쪽에서 289쪽까지), 주한미군이 한국의 안보를 지켜준다고?(721쪽에서 726쪽까지), 사회주의식 통일은 통일 아니냐(803쪽, 804쪽), 그래 주적이 누구인지 분명히 말하마(854쪽에서 858쪽까지), 그래 주적은 바로 너 미국이다(1153쪽에서 1157쪽까지), 민족의 생명권과 통일(1983쪽에서 2011쪽까지), 6·25 필화사건을 되돌아보며(2170쪽에서 2183쪽까지)
1. 조선통사(하) 일부(수사기록 409쪽에서 414쪽까지, 2786쪽에서 2793쪽까지, 이하 쪽수만 표시함), 인민(636쪽에서 646쪽까지), 현대조선역사(505쪽에서 516쪽까지), 맥아더논쟁관련, 한총련 긴급선전지침(959쪽에서 963쪽까지), 한민전 신년메세지(1266쪽에서 1281쪽까지), 민중의 소리(1582쪽에서 1585쪽까지), 위대한수령 김일성동지께서 령도하신 조선인민의 정의의 조국해방전쟁사(1739쪽에서 1774쪽까지, 2799쪽에서 2805쪽까지), 김정일장군 조국통일론연구(1755쪽에서 1788쪽까지), 조선민주주의인민공화국사회주의헌법(2188쪽에서 2192쪽까지), 조선로동당규약(2193쪽에서 2203쪽까지), 주체사상에 기초한 남조선혁명과 조국통일 리론(2206쪽에서 2283쪽까지), 사회주의, 공산주의 건설리론(2284쪽에서 2295쪽까지), 각 북한언론매체자료(2362쪽에서 2370쪽까지), 각 북한신문내용(323쪽에서 327쪽까지, 380쪽에서 381쪽까지, 384쪽, 385쪽, 407쪽, 408쪽, 480쪽에서 483쯕까지, 2375쪽에서 2406쪽까지, 3047쪽에서 3051쪽까지, 3226쪽에서 3229쪽까지, 3263쪽에서 3275쪽까지), 각 한민전 신년사(3518쪽에서 3529쪽까지), 한총련 자료(3696쪽에서 3969쪽까지), 구국전선홈페이지싸이트(3979쪽에서 4008쪽까지)
1. 한국전쟁(수사기록 416쪽에서 427쪽까지, 이하 쪽수만 표시함), 호국전몰용사공훈록(428쪽에서 440쪽까지), 동아일보기사(767쪽), 통일연대 게시물(793쪽에서 795쪽까지), 한국전정사의 새로운 연구(1953쪽에서

1980쪽까지), 북한의 대남전략론(2297쪽에서 2333쪽까지), 평화번영을 위한 대북정책(2336쪽에서 2361쪽까지), 국방백서(2412쪽에서 2591쪽까지), 북한50년사(2867쪽에서 3017쪽까지), 1946년경 남한주민의 사회인식(3020쪽에서 3044쪽까지), 북방한계선의 법적성격(3067쪽), NLL은 분명한 군사분계선(3068쪽), 북방한계선에 관한 우리의 입장(3069쪽에서 3092쪽까지), 서해 북방한계선 분쟁 해결방법 연구(3093쪽에서 3099쪽까지)
1. 각 사진(수사기록 2701쪽에서 2706쪽까지)

법령의 적용
1. 범죄사실에 대한 해당법조
   국가보안법 제7조 제5항, 제1항(판시 1의 이적표현물 제작·반포의 점)
   국가보안법 제7조 제1항(판시 2 내지 8의 반국가단체활동 동조의 점)
1. 경합범 가중
   형법 제37조 전단, 제38조 제1항 제2호, 제50조
1. 자격정지형의 병과
   국가보안법 제14조
1. 미결구금일수 산입
   형법 제57조
1. 집행유예
   형법 제62조 제1항

유죄 및 양형 이유
1. (1) 대한민국헌법은 국민의 기본권으로 학문의 자유와 표현의 자유를 보장하고 있다. 학문의 자유에 있어서 내심의 영역인 연구의 자유는 절대적으로 보장되나 연구결과를 외적 활동으로 표현하는 자유의 보호는 상대적이어서 일정한 제한이 가능하다. 헌법 제37조 제2항은 국민의 모든 자유와 권리는 국가안전보장·질서유지·공공복리를 위하여 필요한 경우에 한하여 법률로써 제한할 수 있으며, 제한하는 경우에도 자유와 권리의 본질

적인 내용을 침해할 수 없다고 규정하여 학문의 자유와 표현의 자유에 대한 제한 가능성 및 그 한계를 규정하고 있다.

한편, 국가보안법 제7조 제1항, 제5항은 국가안보 등을 이유로 학문의 자유, 표현의 자유를 제한하는 대표적인 규정으로 남용된다면 학문의 자유, 표현의 자유의 본질적 내용을 침해할 가능성이 많다. 이에 따라 1990.4.2. 89헌가113호 헌법재판소의 결정과 1991.5 31. 법률 제4373호 법 개정을 통해 주관적 요건으로 '국가의 존립·안전이나 자유민주적 기본질서를 위태롭게 한다는 정을 알면서'를 추가하였는바, 이러한 헌법재판소의 결정 및 법 개정 취지에 비춰볼 때, 학문의 자유, 표현의 자유의 본질적 내용을 침해하지 않기 위해서는 국가보안법 제7조 제1항, 제5항은 국가의 존립·안전과 자유민주적 기본질서에 실질적 해악을 가할 위험성이 있는 경우로 제한하여 해석하여야 할 것이다.

(2) 위 범죄사실에 나타난 피고인의 주장을 전체적으로 살펴보면, 피고인은 해방 당시 미국이 개입하지 않았다면 한반도 전체가 공산주의·사회주의로 이행하는 것이 역사적 필연이고 북한이 태생적으로 민족정통성을 가지고 있으며 그러한 북한이 6·25전쟁으로 민족통일을 시도하였는데 민족내전에 미국이 불법하게 개입하여 북한이 민족통일을 이루지 못하였고, 남한은 출발부터 민족정통성이 없고 현재 미국의 신식민지 지배하에 있으며, 민족통일을 이룩하기 위해서는 주체사상의 대내적 주체노선과 대외적 자주노선을 받아들여 주체사상이 민족통일의 길잡이가 되어야 하는데 이러한 통일대업을 이끌어 갈 주체는 시민·민중사회일 수밖에 없다고 주장한다. 그러면서 피고인은 만약 미국의 개입이 없었다면 한국전쟁은 한 달 이내에, 1만 명 미만의 희생자만 내고 끝났을 것이라는 추론을 하는데, 위 추론의 또 다른 결과는 만약 미국을 포함한 유엔연합군의 참전이 없었다면 북한에 의한 적화통일이 달성되어 현재의 대한민국은 존재할 수 없다는 결과에 이르게 됨이 명백함에도, 피고인은 그러한 결과가 오히려 정당하다는 주장을 한다. 이와 같은 피고인의 주장은 1948년 건국되어 현재에 이르는 대한민국의 존재 및 존립의 영속성을 명백히 부정하는 것이다(피고인은 위 결과의 옳고 그름은 각자가 판단할 몫이고 자신이 위 결과의 정당성을 주

장하는 것은 아니라는 취지로 변명하나, 미국의 참전을 불법적인 침략행위로 규정하는 점, 미국의 참전이 없었다면 발생했을 결과를 인류의 공동선에 부합하는 전쟁의 빠른 종식과 적은 희생자발생만으로 추론한 점 등에 비춰보면 피고인은 위 결과의 정당성을 주장하는 것이 분명하다).

또한, 피고인은 미국이 한반도의 분단과 전쟁을 강요한 주적이고 현재의 한국사회는 미국의 신식민지 지배하에 있다고 하면서 민족통일을 이룩하기 위해서는 주체사상의 대내적 주체노선과 대외적 자주노선을 수용하여 연방제통일을 지향하고 통일대업을 일구어 갈 주체는 시민·민중사회일 수밖에 없다는 결론을 내리고 있는데, 피고인의 이러한 주장은 주체사상에 의한 미제 식민지지배 청산 및 경제침탈 반대, 남한정권의 민중압살정책 반대투쟁, 국가보안법 철폐 등을 주장하면서 민중의 힘을 조직, 동원하여 자주적 통일투쟁을 전개할 것을 선동하는 북한의 대남적화혁명론에 동조하는 적극적이고 공격적인 주장에 대당한다고 판단된다.

위와 같은 피고인의 전체적인 주장에 덧붙여 피고인이 위 주장들을 잡지나 대중집회, 인터넷매체 등을 통해 표현한 점, 대한민국 또는 미국에 대하여는 '불법개입', '불법점거', '불법성 및 위배', '원수', '전쟁광', '주적', '학살책임자' 등으로 표현하고, 북한에 대하여는 '민족정통성', '정당한 월선', '합당' 등으로 표현한 점 등을 고려하면 피고인의 위 주장들은 내용이나 표현방식에 있어서 학자의 입장에서 냉철하고 합리적인 학문적 논의를 이끌기 위한 화두를 던졌다고 볼 수 없고 자극적이고 선동적인 방법으로 북한에 동조하거나 친북적인 주장을 한 것이라고 판단된다.

결국, 이 사건 범죄사실에 나타난 피고인의 행위 및 주장은 대한민국의 존립·안전이나 자유민주적 기본질서에 실질적 해악을 가할 위험성이 있는 적극적이고 공격적인 것이라고 판단되고, 피고인의 평소 성행, 전력, 학력·지식의 정도, 직업 등에 비추어 피고인도 그러한 점을 알고 있었다고 보인다.

2. 양형에 관하여 살펴보면, 대학교수인 피고인이 2001년 국가보안법위반죄로 구속기소되었다가 보석으로 석방된 후에도 기소된 범죄사실과 동

일, 유사한 주장을 더욱 자극적인 방법으로 계속 반복한 결과 추가기소가 되고, 또한 이 법정에서도 자신의 주장을 굽히지 않거나 변명으로 일관하고 있어 엄격한 사법적 판단이 필요한 측면이 있다.

그러나 다시 한번 숙고해보면, 북한이 대화와 협력의 동반자임과 동시에 여전히 우리나라와 대치하면서 적화통일정책을 완전히 포기하였다는 징후를 보이지 않는 현 상황에서 피고인의 위와 같은 주장의 국가의 존립·안전 및 자유민주적 기본질서에 대한 위험성이 인정되어 유죄로 판단함은 앞서 본 바와 같으나, 민주사회에서 어떤 주장이나 표현의 해악을 시정하는 1차적 기능은 우리 사회의 사상의 경쟁시장에 의하여야 하고 국가의 개입은 다른 사상이나 표현에 의하여 그 해악을 해소할 수 없거나 다른 사상이나 표현을 기다리기에는 그 해악이 너무 심대한 경우로 제한하여야 하는데, 우리 사회가 민주주의의 발전과 체제경쟁의 우위에서 포용할 수 있는 표현의 폭이 넓어진 결과, 피고인의 주장을 건전한 사상의 경쟁시장에서 논의하고 검증한다면 그 해악을 시정할 가능성이 높은 반면 피고인의 주장으로 인해 국가의 존립·안전 및 자유민주적 기본질서에 대한 위험이 현실화될 가능성은 과거에 비해 상대적으로 낮아졌다고 평가할 정도로 건강함과 자신감을 가지고 있는 점, 이러한 건강함과 자신감에 기인하여 이 사건 범죄사실에 적용되는 국가보안법 규정에 관하여 한동안 개폐논의가 진행되는 등 사회적으로 다양한 의견이 표출되기도 한 점, 남북에 대한 정통성 평가에서 피고인이 북한의 발생적 결정론과 남한의 몰역사적 결과론에 대해 모두 비판하는 시각도 보이는 점, 피고인의 주장이 일부 이적단체에서 원용되고 있기는 하나 이 사건 이외에 피고인이 구체적인 행동으로 폭력시위 등 실정법을 위반한 사실은 없는 점, 피고인에 대하여 유죄를 선언하는 것 자체로도 처벌의 상징성이 있고 이로 인해 신분적인 불이익을 입게 될 것인 점 등 이 사건 재판과정에서 드러난 여러 정상을 참작하면 피고인에 대하여 징역 2년 및 자격정지 2년을 선고하되, 위 징역형의 집행을 3년간 유예함이 상당하다.

판사 김××

2심 판결문

서울중앙지방법원 제4형사부 판결

사　　건　2006노1503 국가보안법위반(찬양·고무등)
피 고 인　강정구(45××××-×××××××), 동국대학교 사회학과 교수
　　　　　주거　서울 중구 중림동 ××× ×××××××아파트 ×××동 ××××호
　　　　　본적　경남 창녕군 ××× ××× ×××
항 소 인　피고인 및 검사
검　　사　임×, 이××
변 호 인　법무법인 정평 담당변호사 심재환, 김승교
원심판결　서울중앙지방법원 2006.5.26. 선고 2001고단9724, 2005고단7068
　　　　　(병합) 판결
판결선고　2007.11.13.

주　문

피고인 및 검사의 항소를 모두 기각한다.

이 유

1. 항소이유의 요지

   가. 피고인

   (1) 사실오인 내지 법리오해

   (가) 국가보안법 제7조 제1항과 제5항은 헌법에서 보장하고 있는 학문의 자유의 본질을 침해하는 것으로서 위헌·무효이다.
   (나) 남북관계 발전에 관한 법률에서 남한과 북한의 관계를 "국가 간의 관계가 아닌 통일을 지향하는 과정에서 잠정적으로 형성되는 특수관계"로 규정하고 있는 등 남북관계 발전에 관한 법률 각 조항의 내용과 이미 다수의 국회의원들이 국가보안법을 폐지하거나 개정하는 내용의 법률안을 발의한 점 등에 비추어 보면, 북한을 국가보안법 소정의 '반국가단체'로 볼 수 없거나, 또는 국가보안법 제7조는 사실상 사문화하여 그 효력이 없다.
   (다) 원심판결의 범죄사실 제3항에 관하여
       피고인이 민족통일대축전의 개막식에 참관하여 박수를 치는 등의 행위를 한 것은 북한지역의 분위기를 맞춰주기 위하여 의례적으로 한 것이었을 뿐, 피고인이 북한의 활동에 동조할 의사로 한 것이 아님에도, 원심은 이 부분 공소사실을 유죄로 인정하였으니, 원심판결에는 채증법칙을 위반하여 사실을 오인하였거나 국가보안법위반(찬양·고무등)죄에 관한 법리를 오해하여 판결에 영향을 미친 위법이 있다.
   (라) 원심판결의 범죄사실 제4항에 관하여
       피고인이 만경대의 방명록에 "만경대정신 이어받아 통일위업 이룩하자"는 문언을 기재하면서 피고인은 만경대 학원을 떠올려 항일정신의 민족정기를 염두에 두고 '만경대정신'이라는 말을 만들어 기재한 것을 뿐, 피고인이 김일성정신 또는 주체사상을 의미하는 말로 '만경대정신'이라고 기재한 것이 아니고, 만경대가 관광지인 점과 피고인이 위 방명록에 위 문언을 기재한 행위는 대중에 대한 발언이 아닌 점에서 피고인의 위 기재행위는 국가의 존립·안전이나 자유민주적 기본질서에 구체적이고 명백한 위험을 초래하거나, 실질적 해악을 가할 위험성이 있다고 볼 수 없음에도, 원심은 이 부분 공소사실을 유죄로 인정하였으니, 원심판결에는 채증법칙을 위반하여 사실을 오인하였거나 국가보안법위반(찬양·고무등)죄에 관한 법리를 오해하여 판결에 영향을 미친 위법이 있다.

(마) 원심판결의 범죄사실 제1, 2, 5, 6, 7, 8항에 관하여

피고인이 작성한 논문, 강연자료 및 기고문 등(이하 '논문 등'이라 한다)을 전체적·종합적으로 볼 때, 피고인이 논문 등에서 주장한 내용은 피고인이 북한 문제와 통일 문제를 연구하는 학자로서 객관적이고 합리적인 근거에서 도출한 학문적 연구결과로서, 피고인이 논문 등을 제작·게재한 행위가 대남적화통일을 달성하려고 하는 북한의 선전·선동에 동조하는 것이라고 볼 수 없고, 또 피고인의 그와 같은 학문활동은 헌법이 보장하는 학문의 자유의 범위 내에 있는 것으로서 그 자유가 절대적으로 보장되는 것임에도, 원심은 이 부분 각 공소사실을 모두 유죄로 인정하였으니, 원심판결에는 채증법칙을 위반하여 사실을 오인하였거나 국가보안법위반(찬양·고무등)죄에 관한 법리를 오해하여 판결에 영향을 미친 위법이 있다.

(2) 양형부당

제반 사정에 비추어 보면, 원심의 형(징역 2년, 자격정지 2년, 집행유예 3년)이 너무 무거워서 부당하다.

나. 검사

　피고인은 해방 당시와 한국전쟁 등 우리 역사에 대하여 명백히 가치판단을 하면서, 이를 토대로 현재의 변혁운동에 관한 주장을 하고 있는 점, 피고인의 이 사건 범행이 극단적인 이념논쟁을 불러일으켜 국론을 분열시켰고, 대규모 폭력집회의 이론적 근거가 되기도 한 점, 그럼에도 불구하고 피고인이 전혀 반성하지 않고, 이 사건으로 구속되었다가 보석으로 석방된 상태에서도 계속하여 북한의 주장에 적극 동조하여 동종범행을 반복하고 있는 점 등 여러 사정을 종합하여 보면, 원심의 형(징역 2년, 자격정지 2년, 집행유예 3년)은 너무 가벼워서 부당하다.

2. 판단

가. 피고인의 사실오인 내지 법리오해 주장에 관한 판단

(1) 국가보안법 제7조 제1항과 제5항이 위헌·무효라는 주장에 관하여

　국가보안법 제7조 제1항과 제5항은 국가의 존립·안전을 위하여 비례의 원칙의 범위 내에서 양심, 사상, 학문, 예술, 언론, 출판의 자유를 제한하는 것으로서 그 본질적 내용을 침해하거나 이를 지나치게 제한하는 것이라고는 인정되지 아니하므로(대법원 2006.6.16. 선고 2004도851 판결, 헌법재판소 2004.8.26. 선고 2003헌바85·102전원재판부 결정 참조), 피고인의 이 부분 주장은 이유 없다.

(2) 북한을 반국가단체로 볼 수 없다거나 국가보안법 제7조가 사문화되었다는 주장에 관하여

　비록 남북 사이에 정상회담이 개최되고 그 결과로서 공동선언이 발표되

는 등 평화와 화해를 위한 획기적인 전기가 마련되고 있다고 하더라도, 그에 따라 남북관계가 더욱 진전되어 남북 사이에 화해와 평화적 공존의 구도가 정착됨으로써 앞으로 북한의 반국가단체성이 소멸되는 것은 별론으로 하고, 지금의 현실로는 북한이 여전히 우리나라와 대치하면서 우리나라의 자유민주주의 체제를 전복하고자 하는 적화통일노선을 완전히 포기하였다는 명백한 징후를 보이지 않고 있는 이상, 북한은 조국의 평화적 통일을 위한 대화와 협력의 동반자임과 동시에 적화통일노선을 고수하면서 우리의 자유민주주의 체제를 전복하고자 획책하는 반국가단체라는 성격도 아울러 가지고 있다고 보아야 하고, 남북정상회담의 성사 등으로 북한의 반국가단체성이 소멸하였다거나 대한민국의 안전을 위태롭게 하는 반국가활동을 규제함으로써 국가의 안전과 국민의 생존 및 자유를 확보함을 목적으로 하는 국가보안법의 규범력이 상실되었다고 볼 수는 없고(대법원 2004. 10. 1. 선고 2004도3212 판결, 대법원 2006. 3. 9. 선고 2002도2429 판결 등 참조), 평화적 통일을 구한하기 위하여 남한과 북한의 기본적인 관계와 남북관계의 발전을 위하여 남북관계 발전에 관한 법률이 시행되고 있고, 국회에 국가보안법의 폐지법률안 내지 일부개정법률안이 발의되어 있다고 하더라도 이와 달리 볼 수 없으므로, 피고인의 이 부분 주장도 이유없다.

(3) 원심판결의 범죄사실 제3항에 관하여

원심이 적법하게 채택하여 조사한 증거들에 의하면, 피고인은 1972. 2. 경 서울대학교 사회학과를 졸업하고, 1981. 8. 경 미국으로 유학하러 가서 1987. 12. 경 위스콘신-매디슨 대학에서 「남한의 농지개혁의 재조명-미군정하의 남한, 필리핀과 북한 비교연구」라는 제목의 논문으로 사회학 박사 학위를 취득하고 귀국한 후, 1988. 1. 경 동국대학교 및 서울대학교 강사, 1989. 3. 경 동국대학교 사회학과 조교수를 거쳐 1997. 9. 경 동국대학교 사회학과 정교수로 임명된 사실, 피고인은 1994. 7. 경 민족통일의 실현을 위해 평화협정의 체결, 남북한 상호군축, 주한미군의 철수 등을 실천 강령으로 조직된 '자주평화통일민족회의' 정책위원장, 1998. 4. 경 '평화주의자 김낙중 석방대책위' 발기인, 1999.5.7.경 국가보안법 철폐, 주한미군철수, 평화협정 체결, 연방제 통일방안의 합의·확산을 4대 정치적 과제로 하여 결성된 '민족화해자주통일협의회(약칭 자통협)' 공동의장, 2001.3.15.경 '2001년 민족통일 대축전'을 앞두고 외세의 간섭과 지배를 배격하는 자주, 평화협정체결 등 평화통일, 민족대단결로 조국통일 실현을 목적으로 설립된 '6·15 남북공동선언 실현과 한반도 평화를 위한 통일연대(약칭 통일연대)'의 공동대표(현재 지도위원), 2002.경 한반도의 평화와 민족의 자주평화통일, 비핵군축 등 전쟁반대의 목적으로 설립된 '평화와 통일을 여는 사람들(약창 평통사)'의 지도위원, 2004.9.경 위 평통사의 실천 활동을 이론·정책적으로 뒷받침하고, 연구성과의 국제화를 추구하기 위하여 설립된 위 평통사 부설 평화·통일 연구소장 등을 역임하고 있는 사실, 한편 6·15남북공동선언 이후 민간의 남북교류증진을 위해 2001.5.경 구성된 '6·15 남북공동선언 실천을 위한 2001 민족공동행사 추진본부'(이하 '추진본부'라고 한다)는 '2001년 민족통일 대축전'(이하 '대축전'이라고 한다) 개최 문제를 협의하기 위하여 북측 준비위와 가진 두 차례 실무 접촉에서 대축전의 서울과 평양 동시 개최 및 상호방문을 주장하다가, 북측이 서울 방문은 곤란하다고 주장하자, 민간교류의 활성화가 절실히 요구되는 현실 등을 고려해서 북측의 입장을 받아들여, 행사를 남북에서 동시에 개최하되 남측에서만 300명 상당이 방북하기로 합의하였으나, 북측이 행사 장소에 관하여 '조국통일 3대헌장 기념탑'(이하 '3대헌장 기념탑'이라고 한다) 앞을 고수한 사실, 우리 정부는 3대헌장 기념탑 앞에서 북한이 개최하는 행사에 우리 방북단이 참석하는 것은 북한의 통일방안을 지지하는 것으로 평가되어 북한의 정치 선전·선동에 이용당할 우려가 있으므로 3대헌장 기념탑에서의 행사 개최는 절대로 허용할 수 없다는 판단에 따라, 2001.8.13. 추진본부 측에 방북 불허 통보를 한 사실, 그러자 북한은 2001.8.14. "3대헌장 기념탑 앞에서 개최하기로 한 대축전 개막식 행사를 남북 공동 개최가 아닌 북한 측의 단독개최로 하고 남측 방북단은 참관만 하는 형식으로 하자"는 취지의 통보를 하였고, 이에 정부는 2001.8.14. 16:00경 "승인받은 방북목적 외 정치적 논의 또는 합의서 채택 금지, 3대헌장 기념탑 관련행사 참여금지, 안전사고 및 관련법규 위반시 책임감수"를 조건으로 394명에 대하여 방북을 승인하였고, 피고인은 통일연대 정책위원장의 지위에서 방북자에 포함되어 방북하게 된 사실, 정부는 그 직후 추진본부 상임집행위원장 김종수 등 4명으로부터 위와 같은 방북승인조건을 준수한다는 확약서를 제출받았고, 또 2001.8.14. 21:00경부터 22:00경까지 명동성당 3층 가톨릭회관에서 피고인을 프함한 교육 참석자들을 대상으로 방북 시 유의사항 및 방북 승인 조건을 교육하였으며, 김종수도 교육 직후 교육 참석자들에게 이번 방북이 위와 같은 조건부 방북 승인에 따라 이루어지는 것이라고 설명한 사실, 김종수는 2001. 8.15. 피고인 등 방북단이 탑승한 비행기 내에서 3대헌장 기념탑에서의 행사에 참가해서는 안된다고 고지하였고, 같은 날 16:00경 북한에 도착한 후 평양 고려호텔 1층 로비에서 방북단에게 3대헌장 기념탑에서의 행사에 참가해서는 안된다고 대차 고지한 사실, 그러나 방북단의 지도부가 고려호텔에 도착한 후 북측으로부터 대축전의 개막실 행사 참석을 종용받고 위 개막식 행사 참석 여부에 관하여 분명한 입장을 보이지 못하는 사이에, 방북단 중 피고인 등 150여 명은 같은 날 18:20경 북한 측이 미리 준비한 버스를 이용하여 고려호텔을 출발, 19:00경 통일의 거리에서 하차한 다음 그곳에서부터 3대헌장 기념탑까지 민주노총과 한국노총 등의 깃발을 앞세우고 행진하면서 '조국통일', '민족자주' 등을 연호하는 평양 시민들에게 손을 흔들면서 답례하고, 19:20경 3대헌장 기념탑 앞에 도착하여 미리 준비되어 있는 연단 옆 좌석에 앉은 후 곧바로 시작된 대축전 개막식에서 북측 준비위원장 김영성의 개막선언, 김영대 최고인민위원회 상임위원회 부위원장의 "자주성이 민족의 생명이며 어떤 경우에도 양보할 수 없는 민족의 최고이익"이라는 취지의 연설 및 안경호 조평통 부위원장의 "김정일 국방위원장이 방러에 앞서 미군철수와 6·15선언 이행을 강조하신 것은 우리 민족의 자주통일 의지의 원칙적 입장을 밝힌 것이다"라는 취지의 연설에 호응하여 박수를 치는 등의 행동을 한 사실을 인정할 수 있는바, 피고인은 북한 문제와 통일 문제의 전문가로서 3대헌장 기념탑의 의미와 성격을 잘 알고 있었을 뿐만 아니라 정부가 3대헌장 기념탑에서의 행사를 금지하는 이유를 충분히 이해하고 있었고, 방북 전 교육 등을 통하여 3대헌장 기념탑에서의 행사금지방침을 인식하고 있었다고 볼 것이고, 피고인의 위와 같은 행위는 단순히 의례적으로 참관한 것에 불과하다고 볼 수 없으며, 북한은 남한에서 대학교수인 지식인이자 각종 사회단체의 주도자의 지위에 있는 피고인을 포함한 대규모 방북단이 북한의 3대헌장에 입각한 통일원칙을 지지하고 있다고 선전·선동함으로써 국가의 존립·안전이나 자유민주적 기본질서를 위태롭게 할 수 있다고 볼 것이고, 피고인은 그러한 정을 알면서 위와 같은 행위를 함으로써 3대헌장에 입각한 통일원칙을 선전·선동하려는 반국가단체인 북한 및 그 구성원의 활동에 동조한 것이라고 인정되므로, 피고인의 이 부분 주장도 이유 없다.

(4) 원심판결의 범죄사실 제4항에 관하여

(가) 피고인이 범의를 부인하는 경우에는 이러한 주관적 요소로 되는 사실은 사물의 성질상 범의와 상당한 관련성이 있는 간접사실 또는 정황사실을 증명하는 방법에 의하여 이를 입증할 수밖에 없으며, 이때 무엇이 상당한 관련성이 있는 간접사실에 해당할 것인가는 정상적인 경험칙에 바탕을 두고 치밀한 관찰력이나 분석력에 의하여 사실의 연결상태를 합리적으로 판단하는 방법에 의하여야 한다(대법원 2006.2.23. 선고 2005도8645 판결 등 참조).

(나) 원심이 적법하게 채택하여 조사한 증거들에 의하면, 피고인이 2001. 8.17 16:30경 방북단과 함께 김일성의 생가인 만경대를 방문하여 북측 안내원으로부터 만경대의 유래, 김일성의 일생 및 업적 등에 관한 설명을 듣고 그 안내에 따라 김일성 생가, 기념관을 차례로 둘러본 후, 그곳 테이블에 비치되어 있던 방명록에 "만경대정신 이어받아 통일위업 이룩하자"고 기재한 사실을 인정할 수 있고, 위 인정사실과 피고인이 사용한 '만경대정신'이라는 용어는 북한에서도 사용하고 있지 않는 것으로서, 피고인이 독창적으로 사용한 것이지만, 만경대는 김일성의 생가로서, 김일성이 항일 무장투쟁의 주축으로 그가 이끈 빨치산 세력을 중심으로 한 북한정권이 민족사적 정통성이 있고, 김일성이 창시한 주체사상의 기치에 따라 북한의 사회주의

체제가 고난과 역경을 극복하였다는 것을 대내외에 선전하기 위하여 성역화시킨 장소인 점, 피고인이 북한 문제 전문가로서 그러한 사정을 잘 알고 있었던 점, 또 피고인이 방북하기 전 원심판결의 범죄사실 제2항과 같이 서울대학교, 고려대학교 및 경북대학교에서 각 개최된 주체사상 토론회에서 주체사상을 긍정적으로 평가하면서 주체사상의 핵심인 대외적 자주노선과 대내적 주체노선을 받아들이자고 주장하였던 점 등 만경대가 가지는 정치적 의미, 피고인의 전문분야 및 사회적 활동 내용, 피고인이 방명록에 위와 같이 기재하게 된 경위 등을 종합하여 객관적으로 볼 때, 피고인은 김일성정신, 즉 주체사상을 염두에 두고 '만경대정신'이라는 용어를 사용하였다고 볼 것이고, 만경대 학원을 떠올려 항일정신의 민족정기를 염두에 두고 '만경대정신'이라는 용어를 사용하였다는 피고인의 변소는 만경대 학원이 혁명열사유자녀 등 고위간부의 자녀를 입학시켜 주체사상 등을 교육시키는 곳이고, 위 학원에서 배출된 자들은 주체사상의 핵심신봉자가 되는 점 등에 비추어 받아들이기 어려우며, 북한이 남한에서 대학교수인 지식인이자 각종 사회단체의 주도자의 지위에 있는 피고인이 주체사상을 지지하고 있다고 선전·선동함으로써 국가의 존립·안전이나 자유민주적 기본질서를 위태롭게 할 수 있다고 볼 것이고, 피고인은 그러한 정을 알면서 만경대 방명록에 위와 같은 문언을 기재함으로써 주체사상의 창시자인 김일성을 찬양하면서 통일을 위해서는 주체노선을 견지하여야 한다고 선전·선동하고 있는 반국가단체인 북한의 활동에 동조하였다고 인정되므로, 피고인의 이 부분 주장 역시 이유 없다.

(5) 논문 등의 이적 동조 여부 및 논문 등이 헌법상의 학문의 자유의 범위 내에 있는지에 관하여

(가) 논문 등의 이적동조 여부에 관하여

① 원심판결의 범죄사실 제1항에 관하여

㉮ 국가보안법상 이적표현물로 인정되기 위하여는 그 표현물의 내용이 국가보안법의 보호법익인 대한민국의 존립·안전과 자유민주주의 체제

를 위협하는 적극적이고 공격적인 것이어야 하고, 표현물에 이와 같은 이적성이 있는지 여부는 표현물의 전체적인 내용뿐만 아니라 그 작성의 동기는 물론 표현행위 자체의 태양 및 외부와의 관련사항, 표현행위 당시의 정황 등 모든 사정을 종합하여 결정하여야 한다(대법원 2004.8.30. 선고 2004도3212 판결, 대법원 2004.7.22. 선고 2002도539 판결, 대법원 1992.3.31. 선고 90도2033 전원합의체 판결 참조).

그리고 국가보안법 제7조 제5항 위반의 죄는, 그 법문이 표현하고 있는 바와 같이 제1항 내지 제4항의 행위를 할 목적으로 문서 등 이적표현물을 취득·소지·제작·반포 등의 행위를 하는 것으로서 이른바 목적범임이 명백하므로 고의 외에 별도로 초과주관적 위법요소인 목적이 요구되는 것이고, 행위자가 표현물에 대한 이적성을 인식하고 위와 같은 행위를 하였다고 하더라도 같은 조 제1항 내지 제4항의 이적행위를 할 목적이 인정되지 아니하면 그 구성요건은 충족되지 않는 것이며, 같은 조 제1항 내지 제4항의 이적행위를 할 목적은 같은 법 제1항 내지 제4항의 행위에 대한 적극적 의욕이나 확정적 인식까지는 필요 없고 미필적 인식으로 족한 것이므로 표현물의 내용이 객관적으로 보아 반국가단체인 북한의 대남선전·선동 등의 활동에 동조하는 등의 이적성을 담고 있는 것임을 인식하고, 나아가 그와 같은 이적행위가 될지도 모른다는 미필적 인식이 있으면 그 조항의 구성요건은 충족된다고 할 것인바, 객관적으로 반국가단체인 북한의 대남선전·선동 등의 활동에 동조하여 반국가단체나 그 활동을 이롭게 하거나 그 이익이 될 수 있는 내용이 담겨 있는 이적표현물을 그와 같은 인식을 하면서도 이를 취득·소지 또는 제작·반포하였다면 그 행위자에게는 위 표현물의 내용과 같은 이적행위가 될지도 모른다는 미필적 인식은 있는 것으로 추정되는 것이고, 따라서 학문적인 연구나 오로지 영리 추구 및 호기심에 의한 것이라는 등의 그 이런 목적이 없었다고 보여지는 자료가 나타나지 않는 한 초과주관적 위법요소인 목적의 요건은 충족되는 것이다(대법원 2003.3.11. 선고 2002도4665 판결, 대법원 2002.11.22. 선고 2002도2246 판결, 대법원 1992.3.31. 선고 90도2033 전원합의체 판결 참조).

㈏ 그리고 북한이 대남적화통일을 기본목표로 설정하고 변증법적 유

물론의 역사관에 서서 한국의 역사를 지배계급에 대한 피지배계급의 계급투쟁으로 규정하고 있으며, 대남민족해방과 인민민주주의 혁명전략의 목적을 달성하기 위한 전술로 남한이 미제국주의에 종속된 식민지이고 남한정권이 반동적 파쇼정권이라고 매도하면서 남한의 노동자, 농민을 혁명의 주력군으로, 지식인, 청년학생, 도시소시민에 이르는 각계각층을 그 보조군으로 삼아서 반미, 반정부 통일전선을 형성하여 폭력, 비폭력, 합법, 반합법, 비합법 등의 모든 수단을 써서 미제국주의와 파쇼세력 및 매판자본가를 타도하여야 한다고 선전, 선동하고 통일방안으로 연방제를 제의하면서 그 선결조건으로 남한에서의 반공정권 퇴진, 반공정책과 국가보안법 폐지, 미국과 북한 간의 평화협정 체결 및 주한미군 철수 등을 내세우고 있는 외에 제3국의 공작거점 및 해외 반한 교민단체를 전위조직으로 하여 위장평화공세를 전개함과 아울러 국내 반정부 인사 및 운동권 학생을 입북시켜 연공통일전선을 구축하고자 획책하고 있음은 공지의 사실이다(대법원 1996.12.23. 선고 95도1035 판결 참조).

㈐ 원심에서 적법하게 채택하여 조사한 증거들에 의하면, 피고인은 2000.10.경 「한국전쟁과 민족통일」이라는 논문을 제작하여 이를 『경제와 사회』 겨울호에 게재되도록 한 사실, 피고인은 위 논문에서 6·25전쟁은 민족자주세력과 외세의존세력 간의 조국통일해방전쟁의 성격을 띤 내전임에도 미국이 위 전쟁에 직접적인 개입을 자제하거나 또는 자국을 방어할 의도로 정당하게 개입한 것이므로, 6·25전쟁에 대하여 김일성에게 전적인 책임을 지울 수는 없고, 오히려 미국에게 그 책임이 있다고 주장한 사실을 인정할 수 있고, 위 인정사실에다가 피고인이 위 논문에서 북한과 소련 및 중국의 책임은 의도적으로 축소하거나 언급을 하지 아니하고, 남한과 미국의 책임만 부각시키고 있는 점, 또한 피고인이 위 논문에서 6·25전쟁은 '통일전쟁', '민족해방전쟁', '통일혁명전쟁'이라고 서술하면서 '북한의 기습적인 침략전쟁으로 보기 힘들다'고 서술하고, 또 북한은 '민족자주세력'이고, 남한은 '외세의존, 반혁명, 반민중세력'으로 대비하여 서술하고, 미국의 참전은 '남의 순수내전에 불법적으로 개입한 것으로서 침략행위'이고, 중국의 참전은 '우방을 돕기 위한 방어적인 성격'을 띠며, 소련의 관여는 '동맹

적 수준의 동의와 지원'으로 평가되어야 한다고 대비하여 서술한 점 등을 종합하여 보면, 위 논문의 내용은 대한민국의 존립·안정과 자유민주주의 체제를 위협하는 적극적이고 공격적인 것이라고 볼 수 있고, 피고인이 북한 문제와 통일 문제의 전문가라는 점에 비추어 볼 때, 피고인은 위 논문이 이적표현물임을 인식하면서 이를 제작·반포하였다고 인정되므로 미필적 인식으로서의 목적 또한 있었다고 보아야 할 것이다.

② 원심판결의 범죄사실 제2항에 관하여
㉮ 국가보안법 제7조 제1항이 규정하고 있는 이적동조라 함은 반국가단체나 그 구성원 또는 지령을 받은 자의 선전·선동 및 그 활동과 동일한 내용의 주장을 하거나 이에 합치되는 행위를 함으로써 그들의 활동에 호응, 가세하는 것을 말한다(대법원 2003.9.23. 선고 2001도4328 판결, 대법원 1999.9.3. 선고 99도2371 판결 참조).
㉯ 원심이 적법하게 채택하여 조사한 증거들에 의하면, 피고인은 2001.4. 초순경 서울대학교 총학생회 측으로부터 주체사상 토론회에 참석하여 주체사상의 형성·발전과정에 관하여 발표하여 달라는 부탁을 받고 「주체사상은 어떻게 형성·발전되었는가」라는 강연자료를 작성하여 미리 서울대학교 총학생회 측에 전달하여 주고, 2001.4.23. 서울대학교 문화관에서 개최된 주체사상 토론회에 참석하여 약 150여 명의 학생 및 일반인 등을 상대로 위 강연자료로 강연한 사실, 피고인은 2001.5. 초순경 고려대학교 총학생회 측으로부터 주체사상 토론회에 참석하여 달라는 부탁을 받고 「이북사회 자주노선의 의미와 그 배경」이라는 강연자료를 작성하여 미리 고려대학교 총학생회 측에 전달하여 주고, 2001.6.13. 고려대학교 경영관에서 개최된 주체사상 토론회에 참석하여 약 200여 명의 학생 및 일반인 등을 상대로 위 강연자료로 강연한 사실, 피고인은 2001.7. 말경 경북대학교 총학생회 측으로부터 주체사상 토론회에 참석하여 달라는 부탁을 받고 「주체사상이 이북사회에 미친 영향」이라는 강연자료를 작성하여 미리 경북대학교 총학생회 측에 전달하여 주고, 2001.8.8. 경북대학교 전산소에서 개최된 주체사상 토론회에 참석하여 약 100여 명의 학생 및 일반인 등을 상대

로 위 강연자료로 강연한 사실, 피고인은 위 각 자료에서 90년대 초반 동구 사회주의 체제의 몰락에도 '공화국'이 생존권을 누릴 수 있었고, '고난의 행군' 기간을 극복할 수 있었던 것은 주체사상 때문이라고 분석한 뒤, 미 제국주의 중심의 외세와 사대주의 반민족 세력이 가로막고 있는 민족통일을 위해서는 남북주도를 통한 한반도 문제의 한반도화라는 대내적 주체노선을 강화하고 주체사상의 핵심인 대외적 자주노선과 대내적 주체노선이 오늘날 통일성취시대의 길잡이 역할을 하여야 한다고 주장한 사실을 인정할 수 있고, 위 인정사실에다가 피고인이 위 각 자료에서 주체사상의 일부 내용인 대외적 자주노선과 대내적 주체노선만을 긍정적으로만 평가하면서 이를 주체사상의 핵심내용이라고 부각시키고 있을 뿐, 주체사상 중 진정한 핵심내용인 수령론 등 나머지 내용과 위 대외적 자주노선과 대내적 주체노선의 부정적인 측면에 관하여는 전혀 논급하지 아니하였고, 또한 단순히 주체사상을 분석·평가하는 것을 넘어 적극적으로 주체사상의 핵심인 대외적 자주노선과 대내적 주체노선을 통일의 길잡이로 받아들이자고 주장하고 있는 점, 그밖에 피고인이 위 강연자료에서 북한과 관련한 제반표현에 있어서 '공화국', '생존권', '고난의 행군'('주체사상은 어떻게 형성·발전되었는가?'), '자주 또는 주체의 나라라는 명성', '제3세계의 귀감', '가열차게', '의연하게', '끈질긴 생명력', '군건히'('이북사회 자주노선의 의미와 그 배경'), '공화국', '민족정통성', '정당성', '생존권'('주체사상이 이북사회에 미친 영향')이라는 문언을 사용한 반면, 남한과 미국과 관련한 제반표현에 있어서는 '압살정책', '황야의 무법자', '폭력중심의 세계지배질서', '종속적 신자유주의 경제정책, 반통일의 주범'('주체사상은 어떻게 형성·발전되었는가'), '투쟁 대상국', '미 제국주의 중심의 외세', '사대주의 반민족 세력'('이북사회 자주노선의 의미와 그 배경')이라는 문언을 사용한 점, 피고인이 위 각 강연자료를 제작하게 된 경위 등을 종합하여 보면, 피고인은 위와 같이 각 강연함으로써, 국가의 존립·안전이나 자유민주적 기본질서를 위태롭게 한다는 정을 알면서도 통일을 위해서는 자주적 주체노선의 입장에서 외세 및 남한 사회의 친미사대주의 세력을 척결하여야 한다고 선전·선동하고 있는 반국가단체인 북한의 활동에 동조하였다고 인정된다.

③ 원심판결의 범죄사실 제5항에 관하여

원심이 적법하게 채택하여 조사한 증거들에 의하면, 북한이, 남한은 국제법상 실효성의 원칙과 응고된 원칙에 의해 북방한계선은 군사분계선이고 영해선이라고 억지주장을 하고 있지만, 1970년대 이후 유엔해양법이 12해리 영해를 채택하면서 북방한계선이나 서해 5도 주변해역은 북한의 영해로 분류될 수 있게 되었다고 주장하고 있는 사실, 북한은 그러한 주장에 기하여 1999.9.경 새로운 해상군사분계선을 선포하고, 2000.3.23. 남한은 북한이 설정한 두 개의 수로만을 통하여 서해 5도로 통항하라는 '5개 섬 통항질서'를 선포한 사실, 또한 북한이 서해교전이 남한의 선제공격에 의한 것으로 남한의 호전세력과 미국이 주도하여 한반도 전쟁위기를 조장하고 있다고 주장하고 있는 사실, 1999.6.15. 제1차 서해교전이 있은 이후 2002.6.29. 제2차 서해교전이 발발하자, 피고인은 2002.6.29.경부터 2002.8.경까지 「서해교전과 맹목적 냉전성역의 허구성」이라는 기고문을 작성하여 이를 『진보평론』 2002년 가을호(13호)에 게재되도록 하고, 2002.9.24.경 피고인의 홈페이지 중 '짧은 글 모음'란에 위 기고문을 게재한 사실, 피고인은 위 기고문에서 북방한계선은 북한의 영해에 불법적으로 설정된 것이고, 북한의 서해 5도 통항질서 선포는 정당하며, 서해교전은 불법적인 북방한계선에서 비롯된 것으로 한국 측에서 밀어붙이기식 선제공격을 가하여 발생한 것이라고 주장한 사실을 인정할 수 있고, 위 인정사실에다가 피고인이 위 기고문에서 북방한계선 및 서해교전에 관한 북한의 위와 같은 주장을 적시하면서도 피고인도 그와 같은 결론을 도출하고 있는 점, 2002.7.9.자 북한 노동신문에 "남의 집 마당에 주인도 모르게 금을 그어 놓고 거기까지가 자기 마당이라고 우긴다고 하여 주인이 바뀔 수야 없지 않는가"라고 기재되어 있고(2005고단7068호에 관한 증거기록 중 제6권 제3048쪽), 피고인의 위 기고문에 "남한이 북방한계선을 영해선이나 해상군사 분계선 및 해상포위선으로 설정하는 것은 마치 남의 집 안마당에 무단으로 줄을 그어 그 한쪽을 불법점거한 셈이 된다"라고 기재되어 있는 점, 또 피고인이 위 기고문을 제작·게재하게 된 경위 등을 종합하여 보면, 피고인은 위와 같이 피고인의 홈페이지에 위 기고문을 게재함으로써 국가의 존립·안전이나 자유민주적 기본질서를 위태롭게 한다는 정을 알면서 반국가단체인 북한의 활동에 동조하였다고 인정되고, 피고인이 위 기고문의 결론 부분에서 서해교전과 같이 서해 5도 주변해역에서의 무력충돌은 민족공멸을 자초하므로, 서해 5도 주변해역을 평화 및 통일해역과 공동어로 구역으로 설정하자고 서술하였다고 하더라도 달리 볼 것은 아니다.

④ 원심판결의 범죄사실 제6항에 관하여

원심이 적법하게 채택하여 조사한 증거들에 의하면, 피고인은 2004. 2.경 일부 사회단체들이 주한미군의 평택기지 이전반대를 요구하는 상황에서, 「주한미군이 우리 안보를 지켜준다고」라는 기고문을 작성하여 2004. 3. 1.경 『작은 책』(도서출판 '일하는 사람들의 작은 책' 발행)에 게재되도록 한 사실, 피고인은 위 기고문에서 조선의 해방에 직접적으로 도움을 준 나라는 미국이 아니라 소련이고, 미국이 주도하여 한반도를 분단하였기 때문에 6·25전쟁이 일어난 것이며, 6·25전쟁은 내전으로 북한 지도부가 시도한 통일전쟁이었으므로 만약 미국이 개입하지 않았으면 한 달 이내로 전쟁이 끝나 남북이 공산화되었을 것이고 이는 역사의 필연이었으며, 북한이 아니라 주한미군이 한반도 전쟁위기를 불러오는 주범이라고 주장한 사실을 인정할 수 있고, 위 인정사실에다가 피고인이 위 기고문에서 6·25전쟁에 관하여는 '통일전쟁'이라는 문언을 사용하고, 소련에 관하여는 '조선의 해방에 도움을 주었다'고 서술하고, 남한에 관하여는 '강도를 돕는 공범자', '자발적 노예주의'라는 문언을 사용하고, 미국에 관하여는 '조선을 분단시켰다', '분단을 주도한 원흉', '6·25전쟁의 원인제공자', '살상과 파괴의 주범', '한반도 전쟁위기를 불러오는 주범', '사기꾼', '강도행위', '노골적인 위협'이라는 문언을 사용한 점, 피고인이 위 기고문을 제작하게 된 경위 등을 종합하여 보면, 피고인은 위와 같이 위 책자에 위 기고문이 게재되도록 함으로써 국가의 존립·안전이나 자유민주적 기본질서를 위태롭게 한다는 정을 알면서, 6·25전쟁을 민족해방전쟁이라고 규정하면서 제국주의인 미국에게 한반도 분단 및 6·25전쟁의 책임이 있고, 주한미군의 존재가 우리 민족의 자주성을 짓밟고 한반도전쟁위기를 조장하고 있으므로 즉각 철수하여야 한다고 주장하는 반국가단체인 북한의 활동에 동조하였다고 인정된다.

⑤ 원심판결의 범죄사실 제7항에 관하여

원심이 적법하게 채택하여 조사한 증거들에 의하면, 피고인은 미국 하원 국제관계위원회의 하이드 위원장이 2005.3.10. 국제관계위원회 청문회에서 "한국은 누가 주적인지 분명히 말하라"는 취지의 발언을 하자, 2005. 3.16.경「그래 주적이 누구인지 분명히 말하마」라는 기고문을 작성하여 같은 날 인터넷 신문『데일리 서프라이즈』에 게재되도록 한 사실, 피고인은 위 기고문에서 우리나라는 미국의 신식민지 지배하에 있고, 미국에 의해 한반도의 분단과 전쟁이 강요되었으며, 미국이 휴전 이후 최근에 이르기까지 9회에 걸쳐 한반도에서 전쟁위기를 야기하였다고 서술하면서 그 구체적인 예를 들고, 미국이 북핵 위기를 야기하여 우리 민족을 전쟁의 위기에 몰아넣고 있으므로 미국이 우리나라의 주적이라고 주장한 사실을 인정할 수 있고, 위 인정사실에다가 피고인이 위 기고문에서 북한에 관하여는 '한반도 전쟁의 주범이거나 주적이 아니다'라고 기술한 반면, 남한에 관하여는 '자발적 노예주의라는 불치병', '대미 예속적 고리', '숭미론적 노예주의', '공미론적 자폐주의'라고 표현하고, 미국에 관하여는 '식민지 총독', '제2의 6·25 동족상잔을 강요', '분단과 전쟁을 강요', '끔찍한 음모의 덫을 걸고 있다', '그래 주적은 바로 너 미국이다', '한반도에서 전쟁을 일으켜 우리 민족을 죽이려는 전쟁주범', '방해책동'이라고 표현하고 있는 점, 피고인이 위 기고문을 제작하게 된 경위 등을 종합하여 보면, 피고인은 위와 같이 위 인터넷 신문에 위 기고문이 게재되도록 함으로써 국가의 존립·안전이나 자유민주적 기본질서를 위태롭게 한다는 정을 알면서도, 남조선은 미제의 식민지로서 자주성을 상실하였으므로 반미자주화 투쟁을 힘차게 벌여나가 민족의 자주성을 회복하고, 미국이 한반도 전쟁위기를 조장하여 우리 민족을 말살하려 하고 있으므로 민족공조로 미제국주의 세력을 한반도에서 축출하여야 한다고 주장하는 반국가단체인 북한의 활동에 동조하였다고 인정된다.

⑥ 원심판결의 범죄사실 제8항에 관하여

원심이 적법하게 채택하여 조사한 증거들에 의하면, 피고인은 인천통일연대 등 일보 단체들이 맥아더동상 철거를 주장하는 상황에서, 2005.6.30. 경 인천통일연대가 주최하는 '한국전쟁의 역사적 재조명과 맥아더의 재평가' 토론회에서 주제발표를 맡아달라는 부탁을 받고, 위 토론회에서 "6·25 전쟁은 통일전쟁으로 분단 때문에 일어났기에 분단을 주도한 원흉인 미국이야말로 6·25전쟁의 원인제공자이고, 미국이 개입하지 않았다면 한국전쟁에서 최소한 400만 명 이상의 사상자가 발생하지 않았을 것이며, 생명은 인론을 주장하는 사람들은 통일 이후 숙청대상이었으나 미국으로부터 목숨을 구한 친일민족반역자에 불과하다. 맥아더의 본색을 알면 당장 맥아더동상을 부숴야 한다"고 주장한 사실, 피고인은 또 2005.7.26. '맥아더를 알기나 하나요'라는 기고문을 작성하여 그 무렵 인터넷 신문 '데일리 서프라이즈'에 게재되도록 한 사실, 피고인은 위 기고문에서 미국이 독단적으로 38선 분단을 결정하였고, 맥아더는 위 '분단 집행의 질달리'이며, 미국이 점령군으로서 직접적인 군사통치를 한 남쪽은 그에 반대한 좌익의 투쟁으로 혼란의 연속이었고 토지개혁과 친일파 청산이 이루어지지 않아 정통성을 결여한 반면, 소련이 해방군으로서 간접적인 통치를 한 북쪽은 혼란 없이 토지개혁과 친일파 청산이 이루어졌고, 미국이 주도하여 한반도를 분단하였기 때문에 6·25전쟁이 발생한 것이며, 6·25전쟁은 내전으로 북한 지도부가 시도한 통일전쟁이었으므로 만약 미국이 제국주의적으로 개입하지 않았으면 한 달 이내로 전쟁이 끝나 피해가 최소화되었을 것인데 맥아더라는 전쟁광 때문에 수백만 명이 더 죽게 되었다고 주장한 사실을 인정할 수 있고, 위 인정사실에다가 피고인이 위 기고문에서 북한에 관하여는 '진통과 혼란이 없이 안정을 누렸으며 친일청산과 대대적인 사회경제개혁이 이뤄졌다'고 기술한 반면, 남한에 관하여는 '인민항쟁과 야산대와 유격대 투쟁 등 수많은 항쟁과 전투와 폭동의 연속이었다. 그 결과 6·25전쟁 직전부터 무려 10만 명의 희생이 발생했다', '분단 국내비호세력인 정치·관료 친일세력의 대부가 이승만이었다'라고 기술하고 있는 점, 또한 피고인은 위 기고문에서 6·25전쟁에 관하여 '통일전쟁'이라고 기술하고, 남한에 관하여는 '이승만정부의 체계적인 민간인 학살'이라고 표현하고, 미국에 관하여는 '동북아 파시스트 후견인', '한반도의 분단을 주도하고 강제한 장본인',

'제국주의적 개입', '대량살상무기에 의한 무차별 학살', '한반도 전쟁위기를 몰고 오는 주범', '생명을 앗아간 원수'라고 표현하고, 맥아더에 관하여는 '38선 분단 집행의 집달리', '과대망상을 하는 전쟁광', '인류의 적', '원자탄 26개로 한반도 종말을 기도한 사람', '민간인 학살책임자'라고 표현하고 있는 점, 피고인이 위 기고문을 제작하게 된 경위 등을 종합하여 보면, 피고인은 위와 같이 주제발표를 하고, 위 인터넷 신문에 위 기고문이 게재되도록 함으로써 국가의 존립·안전이나 자유민주적 기본질서를 위태롭게 한다는 정을 알면서, 미군은 우리 민족을 억압하고 자주성을 훼손하는 제국주의 첨병으로서 점령군인 반면 소련군은 우리 민족의 반제국주의 투쟁에 도움을 준 해방군이고, 일제에 이어 미제의 식민지로 전락한 남쪽은 민족사적 정통성이 없는 반면 해방 이전 김일성의 독립투쟁을 이어받아 토지개혁과 친일파 청산에 성공한 북쪽이 정통성 있는 정권이며, 6·25전쟁을 민족해방전쟁이라고 규정하면서 제국주의인 미국에 한반도 분단 및 6·25전쟁의 책임이 있고, 주한미군의 존재가 우리 민족의 자주성을 짓밟고 한반도 전쟁위기를 조장하고 있으므로 즉각 철수시켜야 한다고 주장하는 반국가단체인 북한의 활동에 동조하였다고 인정된다.

(나) 논문 등이 헌법상의 학문의 자유의 범위 내에 있는지에 관하여

학문의 자유는 헌법이 보장하는 기본적인 권리이기는 하지만 아무런 제한이 없는 것은 아니고, 헌법 제37조 제2항에 의하여 국가의 안전보장, 질서유지 또는 공공복리를 위하여 필요한 경우에는 그 자유와 권리의 본질적인 내용을 침해하지 아니하는 범위 내에서 제한할 수 있는 것이며(대법원 2000.5.30. 선고 2000도1226 판결 참조), 특히 북한이 여전히 우리나라와 대치하면서 우리나라의 자유민주주의 체제를 전복하고자 하는 적화통일노선을 완전히 포기하였다는 명백한 징후를 보이지 않는 현 상황에서 반국가단체인 북한의 선전·선동에 동조하는 자유는 국가의 안전보장을 위하여 제한할 수밖에 없다.

그리고 학문의 자유에 있어서, 내면적 자유인 연구의 자유는 학문의 자유의 본질적인 내용에 해당하여 제한할 수 없다고 하겠지만, 대외적 표현

의 자유는 헌법 제37조 제2항에 따라 국가의 안전보장, 질서유지 또는 공공복리를 위하여 필요한 경우에 제한할 수 있고, 국가보안법 제7조 제1항, 제5항이 이러한 제한에 해당한다고 볼 것이다. 대법원은 헌법상 학문의 자유는 순수하게 진리탐구를 목적으로 하는 경우에 한하여 인정되는 것이므로 반국가단체의 활동을 찬양, 고무하거나 이에 동조한다는 인식 아래 발언을 하고 글을 발표하는 행위는 이미 학문활동이라 할 수 없다고 판시한 바 있다(대법원 1986.9.23. 선고 86도1499 판결, 대법원 1991.7.9. 선고 91도1090 판결 참조).

위에서 인정한 이 사건 논문 등이 반포·강연·게재된 경위 및 피고인의 사회단체 활동 내용 등에 비추어 볼 때, 이 사건 논문 등은 이미 피고인이 절대적으로 누릴 수 있는 연구의 자유의 영역을 벗어나 위와 같은 제한의 대상이 될 수 있게 되었다고 볼 것이고, 또 피고인이 북한 문제와 통일 문제를 연구하는 학자로서 순수한 학문적인 동기와 목적 아래 위 논문 등을 제작·반포하거나 발표하였다고 볼 수 없을 뿐만 아니라, 위에서 본 바와 같이 피고인은 반국가단체의 활동에 동조한다는 인식 아래 이 사건 논문 등을 제작·반포하거나 발표한 것이어서 그것이 헌법이 보장하는 학문의 자유의 범위 내에 있다고 볼 수 없다.

(다) 소결론

결국 피고인의 이 부분 각 주장도 모두 이유 없다.

나. 피고인 및 검사의 각 양형부당 주장에 관한 판단

피고인은 2001.8.21. 원심판결 범죄사실 제1 내지 4항의 범죄사실로 구속된 뒤 2001.9.20. 그 범죄사실로 기소되어 그 1심 재판이 진행되던 중, 2001.10.11. 보석으로 석방되었는데, 피고인은 그 이후로도 2002.8. 말경부터 2005.7.26.까지 원심판결 범죄사실 제5 내지 8항의 반국가단체 동조행위를 계속적·반복적으로 저질러 그 범죄사실로 추가 기소되었다. 피고인의 이 사건 각 범죄행위 자체만을 놓고 보더라도, 그 각 내용이 다른 국가보안법상의 이적동조사건의 범죄내용보다 훨씬 중할 뿐만 아니라, 그 태양도 매우 자극적·선동적·공격적이고, 그 정도도 지속적으로 심화된 점에서 죄질이 나쁘고, 피고인의 범정도 매우 중하다. 피고인의 이와 같은 범죄행위가 대학생들뿐만 아니라 일반 대중에게까지 국가의 정체성과 가치관에 관하여 혼란을 일으키도록 함으로써 크게 악영향을 미쳤고, 그로 말미암아 우리 사회의 이른바 남남갈등이 심각하게 우려하여야 할 정도에 이르기까지 심화되었으며, 피고인의 선동적 발언과 논문 등의 게재에 영향을 받아 일부 학생과 대중 등은 실제로 공공질서파괴의 폭력적 범죄행위로까지 나아가기도 하였다. 그런데도 피고인은 학문의 자유라는 미명으로 자신의 모든 죄책을 가리려고만 하면서 범죄행위를 전혀 반성하지 않고 있고, 이러한 피고인의 태도에 비추어 볼 때, 피고인이 향후 유사한 내용의 범죄를 저지를 개연성이 높다고도 보인다. 그리고, 남북 분단 이후 우리나라의 민주화와 경제성장을 통하여 우리의 헌법이 채택하고 있는 자유민주주의와 시장경제제도가 북한의 공산당 독재체제와 사회주의 경제제도보다 훨씬 우월하다는 것이 명백히 실증되었고, 그러한 상황에서의 자신감의 발로로 사상과 학문분야에서 과거보다 전향적인 성향의 의견이 표출되고 있으며, 우리의 자유민주주의 체제가 사상·언론·출판·학문 등의 자유를 보장하는 범위 내에서 이러한 현상을 큰 부작용 없이 받아들일 수 있게 된 것은 사실이라고 볼 수 있지만, 북한이 여전히 우리나라와 대치하면서 적화통일노선을 완전히 포기하지 않고 이를 고수하면서 우리의 자유민주주의 체제를 전복하고자 획책하고 있고, 지속적으로 이념공세를 가하여 오고 있는 한편 선군정치를 내세워 계속적으로 장거리 미사일을 개발하고, 심지어 2006년도에는 핵실험을 하는 등 군사력의 강화를 기도하고 있어 우리나라의 자유민주주의 체제에 대한 최대의 실존적 위협이 되고 있는 상황에서, 그에 맞서 우리의 자유민주주의 체제에 대한 최대의 실존적 위협이 되고 있는 상황에서, 그에 맞서 우리의 자유민주주의 체제를 방어하기 위하려는 추호의 방심도 용납하지 않고 반국가단체인 북한에 동조하는 행위를 엄히 처벌하여 일반예방의 효를 달성할 수 있도록 하여야 할 필요가 있다. 그리고 피고인이 많은 후학들에게 깊은 영향을 줄 수 있는 대학교수이자, 대중의 여론을 조성하고자 설립된 각종 사회단체의 주도자로서 우리 사회의 지도층이라고 할 수 있는 사람인 점에서, 피고인에 대하여는 그에 상응하는 법적 책임을 일반인에 비하여 더욱 엄격히 물어야 할 필요성이 있다. 이러한 점에서 피고인에 대하여 엄중한 형을 선고하여야 한다고 볼 수 있다.

그런데, 현재의 시대적 상황을 보면, 북한이 선군정치를 내세워 계속적으로 장거리 미사일을 개발하고, 심지어 2006년도에는 핵실험을 하는 등 군사력의 강화를 기도하여 남북관계에 있어서 뿐만 아니라 세계적으로도 군사적 긴장을 고조시키기도 하였지만, 바야흐로 현시점에 이르러서는 핵폐기의 수순을 밟는 단계에 접어들어 있고, 특히 2000년 남북정상회담 이후 과거보다 훨씬 빠른 속도로 남한과 북한 사이에 화해협력과 교류의 분위기가 조성되어 가고 있으며, 지난 2007.10.4.의 남북정상회담으로 이러한 분위기는 더욱 탄력을 받고 있는 상황에 있다.

모름지기 법은 사회구성원에게 일정한 행위를 하도록 명령하거나 하지 못하도록 금지하고, 법이 금지하는 특정 행위가 사회적으로 허용될 수 없다는 사회적 평가를 전제로 이를 처벌하려는 법의 의지를 국민에게 전달하고 계도하며, 이에 따라 사회구성원의 행위를 제어함으로써 사회생활에서 예측가능성을 높이고, 그 사회가 지향하는 목적을 이루고자 하는 행위규범으로서의 기능을 가지고 있고, 한편으로 법은 사회의 기본골격을 규정하고 일정한 가치에 따라 사회조직을 유기적으로 통합하는 사회통합기능을 가지고 있다.

이 사건에서 원심은 피고인을 징역 2년 및 자격정지 2년에 처하면서 3년간 위 징역형의 집행을 유예하였다. 피고인의 연령, 성행, 지능과 환경, 범행의 동기, 수단과 결과, 범행 후의 정황 등 양형의 조건이 되는 여러 가지 사정을 종합적으로 고려하여 원심의 양형을 판단한다. 앞에서 본 바와 같은 엄중한 형의 선고의 필요성과 법의 행위규범으로서의 기능을 고려하여 보면, 이 법원이 이 사건에서 앞에서 본 바와 같이 피고인의 이 사건 각 행위가 유죄임을 명백히 선언하므로, 이 법원이 위에서 본 바와 같은 행위규범으로서의 국가보안법의 기능이 작용하도록 하고 있다고 볼 것이고, 피고인을 징역형과 자격정지형에 처함으로써 피고인 개인에 대하여는 그에 따른 공민권의 제한 등의 법적 제재를 가하고, 국민들에게는 피고인과 같은 행위를 하지 못하도록 할 필요가 있다고 볼 것이고, 한편, 앞에서 본 바와 같은 현재의 시대적 상황과 법의 사회 통합기능을 고려하여 보면, 이 법원의 이 사건 판결이 우리 사회에 피고인의 행위로 일어났던 이른바 남남갈등을 재연시키는 불씨가 되어 사회의 분열을 다시금 불러일으키고, 뜨 다른 면에서 남한과 북한 사이의 화해협력과 교류의 분위기 조성에 걸림돌로 작용하는 것은 바람직하지 않다고 판단되고, 또 다수가 대승적 차원에서 소수를 포용하여 줌으로써 사회의 갈등을 치유하고, 나아가 사회구성원 모두가 자유민주주의에 바탕을 둔 평화적 통일의 길에 한마음으로 나서게 하는 법의 사회통합의 기능을 작용시켜야 할 필요성이 있다고 볼 것이다. 이러한 견지에서 원심이 피고인을 징역 2년 및 자격정지 2년에 처하면서 3년간 위 징역형의 집행을 유예한 조치는 적정하다고 판단되고, 그것이 지나치게 가볍다거나 무거워서 부당하다고는 볼 수 없다.

따라서, 검사와 피고인의 양형부당의 항소이유는 모두 받아들일 수 없다.

3. 결론

그렇다면, 피고인 및 검사의 항소는 이유 없으므로 형사소송법 제364조 제4항에 따라 이를 모두 기각하기로 하여 주문과 같이 판결한다(다만, 원심판결의 범죄사실 중 제5쪽 제23행의 '이제'는 '이에'의, 제6쪽 제8행의 '같은 달 4.23.'은 '같은 달 23.'의, 제13쪽 제17행의 '분리하여야'는 '분리하려 하여도'의, 제15쪽 제23행의 '북한의'는 '북한은'의 제17쪽 제9행의 '공사주의를'은 '공산주의를'의, 제19쪽 제19행의 '인공위선'은 '인공위성'의 각 오기이다).

재판장 판사 김××
판사 유××
판사 송××

* 알림: 여기에 실린 판결문은 원문 중 오자를 바르게 수정한 것입니다(편집자 주).

제2부

국가보안법이 구금한 현대사 진실

서해교전과 맹목적 냉전성역의 허구성
The Yellow Sea Naval Clash and the Cold War Sanctuary

【요약문】

　탈냉전이라는 세계사적 지향과 분단시대를 마감하고 통일성취시대로 나아가는 민족사적 이행을 가로막는 깊은 장막이 쳐져있다. 이것은 바로 냉전성역이다. 서해 5도에 관련된 냉전성역 역시 1~2차 서해교전을 강제하여 민족공멸을 가져올 전면전의 위기를 초래하는 등 민족 앞길을 가로막고 있다. 또 냉전성역의 반(反)과학성과 종교적 신념과 같은 맹목성은 남북사이의 진정한 화해·협력 및 평화·통일을 원천적으로 부정하고 있다.

　이 글은 1~2차 서해교전을 맹목적인 냉전성역에 따라 평가할 것이 아니라 구체적인 경험적 자료나 사실에 의존하고 있는 과학적 지식에 의거해 평가할 것이다. 곧 냉전성역의 극복을 통한 서해교전의 평가를 모색한다. 동시에 그 해결방안을 첫째 남이나 북의 관점이 아니라 민족의 관점에서, 둘째 폭력이나 전쟁의 방식이 아닌 평화의 방식으로, 셋째 분단지향적 관점이 아니라 통일 지향적 관점에서, 넷째 교전 당시의 행위관련 주체자의 행위에 초점을 맞추는 행위론적 분석보다 사건의 근본적인 요인을 중시하는 구조론적 분석에 바탕하여 제시하고자 한다. 특히 2003년의 한반도 전쟁위기설이 서해교전을 빌미로 혼실화되어 가고 있는 점에 주목할 것이다.

1. 머리말

1차 서해교전에 이어 2차 서해교전에서도 남한사회는 냉전에 마비된 맹목성과 극단성을 보이고 있다. 남한 측 피해가 1차보다 더 커서인지 오히려 이번 2차 서해교전에서는 더 심한 것 같다. 교전이 발발하자 아무런 결정적인 증거도 없이 막무가내식의 북한의 계획적인 도발론, 선제공격론, 확전론이 즉각적으로 등장했다.[1]

> 선제공격에 이어 25분 동안 치열한 전투를 벌였다는 점도 미리 준비하고 도발했을 가능성을 뒷받침하고 있습니다(〈KBS〉, 2002.6.29).
> 29일 발생한 서해 사태는 북한의 의도적인 군사 도발임이 분명하다. 북한군 경비정 2척이…… 북방한계선(NLL)을 넘어와 회항을 요구하는 우리 해군에 대해 선제공격을 가한 것은, 이번 사태가 우발적인 것이 아니라 작심하고 저지른 계획적인 도발임을 증명한다(「북의 의도적 도발과 얼빠진 대응」, 『조선일보』, 2002.6.30)

이어서 이들 주류 언론과 주류 정치권 등에서 민족공멸을 가져올 확전론 등이 마치 경쟁하듯이 나오곤 한다.

> '전쟁 한번 해요. 한번만 똑바로 하면 안 들어온다', '북 경비정 왜 격침 못했냐', '눈에는 눈이라는 논리로 분명히 응징해야 한다'(한나라당 강창성 의원)
> '북조선'엔 관대한 지식인들: "응징을 하면 확전의 가능성이 있기 때문에 우리가 참는 게 낫다" (……) 만일 주변에서 그런 주장을 하는 사람이 있다면 일단 무작정 따귀를 세게 때려보라고 권하고 싶다(『조선일보』, 2002.7.5).

이러한 전쟁광적인 주류들에 이끌려 남한 군부는 기존의 전쟁억제 지향

---
[1] 주류언론의 이러한 맹목성에 대해서는 양문석(2002) 참조.

의 '경고방송 – 시위기동 – 차단기동 – 경고사격 – 격파사격'으로 돼있는 5단계 교전수칙을 '시위기동 – 경고사격 – 격파사격' 3단계로 단순화하여 선제공격 지향적인 작전지침을 하달했다. 더 나아가 이상희 합참 작전본부장은 "앞으로는 북 함정의 NLL 침범징후만 포착돼도 해군 뿐 아니라, 공군전력, 백령도 연평도에 위치한 지상군 전력이 합동으로 대응하"며 "공군전투기의 초계비행 범위도 NLL 부근 쪽으로 확대된다"고 밝혔다. 이로써 우발적이고 사소한 충돌이라 할지라도 육해공 합동작전이라는 전면전을 상정한 대응을 취하게 되어 한반도를 전쟁의 도가니로 몰고 갈 것으로 보인다(『한국일보』, 2002.7.3). 또한 막가파 부시미국이 2003년 전개할 것으로 보이는 한반도전쟁획책에 이러한 우발적 충돌이 전쟁의 빌미를 노리고 있는 미국에게 낚시 밥을 제공해 주는 꼴이 될 것이라는 우려의 목소리가 높다. 이렇게 사태가 화급함에도 이 주류들의 극단성을 제대로 제어할 수 있는 합리적인 통제력은 제대로 발견되지 않아 이 사회는 마치 브레이크가 파열된 내리막길의 자동차와 같다.

  이 과정에서 남아도는 쌀 4백만 석을 처리하는데 1조 원이란 천문학적인 돈을 쏟아 붓게 되는데도 굶어죽는 북한동포에게 지원하거나 빌려주자는 말도 제대로 꺼내지 못하는 분위기가 우리 사회를 압도하고 있다. 그래서 북한동포지원은 갑자기 금기의 영역, 곧 냉전성역으로 되어버린 듯 하다.[2] 6·15공동선언 이후 그나마 완화되어 가던 남북 간의 냉전적 적대성이 원점으로 되돌아가는 듯하다. 이 결과 탈냉전이라는 세계사적 지향과 분단시

---

2) 쌀 재고량은 2001년 양곡 연도 말(10월)에는 929만 석이었으나 2002년에는 1천 318만 석으로 전망된다. 유엔 식량농업기구(FAO) 권장 재고량인 소비량의 16~17%, 550만~600만 석 보다 무려 700만 석 이상이 많은 양이다. 쌀 재고 처리에 대해 사료용과 해외 무상원조 방식을 농림부에서 추진하고 있지만 사료로 쓸 경우 90% 이상의 적자가 발생하여 100만 석당 약 2천 500억 원의 재정(양곡관리특별회계) 손실이 발생하고 해외 무상원조의 경우 운송비까지 부담하게 되어 최소한의 물량인 400만 석 정도를 처리하는 데는 1조 원 이상이 소요될 전망이다. 농촌경제연구원 박동규 위원은 "탈북자 문제로 정치·사회적 비용이 증가하고 있고 대북지원이 쌀 재고 처리방안 중 비용이 가장 적게 소요되는 방식인 만큼 여건이 조성될 경우 대북지원이 적극 추진될 수 있도록 준비를 갖추는 것이 바람직하다"고 말했다(『연합뉴스』, 2002.7.22).

대를 마감하고 통일성취시대로 나아가는 민족사적 이행을 가로막는 깊은 장막이 쳐졌다. 이들 냉전성역의 맹목성은 남북간 진정한 화해와 협력 및 평화의 기반을 원천적으로 부정하고 있기 때문이다.

이 글은 1~2차 서해교전에 대해 종교적 신념과 같은 맹목적인 냉전성역에 기반해 평가할 것이 아니라 구체적인 경험적 자료나 사실에 의존하고 있는 과학적 지식에 의거해 그 문제점을 들추어내고자 한다. 곧 냉전성역의 극복을 통한 서해교전의 평가를 모색한다. 동시에 그 해결방안을 첫째 남이나 북의 일방적 관점이 아니라 민족의 총체적 관점에서, 둘째 폭력이나 전쟁의 방식이 아닌 평화의 방식으로, 셋째 분단 지향적 관점이 아니라 통일 지향적 관점에서, 넷째 교전 당시의 행위관련 주체자의 행위에 초점을 맞추는 행위론적 분석보다 사건의 근본적인 요인을 중시하는 구조론적 분석에 바탕해 제시하고자 한다. 특히 2003년의 한반도 전쟁위기설이 서해교전을 빌미로 현실화되어 가고 있는 점에 주목할 것이다.

2. 새해교전과 냉전성역

서해교전이 발발하자 오로지 '북한은 본래 그래. 뭐 뻔한 것 아냐?'라는 냉전낙인론에 바탕해 어느새 새로운 냉전성역이 나타났다. 이 성역이 진정 과학적인 기반을 가진 신뢰할 수 있는 것인지에 대한 확인이나 검증일랑 아예 필요 없다. 북한에 대한 악마화라는 낙인론 때문에 곧바로 너무나도 자명한 것으로 우리들의 인식 속에 자리잡게 된다.

1~2차 서해교전을 기해 갑자기 생성된 새로운 냉전성과 관련하여 대표적인 표현들을 제시해 보면 아래와 같다.

"북한 배는 남한의 영해를 침범했다",
"북방한계선은 군사분계선이다",
"북한이 선제공격 했고 무력도발을 했다",
"북한은 40년간 북방한계선을 '묵시적'으로나 '실제적'(de facto)으로나 인정해 왔다"

"북한은 1992년 남한과 남북기본합의서를 체결하면서 '남과 북의 불가침 경계선과 구역은 1953년 정전협정에 규정된 군사분계선과 지금까지 쌍방이 관할하여 온 구역으로 한다'며 NLL을 인정한 바 있다(『중앙일보』, 2001.6.16).

이렇게 급조되었으면서도 이미 만고의 진리처럼 고착되어 버린 냉전성역은 서해교전의 합리적이고 평화적인 해결을 매우 어렵게 만들고 있다. 이러한 현상은 서해교전에 국한된 것이 아니라 한국전쟁, 남북의 정통성, 한국전쟁 전후 민간인학살, 주한미군, 연방제 통일방안, 주체사상, 김일성, 김정일, 평화협정, 한국군 베트남 참전 등에 걸쳐 광범위하게 우리의 주위를 에워싸고 있다. 이 결과 역사의 진실이 감춰지고 한반도의 평화와 통일 및 진정한 민족화해가 가로막히고 있다.

남한사회에 보편화되어 있는 냉전성역의 이념형적 사례를 몇 개만 제시하면 아래와 같다.

1) 사회주의자(빨갱이)는 모든 악의 근원이다.
2) 김일성정권은 일체의 정통성이 없고 이승만정권만이 유일하게 정통성이 있다.
3) 주한미군은 평화지킴이이다.
4) 한국전쟁은 통일전쟁이나 내전이 아니라 북한의 침략전쟁이다.
5) 한국전쟁 전후 민간인 학살은 대부분 공산군에 의해 저질러졌다.
6) 연방제는 북한의 적화통일 방안이다.
7) 북한은 언제나 적화통일과 남침을 노리고 있다(북한적화통일론과 북한전쟁위협론).

이제 이들 냉전성역에 대한 기원을 보자.[3] 여기서는 길게 논의할 수 없어 간단하게 말하자면, 냉전성역의 기원은 1945년 2차 세계대전이 종결된

---

3) 냉전성역에 관해서는 강정구(2002a) 참조.

이후 형성된 세계질서인 동서냉전체제에 있다. 이 미소냉전은 소련과 미국 사이에 사회주의와 자본주의라는 이념적 적대와 군사적 봉쇄를 근간으로 형성되어 정치, 외교, 경제, 군사 등 전 영역에서 전면적 적대와 대결이 펼쳐지는 진지전(warfare of position)을 의미한다. 이 냉전의 결과로 우리는 민족분단과 한국전쟁이라는 열전(熱戰)을 외세에 의해 강요당했다.

냉전의 특성은 미국과 소련을 중심으로 양 진영간에 핵무기를 근간으로 한 군사적 봉쇄와 적대관계의 지속, 진영간의 이데올로기 선전전으로 상대방을 '붉은 히틀러' 빨갱이 및 반동 등으로 무조건 악마화하는 냉전낙인론, 제3세계에서 한국전쟁-베트남전쟁-앙골라내전 등과 같이 대리전 형식의 열전(熱戰), 두 진영 간에 반공산주의와 반자본주의로 국가보안법과 같은 내부통제력 강화, 빨갱이 마녀사냥을 자행하는 매카시즘, 박흥식의 주사파 몰이나 국가보안법 등으로 반체제인사 탄압, 제3세계에 대한 미국의 주권 침해행위 등을 정당화하는 레이건 독트린과 동구사회주의 국가의 주권도 소련에 의해 제한될 수 있다는 제한주권론이라는 브레즈네프 독트린 등으로 양 진영 소속국가에 대한 주권 침해, 양 진영 간의 대결 지속 등으로 요약될 수 있다(Halliday, 1983).

바로 여기서 한반도의 냉전성역이 잉태 및 형성되어 지금까지 우리의 삶을 무려 60년 가까이 옥죄고 있다. 냉전성역은 극단적인 냉전 분단체제 아래 남북이 서로를 원천적으로 적대 및 부정(否定)하여 상대방에 극단적인 덧칠을 하여 악마화하고 자기 것은 절대적인 선으로 미화(美化)하거나 신성시 해오는 과정에서 형성된 신성불가침의 영역을 일컫는다. 냉전성역은 일반인들이 무의식적으로 당연한 것인 양 받아들이게 되는 이데올로기와 같은 현상이다. 이 절대적인 악마화와 미화의 영역에는 표준정답이 있어 누구도 감히 다른 해석이나 평가를 할 수 없게 되어 있다. 이에 대한 도전에는 진보당의 조봉암과 같이 죽음이나 옥살이, 사회적 도태, 배제 등이 따르기 마련이다. 이 냉전성역은 해방공간 이전에는 우리 사회에 존재하지 않았으나 해방공간에 외세의 개입으로 생겨나 한국전쟁 기간을 거쳐 대부분 정착화 되었고 서해교전과 같은 사건을 계기로 자생적으로 새로이 생성되기도 한다. 이는 냉전성역의 기원이 외세에 의해 강요된 결과물이지 우리 사회의 내적 동력에 의해 생성된 것이 아니며, 그 바탕은 냉전이념인 반공이데올로기라는 외세에 의해 강요된 것임을 말한다.

이들 냉전성역의 문제점은 그 기반이 구체적인 경험적 사실에 의해 검증이라는 절차를 받은 과학적 지식이 아니라 종교적 신념과 같은 맹목적 냉전이념인 반공이데올로기라는 점이다. 반(反)과학적이기 때문에 반합리적이고, 맹목적이기 때문에 극단적이고 폭력적이며, 이분법에 의해 내편이 아니면 적으로 삼고 있다. 이 냉전성역에 관한 한 공식적인 단일 표준 정답과 해석만 허용되는 파시즘적 체제가 지배하게 된다. 이 결과 통일시대에 접어들었으면서도 남북 간의 진정한 화해, 협력, 평화와 통일이 원천적으로 가로막히게 되고 학문사상의 자유 등 민주주의의 기본이 침해받게 된다.

이 냉전성역은 무엇보다 과학적 검증을 받게 되면 곧바로 그 허구성이 드러나게 된다. 위의 냉전성역 사례 가운데 몇 개에 한정하여 과학적 지식에 의거해 그 허구성을 밝혀 보겠다. 첫 번째 냉전성역인 '빨갱이는 악의 화신'이라는 언명은 결코 역사적 진실이 아니고 오히려 해방공간의 조선사람들 대부분은 사회주의자를 선호했다. 1946년 여름 미군정 여론조사국이 남한 전역의 여론조사 결과 응답자 8,453명 가운데 70%(6,037명)가 사회주의를, 7%(574명)가 공산주의를 선호해서 사회주의자 선호도가 무려 77%에 달함을 보여주고 있어(『동아일보』, 1946.8.13) 악의 화신이라는 사회주의자에 대한 냉전성역은 허구였음이 입증된다.

세 번째 '주한미군은 평화지킴이'라는 냉전성역도 엄밀한 검증이 필요하다. 탈냉전과 평화의 시대라고 일컫는 1990년대 이후 오늘까지 한반도 전쟁위기는 1991~1992년 120일 전투시나리오 등 제2`한국전쟁위기, 1994년 6월 '한 두 시간'만 늦었더라도 전쟁이 발발할 수밖에 없는 상황으로 몰렸던 영변 핵위기, 1998~1999년 봄의 금창리 핵위기, 1999년 여름의 미사일위기, 휴전 이후 최초의 정규군에 의한 무력충돌이라는 1999년의 1차 서해교전, 2002년 부시의 '악의 축' 전쟁위협, 2002년 2차 서해교전, 또 2003년 한반도전쟁위기설 등 무려 여덟 번이다. 이 가운데 미국이 전쟁을 주도한 것은 서해교전을 제외한 여섯 번으로 미국 주도의 한반도 평화파고 또는 전쟁위기 주도 확률은 6/8이다. 그러나 남과 북 전체의 전쟁위기 주도 확률은 2/8이다. 이러한 구체적인 경험적 사실에 기반한 확률을 바탕으로 해서, 즉 과학적 지식에 의해서 판단할 때, 주한미군은 한반도 평화지킴이가 아니라 오히려 한반도 평화파괴자의 주범이라는 결론을 내리게 된다.[4]

동시에 일곱 번째의 냉전성역인 북한전쟁위협론 역시 위의 확률에 의해 (남과 북 확률은 각기 1/8) 부인된다. 엄밀히 분석해 보면 1999년 1차 서해 교전에서는 북한이 자제력을 보여 조그만 무력충돌이 전면전으로 발화되는 것을 막았고, 2차 서해교전에서는 남한의 2함대사령부가 북한 배에 대한 격파사격을 중단시켜 전면전으로의 비화를 막았다. 1차 교전 때 북한함정이 침몰하고 30여 명의 전사자가 날 정도로 피해가 격심했지만, 북한은 옹진반도 등에 즐비한 해안포와 미사일 포격을 자제하는 절제력을 보였다. 북한지도부에서 군부에게 경거망동을 하지 말라는 명령을 내린 것으로 알려졌다. 2차 교전 때는 남한 2함대사령부가 이 역할을 했다. 곧, 북한의 미사일 가동준비 등을 감지하고 남한의 대북한 격파사격이 전면전으로 발화할 위험성이 있다고 보고 북한 배를 침몰시키기 위한 격파사격을 중단시켰던 것이다.

민족공멸을 가져올 전면전을 미연에 막았다는 점에서 이들 남북 당사자들은 응당 표창과 상장을 받아야 할 사람들이다. 그런데도 일부 주류언론이나 정치세력들은 2차 교전에서 북한 배를 침몰시키지 못했다면서 책임론을 들먹이고 있다. 전면전이 발생하면 그 결과는 50여 년 전의 6·25전쟁과는 비교될 수 없을 정도인 곧 바로 민족공멸을 의미한다. 이들 책임론자들이나 이들에 덩달아 '전쟁 한판 벌리자'는 일부 국민들이 정말로 이를 원하는 것인지 반문하고 싶다.

여섯 번째인 연방제 통일방안은 적화통일 방안이라는 냉전성역을 다시 과학적으로 살펴보자. 이 냉전성역을 부르짖는 사람들은 북한의 연방제 통일방안을 제대로 읽어보지도 않았음이 틀림없다. 이들은 으레 그래 왔듯이 북한은 본래 이러이러하니까 읽어 볼 필요도 없이 적화론일 것이라고 단정만 지었을 것이다. 실상은 1990년대에 와서야 비로소 남한정부를 비롯해

---

4) 주한미군에 대해서는 강정구(2001) 참조.

시민사회에서 제대로 규격이 갖춰진 통일방안을 제시하고 있지만 이들 통일방안 가운데 연방제를 설정하지 않은 방안은 노태우정권의 한민족공동체통일방안과 문민정부의 '3단계통일방안'뿐이다. 김대중의 통일방안을 비롯해서 나머지 통일방안은 모두 연방제를 북한처럼 완결된 최종단계이거나 완전통일단계 이전의 과도기적 단계로 설정하고 있다.

남과 북이 과거 50년 동안 서로 적대적인 사회경제체제나 이념적 지향을 추구하고 있어, 비록 화해·협력단계나 남북연합단계를 거친다 하더라도 여전히 체제통합과 동질성 회복을 위해서는 서로의 체제사이에 협력과 교류가 개방된 상태에서 상호의존관계를 높여 조정과 변형을 이룩할 수 있는 과도적 시간과 준비가 필요할 수밖에 없다. 동시에 통일충격(통합비용, 통합에 따른 심리적 갈등, 통합적응능력 배양 등의 변혁을 위한 진통)을 시간적으로나 공간적으로 분산시켜 통일 및 통합 부작용을 줄일 수 있기 때문에 기존의 사회경제체제를 유지하는 두 지역자치정부를 허용하는 연방이라는 과도기가 필수적으로 요구된다. 이런 점에서 김대중의 통일방안, 문익환과 김낙중의 통일방안 등 진정한 통일지향적 통일방안은 모두 연방제를 제안하고 있다. 이 사실만으로도 연방제의 불가피성을 말하는 것이다. 이런데도 불구하고 연방제 자체 때문이 아니라 북한이 제안했다는 사실 자체만으로 적화통일로 낙인찍는 것, 이것이 바로 여섯 번째 냉전성역이다(강정구, 2002b).

비록 몇 개에 한정했지만 우리가 무의식적으로 당연한 철칙으로 신봉해 왔던, 그래서 과거 60년 가까이 무소불위로 군림해 왔던 이들 냉전성역들은 구체적인 경험적 사실에 의해 검증을 거치는 과학적 지식에 의해 여지없이 그 허구성을 드러낼 수밖에 없다. 이처럼 1~2차 서해교전을 계기로 생겨난 서해 5도 관련 새로운 냉전성역 역시 아무리 주류언론과 정치세력이 금기시하고 성역화 한다하더라도 과학적 지식에 의해 그 허구성이 드러나기 마련이다. 은폐되고 왜곡되고 정략화된 것들을 들추어내서 역사의 진실을 밝히는 것은 학문의 기본적 출발점이다. 더구나 자칫 잘못하면 우리 민족의 죽고 사는 문제가 달려 있는 것이 서해교전이다. 그러므로 서해교전에 관련되어 새로이 생성된 맹목적인 냉전성역이야말로 철저하게 극복되어야 할 대상이다. 이에 따라 다음 장들에서는 새로 생성된 서해 5도 관련 냉전성역의 허구성을 과학적 지식에 의해 북방한계선 문제를 중심으로 밝히도록 하겠다.

3. 북방한계선 관련 냉전성역의 허구성

1) 북방한계선 관련 냉전성역

1~2차 서해교전이 발생한 근본요인은 바로 북방한계선에 관련된 냉전성역에 있다. 또한 이제까지 한반도 화약고라 불리는 서해에서 발생한 수많은 작은 충돌은(〈표 1〉 참조) 바로 이 북방한계선의 본질에 대한 미국과 남한의 일방적인 왜곡과 냉전성역화에서 비롯되었다. 북방한계선에 대한 냉전성역은 이미 앞장에서 지적한 바와 같이 대략 다음과 같다. 북방한계선은 첫째 영해선, 둘째 군사분계선이고, 셋째 북한이 이를 '묵시적'으로나 '실제적(de facto)'으로나 인정해 왔고, 넷째 남북기본합의서에서 다시 이를 인정했다. 다섯째 1984년 9월 수해물자를 받을 때 양측 상봉점을 NLL로 합의했던 사례 등은 북한이 묵시적으로 이 북방한계선을 영해선으로 인정한 것이라는 주장 등이다.

북방한계선이 영해선이나 군사분계선이라는 냉전성역은 허구라는 것이 너무나 자명하다. 그럼에도 불구하고 우리 언론이나 정부 및 군은 조금도 거리낌없이 영해라고 단정 짓는다. 그나마 객관적이고 합리적으로 모범을 보이는 『한겨레』 신문조차 6월 29일 편집한 「남북 함정 비교」 기사에서 "29일 오전 우리 영해를 침범해 교전을 벌인 북한 함정은 SO-1급 '등산곶 경비정'으로"라고 영해로 기술하고 있다. 정부 당국자도 마찬가지다. "정부 당국자는 29일 '교전이 있었던 연평도 근해는 6월이 꽃게잡이의 절정기'라며 (……) 우리 영해를 침범하는 일이 자주 벌어진다'고 말했다(「이례적 선제공격 고의성 의심」, 『한겨레』, 2002.6.29). 또 북한이 서해교전 중 침몰한 남한 고속정의 인양에 앞서 인양과 관련된 구체적인 사항의 사전통보를 요구한데 대해 해군본부는 9일 "우리 측 영해에 대해 북측이 왈가왈부할 문제가 아님"이라고 밝혔다(『세계일보』, 2002.7.10). 이남신 합참의장은 5일 한나라당 진상조사특위 현장조사에서 "3년 전 연평해전 때와 지난해 북한 상선의 영해침범 당시에는 대치기간이 길어 국방부와 합참에서 작전지시 사항을 하달했으나 이번에는 합참의장이 지시할 시간적 여유가 없어 2함대사령관의 작전 지시에 따라 대응작전이 이뤄졌다"고 말했다(『중앙일보』, 2002.7.6). 또 1차 서해교전 당시 차영구 국방부 대변인의 성명은 "지난 40여 년간 사실상의 해상경계선의 효력과 기능을 하고 있[으]"며 "국제법적으로 실효성의 원칙과 응고의 원칙에 의해 수용되고 있다"고 '법적 근거'까지 들먹이며 북방한계선을 영해선으로 굳히고 있다.

그러나 이러한 냉전성역은 어느 것 하나 허구가 아닌 것이 없다.[5] 다음 절에서는 과학적 지식에 의해 보다 포괄적으로 냉전성역의 허구성을 밝히도록 하겠다.

2) 영해선이라는 허구적 냉전성역의 실체

북방한계선이 영해선이라는 냉전성역은 허구에 불과하다. 단순히 허구에 불과한 것이 아니라 유엔해양법과 정전협정을 위배하고 있다. 더욱 문제가 되는 것은 리영희 교수가 밝힌 것처럼 북방한계선이 북한에 대한 해상봉쇄적 성격의 해상포위선 역할을 하고 있어 정전협정 제2조 15항 및 16항을 심대하게 위배하는 불법성을 미국과 남한이 저지르고 있다는 점이다.[6] 영해에 관한 유엔해양법은 아래와 같이 12해리를 규정하고 있다.

> 제3조(영해의 폭) 모든 국가는 이 협약에 따라 결정된 기선으로부터 12해리를 넘지 아니하는 범위에서 영해의 폭을 설정할 권리를 가진다.

---

5) 이 냉전성역의 허구성은 이미 리영희 교수가 그의 저서(1999)에서 상당 부분 밝혔다.

6) "(2) 남·북 어느 쪽에 대한 것이건 해상봉쇄적 성격의 해상포위선은 정전협정 위반이다(정전협정 제2조 15항 및 16항) '북방한계선'이 이에 속한다"(리영희, 1999: 120).

제15조(대향국간 또는 인접국간의 영해의 경계획정) 두 국가의 해안이 서로 마주보고 있거나 인접하고 있는 경우, 양국간 달리 합의하지 않은 한 양국의 각각의 영해 기선상의 가장 가까운 점으로부터 같은 거리에 있는 모든 점을 연결한 중간선 밖으로 영해를 확장할 수 없다. 다만, 위의 규정은 역사적 권원이나 그 밖의 특별한 사정에 의하여 이와 다른 방법으로 양국의 영해의 경계를 획정할 필요가 있는 경우에는 적용하지 아니한다.

또한 대한민국의 영해 및 접속수역법은 이 유엔해양법에 따라 아래와 같이 영해를 규정하고 있다.

제1조(영해의 범위) 대한민국의 영해는 기선으로부터 측정하여 그 외측 12해리의 선까지에 이르는 수역으로 한다. 다만 대통령령이 정하는 바에 따라 일정 수역에 있어서는 12해리 이내에서 영해의 범위를 따로 정할 수 있다.

제4조(인접 또는 대향국과의 경계선) 대한민국과 인접하거나 대향하고 있는 국가와의 영해 및 접속수역의 경계선은 관계국과의 별도의 합의가 없는 양국이 각기 영해의 폭을 측정하는 기선상의 가장 가까운 지점으로부터 같은 거리에 있는 모든 점을 연결하는 중간선으로 한다.

실제 남북 간의 해상군사분계선 또는 영해선은 앞의 유엔해양법협약의 포괄적 규정안에서 정전협정에 의해 결정되어야 한다. 관련 정전협정은 해상군사분계선을 아래와 같이 규정하고 있다.

제2조(정화 및 정전의 구체적 조치) 제13항 B호
본 정전협정이 효력을 발생한 후 10일 이내에 상대방의 (……) 후방과 연안도서 및 해면으로부터 모든 군사역량을 철거한다. (……) 상기한 연안도서라는 용어는 본 정전협정이 발효 시에 비록 일방이 점령하고 있을지라도 1950년 6월 24일에 상대방이 통제하고 있던 도서를 말한다. 단 황해도와 경기도의 도계선 북쪽과 서쪽에 있는 도서 중에서 백령도, 대청도, 소청도, 연평도, 및 우도의 도서들은 유엔군 총사령관의 군사통제하에 남겨두는 것을 제외한 다른 모든 도서들은 조선인민군 최고사령관과 중국인민군 사령관의 통제하에 둔다. 한국 서해안에 있어서 상기 경계선 이남에 있는 모든 도서들은 유엔군 총사령관의 군사통제하에 남겨둔다.

위 정전협정은 지상군사분계선을 명확하게 확정한 것과는 달리 서해해상의 경우 서해 5도 등 연안도서의 관할 문제는 명시하고 있으나 해상군사분계선은 명시적으로 규정하고 있지 못하다. 정전협정 당시 북측은 당시 대부분의 제3세계와 같이 12해리 영해를 주장했고 미국은 3해리를 주장하여 합의에 이르지 못했던 것이다. 그래서 황해도와 경기도의 도 경계선인 한강하구수역 끝에서 우도까지는 남북간의 해상군사분계선이 명확하게 설정되어 있었지만, 그 지점의 서쪽에 관해서는 추후 협의하기로 미루어진 것이다. 이에 따라 서해 해상에는 남북 쌍방이 서로 합의한 상태로 관할해 온 구역은 '서해 한강하구수역 끝에서 우도까지'에 국한된다. 그러므로 우도 서쪽해역은 남북 쌍방이 합의하고 관할해 온 해상 구역은 없는 셈이다.

이러한 상황에서 유엔 측은 한국전쟁 당시 대북한 해상봉쇄선으로 설정했다가 정전과 동시에 철폐했던 클라크라인을 이승만정부하에서 부활시켰다. 곧, "남한 군대의 육지에서 비무장지대와 서허에서 북한 해안에 대한 군사적 침투·공격 등 일방적인 군사행동을 방지하는 조치로서"(리영희, 1999: 117) 1953년 8월 30일 북방한계선을 북측과 아무런 합의도 없이 일방적으로 설정했다. 그 이후 정식으로 북측에 통고하여 합의를 추진해 본 적도 없다. 그야말로 남측의 편의와 필요에 따라 일방적으로 설정한 유엔과 남측만의 내부적 작전규칙일 따름이다(이장희, 2002). 물론 북한은 이를 수용하지도 않았다.

이 내부적 작전규칙이 내부적으로 적용되는 것은 합법적이다. 곧, 남한 무장선이 이 한계선을 넘는 것을 통제하고 어선의 월선을 막는 것은 내부적 필요성에 따른 것이고, 북한에 어떤 위해(危害) 등과 같은 영향을 주는 행위가 아니고, 또 3해리 규정의 해양법에 따른 공해상의 행위이기 때문이다. 그러나 남한이나 유엔군이 이 북방한계선이 마치 영해선인 것처럼 북한의 월선행위를 제지 및 통제하고, 옹진반도 등 북한해안에 북한선박이

(민간선박 마저 봉쇄하는) 접근하는 항로를 봉쇄하는 해상포위선으로 삼는 행위는 이 해역에 대한 해상군사분계선을 확정짓지 않은 정전협정과 해상 및 공중봉쇄를 금지하고 있는 정전협정 2조 15항 및 16항을 위배하는 것이다. 2조 15항은 "해상군사력은 비무장지대와 상대방의 군사통제하에 있는 한(조선)반도 육지에 인접한 해면을 존중하며 어떠한 종류의 봉쇄도 하지 못한다"라고 규정하고 있고 16항은 상공에 대해서도 동일한 원칙을 적용하고 있다. 동시에 유엔해양법의 3해리 영해규정에 따르면, 공해인데도 이 해역을 마치 영해로 규정하는 행위는 위법행위라고 보아야 할 것이다.

  이럼에도 불구하고 남한의 대부분 언론과 군 및 정치인은 이러한 위배를 인정하기보다는 1차 교전 때 차영구 국방부 대변인처럼 북한이 과거 묵시적으로 북방한계선을 수용하고 실제적(de facto)으로 관할해 왔다면서 남한이 국제법상 실효성의 원칙(principle of effective control)과 응고의 원칙(principle of consolidation)에 의해 북방한계선은 군사분계선이고 영해선이라는 억지 주장을 펼쳐왔다. 더구나 실제 북한은 다음의 〈표 1〉에서 보는 바와 같이 1957년 초부터 해마다 연평도와 백령도를 중심으로 서해 5도 연안을 순시하고, 종종 한국어선을 나포했고, 북방한계선을 월선해 왔다. 이런데도 북한이 묵시적으로 북방한계선을 수용하고 있다는 것은 사실과는 전혀 부합하지 않고, "쌍방이 합의하고 인정한" 법적 실효성을 가지지 못하는 것은 당연하다. 그러나 북한이 영해기산선 3해리 밖의 서해 5도 연안에서 남한어선을 나포하거나 백령도 상공을 비행하는 것 또한 정전협정 및 해양법 위배이다. 이렇듯 북방한계선이 결코 냉전성역에서 단정 짓는 영해선이나 해상군사분계선, 또는 북한해안을 봉쇄하는 성격의 해안포위선이라는 것은 '불법'에 기초한 허구에 불과하고 그 실체는 단순한 남한만의 작전규칙에 불과하다.

표적 1: 서해교전과 맹목적 냉전성역의 허구성 99

〈표 1〉 국방부 발표의 서해 5도 주변해역 북한 주요 도발일지(소규모 충돌은 생략)

일 시	내 용
1956.11.7	서해 상공서 아군기 2대 습격
1957.5.16	북한 선박, 연평도서 어선 납북
1958.4.24	연평도서 어선 1척 납치
1960.8.24	연평도 근해에 북한 무장선 침입, 우리 함정이 포격전 끝에 격침
1962.12.23	연평도 근해에서 북한 함정과 교전, 우리 장병 6명 사상
1964.3.20	백령도 근해에서 어선 2척 납북
1965.10.29	강화 앞바다서 북한 함정, 어부 109명 납치
1968.6.17	연평도 근해에서 어선 5척(어부 44명) 납북
1970.6.5	연평도 서북방서 해군 방송선 납북(승무원 20명)
1970.7.9	백령도 근해서 어선 5척(어부 29명) 납북
1971.1.6	서해안서 북한 경비정 어선에 포격 1척 피침
1972.2.4	대청도 서쪽 해상서 북한 함정 우리 어선 1척 격침, 5척은 납북
1973.12.1~12.7	연평, 대청, 백령 근해에서 북한 함정 경비정 11차례 10여 척 침범
1974.2.15	백령도 서쪽 공해상에서 북한 함정, 우리 어선 2척 납북
1975.2.26	북한 선박 10척, 백령도 서남해상 침범, 북한 함정 미그기도 월경
1975.3.24	북한기 30대 백령도 주변 상공 침입
1975 6.9	미그 21기 2대 백령도 상공 침범
1976.1.23	북한기 2대 백령도 상공 침범
1981.8.12	북한 미그 21기 백령도 상공 침범
1981.8.26	북한, 미군 정찰기 SR-71기에 미사일 공격
1983.1.31	북한 IL-28기 백령도 상공 비행 도주
1985.2.5	백령도 공해상에서 어선 2척 납북
1991.4.23	북한 경비정 1척 백령도 근해 북방한계선 침범
1993.6.21	북한 경비정 1척 백령도 동북방 약 2.5마일 월선 침범
1996.4.19~8.27	북한 어뢰정, 경비정 등 1996년 한 해 동안 서해 NLL

	13차례 침범
1997.5.29	북한 경비정 1척 백령도 서북방 5.6km NLL 침범
1997.6.5	북한 경비정 1척 백령도 서쪽 해상 12.9km NLL 침범(북함포 3발 발사)
1997.7.2	북한 경비정 1척 백령도 서쪽 해상 12.9km NLL 침범
1997.7.4	북한 경비정 1척 백령도 서쪽 해상 12. 9km NLL 침범
1998.11.24	강화 간첩선 출몰도주 등 30여 회 출몰
1999.6.7	북한 경비정 9척 NLL침범
1999.6.15	연평도 서북방 해역에서 남측 해군 포격전

* 출처:『한겨레』, 1999.6.16.

3) 12해리 해양법과 서해 5도

1950~1960년대와는 달리 1970년대는 유엔해양법이 12해리 영해를 채택하면서 서해 5도 관련상황이 이전과는 판이하게 달라진다. 북한 영해기산선에서 12해리 안에 속하는 해역은 유엔해양법 상으로 북한의 영해가 되게 되었다. 따라서 1970년대에는 북방한계선과 서해 5도 전체가 북한 영해 안에 속하게 되는 셈이다. 마치 통일이전의 서베를린과 같이 동독의 영토 안에 서베를린이 동독에 둘러싸여 외로운 섬으로 존재한 것처럼 서해 5도가 북한 영해 안에 둘러싸이게 되었다. 이로써 북방한계선이나 서해 5도 주변해역은 1950~1960년대는 유엔해양법 상으로 공해였지만 1970년대는 북한의 영해로 분류될 수 있게 된 것이다.

바로 이러한 상황변화의 맥락에 맞춰서, 북한은 1973년 10월 12일 군사정전위원회 제344차 본회의와 1973년 12월 1일 제346차 본회의에서 정전협정 제13항 2호에 의거 황해도와 경기도 도계 연장선 이북 해역은 북한의 영해이며, "서해 4개 도서에 출입하는 선박은 북쪽의 사전승인을 받아야 한다"고 선언했다. 이러한 북한영해확대선언은 12해리 규정의 해양법과 정전협정 13항 2호에 의하면 정당하다고 볼 수 있다.[7]

---
7) 이 통항질서에 관해서 필자는 이미 그 합리성과 합법성을 밝혔다(강정구, 2000). 이장희 교수 또한 이러한 북한의 영해확대선언, 통항질서선포 등은 합리적이라

정전협정에 첨부된 '지도 제3'을 보면, 이들 서해 5개 도서의 주변에는 구형의 점선이 찍혀있다. 그것은 단지 다른 섬들과 구별하기 위한 점선들이다. 정전협정 지도 제3부의 주석 주 2는 "각 도서군들을 둘러싼 장방형의 구획의 목적은 다만 국제연합군 총사령관의 군사통제하에 남겨두는 각 도서군들을 표시하는 것이다. 이러한 장방형 구획은 아무런 다른 의미가 없으며 또한 이에 다른 의의를 첨부하지도 못한다"라고 명시되어 있다.

서해 5도 주변을 둘러싼 이 점선들은 남한통제의 허역을 표시한 것이 아니며 다만 북쪽의 관할하에 있는 다른 많은 섬들과 유엔관할하에 두는 서해 5도를 쉽게 식별하기 위한 목적이라는 것이다. 곧, 서해 5도를 둘러싼 연안 및 주변해역 관할에 대한 협약이 일체 없었다. 당시 각 섬의 연안해역 1km나 1해리 정도를 남한 해상군사분계선으로 설정하는 정도가 논의될 수 있었겠지만, 13항 2호는 단지 "다른 모든 도서들은 조선인민군 최고사령관과 중국인민군 사령관의 통제하에 둔다"라고 포괄적으로 규정하고 있다. 사실 정전협정 체결 당시에는 3해리 해양법이었으므로 서해 5도 연안 및 주변해역이 공해가 되어 북한 해안을 봉쇄하는 행위 등의 영해적 행위가 없는 한 별반 문제가 되지 않을 수 있었다.

그러나 12해리 해양법이 실행되는 1970년대에는 이 주변해역이 '합법적'으로 북한의 영해에 속하게 될 수 있었다. 이에 따라 북한은 북방한계선을 철폐하고 이 해역 관할권에 대한 논의를 촉구했으나 합의를 보지 못한 상태에서 1999년 1차 서해교전이 터졌다. 이 당시 6차례에 걸친 북미 장성급 회담에서 서해해상분계선을 제안하는 등 정전협상과 해양법에 근거해서 문제를 풀려고 했으나 회담은 합의 없이 결렬되었다. 기본적인 문제는 북한 측이 한계선 철폐를 요구했으나 미국이 이를 전혀 수용할 의사가 없는 데 있었다. 합의에 실패하자 북한은 1999년 9월에는 새로운 해상군사분계선을, 2000년 3월 23일에는 남한의 서해 5도로 하여금 자신들이 설정한 두 개의 수로로 통항하라는 서베를린식 '5개 섬 통항질서'를 선포했다.

서로 합일점을 찾지 못하고 있는 북방한계선을 그 관련 준거틀인 유엔

고 밝혔다(이장희, 2002).

해양법, 정전협정, 서베를린 국제 관례를 기준으로 삼아 진단한다면 북한의 통항질서 선포는 합당하다. 또한 남한이 북방한계선을 영해선이나 해상군사분계선 및 해상포위선으로 설정하는 것은 마치 남의 집 안마당에 무단으로 줄을 그어 그 한 쪽을 불법 점거한 셈이 된다.

4) 기본합의서와 북방한계선

그러나 남한의 주류들은 1991년과 1992년에 합의된 남북기본합의서 11조 "남과 북의 불가침 경계선과 구역은 1953년 7월 27일자 군사정전에 관한 협정에 규정된 군사분계선과 지금까지 쌍방이 관할하여 온 구역으로 한다"와 불가침 관련 부속합의서 10조 "남과 북의 해상불가침 경계선은 앞으로 계속 협의한다. 해상불가침구역은 해상불가침 경계선이 확정될 때까지 쌍방이 관할하여온 구역으로 한다"에 대해 북측이 합의했기 때문에 북측이 영해선, 해상군사분계선, 해상포위선으로 인정했다는 유권해석을 내리고 있다. 그러나 이것은 일방적인 해석에 불과하다.

우선 기본합의서는 어디까지나 정전협정이나 해양법에 비해 하위차원의 준거틀에 불과하다. 남한은 이제까지 남북기본합의서를 법적 구속력이 없고 오로지 정치적인 구속력만이 있는 신사협정으로 보고 있어, 기본합의서의 남북에 대한 구속력은 허약하다. 여기에다 쟁점이 되고 있는 기본합의서의 "지금까지 쌍방이 관할하여 온 구역으로 한다"를 일방적으로 해석하여 억지로 정당화시키고 있다. 곧 앞에서 확인한 정전협정에서 서해안에 대해 남북쌍방이 서로 합의해 관리해 온 구역은 황해도와 경기도의 도 경계선인 한강하구수역 끝에서 우도까지 2km 정도밖에 없다. 이 도 경계선 끝 쪽인 우도의 서쪽해역에 대해서는 정전협정이 명확히 설정하지 않고 있다. 그런데도 미국 측(유엔)과 남한은 이 해역에 북방한계선을 임의로 설정해 마치 군사분계선인 것처럼 '불법 점거'하고 있는 것이다.

이에 대해 북한은 앞에서 살펴본 바와 같이 1957년부터 지속적으로 서해5도 연안 순시, 남한어선 나포, 북방한계선 월선 등으로 이 북방한계선을 인정하지 않았다. 이는 비록 동해해상과 황해도와 경기도 도 경계선 구역에는 '쌍방이 관할하여 온 구역'이 존재하지만, 이 구역을 제외한 서해에는 아무 데도 '쌍방이 관할하여 온 구역'은 없다는 것을 의미한다. 이러한 정전협정 상의 불명확성을 남과 북이 문제가 있다고 보고 불가침 관련 부속합의서 제10조 전반 문장에서 "해상불가침 경계선은 앞으로 계속 협의한다"는 합의를 하게 된 것이다.

이제까지 남한일각에서 북방한계선을 영해선, 군사분계선, 해상포위선으로 규정하고, 북방한계선의 월선을 영해침범으로 규정하는 행위, 기본합의서에서 합의를 '묵시적'으로나 '실제적'(de facto)으로나 북방한계선을 북한이 인정한다고 하는 등으로 냉전성역화 하는 것은 그 과학적 근거 없이 냉전낙인론에 매몰된 맹목적인 것에 지나지 않는 것임을 확인했다.[8] 이러한 맹목적인 냉전성역화에 대해서 그 허구성이 명확히 지적되었지만 주류언론과 정체세력에 의해 여전히 북방한계선에 대한 냉전성역은 허물어지지 않은 채 지속되고 있다. 특히 서해교전과 같은 두력충돌이 일어날 경우 이러한 맹목적 냉전성역화는 더욱 강화되고 재생산되어 민족의 화해·협력과 평화·통일을 가로막는 주범으로 작용하고 있다.

5) 냉전성역의 허구성

이제 이 냉전성역의 허구성이 폭로된 세 가지 사례를 들겠다. 첫째는 1996년 7월 당시 김영삼정권하 이양호 국방장관과 야당의원이자 김대중정권 때 국방장관과 국정원장을 지낸 천용택 의원 간의 국회국방위 대정부질의에서였다. 이때 이양호 국방장관은 "북방한계선은 어선보호를 위해 우

---

[8] 이 밖에도 1984년 9월 수해물자 수송 시 양측 상봉점을 북방한계선으로 합의했던 사례, 1959.11. 북한『조선중앙년감』에 NLL을 군사분계선으로 표시한 점, 1963.5. 북한 간첩선 사건 발생 시 북측은 NLL월선 부인, 1998.1. 한국비행정보구역(KADIZ)을 MDL과 NLL 기준으로 조정 시 북한의 동의, ICAO 확인 등의 사례로 북한의 실제적 인정이라고 주장하나 이장희 교수의 지적처럼 "실효성의 원칙과 응고의 원칙이 성립되려면 국제법상 최소한 50년 이상 사실상 실효적 지배와 관할권이 평화롭게 유지돼야 하는데, 위의 단편적인 몇 가지 묵인사례가 위의 필요하고도 충분한 요건을 갖추었다고 볼 수 없다"(이장희, 2002).

리가 그어놓은 것으로 [북한 측이 넘어와도] 정전협정 위반이 아니다"라고 공식적인 견해를 당당히 밝혔다. 이에 대해 천용택 의원은 "진짜 넘어와도 상관 없느냐? 지난 50년간 남북한이 잠정 인정한 통제선을 장관이 그렇게 얘기해선 안 된다"고 질책하자, 이 장관은 다시 "넘어와도 괜찮다"고 대답했다(김성걸·이상기, 1998: 132). 그러나 당시에는 남한의 주류언론과 정치세력들이 이를 문제시하지 않았다. 그러나 1~2차 교전 당시 김대중정권의 국방장관이나 합참의장 등은 주류언론과 정치세력의 맹목적인 공세하에 짓눌려 이양호 전 장관과 같이 원칙적인 소신도 가지지 못하는 모습을 보여주었다.

둘째는 1999년 서해충돌 당시 미(米)국무부는 이 해역을 분쟁해역 또는 공해(open sea)라고 논평했다. 이 때문에 남한 주류 측의 반발을 사기도 했지만 유엔군 총사령관이나 미국정부는 북방한계선의 정당성이나 합법성을 주장하는 한국정부와 군을 지원하는 공식발언을 한 적이 없었다. 이에 대해 일부 사이비지식인은 미국의 국무부와 언론들이 북한의 '도발'을 강조하기보다 남북한의 '상호교전'이라 호칭하고 '상호자제'를 요구하는 이성적인 논평에 대해, 여야가 안보위협에 단합된 모습을 보여주면 북한과 미국에 대한 주도권을 확보할 수 있다는 남한만의 나라사랑인 맹목성을 보이기까지 했다. 그러나 2차 교전에는 북방한계선(NLL)을 지지하고 "북한이 선제공격을 했다고 믿을 만한 이유가 있다(reason to believe)"고 하는 등 1999년과는 사뭇 다른 반응을 보이고 있다. 이러한 미국의 이중적인 기준은 현 부시정권이 얼마나 도덕성이 결여된 정권인지를 잘 말해준다. 미국의 이러한 반응은 2003년 한반도 전쟁위기를 획책할 것으로 보이는 미국이 서해교전의 우발적 충돌을 악용해 전쟁빌미로 삼을 것에 대한 심각한 우려를 자아내고 있다. 이에 대한 면밀한 대책이 요구된다. 어쨌든 1차 교전 당시 미(米)국무부나 미(米)언론들은 북방한계선의 본질을 직시한 셈이다.

셋째는 1차 교전 당시 남한 군 당국은 처음에는 북한 배의 침범이 아니라 월선으로 발표했다. 또 외교통상부장관이 "만일 북한이 평화적인 방법으로 이의제기를 한다면, [남한은] 이 문제를 협의할 용의가 있다"고 기자회견에서 밝혔다. 이에 대해 주류언론은 외교통상부장관의 대북협상 용의론을 문제 삼으면서 "지난 반세기 동안 우리가 실효적으로 지배해 온 NLL 문제를 공론화해 북한과 협상을 벌일 경우 일정 부분 양보가 불가피할 것이라"고 남측의 '영해설정'이 위법적이고 반이성적임을 자인했다. 그러나 이렇게 남한 측의 위배와 무리를 인정하면서도 잘못된 관계를 유지해야 한다는 언론의 맹목성은 외교통상부장관이 제기한 협상설을 "원칙과 순리를 벗어난 단적인 예"라고 비난 일변도로 나아갔다. 한나라당 또한 월선이라고 표현한 정부당국자의 합리적 발표에 대해 국정원장에게도 잘못되었음을 시인하는 사과를 강요했을 정도였다.

이 세 가지 사례에서 확인되는 것은 이성적이고 합리적인 수준에서 논의될 때에는 이양호 장관과 같은 소신있는 당사자 등 일부에서는 서해 5도와 관련된 냉전성역의 허구성을 직시하고 이에 대해 문제제기를 하고 있다는 점이다. 그러나 이러한 이성적인 목소리가 남한 내 주류의 냉전맹목성에 파묻혀 제대로 된 소리를 못 내고 있는데 근본적인 문제가 있다. 그나마 일말의 희망적인 현상은 비록 한계가 있더라도 『한겨레』와 〈MBC〉 등이 『조선일보』나 〈KBS〉 등 주류들의 막무가내식 냉전맹목성에 제동을 걸기 시작했다는 점이다.

민족 문제를 남한만의 문제로 보는 편시안적인 환자, 남북의 문제를 건설적으로 풀기보다는 냉전의식에 마비되어 남북의 대결구도 조성에 앞장선 반민족적인 주류 언론과 정치권, 이들이야말로 북한에 관한 한 마치 바퀴 풀린 수레처럼 감정적으로 질주한다. 물론 이 맹목성은 외세에 의해 강요되고 또 이 과정에서 내면화되어 버린 냉전제도·냉전문화·냉전의식·냉전심성 등에 의해 우리 내면 속에 자연스럽게 자리잡았다. 여기서 우리는 한반도의 냉전성역허물기가 시급하다는 사실을 다시 한 번 확인한 셈이다.

4. 북한 선제공격이라는 냉전성역에 대한 진실 찾기

앞 절에서 우리는 주로 북방한계선과 관련된 냉전성역과 그 허구성을 살펴보았다. 이 절에서는 한계선 외의 대표적 냉전성역에 대한 문제점을 제기하고 그 진실 찾기를 시도해 보겠다. 이는 북한의 선제공격설이다.

1~2차 서해교전에서 '자명한' 것으로 굳어진 북한 선제공격론은 모든 책임을 북한에 전가시키고 남한의 모든 대응을 정당화시키는 구실을 해 서해5도의 진실을 감추고 또 해결을 어렵게 하는 주된 요인이다. 일반적으로 선세공격에서 공격은 사격을 이야기하지만 '공격=사격, 밀어붙이기식 공격=비공격'이라는 도식에는 문제가 있다.

1999년의 1차 서해교전의 경우를 살펴보자. 무엇보다 1차 서해교전은 언론의 무책임한 냄비식 여론조장에 의해 강제되었다고 할 수 있다. 1999년 6월 7일 북한의 북방한계선 월선에 대하여 합리적이고 냉정한 대응을 펼치던 정부가 '영해사수' '국토수호' 등의 극단적인 냉전성역을 외치는 주류언론과 정략적인 정치권의 정치쟁점화에 힘없이 무너지면서 무력충돌은 예견된 수순이었다. 사흘만에 이 맹목적 냉전성역 여론에 굴복한 정부는 6월 10일 국가안보회의를 소집하여 "NLL을 지상의 군사분계선과 같이 확고하게 지킬 것"이라며 강경대응으로 방향을 선회했다.

이에 따라 '강력 대응'을 자제하던 군 당국은 11일 북한경비정을 밀어내기 위하여 북한경비정의 뒷머리를 충돌하는 밀어붙이기식 선제공격을 감행했다. 이에 북한경비정 4척이 커다란 손상을 입었지만 군 당국의 발표대로 북한은 소극적인 대응을 했다. '매운맛'을 보여주었다는 언론의 부추김에 국방부는 13일 "영해침범 즉각 중단을 촉구하고 중단 않으면 응징한다"는 성명을 발표하고 14일에는 국방장관이 기자간담회에서 "북 경비정 차단 위해 한계선 봉쇄작전"을 천명했다. 이 작전명령에 따라 15일 남한함선들이 북한함선들을 포위하고 또다시 충돌식 밀어내기 선제공격을 가했다.

이에 쫓기고 밀리던 북한경비정은 남쪽 초계함에 기관포 선제사격으로 대응했으며, 남쪽은 기다렸다는 듯이 기관포 대응사격과 74mm함포로 선제포격을 감행했다. 이 결과 북한군 30여 명이 전사하고, 배 1척이 격침되고 2척이 대파되었다. 정말 아찔한 순간이었다. 이 상황에서 만약 북한이 자제력을 잃고 바로 옆 옹진반도 쪽에 배치해 놓은 지대함 미사일이나 해안포 등으로 선제미사일 공격을 했더라면 바로 전면전으로 치달았을 것이다.

이 1차 교전에 대해 유엔사와 남쪽은 "북한이 선제공격을 해 와 자위권 보호 차원에서 공격한 것"이라며 남한의 밀어붙이기식 선제공격과 선제포격 등에 대한 정당화 논리를 폈다. 또 국회 국방위 대북 결의안은 "북한 측의 북방한계선 침범행위와 무력사용을 규탄하며, 이로 인한 모든 책임은 전적으로 북측에 있음을 분명히 밝힌다"고 선언했다. 그러나 "군 당국은 북한이 그동안 영해침범 후 해군의 밀어내기식 공격에 대한 소극적인 대응자세에서 돌변, 15일 선제공격을 감행한" 것이라고 언급하고 있듯이(『한겨레』, 2001.6.16), 실질적으로 선제공격을 한 것은 북한이 아니라 남한임을 군 당국의 성명조차 분명히 인정하고 있다. 그렇다면 남쪽의 자위권 차원의 정당화는 그 근거를 상실하게 된다. 실제로 선제공격은 남한이 하고서도 북한에게 모든 책임을 전가한 셈이다.

군의 한 고위관계자는 "지난 15일 북한경비정은 선제공격을 가하면 우리쪽에서 뒤로 물러날 것으로 판단했겠지만 우리 쪽에서 기다렸다는 듯이 즉각 응사해 상황을 종료시켰다"고 말했다. 이는 선제공격으로 북한의 선제사격을 유도하고는 이에 대해 선제포격이라는 과잉대응으로 응징하겠다는 면밀한 사전 시나리오를 암시한다.

냉전성역을 극복한 올바른 인식하에서 분석한 1차 서해교전에 관한 역사적 진실은 아래와 같다. 북한 배의 정당한 월선(꽃게잡이 때문에 생긴 우발적이든 북방한계선의 불법성을 보여 주기 위한 계획적이든 상관없이) → 남한의 불법적인 영해침범 규정(이는 주로 주류언론과 정치세력이 강제했음) → 남한의 밀어붙이기식의 충돌선제공격 → 북한의 선제사격 → 남한의 선제포격 → 북한 배 퇴각.

이 1차 서해교전이라는 인과고리 속에서 남한은 첫째, 북한 배의 정당한 월선을 영해침범이라고 규정하는 불법성을, 둘째 밀어붙이기식의 충돌성 선제공격을, 셋째 북한의 선제사격에 대한 선제포격이라는 과잉대응을 함으로써 세 가지 잘못을 저질렀다. 북한은 남한의 밀어붙이기식의 선제공격에 기관총의 선제사격을 감행한 한 가지 잘못을 저질렀고, 남한의 선제포격에 대해 옹진반도에 있는 미사일이나 해안포로 응사하지 않는 자제력을 보이는 결단을 보여 주었다. '북한 악마만들기'라는 냉전낙인론이 아니라 위와 같은 인과관계의 연계고리 속에서 허구적인 냉전성역에서 벗어난 분석적 접근을 하면 보다 객관적인 역사적 진실을 확보할 수 있다. 이 결과 북한 선제공격론이라는 냉전성역은 허구성이 입증되어 허물어지기 마련이다.

2차 교전에서도 역시 북한의 계획적 선제공격론이 자명한 것처럼 회자되고 있다. 그러나 이러한 주장은 주장에 불과할 뿐 그 객관적 근거가 없다. "사태의 주원인인 북방한계선(NLL)과 교전수칙의 근본적인 문제점, 꽃게잡이 어선들의 월선 등에 대해서는 일절 보도하지 않고, '북한의 두 얼굴', '북한의 의도적 도발', '생떼', '선제공격', '집중 사격', '치밀하고도 계획된 도발', '북한 월경 무력도발', '북한 특유의 치고 빠지기식 억지주장' 등 과격하고 과장된 어휘를 주 메타포로 사용하면서 시청자들로 하여금 객관적인 원인분석의 기회를 원천적으로 봉쇄하고 있다"는 KBS방송의 보도(주류언론에 공통으로 해당되는 것이지만)의 문제점에 대한 지적은 전적으로 타당하다(양문석, 2002). 아래의 KBS보도는 인과관계의 기본도 갖추지 못해 논박의 필요성도 없는 대상이다. 문제는 이제까지 우리 주류언론은 북한 악마만들기의 냉전낙인론이나 냉전성역화에 관한 한 이런 저급한 수준의 억지로도 만사형통이었다는 데 있다.

> 우리 해군 고속정은 경고방송을 위해 접근 (……) 거리가 400여 미터로 좁혀졌을 때 북한 경비정은 사전 경고없이 선제 공격을 가해왔습니다. 우리 고속정의 움직임을 보며 미리 조준해 사격하지 않았다면 불가능한 상황 (……) 이러한 선제 공격은 특히 북한 군 지도부의 사전 승인이 없이는 이루어지기 어렵다는 점에서 우발적인 도발 가능성은 그 만큼 적어집니다(〈KBS〉, 2002.6.29).
>
> 선제공격에 이어 25분 동안 치열한 전투를 벌였다는 점도 미리 준비하고 도발했을 가능성을 뒷받침하고 있습니다(〈KBS〉, 2002.6.29).
>
> 이번 교전이 우리 측의 계획적인 도발이었다는 주장은 아군의 엄청난 피해만으로도 분명한 억지임을 알 수 있습니다. 남북 간 무력충돌이 있을 때마다 억지주장을 펴왔던 북한이지만 북방한계선을 침범하고 선제공격을 한 사실이 명백히 밝혀진 이상 이번만큼은 국제적으로도 비난을 면키 어려울 것으로 보입니다(〈KBS〉, 2002.6.29).

2차 서해교전의 인과사슬은 아래와 같다. 북한 배의 정당한 월선(꽃게잡이 때문에 생긴 우발적이든 북방한계선의 불법성을 보여 주기 위한 계획적이든 상관없이) → 남한의 불법적인 영해침범 규정 → 남한의 밀어붙이기식의 차단기동(400m 정도 접근했으나 충돌공격은 하지 않은 상태였음) → 북한의 선제포격 → 남한의 대응포격 → 북한 배 퇴각. 2차 교전에서 남한이 퇴각하는 북한 배에 대한 격파사격을 지속해 북한 배가 침몰했을 경우 북한의 미사일 공격이 감행될 우려가 있었으나 남한이 자제력을 발휘해 전면전을 막았던 점을 우리는 높게 평가해야 한다.

1차 교전과 다른 점은 남한의 차단기동이 진행되어 북한 배에 400m가량 접근했을 시점에서(일부에서는 100m 가까이 접근했고, 남한의 경고사격도 있었다고 하나 미확인 됨) 북한이 선제사격도 아니고 한 단계를 뛰어넘어 (남한이 경고사격을 감행하지 않았다면) 선제포격을 감행했다는 점이다. 1차 교전에서는 실제 남한의 충돌식 선제공격을 받아 북한 배가 파손되고 있는 상황에서 선제사격을 했지만 2차 교전에서는 북한이 조급하고 예민한 반응을 보였다는 점이다. 이 한 단계를 뛰어넘는 선제포격이 사실이라면 왜 북한이 이러한 조급한 반응을 보였는가 하는 의문이 제기된다. 그것은 바로 1999년 1차 서해교전의 악몽이 유령처럼 살아있기 때문이라고 볼 수 있다. 1차 교전 때 북한은 남한의 차단기동에 따른 충돌식 선제공격에 배가 대파되고 6월 15일에는 30명에 가까운 전사자를 내는 막대한 피해를 입었다. 바로 이에 대한 악몽이 되살아나 충돌식 차단기동에서 다시 1999년 식으로 당하지 않기 위해 선제포격을 감행했다는 가설을 세울 수 있다. 그러니 이것은 어디까지나 가설에 불과한 것이다. 진상조사가 행해지기 이전에는 위의 KBS나 『조선일보』식의 성급한 냉전낙인론은 금물이다.

어쨌든 2차 교전 역시 그 기원은 북방한계선을 마치 영해선이나 군사분계선인 것처럼 냉전성역화하는 데서 기인함을 알 수 있다. 그런데도 우리는 어떤 현상이 발생하는 마지막 인과고리인 선제공격에 모든 인과요인을 귀착시킨다. 서해교전의 근본요인도 바로 북방한계선의 '위배 및 불법성'에 있음을 직시해야 한다. 제3, 제4의 서해교전과 이에 따른 전면전을 방지하기 위해서는 감성적이고 즉흥적인 교전수칙 따위의 개정이 아니라 북방한계선을 비롯해 서해 5도에 대한 근원적인 문제를 제거해야 한다는 결론을 위의 인과고리의 분석에서 얻을 수 있다.

5. 히딩크식 냉전성역허물기를 통한 근본해결책

1999년 서해교전이 일어나 전면전 일보직전으로 치달아 민족공멸로 나아가는 아슬아슬한 순간을 겪은 후 즉각적으로 이런 전쟁위협이 재발하지 않을 제도적 장치를 응당 마련했어야 했다. 주류언론과 정치세력은 앞의 외교통상부장관에 대한 일방적 공격에서 보듯이 일체의 근본적 문제해결을 위한 움직임에 제동을 걸었다. 한 술 더 떠서 이들은 연평대첩의 승리 운운하며 전승가만 부르면서 축제분위기만 고조시켰다. 이렇게 근본적인 치유책을 방기한 결과 제2의 서해교전은 이미 예비되어 있었다.

2차 서해교전 이후에도 주류 언론과 정치세력은 한반도를 전쟁의 불섶으로 더욱 세차게 내몰고 있다. 1차 교전과는 달리 미국이 재빨리 끼어들어 심상치 않은 조짐을 보이고 있다. 우리 모두는 집단체면 속에 스스로 전쟁의 나락으로 떠밀고 있는 것은 아닌지 깊은 자성이 요구된다. 이제 히딩크식의 근본해결책을 제시해 본다.

히딩크 리더십은 냉전성역과 같은 고질적인 관행 깨기, 맹목성이 아니라 과학적이고 객관적인 기본 강조, 혁신 추구, 장기적 안목, 연고주의 해체 등이다. 진짜 본받아야 할 것은 우리들이 그동안 잘 알고 있으면서도 행하지 못한 것을 기본원칙에 따라 소신껏 실행한 점이다. 우리도 이 기본원칙에 따라 해결을 모색하면 서해교전의 위기를 평화통일의 기회로 삼을 수 있다.

첫째, 기존 관행인 냉전성역을 깨자. 기존 관행과는 달리 북방한계선은 해상군사분계선도 영해선도 해상포위선도 아니다. 그래서 침범도 아닌 단순한 월선이다. 단순한 월선을 영해사수 등으로 반응한 잘못된 관행일랑 히딩크처럼 뜯어고쳐야 한다.

둘째, 객관적이고 과학적인 기본에 따라 해결을 모색하자. 서해 5도에 대한 기본 준거틀은 정전협정, 국제해양법 및 분단 독일의 서베를린 국제관례다. 남한은 줄곧 기존 관행이라 강변하지만 객관적 기본에 배치되는 관례나 관행은 결코 정당화될 수 없다. 히딩크는 온갖 구설수에도 불구하고 기본체력 훈련과 멀티프레어라는 기본원칙에 충실했기에 한국팀을 4강에 입성시켰다. 서해교전도 객관적이고 과학적인 기본원칙에 따라 혁신적인 해결을 모색해야 한다.

셋째, 장기적 안목으로 풀어나가자. 프랑스와의 경기에서 0:5로 졌을 때 언론의 냄비식 주문대로 히딩크가 변신을 꾀했다면, 우리 축구는 4강이란 꿈도 꾸지 못했을 것이다. 순간적 카타르시스를 위해 확전론과 같은 광기의 해법으로 서해교전을 풀려 했다간 제2의 6·25가 터진다. 민족의 평화와 통일이라는 큰 일과 장기적 민족이익에 비교한다면 이번 일은 충격적이지만 단기적이고 작은 일이다. 빈대가 성가셔서 통일과 평화라는 큰 초가 삼간을 불태우는 어리석음에 빠지지 말고 히딩크처럼 장기적인 안목에서 근본적 치유책을 마련해야 한다.

넷째, 남북이 기존의 연고주의를 해체해 서해교전의 장을 통일평화의 장으로 승화시켜 전화위복을 일구자. 히딩크는 축구계에 만연한 고질병인 대학 연고주의를 해체함으로써 4강 진출의 꿈을 이루었다. 우리도 바로 이 연고주의 철폐를 전제해야 근본적인 해결책이 나올 수 있음을 유념해야 한다.

이러한 원칙에 따라 구체적 대응책을 아래와 같이 모색할 수 있을 것이다. 먼저 확전과 강경 대응은 필연적으로 민족공멸을 자초한다. 막무가내식 부시행정부에 좋은 빌미를 주어 2003년 한반도전쟁위기설을 현실로 나타나게 할 것이다. 이는 미국 핵선제공격의 0순위인 북한에 대한 핵전쟁을 의미한다. 이 경우 북한만 당하고 남한은 괜찮을 것이라는 반민족적인 희망은 물거품이 된다. 북한에 대한 핵전쟁은 북한만이 아니라 한반도에 대한 핵전쟁으로 귀결되어 민족이 전멸하게 된다.[9]

북한이 대승적 견지에서 서해 5도 해역에 한정하여 1999년과 2000년에 선포한 '해상군사분계선'과 '통항질서'를 철회한다. 남한 또한 맹목성이 아

---

9) 2003년 한반도 전쟁위기에 대해서는 강정구(2002c) 참조.

니라 이성적 견지에서 북방한계선을 철폐한다. 북방한계선 서쪽과 공해사이의 전 해역은 가상 통일조국의 영해로 설정하여 통일조국의 상징적·물적 토대로 삼는다. 이 해역의 실제적 위상은 통일 및 평화해역과 공동어로구역으로 자리매김한다. 비무장 해역이므로 남북의 군함은 통과권만 가지고 일체의 군사력 배치나 훈련 등 군사행위는 금지된다. 군함 통과 시 상대방에 사전 통고한다. 아울러서 서해 5도가 대북한 해상포위의 역할을 하는 것을 철회한다. 또한 남북의 비무장 상선이나 어선 등은 자유롭게 항해할 수 있도록 한다. 또 공동어로 해역 내 꽃게잡이나 조기잡이 등에는 쿼터제를 도입하여 남북 간 우발적 충돌을 예방하도록 한다. 서해 5도의 각 섬 연안해역 1Km는 남한 해상군사분계선으로 설정하고, 1km 밖의 주변해역은 남한 해상관할해역에 포함시키지 않고 평화해역 및 통일해역에 귀속시킨다.

  2003년 한반도전쟁위기설과 2차 서해교전을 맞아 우리 민족은 국내외 반민족세력에 의해 민족공멸의 장으로 서서히 빨려 들어가고 있다. 이제 임기 막판에 와 있는 김대중 대통령이 미국이나 국내의 반통일 호전세력의 민족의 평화통일 가로막기에 단호히 맞서 결단을 내릴 때이다. 비리정권 등 온갖 얼룩에도 불구하고 민족과 역사에 남을 수 있는 길은 이제 김정일 위원장과 제주도나 이곳이 힘들면 금강산에서라도 만나 다른 일일랑 그만두고 한반도평화선언과 서해교전의 근본적 해결방안을 위와 같이 일구는 것이다. 그것만이 민족이 살고, 위기를 기회로 삼아 오히려 통일기반을 다지고, 동시에 김대통령도 민족과 함께 영원히 사는 길일 것이다.

  물론 이러한 근본적 해결은 대통령의 결단만으로 되지 않는다. 조국의 평화와 통일을 사랑하는 진짜 국민이 나서야 한다. 그들이야말로 조국의 진정한 평화와 통일을 갈구하는 진짜 국민이기 때문이다. 위기도 사람에 따라 기회로 만들 수 있다. 그러나 히딩크 같은 사람만이 기회로 만들 수 있다. 그는 잘 알면서도 실행하지 못한 것을 기본원칙에 따라 소신껏 실행해 4강을 일구었다. 이제 우리 진짜 국민도 히딩크처럼 민족의 평화와 통일을 위해 이미 우리가 잘 알고 있던 바를 소신껏 실행해야 한다. 그러면 60년 가까이 우리의 삶과 사고를 억눌러 왔던 맹목적인 냉전성역을 극복하고 우리가 진정 우리가 되고 우리 민족이 진정 우리 민족이 된다. 이 과정에서 서해교전의 위기도 통일마당을 일구는 전화위복의 기회가 될 것이다.

【참고문헌】

강정구, 2000,「서해 5도 통항로 설정 어떻게 볼 것인가?」,『진보정치』제2호.
_____, 2001,「주한미군의 반(反)평화성과 반(反)통일성」,『진보평론』통권 9호.
_____, 2002a,「탈냉전과 통일시대에 즈음한 한국학의 지향과 방법론 모색: 인문사회과학을 중심으로」,『제1회 세계한국학/조선학/코리아학대회 논문집 Ⅱ』(2002.7.18~20), 한국정신문화연구원.
_____, 2002b,「아리랑통일민주공화국을 제창하며」, 강정구,『민족의 생명권과 통일』, 당대.
_____, 2002c,「6.15공동선언 두 돌과 한반도 전쟁위기」, 반전평화세계동시행동의 날 국제평화포럼 토론문, '미·일 패권전략과 아시아의 평화', 2002.6.21. 14:00 서울 천도교 수운회관.
김성걸·이상기 1998,『신한국군 리포터』, 한겨레신문사.
리영희, 1999,『반세기의 신화: 휴전선 남·북에는 천사도 악마도 없다』, 삼인.
양문석, 2002,「서해교전 관련 언론보도」, 민주언론운동시민연합·민주화를 위한 전국교수협의회·전국언론노동조합·학술단체협의회 공동주최, '서해교전 사태의 평화적 해결을 위한 토론회' 발표문, 일시: 2002년 7월 11일, 한국일보 송현클럽.
이장희, 2002,「6.29 서해교전 어떻게 해결할 것인가?」, 민주언론운동시민연합·민주화를 위한 전국교수협의회·전국언론노동조합·학술단체협의회 공동주최, '서해교전 사태의 평화적 해결을 위한 토론회' 발표문, 일시: 2002년 7월 11일, 한국일보 송현클럽.

Halliday, Fred, 1983, *The Making of the Second Cold War*, London: Verso.

『동아일보』, 『세계일보』, 『연합뉴스』, 『조선일보』, 『중앙일보』, 『한국일보』, 『한겨레』.

『진보평론』 13호(2002년 가을호)

표적 2

주한미군이 우리의 안보를 지켜준다고?

　최근 외교부 북미국의 항명파동과 외교부장관 경질이 나라안팎을 떠들썩하게 했다. 미국의 강요에 따라 이라크전쟁에 한국군 전투병 파병이 강행되고 있고, 국회의원 147명이 주한미군 (기지)이전반대 결의안을 제출하는 등 미국과 주한미군에 대한 논란이 계속되고 있다. 미국과 주한미군은 우리에게 어떤 존재이기에 언제나 한국사회를 이렇게 들끓게 하는가?
　한국전쟁이 끝난 휴전 이후 이제까지 우리는 미국을 맹목적인 숭배와 추종의 대상으로만 여겨왔다. 우리는 미국에 언제나 감사할 줄 알아야 하며, 또 미국이 요구하는 것은 비록 전쟁범죄를 저지르는 베트남 파병이나 이라크 파병까지도 거의 대부분 들어 주어 은혜를 갚아야 한다고 생각해왔다. 3·1절과 8·15까지 미국 국기를 들고 나와 마치 조선조 말 일진회가 '친일만이 살길이다'라고 외치듯 반핵 반김정일 시위까지 벌이곤 한다.
　과거 60년 가까이 이런 자발적 노예주의에 빠져 자신들이 노예라는 사실조차 제대로 인식하지 못하는 상태로 된 것이 오늘날 우리 사회의 주류정치인, 주류신문, 주류지식인의 모습이다. 이들 주류를 바꿔치우기 위해서 미국에 얹혀 살게 아니라 주체적으로 민족의 운명을 개척해 우리 발로 걸어 나갈 줄 알아야 한다. 맹목적인 숭미주의와 반공 및 반북 이데올로기에서 벗어나 자주적 합리주의의 관점에서 미국과 주한미군의 본질을 파헤쳐 우리의 역사행로를 찾아보는 제안을 하고자 한다. 먼저 앞의 미국관을 비판해보겠다.

자발적 노예주의

첫째, 미국이 우리를 일본의 식민지에서 해방시켜 주었다 한다. 과연 그런가? 표면적으로 보면 미국은 조선의 해방을 위해 조선 땅에서는 피 한 방울도 흘리지 않았다. 해방 전에 소련군은 조선 땅에서 일본관동군을 물리치기 위해 피를 흘리며 일본군과 전투를 벌여 직접적으로 조선의 해방에 도움을 주었다. 좀 더 넓게 보면 조선의 해방은 2차 세계대전에서 독일·일본의 패배로 가능해졌다. 그들의 패배는 소련·미국·영국 등의 연합국이 주력이 되고 중국-조선-베트남-유고 등 제3세계의 민족해방투쟁이 보조 축이 되어 이루어진 것이다. 특히 소련과 중국은 2차 세계대전에서 약 2천 만 명과 4~5천 만 명의 인명피해를 입는 가장 큰 희생자였으면서 독일·일본군을 궁지에 모는데 가장 중요한 몫을 했다. 여기서 미국이 일본을 항복시키는데 중요 구실을 한 것은 사실이지만 소련의 일본 전 참전 역시 일본이 항복하는 데 결정적 몫을 했다.

둘째, 6·25전쟁에서 우리를 구해 주어 공산화를 막았다고 한다. 그런가? '만약 미국이 주도해서 조선을 분단시키지 않았다면 6·25전쟁이 일어났을까?'라는 질문을 던져보자. 응당 전쟁은 일어나지 않았을 것이다. 김대중 전대통령이 정확하게 지적했듯이 6·25전쟁은 통일전쟁이었다. 이 통일전쟁은 분단 때문에 일어났기에 분단을 주도한 원흉인 미국이야말로 6·25전쟁의 원인제공자 곧 기원인 셈이다. 또 6·25전쟁은 당시 외국군이 한반도에 없었기에 내전이었다. 곧 집안싸움이었다. 곧 후삼국시대 견훤과 궁예, 왕건 등이 모두 삼한통일을 위해 서로 전쟁을 했듯이 북한의 지도부가 시도한 통일전쟁이었다. 우리 역사 책 어느 곳에서도 왕건이나 견훤을 침략자로 매도하지 않고 오히려 왕건을 통일대업을 이룬 위대한 왕으로 추앙한다. 그런데 이 같은 남의 집안싸움인 통일전쟁에 외세인 미국이 3일 만에 개입해 남쪽을 대신해서 전쟁주체가 된 셈이다. 만약 집안싸움인 이 내전에 미국이 개입하지 않았다면 전쟁은 한 달 이내 끝났을 테고 우리가 실재 겪었던 그런 살상과 파괴라는 전쟁피해는 없었을 것이며 통일은 이룩되었을 것이다. 실재 전쟁에서 살상과 파괴의 주범은 남북이 아니라 미군의 폭격이었다는 사실에서도 이는 잘 증명된다.

만약 미국이 개입하지 않았다면 공산화되었을 것이 아니냐고 물을 것이다. 그렇다. 분명 남북 전체가 공산화되었을 것이다. 그러나 그 당시 조선 사람들은 공산주의를 자본주의보다 훨씬 더 좋아했다. 1946년 8월 미군정 여론국이 전구 8,453명을 대상으로 조사한 결과 공산주의－사회주의 지지세력이 무려 77%였고 자본주의 지지는 겨우 14%였다. 공산주의든 무정부주의든 그 당시 조선 사람이 대부분 원하는 것이면 그 체제를 택해야 하는 것은 당연한 것이다. 지금 남쪽의 반공이념으로야 사회주의나 공산주의가 마치 악의 원천인양 해석하고 있지만 해방공간에 만약 미국과 소련이라는 외세 개입이 없었다면 남북을 통틀어 조선 사회 전체가 공산화되는 것은 우리 역사의 필연이었다.

주한미군 불가피론

셋째, 미국은 주한미군을 통해 북한의 침략을 막아주고 있다 한다. 과연 그런가? 좀 더 면밀히 검토해야 한다. 주한미군은 반드시 한반도에 주둔해야 한다는 주한미군불가피론은 세 가지 이유를 들고 있다. 하나는 북한전쟁위협론으로 주한미군이 없으면 북한이 전쟁을 일으키기 때문에 미군주둔이 불가피하다는 것이다. 둘째는 남한군열세론으로 미군이 없으면 남한군의 군사력이 약해 북한군이 일으키려는 전쟁을 억제할 힘이 없다는 것이다. 셋째는 동북아세력균형론으로 미군이 있어야 일본, 러시아, 북한, 남한, 대만 간에 세력균형을 이루게 해서 동북아가 전쟁위험을 가지지 않게 한다는 것이다. 그러나 이 세 가지 이유 모두는 거짓이다. 우리는 이제까지 거짓을 참으로 믿고 있는 한심한 수준에 머물러 있었던 것이다. 이제부터라도 이 거짓 꿈에서 깨어나야만 한반도의 평화와 통일, 그리고 주권을 제대로 가진 자주국가를 만들 수 있는 것이다.

이제까지 우리는 북한 전쟁위협론을 맹목적으로 굳게 믿어 왔다. 주한미군 철군이 안보불안을 낳는다는 황당무계한 논리가 나오게 된 것이다. 이 논리는 자연스러울지 몰라도 진실은 오히려 이것이 허구이고 한반도의 진정한 평화구도 달성을 가로막는 가장 큰 장애요소라는 것이다.

탈냉전과 평화의 시대라는 1990년대 이후 한반도에서는, 1991~1992년 120일 전투시나리오와 이종구 국방장관의 '엔테베작전' 언급 등 '제2의 한국전쟁위기', 1994년 6월 한 두 시간만 늦었더라도 전쟁이 발발할 수밖에 없는 상황으로 몰렸던 영변핵위기, 미국의 인공위성 사진으로 북한이 핵무기를 개발한다고 단정 짓고 모의 핵폭탄 BDU-38로 핵전쟁 실전연습까지 벌였던 1998~1999년 금창리핵위기, 1998년 여름 대포동 미사일(인공위성) 발사를 계기로 발발한 1999년의 미사일위기, 휴전 이후 최초의 정규군에 의한 무력충돌이라는 1999년의 1차 서해교전, 2002년 부시의 '악의 축' 전쟁위협, 2002년 2차 서해교전, 마지막으로 현존의 2003~2004년 한반도전쟁위기 등 무려 여덟 번의 전쟁위기가 있었다.

이 가운데 미국이 전쟁을 주도한 것은 서해교전을 뺀 여섯 번으로 미극 주도의 한반도 전쟁위기 주도 확률은 6/8이다. 그러나 남과 북의 전쟁위기 주도 확률은 각기 1/8로서 북한이 전쟁위기를 주도했다는 북한전쟁위협론은 바로 허위임이 드러난다. 오히려 한반도전쟁위기를 불러오는 주범은 북한이 아니라 미국, 곧 주한미군이라는 결론에 이른다.

다음은 국방부나 극우신문이 들먹이는 남한군열세론 문제이다. 이들의 주장은 허구에 지나지 않고 오히려 남한군이 북한군에 비해 훨씬 우세할 수밖에 없는 조건을 갖추고 있다. 북한군의 군사비는 공식적으로 13~14억 달러 수준이다. 남한국방부는 이보다 높다고 하면서 대략 30억 달러로 평가한다. 그러나 남한의 올해 군사비는 국방비를 합쳐 대략 160~170억 달러로 북한군의 5~6배에 이른다. 이럴 수밖에 없는 것이 북한 전체 GNP가 겨우 160억 달러 수준이고 예산이 95억 달러 수준이다. 북한 전체 GNP가 남한 군사비보다 적고 북한 전체 예산이 남한 군사비의 2/3 수준이다. 다른 온갖 이야기를 들먹일 필요도 없다. 이는 미국 국방장관도 남한군이 북한군에 대처할 능력이 충분하므로 주한미군은 동북아지역군의 역할을 담당하고, 한국군이 한반도 문제를 전담하는 주한미군 역할 재조정을 요구해 현재 평택기지 이전을 서두르고 있다는 데서도 증명된다.

마지막으로 동북아세력균형론의 허구성을 들추어보겠다. 세력균형은 해양세력인 남한·일본·미국과 대륙세력인 북한·중국·러시아 사이의 군사적 세력균형을 말한다. 그러나 군사비를 보면 미국이 빠져야만 진정한 동북아세력균형이 이루어지는 것을 알 수 있다. 군사비를 보면 미국은 4,000억 달러, 세계 2위인 일본이 500억, 남한이 160억으로 해양세력 전체가 4,600억 달러 안팎이다. 대조적으로 중국 250억, 러시아 200~250억, 북한 15억으로 대륙세력은 고작 600억도 채 되지 못한다. 4,600억과 600억이 세력균형이라면 초등학생도 웃을 일이다. 진정한 세력균형은 4,000억 짜리 미국을 빼버리는 것이다. 이런데도 이 땅의 위정자는 노 대통령을 비롯해 앞의 두 가지 이유가 전혀 씨알이 먹히지 않으니까 동북아세력균형론을 들먹이면서 주한미군불가피론을 옹호하고 있다.

미군주둔을 간청하는 정치인들

진실은 이러한데도 우리 사회 주류의 미국관을 보면 정말 기가 막히지 않을 수 없다. 최근 주한미군의 용산기지 이전에 즈음해 두 가지 큰 일이 있었다. 하나는 국회의원 147명이 한미연합사 등은 계속 서울에 남아야 한다는 결의안을 제출한 것이고 다른 하나는 외교부관리들의 항명파동이었다.

미국은 평택에 기지를 옮기면 적어도 50년 이상 머물 기지를 만들겠다는 계획을 세우고 있고, 이 경우 이 땅에 미군이라는 외국군이 무려 108년 이상 진주하는 셈이 된다. 미군기지를 기왕 옮기는 김에 본국인 미국으로 영원히 돌아가라는 결의안을 제출해야 마땅할 이 시점에 안보불안이라는 거짓 핑계를 대면서 미군주둔을 간청하고 그것도 서울에 남아야 한다는 것이 바로 이들 주류 국회의원의 현주소다.

국방부와 외교부 관리들 또한 이들 정치인들과 한치도 다를 바 없다. 용산 미군기지를 평택에 이전하는 협상에서 국방부는 미국 측이 요구하는 '기지 이전과 관련된 모든 비용'을 지불하기로 1990년에 합의하고도 이를 10년 이상 숨겨왔다. 미국이라는 사기꾼은 이 합의가 한국헌법에 위배되는 것임을 간파하고 이를 국회동의가 필요 없는 소파합동위 합의로 바꾸어 안전판을 만들었고, 이를 당시 외무부 국장이었던 반기문이 나서서 외교부 확인까지 해주어 버렸다. 이로써 미국은 100억 달러가 넘을 것으로 추정되는 이전비용을 '한국 측 비용전액부담' 형식으로 부담시키는 강도행위를 완벽하게 해냈다. 우리 관리들은 주인행세는커녕 강도를 돕는 공범자 구실을 했다.

이것이 씨앗이 되어 최근 외교부 북미국 관료들의 항명파동이 불거졌다. 크게는 북미국 전체가 작게는 한-미상호방위조약과 소파협정 등 주한미군과 관련된 문제를 다루는 북미3과가 이 소용돌이의 진원지다. 미국의 날강도 짓을 막기는커녕 미국무부의 눈치 보는 데 심혈을 기울이고, 한미동맹을 구세주로 생각하는 동맹파인 이들이야말로 한국의 대통령을 우습게 생각하는 게 어쩌면 당연하다. 노 대통령은 항명파동의 책임을 물어 윤영관장관을 해임했지만, 오히려 전임장관보다 더 숭미적이고 미군기지 이전 비용의 한국 측 전액부담에 대한 외교부 확인을 해 범죄적 과오를 저지른 반기문을 신임외교장관으로 임명했다.

아마 아시안월드스트리트저널 사설처럼 "부시 행정부가 지금까지는 미국에 '머리를 조아리지 않을 것'이라는 (……) 노 대통령에 대해 뚜렷한 자제력을 보여왔지만, 윤 장관 경질과 같은 사태가 계속될 경우 미국의 인내심은 빠르게 바닥날 것, (……) 묵과한 채 지나치지는 않을 것"이라는 미국의 노골적인 위협에 맥없이 손을 들어버린 셈이다.

이러한 상황에서 주한미군을 완전 철수시키고, 미국에 대해 주권국가로서 자주적이고 대등한 관계를 설정해 자존을 지키고, 숭고한 6·15공동선언을 실현하여 민족의 평화와 통일의 대업을 일구어나갈 주체는 우리 시민-민중사회일 수밖에 없다. 자발적 노예주의에 매몰된 한국의 주류나 이 주류 못지않은 노무현정부에게 기대할 수도 없거니와 맡길 수도 없다. 단지 그들을 견인하거나 강제하는 길 밖에 없는 것 아닌가?

『작은 책』 104호(2004년 3월), 52~57쪽

표적 3

그래, 주적이 누구인지 분명히 말 하마

최근 미국 하원 국제관계위원장인 하이드 의원은 "한국은 누가 주적인지 분명히 말하라"고 다그쳤다. 마치 식민지 총독을 연상케 하는 그의 오만한 요구는 단순한 개인적 주문이 아니라 부시정부와 공화당을 필두로 한 수많은 미국 엘리트들의 공통된 견해를 집약한 것으로 특히 아래와 같은 몇 가지를 겨냥하고 있다.

식민지총독 부류가 즐비한 미국 고위층

첫째는 '한국으로부터 나오는 안보 문제에 대한 혼란스러운 신호'에서 암시되듯이 지난 3월 8일자 공사 졸업식에서 노 대통령이 천명한 '주한미군의 대 동북아지역 전략적 유연성 불허'를 겨냥하고 있다.

대통령은 주한미군의 동북아지역군으로의 전략적 유연성은 '우리의 의지와 관계없이 우리 국민이 동북아시아의 분쟁에 휩쓸릴 우려'가 있으므로 '어떤 경우에도 양보할 수 없는 확고한 원칙'이라고 못 박았다. 이는 주한미군 기지를 대 중국 포위봉쇄 기지화 하고, 더 나아가 대만사태 등에서 미·중간에 무력충돌이 일어나면 전쟁발진기지로 삼으려는 미국의 21세기 동북아지배전략에 제동이 걸리는 것을 의미하기 때문이다.

둘째는 한국과 중국이 미국의 대북한 경제봉쇄에 협조하지 않고 개성공단이나 비료지원 등 '핵 공갈을 추가한 (북한) 정권에 쏟아 붓는' 경제협력이나 지원을 겨냥하고 있다. 미국은 경제봉쇄나 해안봉쇄와 같은 저강도전쟁을 통해 북한을 장기적으로 고사시켜 정권교체와 체제전복을 꾀하는데 '동맹'이라는 한국이 오히려 걸림돌이 되고 있다는 것이다.

셋째는 2004 국방백서에서 '주적' 표현 대신 '직접적 군사위협'이라는 표현으로 교체한 것을 겨냥하고 있다. 이 표현의 변화는 말뿐인 변화에 불과하다. 국방부 스스로가 "주적 표현이 삭제된다고 실제 주적이 사라지지는 않는다. 북한을 주적으로 상정해 만든 작전계획 등의 각종 대북 방어전략이나 무기 구매 등의 중기 전력투자계획 등에선 변화가 없다"고 강조하고 있다.

이런데도 이를 문제 삼는 것은 안보분야에서 조그만 변화의 조짐도 허용하지 않고 쐐기를 박아 제2, 제3의 LA선언이나 3·8선언과 같은 변화의 움직임을 사전에 차단하기 위한 저의다.

넷째, 동시에 미국의 요구라면 그것이 무엇이든 금과옥조로 받아들이는 남한 내의 맹목적 대미 자발적 노예주의자들을 겨냥하고 있다. 하이드는 2004 국방백서가 '주적'을 교체하면서 '유사 시 대한민국을 방위하기 위해 투입되는 미 증원전력은 육·해·공군 및 해병대를 포함하여 병력 약 69만여 명, 함정 160여 척, 항공기 2,000여 대의 규모이다'라고 하면서 미국에 기대는 것은 너무 염치없다고 꾸짖고 있다. 그러면서 "만일 당신이 우리의 도움이 필요하다면 우리에게 당신의 적이 누구인지 분명히 말해 달라"고 요구했다.

이는 한나라당, 조·중·동, 외교부와 국방부 고위관료와 한국군장성 등과 같은 맹목적 숭미주의자들에게 은근히 두려움을 자극해 주한미군의 대동북아 전략적 유연성에 제동 거는 대통령, 남북경협 중단을 거부하고 전시작전통제권을 환수 받으려는 참여정부 등에 대한 압박과 공세를 부추기려는 저의를 깔고 있다.

자발적 노예주의라는 불치병에 감염된 이 땅의 고위층

지난 3월 8일 전략적 유연성에 대한 노 대통령의 선언이 있자마자 '주한 미군의 추가감축 가능성에 대한 우려'라는 협박성 소식이 흘러나왔다. 『동아일보』는 이를 9일자 머리기사로 다루어 끼리끼리 북 치고 장구 치는 짝짜꿍질을 잘도 연출했다. 이러니 공갈과 압박카드용 주한미군의 감군 및 철수 위협이 제법 약발을 잘 받는 것으로 미국이 볼 수밖에 없을 것이다.

이 같은 내정개입을 일삼는 하이든은 외교관계를 담당하는 국제관계위원장의 직분을 넘어 자신이 마치 '미국 식민지 대한민국의 총독'인 것처럼 19세기 가상공간에 살고 있는 모습이다. 더욱 문제가 되는 것은 유독 한반도 문제에 관한 한 이런 19세기 가상공간에 살고 있는 총독부류 족속들이 대통령인 부시를 비롯해 미국의 조야에 수두룩하다는 점이다.

또 더 꼴불견이고 문제인 것은 이들의 식민지 총독행세를 당연한 것으로 받아들이는 이 땅의 대미 자발적 노예주 부류들이 우리 고위층에 즐비하다는 사실이다. 군부, 관료, 언론, 정치, 학술, 경제 등의 고위직을 대부분 점유하는 이 땅의 기성 주류는 일제식민지배 35년, 미국의 신식민지배 60년, 도합 100년 가까이 대를 이어 일본인보다 더 일본인처럼, 또 미국인보다 더 미국인처럼 행세해 왔다. 그래서 그들은 자신이 노예적 행세를 해왔다는 사실조차 의식하지 못하는, 프랑츠 파농이 말하는, '식민화된 무의식'의 상태에 놓여 있는 것이다. 곧, 그들은 식민지 생활을 하도 오래 하다 보니 자신들이 식민지 지배를 받고 있다는 사실조차 의식하지 못한 채 제국주의 식민지배를 내면화한 자발적 노예주의라는 불치병에 완전 감염됐다는 것이다.

주한미군의 어떠한 전략적 유연성도 절대 안 돼

이제 고위층에 즐비한 대미 자발적 노예주의가 아닌 이 땅의 진정한 주인의 주체적인 목소리로 하이드 의원에게 조목조목 말해 주겠다.

그가 첫 번째로 겨냥한 전략적 유연성을 보자. 이에 대해서는 이미 이곳 고정칼럼에서 「제2의 청일전쟁」으로 직결될 전략적 유연성」이란 제목으로 상세히 다뤘기 때문에 최근의 동북아정세와 관련지어 간략히 짚어보겠다.

지난 3월 6일 미국은 주한미군 2사단을 예정보다 2년 앞당겨 이번 여름 미래형사단으로 완전히 전환한다는 충격적인 발표를 했다. 사단과 군단기능을 통합하고 최첨단무기를 중심으로 한 미래형사단은 보병, 기갑, 포병, 정찰, 항공, 정보·통신, C4I(전술지휘통제자동화체계)는 물론 무인정찰기(UAV)까지 갖추고, 유사 시 하와이와 미 본토에서 한반도에 전개되는 5개의 행동여단(UA)을 지휘 통제하여 막강한 전투력을 갖추게 된다. 그래서 북한은 물론 중국이나 카시미르 등에 원거리작전을 담당할 수 있게 된다. 또한 무인정찰기와 다목적 항공기, 고속 수송선박을 비롯한 최신예 에이브럼스(AIM) 탱크, 최신예 M270A1 다연장 로켓 시스템도 갖춰 원·근거리 육·해·공 통합전투력까지 구사하게 된다.

그야말로 주한미군이 이번 여름부터는 언제든지 북한에 대한 정밀타격 능력과 대만사태 등 동북아지역 분쟁에 개입할 수 있는 전략적 유연성의 채비를 완벽히 갖추는 것을 의미한다. 지난 2·10북핵보유선언을 계기로 긴장이 고조되고 있는 시점에서 주한미군의 슈퍼여단화에 이어 갑작스런 미래형사단으로의 긴급 변환은 무언가 불길한 예감을 자아내고 있다.

여기에다 미국과 일본은 2월 9일 안전보장위원회(2+2회담)에서 미·일 동맹의 범위를 기존 일본과 주변지역에서 중동을 포함한 아·태지역으로 확대하는 공통전략 목표를 발표하고, 그 대상을 북한과 중국으로 지목해 '불투명성, 불확실성이 계속되고 있다'고 공개적으로 밝혔다. 겉으로는 '하나의 중국'정책을 천명하면서도 미국과 일본이 사상 처음으로 대만사태를 안보정책에서 위협으로 공식화 해 중국을 '가상의 적'으로 한 포위망 전략을 세운 셈이다(이 기세를 몰아 일본은 남북한에도 역사교과서 왜곡과 독도분쟁을 주도하고 '가짜 유골' 등을 조작해 북한 악마만들기에 전력투구 하고 있다).

중국은 이를 '중국이 무력으로 대만을 해결하려 든다면 일본은 미국을 지원하겠다'고 미국과 일본이 공개적으로 밝힌 것으로 해석하고 '반국가분열법'으로 적극 대처하고 있다. 이 법은 대만을 중국 영토의 하나로 보고 "대만 독립 세력이 이런저런 방식으로 대만을 중국으로부터 분열시키는 경우, 또는 대만을 중국으로부터 분열시킬 수 있는 중대한 사변이 발생한 경우, 또는 평화통일의 조건이 완전히 없어진 경우"에 중국은 무력을 사용해서 통일을 이룰 것임을 분명히 하고 있다.

이러한 주변국의 움직임, 특히 대만 문제는 우리에게 결코 강 건너 불구경이 아니라 우리의 죽고 사는 문제와 직결된 문제다. 대만의 독립선언은 중국의 무력침공을 초래하고, 이에 대응해 미국과 일본이 개입함으로써 중국과 미국·일본 간의 전쟁으로 비화될 위험이 있다. 이때 만약 주한미군이 철군되지 않고 또 전략적 유연성이 허용된 상황이라면 이곳 남한 땅은 미국의 대중국 침략 발진기지이자 대리 전쟁터가 되는 끔찍한 운명을 맞게 될 것이다.

주한미군 전면철수가 '제2의 청일전쟁'을 막는 가장 확실한 방안

노 대통령이 3·8선언에서 '우리의 의지와 관계없이 우리 국민이 동북아시아의 분쟁에 휘말리는 일은' 있을 수 없으며 이는 '어떤 경우에도 양보할 수 없는 확고한 원칙'이라고 못 박은 것은 한반도의 생존을 위한 철칙이다.

이런데도 이를 문제 삼는 하이드나 주한미군사령관, 더 나아가 이들을 옹호하는 일부 한나라당이나 주류언론과 같은 대미 자발적 노예주의자 등은 그야말로 미국의 동북아지배를 위해 한반도가 1895년의 청일전쟁 때처럼 쑥대밭이 되고 우리 민족이 개죽음을 당해도 좋다고 강변하는 꼴이다.

이런 '제2의 청일전쟁'의 비극을 막기 위해 일부에서는 일본식의 사전협의제나 동북아를 제외한 지역의 전략적 유연성을 허용하고 동북아지역만 허용하지 않는 제한적 전략적 유연성을 대안으로 제시하고 있다. 그러나 일본식의 사전협의제 및 병렬형 지휘체제가 아무런 실효가 없음이 이미 입증되었다.

분명한 것은 민주노동당이 주장한 것처럼 전쟁이라는 비상사태하에서는 철저하게 힘의 논리가 지배하고 전투현장의 강경목소리가 정치논리를 압도하게 되어 있어 부분적인 주한미군의 전략적 유연성 허용 등은 결코 한반도가 중미전쟁에 휘말리는 것을 막을 수 없다. 가장 바람직한 것은 대만이 독립을 선언하겠다는 2008년 이전에 전쟁유발자인 주한미군을 이 땅에서 전면 철수시키는 것이다. 이러한 힘이 아직 부족하면 최소한도 일체의 주한미군 전략적 유연성을 허용하지 않아야 한다.

제2의 6·25 동족상잔을 강요하는 미국

하이드가 두 번째로 겨냥한 것은 북한의 숨통을 끊기 위한 경제봉쇄나 해안봉쇄와 같은 미국의 저강도전쟁에 남한이 동참해 북한에 대한 정권교체와 체제전복을 마무리 짓자는 것이다. 이는 현실성도 없거니와 필연적으로 고강도전쟁을 동반하게 되어 우리 민족이 미국 때문에 또다시 제2의 6·25라는 동족상잔을 강요당하는 꼴이다.

미국 주도의 외세에 의해 분단과 전쟁을 강요당했던 우리 민족이 또 다시 미국 때문에 이런 길을 되풀이하는 일이란 상상조차 허용될 수 없다. 제네바협정을 75% 가까이 위배해 북핵 문제를 야기한 부시 미국이 이제 이를 빌미로 우리 민족을 전쟁의 도가니 속으로 야금야금 몰아넣어 더 이상 되돌릴 수 없는 막다른 골목으로 빠뜨리는 끔찍한 음모의 덫을 우리 민족에게 걸고 있다.

하이드의 요구를 수용하는 것은 바로 이 덫을 밟는 것을 의미한다. 우리가 취할 유일한 길은 노 대통령의 LA선언을 말로서만 그치지 말고 실질적으로 이행하고 미국과 진짜 얼굴을 붉히는 것이다.

그래 주적은 바로 너 미국이다

또 하이드가 세 번째와 네 번째 겨냥한 것은 '04국방백서가 주적개념을 없애면서 한반도 분쟁 시 미 증원전력을 69만의 병력, 함정 160여 척, 항공기 2,000여 대로 명시해서 미국의 도움을 청하고 있는 '뻔뻔스러움'이다. 그는 '만일 당신이 우리의 도움이 필요하다면 우리에게 당신의 적이 누구인지 분명히 말해 달라'고 직격탄을 날렸다.

직격탄에는 MD처럼 맞받아치는 직격탄이 적격이다. 그래 주적은 바로 너희나라 미국이다. 왜냐고? 한반도에서 전쟁을 일으켜 우리 민족을 죽이려는 전쟁주범이 바로 우리의 주적인데, 그게 바로 미국 너희 나라이기 때문이다. 이를 과학적으로 입증해 보겠다.

냉전기간인 1953년에서 1989년까지 한반도에는 세 번의 전쟁위기가 있었다. 1968년의 미국 간첩선 푸에블로호 나포사건, 1969년의 미국 스파이 비행기 격추사건, 1976년 판문점 미루나무사건이다. 1976년의 경우 B-52에 핵폭탄을 싣고 한반도 주위에 접근해 있을 정도로 핵전쟁 일보직전이었다. 1968년의 1·21사태는 위기였지만 미국만이 전쟁을 최종 결정할 수 있었기에 전쟁위기로까지 발전하지 않았다.

또 탈냉전기간인 1990년대 이후 지금까지 한반도에서는 무려 여덟 번의 전쟁위기가 있었고 전쟁광 부시가 재선된 이 시점에서 현존 전쟁위기는 더욱 위험한 국면을 달리고 있다. 곧, 1991~1992년 12일 전투시나리오와 이종구 국방장관의 '엔테베작전' 언급 등 제2의 한국전쟁위기, 1994년 6월 한두 시간만 늦었더라도 전쟁이 발발할 수밖에 없는 상황으로 몰렸던 영변핵위기, 엉터리 미국의 인공위성 사진으로 북한이 핵무기를 개발한다고 단정짓고 모의 핵폭탄 BDU-38로 핵전쟁 실전연습까지 벌였던 1998~1999년 금창리핵위기, 98년 여름 대포동 인공위성 발사를 계기로 발발한 미사일위기, 휴전 이후 최초의 정규군에 의한 무력충돌이라는 1999년의 1차 서해교전, 2002년 부시의 '악의 축' 전쟁위협, 2002년 2차 서해교전, 또 2003~현존의 전쟁위기 등이다.

이렇듯 휴전 이후 지금까지 한반도에는 무려 11번의 전쟁위기가 있었고 한두 시간만 늦었어도 전쟁이 필연적으로 일어날 수밖에 없는 아슬아슬한 상황이 전개되기도 했다. 이 가운데 남과 북이 잘못해 전쟁위기가 생긴 것은 서해교전 각각 한 번이다. 나머지 9번은 모두 미국이 주도했다. 곧 이 땅의 전쟁주범은 북한이나 남한이 아니라 바로 미국이라는 게 명백해진다.
 하이드씨, 이쯤 되면 '04국방백서는 주적을 지울 것이 아니라 주적으로 미국을 명시해야 하는 것 아닌가?

주적인 미국에 도움을 요청하는 것은 자살행위

 이제 하이드가 문제 삼는 미국의 도움에 대해 살펴보자. 2004국방백서는 한반도 분쟁 시 미군 69만, 군함 160척, 비행기 2,000대가 투입된다고 명시하고 있다. 이를 하이드는 우리 민족의 요구사항으로 착각하는 모양인데 천부당만부당한 이야기다. 우리가 진정 필요한 것은 한반도를 완전 초토화시킬 이런 가공스런 미국의 군사력이 아니라 우리 민족끼리 자주적으로 평화와 통일로 나아가는데 미국의 방해책동을 막는 것이다.
 앞에서 확인했지만 북한이 한반도 전쟁의 주범이나 주적이 아니라 미국이 바로 주범이고 주적이다. 전쟁주범이면서 주적인 미국에게 한미동맹과 한미공조 운운하면서 도움을 요청하는 것은 도둑에게 곡간 열쇠를 맡기는 것과 같은 자살행위다. 하이드씨, 도움은커녕 손 털기를 우리는 분명히 요구하고 있다는 것을 직시하기 바란다.
 문제는 이런 자살행위를 자살로 인식하지 못하고 오히려 축복이고 당연한 것으로 받아들이는 국방부나 외교부를 비롯한 우리 고위층에 즐비한 숭미론적 노예주의다. 또 막강한 미국에 빌붙어야만 힘없는 우리가 이나마 살아갈 수 있다는 공미론적 자폐주의다. 이 둘은 서로 상호작용하여 상승작용을 하기도 한다.

숭미(崇美)론적 노예주의와 공미(恐美)론적 자폐주의 청산을

 지난 3월 8일 노 대통령은 공사졸업식에서 "이제 우리를 지킬만한 넉넉한 힘을 가지고 있습니다. 누구도 감히 넘볼 수 없는 막강 국군을 가지고 있습니다. (……) 이제 우리 군은 한반도뿐만 아니라 동북아시아의 평화와 번영을 지키는 것을 목표로 하고 있습니다. 동북아시아의 세력 균형자로서 이 지역의 평화를 굳건히 지켜낼 것입니다"라는 폭탄선언을 해 많은 사람들을 깜짝 놀라게 했다.

언제나 북한에 비해 군사력 열세를 앵무새처럼 반복해 온 국방부 발표에 습관이 든 우리들에게 '누구도 감히 넘볼 수 없는' 국군, '동북아세력균형자로서'의 국군이라는 찬사를 다른 사람도 아닌 군통수권자인 대통령이 직접 언급한 것이다.

그러나 이는 결코 놀랄 일이 아니다. 하드웨어 측면의 군사력에 관한 한 노 대통령은 엄연한 진실을 말한 것이다. 먼저 군사키를 보자. 남한 군사비는 올해 무려 200억 달러로 북한의 10배가 넘으면서 미국, 일본, 프랑스, 영국, 중국, 독일, 러시아 다음으로 세계에서 8번째다. 경제규모도 북한의 33배를 넘으면서 세계 10~11위 정도다.

육군에 비해 언제나 푸대접을 받는다는 해군력을 보면 이지스함 도입 이전인 지금도 현대전의 필수조건인 1천t 이상 전투함 숫자로는 이탈리아, 스페인, 독일을 능가하고 영국, 프랑스와 맞먹는 수준이다. 밀리터리 밸런스 2003~2004에 의하면 이탈리아 18, 스페인 16, 독일 13, 영국 34, 프랑스 34, 한국 39(최근 완공된 4천 5백 톤 문무왕 구축함 포함 40척)이다. 푸대접 받는 해군이 이 정도면 육군이나 공군의 군사력은 더 말할 나위없다.

또 국방중기계획은 자주국방이란 명목으로 2005~2009년 5년 동안 무려 99조를 들여 조기경보통제기(AWACS), 공중급유기, 이지스함, 차세대 미사일 등 온갖 첨단무기를 도입한다. 이렇게 되면 하드웨어 수준의 군사력은 세계에서 5위권 안에까지 들 수 있을 정도다.

이 정도의 군사력을 가지면서도 국가주권의 기본인 전시작전통제권 환수에 대해서는 여전히 시기상조론이나 불감당론을 펼치면서 거론조차 하지 않으려는 군 수뇌부나 고위관료 및 주류언론 등은 그야말로 숭미적 노예주의와 공미적 자폐주의 중병에 걸려 치유불가능 수준이라고 봐야 한다. 이러한 노예주의와 자폐주의는 미국의 예속화 정책과 맞물려 군부 내에 구조화되어 있어 쉽게 치유하기 힘들 정도다.

구조와 행위의 이중 공략만이 역사를 바꿀 수 있다

　베트남전쟁 한국군 파병 당시 남의 나라에서 행사한 적을 제외하고는 아직도 독자적인 작전통제권을 한 번도 제대로 행사해보지 못한 게 우리의 군부다. 이러니 한국군의 소프트웨어 전쟁수행능력은 미루어 짐작할 만하다. 이런데도 마치 하드웨어가 부족해서 전쟁수행능력이 없는 것으로 '사기행각'을 벌여 첨단무기 증강을 유도해 미국 퍼주기와 미국에 목졸리기를 자행하는 게 우리 군부의 현주소다.

　상호운용성이라는 것을 내세워 첨단무기가 거의 미국제 일색으로 도입되고, 이들 첨단무기 운영 및 활용과 작전수행에 필요한 소프트웨어가 거의 100% 미국에 예속되고, 이를 주관하는 고위 군부나 국방부가 자폐증과 노예병에 걸린 상황에서, 첨단무기 도입이 많아질수록 한국군은 더욱 더 구조적으로 대미 예속이 심화되어 독자적 작전수행능력은 물 건너가 버리는 딜레마에 빠지게 된다.

　하드웨어-소프트웨어-노예·자폐주의로 연결된 이들 군사영역의 구조적 고리를 끊어야만 이 딜레마는 해결 가능하다. 이때야만 노 대통령이 말한 동북아세력균형자로서 막강한 한국군의 위상은 명실 공히 그 자리를 찾을 수 있을 것이다. 전략적 유연성도 마찬가지다. 대통령의 정책의지만으로 되는 것은 아니다. 주한미군의 전략적 유연성을 불가피하게 만드는 한미연합지휘체제와 같은 중심 고리로 공고화된 구조를 하나하나 허무는 작업이 필요하다. 곧 사회과학에서 말하는 구조와 행위의(인간의 의지) 양면 공략만이 역사를 바꿀 수 있는 것이다.

　이 과제는 대통령의 몫으로만 돌릴 수 있는 것은 아니다. 우리 모두가 진정한 이 땅의 주인으로 대미 예속적 고리를 군사영역에서부터 끊기 시작해 전 사회영역으로 확대시켜야 할 것이다. 다시는 하이드와 같이 19세기 가상공간에 살고 있는 총독부류 족속들이 이 땅에 대해 입도 벙긋하지 못하는 구조를 기필코 축성해야 할 것이다.

『데일리서프라이즈』, 2005.3.16.

표적 4

맥아더를 알기나 하나요?
맥아더에 대한 짝사랑, 더 이상 적절치 않다

지금 인천 만민공원에는(자유공원은 한국전쟁 후 만병통치 같은 '자유'라는 말의 범람으로 바뀐 이름임) 맥아더동상 허물기 쪽과 지키기 쪽 사이에 공방이 치열하다.

폭력몰이와 색깔몰이가 웬 말인가?

앞쪽 사람들은 으레 그렇듯이 우리 민족고유의 옷이나 생활한복을 입은 사람들이 많아 민족에 대한 아련하고 애틋한 분위기를 자아낸다. 그렇지만 뒤쪽 사람들은 군복과 훈장 또 미국 국기인 성조기 등으로 치장한 차림이 많아 마치 세계만방을 휘젓고 다니는 미국 군인과 같다. 그래서 뭔가 무시무시한 전쟁사태가 터질 것 같은 공포감을 불러온다.

이러한 겉모습을 그대로 반영하듯 7월 17일 공원에서 양측의 충돌은 뒤쪽이 앞쪽을 일방적인 힘으로 몰아붙이려는 짐승몰이 작전을 연출하는 듯했다. 지금이 어느 땐데 이 동상 공방이 폭력몰이와 '빨갱이'라는 색깔몰이로 결판낼 수 있다고 생각하는지 어이가 없다.

이제까지 으레 그리 해 왔듯이 토론이나 논쟁을 통해 시시비비를 가리는 합리적 방법일랑 아예 안중에도 없거나 또는 역량이 전혀 없는지도 모르겠다. 그렇지만 지금은 21세기 평화와 인권을 지향하는 탈냉전 통일시대다. 이제 구태의연한 방식에 의한 강제가 아니라 합리적 논쟁을 통한 자기주장의 관철만이 용납되는 사회임을 제대로 깨닫기 바란다.

다른 한편 확고한 신념에 가득 찬 그들의 겉모습을 보건데 그들 역시 합리적 논리와 근거를 내면 속에 어느 정도 갖춘 것으로 보이기도 한다. 그래서 필자가 파악하고 있는 맥아더의 진면목을 들추어내어 이를 바탕으로 맥아더동상 허물기가 너무나 당연한 민족사적 요구이고 합리적 행보임을 피력하겠다. 욕설이나 비방이 아니라 상응하는 차분한 반론을 기대해 본다.

38선 분단 집행의 집달리 맥아더

한반도는 936년 고려의 통일 이후 이렇게 오랫동안 분단된 적이 없다. 후삼국의 분열도 44년으로 이렇게 길지는 않았다. 일제의 식민지 지배도 35년으로 분단 60년에 비하면 반절에 지나지 않는다. 여기에다 주한미군이 평택으로 이주하면 최소한 50년은 더 머물겠다 하니 이대로 되면 분단이 최소한 110년은 된다는 얘기다.

이 민족비극의 원조인 38선은 미국이 이미 1945년 7월 중에 계획을 세웠고, 8월 11일 러스크라는 중령이 미 국무성 한 구석에서 지도로 최종 확정지었다. 우리 조선사람 누구와도 상의 한 마디 없이 또 연합국 누구와도 상의 없이 독단으로 결정했다. 베트남 역시 16도 선에서 미국이 일방적으로 지리적 분단을 결정하고 자행했다.

이 결정을 바로 집행한 당사자가 맥아더이다. 8월 15일 일반명령 1호를 선포해 38선에서 하루아침에 우리의 조국을 두 동강 내어버린 것이다. 외세에 의해 분단된 조국의 하나됨을 위한 통일시대에 접어들었는데 이 분단집행 집달리를 찬양하는 동상이 아직까지 국제관문인 인천에 버젓이 자리잡고 있다.

또 1998년 인천청소년 여론조사에서 이 분단집달리는 20%의 지지를 얻어 인천의 대표 인물 1위를 기록했다. 마치 우리가 분단을 기리고 즐기는 것으로 비쳐지지 않을지 우려스럽다.

식민지총독과 같은 점령군사령관

맥아더를 많은 남쪽 사람들은 터무니없이 짝사랑하고 있다. 점령 당시 만약 맥아더가 조선 사람들을 사랑이 아니라 조금이라도 배려했더라면 점령군사령관으로서 아마 다음과 같은 포고문은 내리지 않았을 것이다.

> 제3조 주민은 본관 및 본관의 권한 하에서 발표한 명령에 즉각 복종하여야 한다. 점령군에 대한 모든 반항행위 혹은 공공안녕을 교란케 하는 행위를 감행하는 자에 대해서는 용서 없이 엄벌에 처할 것이다(All persons will obey promptly all my orders and orders issued under my authority. Acts of resistance to the occupying forces or any acts which may disturb public peace and safety will be punished severely).

> 제5조 군정기간에(during the military control은 '군사점령기간'이 정확한 번역임) 있어서는 영어를 모든 목적에 사용하는 공용어로 한다. 영어 원문과 조선어 또는 일본어 원문에 해석 또는 정의가 불명하거나 부동할 때는 영어 원문을 기본으로 한다.

완전히 식민지총독 부임과 같은 서슬 퍼런 모습으로 점령군의 면모를 한껏 발휘했다. 이런 맥아더와 북쪽을 점령한 소련군 사령관 치스챠코프는 하늘과 땅 차이다.

> 조선인민들이여! 붉은 군대와 동맹국 군대들이 조선에서 일본 약탈자들을 구축하였다. 조선은 자유국이 되었다. (……) 조선사람들이여 기억하라! 행복은 당신들의 수중에 있다. 당신들은 자유와 독립을 찾았다. 이제는 모든 것이 죄다 당신들에게 달려 있다. (……) 조선사람의 훌륭한 민족성 중 하나인 노력에 대한 애착심을 발휘하라. 진정한 사업으로서

조선의 경제적 및 문화적 발전에 대하여 고려하는 자라야만 모국 조선의 애국자가 되며 충실한 조선 사람이 된다. 해방된 조선인민 만세!(노중선 편, 1985: 105, 108).

첫 포고문에서 드러난 이러한 차이가 이후 점령정책에 반영될 수밖에 없었다. 미국은 처음부터 미국 군사정부를 통해 조선을 직접 통치하려 했고 이 결과 바로 군사정부가 수립되어 직접적인 점령정책을 펴나갔다. 그러나 소련은 자기들이 직접통치행위를 책임지는 군사정부가 아니라 조선인자치정부 성격인 북조선임시인민위원회를 통해 간접적인 점령정책을 펴나갔다.

미군이 직접적인 군사통치를 자행한 남쪽은 점령 3년 동안 1946년의 대구 10월항쟁, 1948년 제주4·3항쟁과 여순항쟁 등 인민항쟁과 야산대와 유격대 투쟁 등 수많은 항쟁과 전투와 폭동의 연속이었다. 이 결과 1950년 6·25전쟁 직전까지 무려 10만 명의 희생이 발생했다. 곧 이미 한국전쟁의 시발인 작은전쟁의 연속이었다.

반면에 간접적인 점령정책과 조선인에 의한 자치정부를 시행한 북쪽에서는 이런 진통과 혼란이 없이 안정을 누렸으며 친일청산과 대대적인 사회경제개혁이 이뤄져 친일파가 더욱 기승을 부린 남쪽과는 극히 대조적이었다.

이래도 미국과 맥아더가 조선사람을 위하고 사랑했다고 할 수 있을지 의문이다. 이것만 보더라도 맥아더동상이 용납될 수 없다는 것은 자명한 것 같다.

분단세력과 동북아 파시스트 후견인

한반도의 분단을 주도하고 강제한 장본인이 미국이라는 것은 너무나 자명하다. 38선의 지리적 분단에서부터 신탁파동의 이념적 분단, 5·10단정 단선의 정치적 분단 등을 주조하고 강요했다. 그렇지만 이는 국내세력의 동원이나 협력이 없이 이뤄지기는 힘들다.

바로 이 분단비호 국내세력은 일본식민지의 군, 경찰, 관리 짓을 한 김창룡, 노덕술, 최규하 등의 친일민족반역관료세력과 미군정의 여당이라고 일컬어지는 김성수, 조병옥, 송진우, 장덕수 등이 주도한 한국민주당과 같은 친일정치세력 두 부류였다.

바로 이 두 분단 국내비호세력인 정치-관료 친일세력의 대부가 이승만이었다. 이 이승만을 권좌에 올리는데 초기에 주도적 역할을 한 장본인이 맥아더였다. 그는 미 국무성의 반대에도 불구하고 이승만을 상해임정의 김구나 다른 민족인사들보다 먼저 군용기편으로 한국에 데려와 이승만 영웅 만들기에 결정적 기여를 했다.

더 나아가 대만의 장개석과 연대해 맥아더-장개석-이승만 동북아 파시스트 연결망을 형성해 중국 본토 탈환을 노리고 소련에 대한 봉쇄나 격파의 첨병을 자원하고 자행했다. 이런 기조가 6·25전쟁에서 이 전선을 중국과 소련까지 확장시켜 3차 세계대전까지 몰고 가려는 과대망상을 하는 전쟁광의 형태로 나타났다.

세계사적으로는 탈냉전의 평화와 인권시대, 민족사적으로는 통일시대를 맞은 이 시점에서 우리 민족은 말할 나위없고 인류 전체에 대재앙을 가져올 3차 세계대전을 꾀하는 이런 전쟁광과 '인류의 적'을 기리는 동상이 유지되는 것은 인류에 대한 모독은 아닌지 반문해 봐야 할 것이다.

원자탄 26개로 한반도 종말을 기도한 사람이 생명 은인으로 둔갑되는 난장판

흔히들 미국과 맥아더를 6·25전쟁에서 나라를 구하고 생명을 구해 준 은인이라 한다. 그래서 이 고마운 은인인 미국에 은혜를 갚아야 한다는 보은론이 판을 치고 미국을 비판만 해도 '배은망덕'하다고 질타한다.

이런 대표적인 인물이 인천지구 황해도민회 류청영 회장 같은 사람일 것이다. 그는 맥아더를 '구세주'라고 하면서 "만일 맥아더동상이 철거되는 모습이 CNN 방송에라도 나가면 우리는 배은망덕한 민족으로 취급 받는다"
고까지 했다 한다.

　이러한 은인론 이야기만 나오면 미국과 주한미군의 온갖 만행과 제국주의성을 성토하다가도 사람들은 뒷걸음질 치고 비판적 예봉이 꺾이고 만다. 그야말로 이 은인론과 보은론은 저격수의 역할을 십분 발휘해 오고 있다.

　과연 우리는 언제까지 이 만병통치 같은 대미 생명은인론과 보은론에 덜미가 잡히고 주눅이 들어야 하나? 또 정말 이들이 논거가 있는 것인가? 아니면 생명의 은인이기보다 생명을 앗아간 박탈자가 아닌가? 언제까지 이런 대미 자발적 노예주의의 포로가 되어야 하는가? 이제는 냉엄하게 되물어야 할 시점이다.

　여기서 생명의 구원을 받은 자는 누구인가? 분명한 것은 전쟁전후에 전사한 약 2백만 명, 학살당한 약 1백여 만 명, 중국군 약 90만 명, 미군 등 5~6만 명, 곧 전쟁 때문에 생명을 박탈당한 약 400만 명에게는 해당될 수 없다.

　오히려 이들 대부분에게는, 미국이란 생명의 은인이 아니라 생명을 앗아간 원수일 것이다. 왜냐면 만약 남의 집안싸움인 통일내전에 미국이 개입하지 않았다면 전쟁은 한 달 이내 끝났을 것이고 사상자는 아무리 많아야 남북한 합쳐 1만 명 미만일 것이다. 그렇다면 미국의 개입으로 인해 약 3백 99만 명이 더 많이 죽게 되었다는 의미다.

　이렇게 미국의 전쟁개입으로 남북은 거의 전체 인구 10%인 300만이 죽음을 당했고, 중국은 90만, 미국 등은 5~6만이 죽음을 당했다. 이런데도 미국을 생명의 은인으로 규정짓는 것은 허구일 뿐 아니라 죽은 자 대부분을 두 번 죽이는 것과 진배없다. 실재 전쟁과정에서 그토록 많은 사상자를 낸 주된 장본인은 커밍스가 잘 지적한 대로 미국의 대량살상무기에 의한 무차별 학살이었고 이승만정부의 체계적인 민간인 학살이었다.

　더구나 맥아더를 생명의 은인이라는 것은 천부당만부당 한 일이다. 그는 1・4후퇴 당시인 1950년 11~12월 전선이 37도선으로 후퇴하자 중국과 북한에 26개의 원자탄을 투하해 코발트 사선을 형성하고는 중국과 전면전으로 전쟁을 확장하려 했다. 실제 미국은 허드슨작전이란 모의 원자탄 실험을 북한 상공에서 실시해 이런 맥아더의 구상이 실현될 수도 있었다.

그 당시 원자탄 투하설은 공공연하게 나돌았고 이 때문에 많은 사람들이 살아남기 위해 남쪽으로 넘어 왔다. 다행히 영국 등 세계 여론이 들끓어 위기는 모면했지만 휴전협정이 맺어지는 시점까지도 미국은 원자탄 투하 위협을 지속해 왔다.

만약 맥아더의 작전대로 원자탄이 투하됐다면 어떻게 됐을지 상상해 보자. 이는 필연적으로 소련의 개입과 3차 세계대전으로 직결됐을 것이다. 아예 한반도는 지구상에서 사라지고 살아남은 사람은 거의 없었을 것이다. 그야말로 한반도와 민족의 역사종말일 것이다.

설사 소련이 개입하지 않았다 하더라도 한반도의 결과는 뻔하다. 남북이 통틀어 불모지대가 되고 남이든 북이든 나라라는 명맥을 잇지도 못했을 것이다. 그 당시 남북인구 3천만 중에 몇 백만만 살아남았을 것이다. 아마 구세주니 배은망덕이니 주장하는 나이든 사람들은 아예 지금까지 살 수도 없었을 것이다. 거의 대부분은 그들이 '구세주'로 모시는 바로 그 당사자에 의해 죽임을 당하고 말았을 것이다.

이런데도 생명의 은인이라고 동상을 세우고, 또 60년이 지난 지금까지 금지야 옥지야 껴안고 있어야겠다고 폭력몰이와 색깔몰이까지 벌이는 판이니 그야말로 난장판이 따로 없는 것 같다.

민간인 학살 책임자가 생명은인이라니

6·25전쟁 초기 남한 땅에서의 미군 민간인학살은 노근리 등 일부 지역에 한정되어 있는 현상이 아니라 보편적 현상이었다. 당시 중학교 1학년 학생이었던 진주 출신의 어느 ㄱ 국립대교수의 전쟁체험담을 들어보자. 전쟁 초기 그의 가족은 어느 초등학교에 머물렀다 그런데 갑자기 미군 비행기 두 대가 그 초등학교에 기총사격을 가했다.

그래서 인근 지역인 의령으로 긴급히 피난지를 옮겨 다시 그 지역의 어느 초등학교에 투숙하게 되었다. 그런데 또 다시 미군 비행기가 초등학교를 사격해 사람들이 죽게 되었다. 이때부터 사람들이 많이 운집하는 곳은 안전하지 못하다고 판단하여 산골짜기로 숨어 들어갔다. 그러나 산골에서도 집이 쉽게 노출되는 지역은 곧 바로 미군비행기의 표적이 되었다. 그래서 이들은 결국 산골짜기의 외딴집에 피신하여 폭격을 피할 수 있었다(1999년 10월 27일 필자와의 면담).

이러한 전쟁 체험은 미군비행기의 무차별 폭격에 의한 민간인학살이 특수한 조건에서 특수하게 이루어졌다기보다는 6·25전쟁 초기 남한 땅에서 보편적으로 이루어졌음을 시사한다. 미군의 민간인학살에 대해서는 "공산당을 혐오와 불신으로" 묘사해왔던 『뉴욕타임스』 대구특파원까지도 시인하고 있다.

  한국인들이, 공산당이 그들의 고향과 학교를 세워둔 채로 퇴각한 반면, 가공할 무기로 싸우는 유엔군이 일단 주둔했던 도시는 까맣게 하고(초토화하고) 떠나는 것을 보았을 때에 공산당은 심지어 퇴각 중에도 도덕적인 승리를 기록했다(『뉴욕타임스』, 1951.2.21; Stone, 1988: 276쪽에서 재인용).

노근리 학살사건도 이 가운데 하나에 불과하다. 1950년 7월 25일 충북 영동 황간면 노근리의 민간인을 학살한 쌍굴학살사건의 진상규명 관계자이고 피해당사자인 정은용의 진술은 전쟁 중 미군의 남한 내 민간인학살에 대한 조직성, 공식성, 비우발성, 명령성, 체계성, 범죄성 등을 잘 말해준다.

  그들이 피난시켜 주겠다고 동네 사람들을 목적의식적으로 모은 점, 폭격기와 공동작전을 펼친 점, 굴다리에서 사흘 간 계속 총질을 해댄 점 등을 볼 때…… 그래서 현장의 미군이 말했다는 것처럼 미군은 실제로 '의심나는 피난민은 모두 죽여라'는 명령을 받았을 겁니다. 피난민 조사를 통해 그들은 비무장이라는 사실을 알고도 살인을 계속한 것은 대전에서 당한 것에 대한 복수심과 피난민을 살려 둘 경우 언제 인민군들과 합세

할지 모른다는 두려움 때문이라고 봅니다. 또 일단 '학살'을 시작했으니 '전멸'시켜 사건을 외부에 알리지 않으려 했을 수도 있겠습니다(오연호, 1994: 44; 정은용, 1994).

이러한 정은용의 추론은 정확한 것으로 판명되었다. 아래의 1999년 9월 30일자 『한겨레』의 보도는 이를 확인했다.

◇ 1950년 7월 24일 미 1기갑사단 명령(당일 오전 10시 휘하 8기갑 연대 통신문): 피난민이 (방어)전선을 넘지 못하도록 하라. 넘으려 하면 그가 누구든 발포하라. 여자와 어린이의 경우 분별력 있게 대처하라.
◇ 7월 26일 아침 미 8군 본부 통신명령: 반복하지 않겠다. 언제 어떤 피난민도 전선을 넘는 것을 허용하지 마라.
◇ 7월 26일 미 보병 25사단 통신문: 사단장 윌리엄 킨 소장은 전투지역에서 움직이는 모든 민간인은 적으로 간주되어야 하며 발포해야 한다고 지시했다.
◇ 7월 27일 미 보병 25사단장 윌리엄 킨 소장 (재차) 명령: (남한 양민들은 한국 경찰에 의해 전투지역에서 소개됐기 때문에) 전투지역에서 눈에 띄는 모든 민간인은 적으로 간주될 것이며 그에 따른 조처를 취할 것이다.

이렇게 미군의 민간인학살이 상부의 공식적인 명령에 따라 체계적으로 이루어진 것이 공식문서로 재확인됨에 따라 전국 여러 곳에서(2000년 말 현재 약 60여 곳) 유사한 사건에 대한 진상규명 요청과 증언이 쇄도하였다. 경북고령군 고령교 피난민 다수사상, 충북 단양군 영춘면 상2리 약 300명 사망, 경북 울릉군 독도 150명 사망, 충북 예천군 보문면 신성리 약 50명 사망, 충북 예천군 판교면 판교리 10명 사망, 충북 영동군 황간면 121명 사망, 전북 익산군 익산면 이리역 54명 사망, 경북 구미 형곡동 100명 사망, 경북 의성군 금성면 17명, 경북 칠곡군 외관읍 외관교 폭파 피난민 다수 사상, 경북 포항시 60명, 경남 함안군 군북면 30명 사망, 경남 의령군 용덕면 정동리 30명, 경남 사천시 곤명면 50명 사망, 경남 마산시 진전면 83명 사망, 경남 창녕군 창녕읍 초막춘 80명 사망 등이다.

 이러한 민간인 무차별 기총사격은 미국이 2000년 6월 5일 보도한 미 육군조사단이 국립문서보관소에서 찾아낸 미 공군의 기록에서도 확인된다. 터너 로저스 공군 대령이 남긴 이 기록은 "육군은 아군 진지로 접근해오는 모든 민간인들을 향해 기총소사를 가하도록 요청하고 있으며 (……) 지금까지 우리는 이에 부응해왔다"고 적고 있다 한다. 육군은 "북한군들로 이뤄졌거나 혹은 북한군이 통제하는 대규모 민간인들이 미군 진영에 침투하고 있다"며 민간인 사격을 합리화하고 있다고 전했다(『한겨레』, 2000.6.7).

미국의 민간인학살은 적과의 전투행위 중에 불가피하게 발생하거나, 결코 우연적이고 개인적인 실수나 순간적인 판단착오 때문에 일어난 사건이 아니다.

노근리사건에서 확인되었듯이 사단장의 작전명령과 같은 공식적 지휘계통에서 체계적으로 이루어진 보편적인 현상이었다. 이 지휘계통의 최고책임자는 구세주라고 일컬어지는 맥아더였다. 이 학살에 대한 정보보고를 수없이 받았을 텐데 그는 이에 대한 강력한 근절 또는 시정명령을 내리지 않았다.

많은 사람들은 적과 아를 구분할 수 없었기에 불가피했다고 미국과 맥아더 편을 든다. 그러나 당시 참전했던 중국 인민해방군들에게도 조선사람 가운데 누가 적인지 아군인지 구별할 수 없기는 마찬가지였다. 그러나 중국군의 강간, 학살만행 등은 아직 알려진 바가 없다. 변명으로 넘어갈 문제는 아니다.

맥아더의 책임은 여기서 끝나지 않는다. 7월 초에 그는 한국군에 대한 작전지휘권을 공식적으로 이양 받았다. 한반도 내에서 일어나는 모든 군사행위는 그의 권위하에 이뤄지게 되었고 이 때문에 그는 모든 일들에 대한 궁극적 책임자일 수밖에 없었다. 더구나 미군은 한국군의 대대 급까지 미 군사고문관을 파견하고 작전권을 행사했다.

그의 지휘체계하에 일어난 첫 번째 한국정부의 민간인 대량학살은 7월 중순 평택 이하부터 자행된 20만 안팎의 보도연명원 학살이었고 대전형무소 수감자 1,800명의 학살이었다. 여러 사진에서 확인되듯이 미군의 목격하에 이뤄졌다. 이 같은 이승만정부의 민간인 학살 첫 단추에도 불구하고 최고책임자인 맥아더는 이 학살만행을 묵인 내지 외면했다. 이 결과 형무소 수감자 수만 명의 추가 학살이 전개되었고 이후 줄줄이 약 1백만의 민간인이 이승만정부하에서 학살당했다.

물론 그의 임기 중에 발생한 이승만정부의 민간학살에 대한 궁극적 책임도 그의 몫이다. 원자탄을 들먹이지 않더라도 이것만으로도 그는 생명의 은인이 아니라 엄연히 학살만행의 궁극적 책임자로서 전쟁범죄자다. 범죄자의 동상을 만들고 이를 기리는 현상이 과연 올바른 것인지 또 어떻게 정당화 될 수 있는지 상상이 가지 않는다.

분단과 전쟁의 주도자가 보은론으로 칙사 대접 받는 복마전

이제 보은론을 본질적으로 따져보자. 만약 미국과 맥아더가 자기들 멋대로 한반도를 38도선으로 두 동강 내지 않았다면 우리가 민족분단과 전쟁이라는 비극과 형극을 겪었을까? 만약 6·25라는 통일내전에 외국군인 미국이 사흘 만에 개입하지 않았다면 그렇게 많은 전쟁피해가 일어났으며 지금까지 분단되는 비극이 지속될까?

6·25전쟁은 통일전쟁이면서 동시에 내전이었다(물론 외세가 기원한 내전). 곧 당시 외국군이 한반도에 없었기에 집안싸움이었고 후삼국시대 견훤과 궁예, 왕건 등이 모두 삼한통일의 대의를 위해 서로 전쟁을 했듯이 북한의 지도부가 시도한 통일전쟁이었다.

우리 역사 책 어느 곳에서도 왕건이나 견훤을 침략자로 매도하지 않고 오히려 왕건을 통일대업을 이룬 위대한 왕으로 추앙한다. 그런데 이 같은 성격의 집안싸움인 통일내전에 외세인 미극이 사흘 만에 개입해 전쟁주체가 된 셈이다. 만약 집안싸움인 이 통일내전에 미국이 개입하지 않았다면 전쟁은 한 달 이내 끝났을 테고, 물론 우리가 실재 겪었던 그런 살상과 파괴라는 비극은 없었을 것이다.

　맥아더는 남의 집안싸움인 통일내전 사흘만인 27일 한국전선을 시찰하고, 미국정부에 개입을 요구하고, 곧바로 소사 등에 폭격을 감행한 전쟁광이었다.

　결론적으로 미국의 제국주의적 개입이 없었다면 민족의 분단과 전쟁도 없었을 것이다. 곧, 커밍스가 논증한 대로 분단과 전쟁의 기원은 바로 미국에 귀착된다. 그야말로 미국이라는 존재는 보은론과는 정반대로 우리에게 비극과 질곡, 전쟁, 지난 6월 전쟁위기설과 같이 오늘날까지 지속되는 한반도 전쟁위기를 몰고 왔고 또 몰아오고 있는 주범인 것이다. 여기에 맥아더는 그 첨병의 역할을 초기에 집행한 집달리인 셈이다.

　극소수 인명 살상에 그쳤을 6·25확대내전에 그토록 많은 살상과 파괴가 미국 때문에 일어난 것을 보면 미국은 생명의 은인이 아니라 생명을 앗아간 원수다. 원수를 은인으로 보는 이런 역사왜곡, 곧 대미 보은론은 이제 탈냉전통일시대를 맞아 완전히 폐기돼야 한다. 물론 맥아더 동상도 함께 역사 속으로 던져버려야 한다.

　설사 보은론이 근거가 있다 하더라도 더 이상 보은론은 그 유효성을 상실한다. 왜냐면 은혜는 한번 갚으면 되었지 영원히 갚을 필요는 없기 때문이다. 미국은 1958년 정전협정 무기반입금지조항을 폐기시키고 남한 땅에 무려 600~1,300기에 이르는 핵무기를 배치해 한반도는 34년 동안 세계에서 남의 핵무기가 가장 많이 배치된 나라였다.

　이 핵무기는 이북과 함께 소련을 주로 겨냥한 것이다. 이는 미·소전쟁의 경우 바로 미국 본토에 대한 공격 이전에 이곳 남한이 소련의 주공격목표가 되는 것을 의미한다. 군사평론가 김성전에 의하면 이는 결과적으로 한반도가 볼모로 잡혀 미국 국민의 안전을 높여 준 꼴이 된다. 이것만으로도 충분히 은혜는 갚았다는 것이 그의 지론이고 필자 역시 전적으로 동감이다.

　더 나아가 베트남 파병, 천문학적인 미국의 첨단무기 구입으로 인한 미국 퍼주기, 해마다 15억 달러 수준의 주한미군 주둔비 지원, 한반도 문제의 한국군화로 무용지물의 미군 주둔 등으로 갚은 정도가 아니라 이미 수십 갑절 갚고도 남은 셈이다.

신화에서 우화로 추락한 그때 그 사람의 허울에서 이제 벗어나야

맥아더는 1·4후퇴 뒤 일개 군 사령관 주제에 대통령의 고유권한인 휴전논의를 상부와 한마디 논의도 없이 독단적으로 피력했다. 이는 대통령의 권한까지 월권하는 것으로 간주돼 트루만 대통령에 의해 전격 해임당했다. 인천 상륙작전으로 한껏 영웅시 되었던 맥아더가 전격 해임되고, 샌프란시스코를 거쳐 미국 의회에서 '노병은 죽지 않고 사라질 뿐이다'라는 연설을 했을 때 미국 국민들은 그를 마치 신화 속의 영웅처럼 떠받들었다.

평소에도 그는 자기보다 나이가 어린 미 합참 상급자, 국방부·국무부장관, 대통령까지도 무시하면서 독단적 전쟁 수행권을 행사하려 한 과대 망상적 영웅주의자였다. 그리고 그의 허황된 꿈은 대통령을 겨냥하고 있었다. 미국 의회에서의 마지막 연설을 계기로 그의 꿈은 그대로 실현되는 듯 했다.

전쟁영웅으로 최상의 추앙을 받았지만 맥아더관련 상원청문회에 증인으로 나타난 맥아더는 당시의 국무장관 에치슨과 국방장관 마샬 등과의 대립 신문이나 논쟁에서 그야말로 아예 게임이 되지 않을 정도로 완패하고 말았다. 그의 평판은 하루아침에 허풍쟁이 전쟁영웅으로 둔갑해 이후 미국사회에서 완전 추락한 날개에 불과했다.

비록 그가 6·25전쟁 초기 '뒷짐을 지고도 전쟁을 끝낼 수 있다'며 허세를 부렸지만 초기전투에서 낙동강 전선으로 밀려 조그만 북한에 대패하는 미국 역사상 초유의 기록을 남겼다. 더 나아가 중국과의 교전에서도 그는 작전오류로 미국 역사상 처음으로 참담한 대패를 기록하면서 장진호-1·4후퇴를 할 수밖에 없어 무능의 극치를 보여주고 미국에 치욕을 안겨준 지휘관으로 평가되었다.

개인적으로도 그는 대통령이 되겠다는 과대망상을 의회청문회 이후 일거에 날려버린 허무한 인생을 마무리한 사람이다.

부끄럽게도 이 추락한 맥아더는 오직 이곳 남한 땅에서만 아직도 웅대한 동상으로 위용을 보여주면서 죽어서도 역사를 왜곡하고 오염시켜 우리 민족의 평화와 통일을 가로막고 있다.

아직도 맥아더의 허물 속에 갇혀 냉전의 늪에서 허우적거릴 것이 아니라 이제는 이를 넘어서고 또 이 허울에서 벗어나야 한다. 그리고는 평화와 통일의 길을 굳건히 축성하는 데에 우리 모두 함께 나서야 할 때이다.

백범 김구 선생님의 탄식과 분노를 분단 60년 오늘의 이 시점에서 우리 모두 되새겨 보아야 할 것이다. "미군주둔연장을 자기네들의 생명연장으로 인식하는 무지 몰지각한 도배들은 국가·민족의 이익을 염두에 두지도 아니하고 박테리아가 태양을 싫어함이나 다름없이 통일정부 수립을 두려워하는 것이다."

【참고문헌】

노중선 편, 1985, 『민족과 통일 1』, 사계절.
오연호, 1994, 『우리현대사의 숨은그림찾기』, 월간 『말』.
정은용, 1994, 『그대, 우리의 아픔을 아는가』, 다리.
Stone, I. F., 1988, 백외경 옮김, 『비사 한국전쟁』, 신학문사.

『한겨레』.

『데일리서프라이즈』, 2005.7.27.

제3부

국가보안법의 야만성과 반(反)학문성 Ⅰ

첫머리 진술서

제　출　처: 김×× 재판장님(형사단독과 형사14단독)
사 건 번 호: 2001고단 9724호 국가보안법위반(찬양·고무 등)
　　　　　　 2005고단 7068호(병합)
일　　　자: 2006년 2월 3일

피　고　인: 강정구
주민등록번호: 45××××-×××××××
현　주　소: 서울 중구 ××× ××××× ×××-××××
본　　　적: 경남 창녕군 ××× ××× ×××

1. 냉전성역허물기라는 학문좌표
   1) 냉전성역허물기라는 학문좌표의 설정
   2) 냉전성역허물기의 학문적 특성
   3) 자유민주주의와 냉전성역허물기

2. 학문적 다양성과 과학적 규범—공약성의 훼손
   1) 학문적 다양성의 훼손
   2) 방법론적 공약성의 부인
   3) 상관관계와 인과관계의 등치
   4) 찬양—고무나 이적행위라는 학문외적 잣대
   5) 배타성과 양립성의 혼돈
   6) 진실균형과 억지균형의 혼돈

3. 북한과 미국에 대한 올바른 접근
   1) 반일-반중-반 프랑스는 괜찮고 왜 미국비판과 반미만은 안 되는가?
   2) 주한미군 불가피론의 검증
      북한전쟁위협론
      남한군열세론
      주한미군 동북아세력균형론
   3) 가공적 상상체로서의 북한-미국과 객관적 실체로서 있는 그대로의 북한과 미국

4. 탈냉전 통일시대의 역사관과 거시적 민족사 행로
   1) 발생적 결정론과 몰역사적 결과론의 극복을
   2) 자주-평화-통일-번영의 장기적 민족사와 동북아 상생구조를
   3) 옥동녀 탄생을 위한 마지막 진통으로 마무리를

첫머리 진술서

존경하는 재판장님,

저 강정구는 '만경대 필화사건'에 이어 6·25통일내전 필화사건으로 또다시 기소되어 재판을 받게 되었습니다. 이는 자유스런 연구, 이에 대한 비판과 역비판 등 논쟁을 기본으로 하는 인문사회과학의 토양을 위축시켜 한국사회의 자기성찰, 창조성, 미래지향성, 진일보한 대안모색 등에 걸림돌이 되어 우리 사회와 역사 발전의 장애물로 작동하지 않을까 심히 우려스럽습니다.

이 필화사건은 제 자신의 개인적 차원의 문제이기도 하거니와 한국 학문공동체 전체의 문제이고, 더 나아가 평화와 통일로 나아가야 하는 우리 민족사와 직결되어 있고, 기본적으로는 한 사회의 이성과 정상의 길과 관련된 일인 것 같습니다.

해방 이후 외세에 의해 주조된 냉전에 휘말려 이러한 파행을 겪을 수밖에 없는 역사와 구조 속에 내몰린 우리 민족사에 대해 저를 비롯한 우리 모두는 겸허히 반성해야 할 것 같습니다. 이를 계기로 우리 사회가 민족사의 장기 구도 속에서 이성화 되고 정상화 되어 올바른 역사의 궤도로 나아갈 것을 소망하면서 이 필화사건과 관련된 저의 소회와 소신을 주로 저의 학문 좌표, 기본적인 학문관, 미국과 북한에 대한 접근법, 장기 구도적 민족사에 대한 청사진 등을 중심으로 개진하겠습니다.

이는 기소 대상이 된 저의 학문연구 결과물인 텍스트(text)를 텍스트 차원에 국한시키지 않고 이를 넘어서 텍스트가 나올 수탁에 없는 학문적 – 역사적 – 사회적 맥락, 곧 콘텍스트(context) 속에 위치 지움으로써 심층적이고 올바른 이해를 돕기 위함입니다.

1. 냉전성역허물기라는 학문좌표

1) 냉전성역허물기라는 학문좌표의 설정

저의 학문적 기본은 민족 – 민중 – 비판 학문입니다. 앞의 둘은 학문적 지향과 주제에 따른 분류이고, 뒤의 비판학문은 방법론에 따른 분류입니다. 비판학문의 방법론적 특성을 『독재와 민주주의의 사회적 기원』이라는 책의 저자인 미국 역사사회학자 베링톤 무어(Barrington Moore)가 잘 설명해 주고 있습니다.

> 어느 사회든 그 사회를 지배하는 집단은 사회가 운용되어 가는 방식에 대해 숨겨야 할 것이 가장 많은 집단이므로 (……) 진실한 분석은 비판적이기 마련이며, 객관적 진술처럼 보이기보다 폭로의 글처럼 보이기 마련이다.

특히 한국사회는 이런 숨겨야 할 것이 너무나 깊을 수밖에 없는 역사적 특성을 가졌다고 봅니다. 이를 저의 책은 다음과 같이 지적하고 있습니다.

50년 만에야 비로소 평화적 정권교체가 여야 간 이루어지고 금강산 관광이 이뤄질 정도로 금기와 제약이 많았기 때문에 자유와 민주주의가 제대로 성장할 수 없었다. 그래서 너무나도 많은 사회현상이 왜곡되고 진실이 장막에 가려져 왔다. 일본 식민지 지배, 친일파에 대한 역사청산을 이루지 못한 해방공간, 미국지배의 종속체제에서 타율적인 역사의 강요, 박정희에서 전두환에 이르는 30년 군부독재, 분단으로 인해 북한 것은 무조건 다 악과 부정으로 보아야 하는 극단적 반공·냉전 이데올로기의 압도 등 때문에 우리 역사는 언제나 왜곡을 강요당해 왔고, 진실은 은폐되어 왔던 것이다. 이런 사회일수록 인문사회과학의 주요 소임인 '脫신비화'와 '가면 벗겨 폭로하기'가 절실히 요구되기 마련이다. 따라서 우리 학문은 민족·민중지향성과 더불어 비판적 성향이 요구되고 있다(강정구, 2000, 『현대 한국사회의 이해와 전망』, 한울, 23쪽).

이 지적처럼 우리 사회는 극단적인 냉전 분단체제 아래 남북이 서로를 원천적으로 적대 및 부정(否定)하여 상대방에 극단적인 덧칠을 가해 악마로 몰고 자기 것은 절대적인 선(善)으로 미화하거나 신성시해 왔습니다. 이 과정에서 누구도 감히 손댈 수 없는 성역, 곧 금기영역인 냉전성역이 형성되어 왔던 것입니다.

이 금기영역을 함부로 이야기하거나 학문주제로 삼았다가는 옥살이나 죽음을 강요당할 정도로 시련 또한 가혹했습니다. 비록 이러한 극단적 상황은 개선되긴 했지만 아직도 여전히 지속되고 있습니다. 이들 성역의 전형은 6·25와 한국전쟁, 친일파청산, 정통성, 전쟁위기, 민간인학살, 주한미군, 한미관계, 연방제, 주체사상, 김일성, 김정일, 민족자주, 평화협정, 서해교전, 북방한계선(NLL) 등이라고 생각합니다.

저는 이렇게 숨겨야 할 것이 절대적으로 많은 영역인 현대사, 북한, 평화와 통일, 한미관계, 주한미군, 한반도 전쟁위기 등을 소재로 학술활동을 해왔습니다. 이 때문에 저는 필연적으로 냉전성역허물기를 저의 학문적 좌표로 설정할 수밖에 없었던 것 같습니다. 더구나 세계사적으로는 탈냉전을, 민족사적으로는 평화—통일시대를 맞은 21세기의 시대 상황이 더욱더 냉전성역허물기에 박차를 가할 것을 요구하고 있습니다.

왜냐면 냉전성역은 구체적인 경험적 사실에 의해 검증이라는 절차를 밟은 과학적 지식에 기초한 것이 아니고, 맹목적인 냉전-반공이데올로기에 기반 한 거짓이기 때문입니다. 냉전성역은 반(反)과학적이기에 반(反)합리적이고, 맹목적이기에 극단적이고 폭력적이며, 이분법이기에 내편 아니면 적으로 삼고 있습니다. 이 냉전성역에는 공식적인 단일 표준 정답과 해석만 허용되는 파시즘이 지배합니다. 이 결과 통일시대에 접어들었으면서도 남북 간의 진정한 화해, 협력, 평화와 통일이 원천적으로 가로막히게 되고 학문사상의 자유 등 일반 민주주의의 기본마저 침해받게 됩니다.

2) 냉전성역허물기의 학문적 특성

이 같이 저의 학문이 비판학문을 철저히 지향하고 민족학문을 올바르게 또 용기있게 지향하고, 세부적으로 냉전성역허물기를 그 학문적 소명으로 삼는 한 배링턴 무어의 지적과 같이 객관적 진술처럼 보이기보다 폭로와 선동의 글처럼 보이기 마련입니다.

이 냉전성역허물기라는 역사성과 학문적 특성을 이해한다면 저의 학술논문과 소논문들이 균형감각을 상실한 것이 아니라 이제까지 지나치게 반객관적이고 불균형적으로 왜곡되어 왔던 것을 바로 잡고, 이 결과 기계적 균형이 아니라 올바른 균형을 회복시켜 오히려 참된 객관성을 복원하고 있다고 판단할 것입니다. 저는 이런 점에서 제 나름대로 이들 원칙에 비교적 충실했고, 학문적 기여도 또한 적지 않았다고 자부하고 있습니다.

물론 냉전성역허물기라는 학문적 소명에 지나치게 몰입해 균형을 상실할 위험성이 저에게 있다는 것을 시인합니다. 이러한 저의 오류는 국가보안법이라는 법적 심판에 의해 단죄될 것이 아니라 학문의 장에서 자유스럽고 냉혹한 비판과 논쟁을 통해 수정되고 재발전되어야 할 것입니다. 이로써 냉전성역의 참모습이 제대로 밝혀지고 진실이 규명될 수 있다고 생각합니다.

3) 자유민주주의와 냉전성역허물기

저의 냉전성역허물기 연구는 남한사회가 통상적으로 갖고 있는 일반적인 신념에 대해 심각한 도전을 제기하는 것임에 틀림없습니다. 그렇지만 그런 도전은 자유민주주의를 지향하는 우리 사회에 도움이 되었으면 되었지 결코 해가 되지는 않을 것이라고 봅니다.

조선대 철학과 염수균 교수가 「자유주의 관점에서 본 강정구 교수 문제」라는 칼럼에서 정곡을 찔렀듯이 만일 전통적인 견해로서 냉전성역이 옳고 저의 냉전성역허물기라는 학문적 연구결과가 그릇된 것으로 판명된다면, 저의 도발적 냉전성역허물기 덕분에 '죽은 도그마'(dead dogma)였던 전통적 견해가 살아 있는 진리가(living truth) 될 수 있을 것입니다. 이와는 달리 저의 학문적 연구결과가 옳거나 적어도 옳은 측면이 있어서 논의를 통해서 그것이 재확인된다면, 우리 사회의 자유민주주의 체제는 허위가 아니라 진실이라는 더욱더 견고한 바탕 위에 세워질 수 있을 것입니다.

이미 존 스튜어트 밀의 『자유론』은 소수의견 존중이 민주주의의 관건임을 아래와 같이 역설했습니다.

> 어떤 의견이 강제적으로 침묵될 경우, 그 의견은 진실일 수 있다. (······) 이를 부정하는 것은 우리 자신의 무오류성을 가정하는 것이다." "다수자의 사상이 완전한 진리이고 소수자의 그것이 틀린 것이라 하더라도 그 다수자의 사상에 생명을 불어 넣어 주며 힘을 심어주려면 항상 그것은 소수자의 반대설에 의해서 비판되어야 한다.

이처럼 자유민주주의 사회는 "어떻게 국민정서에 반대하는 통일전쟁론을 감히 주장하느냐" 식으로 다수평계를 대면서 저의 6·25통일전쟁론을 사법처리 할 것이 아니라, 국민다수나 권력이 뭐라 하든 학문적 귀결이나 사상이 이에 구애될 필요가 없는 구도를 만들어 주어야 한다고 생각하고 주장합니다. 국민다수의 정서에 맞는 학문만이 허용될 때 천동설에서 지동설로 바뀌는 코페르니쿠스 과학혁명도 불가능했을 테고, 불법적인 미국의 이라크침략전쟁도 미국 국내에서는 정당화되고 말 것입니다.

자유민주주의가 추구하는 사회의 안정성은 냉전성역을 설정하고 여론몰이, 색깔몰이, 폭력몰이, 국가보안법 등으로 맹목적 믿음을 강요하는 억압에 있는 것이 아니라고 봅니다. 오히려 도전과 응전, 비판과 역비판, 논쟁과 성찰 등의 합리적인 소통과 공론화 과정을 통해 자율적이고 창조적인 공통의 합의나 서로 간의 차이를 인정하는 똘레랑스에 있다고 생각합니다.

2. 학문적 다양성과 과학적 규범 – 공약성의 훼손

저는 학문을 전문으로 하는 학자입니다. 학문마당이란 거짓이 아닌 참을 밝히고 진실과 보편적 진리를 발견하는 곳입니다. 여기에는 오직 사실을 바탕으로 한 논의와 과학적 규범만이 허용되는 곳입니다. 이데올로기나 여론, 이해관계, 감정이나 정실, 선입관과 편견, 폭력몰이, 국가공권력과 공안당국 등이 개입되면 학문마당은 곧 그 존립근거를 훼손당하고 말 것입니다.

이러한 보편적인 과학 규범과 공약성(co-measurability), 그리고 학문에 생명력을 불러일으키는 다양성 등에 재갈을 물리는 것이 바로 이번 저의 필화사건이라고 생각하고 이는 시정되어야 한다고 봅니다.

1) 학문적 다양성의 훼손

「맥아더를 알기나 하나요?」라는 저의 소논문 칼럼에서 문제가 되었던 '6·25통일전쟁론'이라는 전쟁성격규정은 아주 복잡한 내용을 담고 있어 공안당국에서 단정하듯 그렇게 간단하지 않습니다. 6·25나 한국전쟁에 대한 저의 학문적 성격규정은 그 기본골격이 1993년 『역사비평』 여름호에 「미국과 한국전쟁」이란 논문으로 발표되었습니다. 이후 이 전쟁성격론은 수정·보완 작업이 연속적으로 이뤄지고 있는 중입니다.

곧, 아래와 같은 일련의 논문에서 전쟁성격규정도 수정–변화–발전되어 왔습니다. 그러나 이러한 수정 변화는 치열한 학문논쟁의 결과라기보다 제 자신의 성찰과 재조명에 의한 결과입니다. 왜냐면 한국전쟁은 이 사회에서 너무나 예민한 분야여서 누구도 감히 자유스럽게 토론이나 논쟁을 할 수 없는 성역이기 때문입니다. 그래서 저의 수정-변화는 학문적 한계를 가질 수밖에 없다고 봅니다. 정말 학문의 자유가 제대로 보장되었다면 저를 비롯한 현대사 전공자들이 보다 훌륭한 학문업적을 남길 수 있었고 이는 우리 사회와 민족사에 자양분이 될 수도 있다고 봅니다.

학문은 언제나 새로운 자료, 다른 학문동료에 의한 비판, 새로운 방법론이나 추론 등에 의해 변화-발전되기 마련입니다. 또한 학문적 결론은 언제나 붙박이식으로 고착되어 있는 불변의 존재는 아닙니다. 이렇기 때문에 다양성은 학문의 장에서는 필수적으로 요구되고 이 다양성 때문에 학문은 생명력을 가지게 됩니다.

: 「미국과 한국전쟁」, 『역사비평』 1993년 여름호 계간 21호(195쪽 〈표 2〉).
: 「미국과 한국전쟁」, 『분단과 전쟁의 한국현대사』, 역사비평사, 1996(205쪽 〈표 2〉).
: 「한미관계사: 38선에서 IMF까지」, 강치원 엮음, 『미국은 우리에게 무엇인가』, 백의, 2000.
: 「한국전쟁과 민족통일: 전쟁의 통일을 넘어 평화와 화해의 통일로」, 『경제와 사회』 48호 2000년 겨울호(233쪽 〈표 1〉).
: 「통일과 한국전쟁」, 강정구, 『민족의 생명권과 통일』, 당대, 2002(98쪽 〈표 1〉).
: 「6·15평화통일시대 한국전쟁의 역사적 재조명」(인천통일연대주최 토론회 발표문, 2005.6.30).

이번 필화사건에서 문제되고 있는 전쟁성격규정은 전쟁주체가 설정하는 전쟁목표에 따른 성격 분류 개념입니다. 마치 우리가 6월항쟁의 주체가 항쟁의 목표로 삼고 추구한 것이 바로 한국사회의 민주화였기 때문에 이를 민주항쟁으로 성격규정해 온 것처럼 말입니다.

이 전쟁성격규정에서 유의할 점은 한국전쟁 또는 6·25전쟁은 다양한 성격규정이 있을 수밖에 없다는 것입니다. 전쟁주체자의 전쟁목적에 따른 개념규정이기 때문에 주체에 따라, 또 전쟁 진행시기와 단계에 따라 주체자의 전쟁목표는 달라질 수밖에 없습니다.

전쟁주체는 1948년의 작은 전쟁의 경우 남한좌익과 미군정이었고, 6·25 내란의 초기 경우 북한과 남한이었고, 미국의 개입 이후는 미국-남한-북한이었으며, 중국 개입 이후는 중국-미국-남한-북한 등으로 중심 주체가 바뀌었습니다. 이에 따라 응당 전쟁성격도 통일전쟁, 계급전쟁, 민족해방전쟁, 혁명전쟁, 분단고착화전쟁, 체제전쟁, 진영전쟁 등으로 다양하게 재규정되고 변해 왔습니다.

저의 전쟁성격규정 또한 전쟁 단계별로 전쟁주체들의 전쟁목적을 기준으로 다양하게 이뤄졌습니다. 비록 단계별로 또는 전쟁주체별로 전쟁성격규정이 달라지긴 하지만 민족 중심적으로 또 총체적으로 평가할 때 한국전쟁은 통일전쟁이라는 성격규정이 가장 지배적이었고 각 단계를 관통하는 전쟁성격이라고 보아야 할 것 같습니다.

이런데도 북한이 규정하는 조국해방전쟁에만 초점을 맞춰 마치 저의 전쟁성격규정이 북한의 것과 유사한 민족해방전쟁 외에 다른 성격규정은 없는 것처럼 취급되고 있는 실정입니다. 또한 한국전쟁의 총체적 성격규정인 통일전쟁은 너무나 자명한 것임에도 우리 사회는 이를 문제 삼고 있습니다. 지난 60년 동안 극단적인 냉전분단체제 속에 살아온 우리였기에 이럴 수도 있다고 봅니다만 탈냉전통일시대를 맞은 오늘의 시점에서 이러한 과거 지향적 접근은 기본적인 방향전환을 해야 한다고 봅니다.

지난 12월 27일 저의 필화사건을 주제로 한 어떤 토론회에서 보수진영의 대표주자의 하나인 양동안 교수는 "한국전쟁을 통일전쟁이라는 강 교수의 주장에 문제를 거는 쪽은 '바보멍청이'"라고 하면서 "도대체 한국전쟁이 분단을 위한 전쟁이냐"고 반문하였습니다.

이처럼 학문의 장에서 다양성을 인정하지 않는 것은 논쟁, 비판, 역비판, 수정, 재규정과 재조명 등을 허용하지 않는 파시즘적 지배를 부추기는 짓이고 학문의 생명력을 위축-고갈시켜 학문발전과 사회발전의 저해 요소로 작용하게 될 것이기에 정말 우려스럽습니다.

2) 방법론적 공약성의 부인

이 사회의 기성 주류 보수주의자들은 6·25전쟁성격규정에서 6·25는 김일성에 의해 시도되고, 무력이라는 방식에 의해 통일이 시도됐고, 미국이 개입하지 않았다면 사회주의식 통일로 귀결되었을 것이기 때문에 통일전쟁론은 성립될 수 없다고 야단법석을 떨었습니다.

이러한 인식에 바탕해 제가 기소된 것 같습니다. 그렇지만 이들의 '논거'는 과학적 방법론의 최소한 공약성마저 지키지 않는 반(反)과학적 접근이라고 봅니다. 물론 평화적 방식이 아닌 무력에 의한 방식은 비판의 대상이 될 수 있지만, 이는 통일수단에 대한 가치의 문제이지 사실을 바탕으로 한 전쟁성격규정에 끼어들 요소는 아닙니다.

통일전쟁론이라는 전쟁성격규정은 앞에서도 지적했지만 전쟁주체의 전쟁목적에 따른 성격규정을 의미합니다. 또 통일은 사전적으로 두 개로 나눠진 것이 하나로 결합되는 것을 의미합니다. 이 학문적 기준에 따르면 우리의 가치관으로 좋아하든 싫어하든 상관없이 또 무력이든 평화든, 사회주의든 자본주의든, 남이든 북이든, 견훤이든 궁예든 상관없이 전쟁주체가 통일을 지향한 전쟁목표를 가졌다면 그 전쟁은 통일전쟁일 수밖에 없습니다.

이럼에도 불구하고 통일에 이르는 수단, 통일 이후 경제체제, 통일 주체의 성격 등 통일이라는 개념구성 요소 밖의 요인을 잣대로 들이대어, 곧 개념구상과 상관없는 외적 요소를 잣대로 삼아 통일이라는 개념자체를 부정하는 것은 방법론적 공약성의 기초조차 지키지 못하는 것으로 비판받아야 한다고 봅니다.

하나로 합치면 통일이지 누가하면 통일이 되고 다른 누가 하면 통일이 안 된다는 것은 억지 주장으로 귀결됩니다. '독일만 통일이고 베트남과 예맨은 아직도 분단되어 있단 말인가?'라는 단순한 질문에 그 모순을 노정하고 맙니다.

과일이면 과일이지 자기가 좋아하는 사과만 과일이고 싫어하는 감과 배는 과일이 아닐 수는 없습니다. 곧 선호도가 과일을 규정하는 개념구성 요소가 아니기 때문에 이 기준을 적용하는 것은 최소한의 의사소통 기준이나 공약수마저 지키지 않는 치외법권적 규정입니다.

 같은 논리로 사람이면 사람이지 백인만 사람이고 우리 같은 황인종과 아프리카의 흑인은 사람이 아니라고 할 수 없습니다. 또 신문이면 신문이지 마음에 드는 것만 신문이고 마음에 들지 않는 것은 신문이 아니라고 주장하면 그것은 결코 정당화 될 수 없습니다. 이 같은 치외법권적 규정은 학문적 공약성을 허무는 문제일 뿐 아니라 일상생활에서 담론과 소통의 기초 공약도 지키지 않는 것으로 지탄받아야 한다고 봅니다.

 이 때문에 김대중 대통령과 극우진영의 대표 가운데 하나인 조갑제도, 심지어 5공 군부독재의 허문도 통일원 장관조차 6·25를 신라통일이나 고려통일과 같이 통일시도로 볼 수밖에 없었던 것입니다. 가치지향과는 무관하게 공약성을 기준으로 평가했기 때문에 내려질 수밖에 없는 당연한 귀결입니다.

 또한 필자의 학문적 귀결인 통일전쟁론이 틀렸다면 학문규범인 반증의 공약에 따라 실증적 차원에서 전쟁주체인 남과 북의 지도부나 참전한 유엔이 전쟁의 목표에 통일을 배제하고 있다는 객관적 자료를 제시하면 될 것입니다. 곧, 북한의 국토완정론, 남한의 북진통일론, 1950년 10월 7일자 유엔총회 결의안 376호 등이 통일을 목적으로 삼지 않았다는 것을 사실적으로 입증하면 됩니다.

 통일전쟁론을 학문적 규범이고 공약인 경험적 사실에 의한 검증이라는 방식으로 반증할 수 없으니까 지난 60년간 전가의 보도로 써먹던 이념논쟁이 재작동된 것 같습니다. 제가 맥아더 소논문 칼럼에서 이런 반과학적인 이념몰이를 질타하고 냉정한 이성적 대응을 촉구했는데도 불구하고 폭력몰이와 색깔몰이가 횡행하였고, 사법처리 운운하면서 재판에까지 이르게 되어 심히 유감스럽습니다.

 사실논쟁이나 반증이라는 과학적 규범에 따른 합리적 절차를 외면한 이념몰이로 판결을 내리는 중세의 마녀사냥과 같은 광기가 더 이상 21세기 한국사회에 용납되어서는 안 된다고 봅니다.

3) 상관관계와 인과관계의 등치

국가보안법 수사는 종종 우연의 일치에서 비롯되는 상관관계를 마치 필연적인 인과관계인 것처럼 등치시켜 북한을 찬양-고무-동조하는 것으로 규정짓는 방법론상의 중대 오류를 범하고 있습니다. 오비이락(烏飛梨落)의 경우 까마귀가 배를 땅으로 떨어뜨렸다고만 볼 수는 없습니다. 곧 인과관계 성립의 충분조건이 될 수 없습니다. 왜냐면 까마귀가 날지 않아도 자연적으로 배가 땅에 떨어질 수 있는 가능성을 원천적으로 배제하기 때문입니다.

그 보기를 들면 2005년 신년사에서 북한은 해방과 분단 60주년인 2005년을 주한미군 철수의 원년으로 삼자고 주장했습니다. 저 역시 분단 60년을 맞는 올해를 통일과 주한미군 철수 원년으로 자리매김하자고 역설해 왔습니다. 이렇게 주한미군 철수 원년으로 삼자는 동일한 주장을 두고 제가 마치 북한의 사주를 받거나 북한을 찬양-고무했기에 이런 주장을 한 것으로 간주돼 왔습니다. 곧 상관관계를 인과관계로 잘못 연결-등치시켜 비약하는 오류를 범한 것입니다.

그러나 저의 주한미군 철수론은 북한의 사주나 동조에 의해서가 아니라 저의 학문적 연구결과에 따라서 내려진 당연한 귀결입니다. 곧 미국과 주한미군이 한반도 전쟁위기를 주도하고 있고, 나라와 민족의 자주권을 침해하고 있고, 중국을 봉쇄하고 필요하면 공격하려는 전초기지와 전초군대로 미군을 한반도에 주둔시키므로 1895년의 청일전쟁의 재판을 가져올 불씨가 되고, 우리의 환경권-통일권-생활권 등등을 침해하는 핵심요소이기 때문에 이런 문제점을 해결하기 위해 미군철수당위론이 귀결될 수밖에 없었던 것입니다. 그래서 저는 90년대부터 줄곧 미군철수당위론을 학문적으로 주장해 왔고, 2005년을 철군원년으로 삼자는 주장을 북한보다 훨씬 앞선 2004년 초부터 개진해 왔던 것입니다.

당연히 저의 학문적 결론은 북한의 주장과 같을 수도 있고 다를 수도 있습니다. 우연의 일치로 북한의 것과 같거나 비슷한 결과가 나타나더라도 (곧 상관관계가 있으면), 이를 근거로 북한에 대한 찬양-고무-동조나 이적행위라고 간주-등치하는 것은(인과관계가 있다고 해석한다면) 대학 초

학년에서 학습하는 방법론의 초보조차 위배하는 것으로 질타를 받을 수밖에 없습니다.

　방법론 교과서에서는 두 요소 사이에 인과관계가(causality) 성립되려면 첫째 둘 사이 상관관계가(co-relation) 성립돼야 하고, 둘째 원인요소가 결과요소보다 시간적으로 먼저 일어나야 하고(time precedence), 셋째 둘 사이의 관계가 거짓 관계가 아닌(non-spurious relation) 참 관계이어야 한다고 기술되어 있습니다. 저는 교수로서 대학 1학년생에게 언제나 이 초보적 방법론을 학습시켜 학생들이 충분한 논거도 없이 섣불리 단정적인 결론을 내리는 반 학문적 접근을 하는 것을 경계해 왔습니다.

　박사논문 때부터 지금까지 매달아 온 이런 주제에 관한 저의 연구결과물을 단순히 북한의 사주나 동조 또는 표절로 간주하는 것은 학문과 학자에 대한 모욕이라고 생각합니다.

4) 찬양-고무나 이적행위라는 학문외적 잣대

　저는 맥아더 소논문 칼럼에서 6·25를 '북한지도부가 시도한 통일전쟁'이라고 서술했습니다. 이는 국가보안법의 규정에 의하면 남침이라는 남한의 공식적 입장을 '고무-찬양-동조'한 셈입니다. 동시에 북침이라는 북의 공식기조를 완전히 허무는, 곧 북의 입장에선 '이적행위'를 한 것과 마찬가지입니다.

　이런데도 북을 찬양-고무-동조하고 이적행위 했다고 저를 법적 심판의 대상으로 삼았습니다. 이런 학문외적 기준을 적용한다면 남침이라는 남한의 공식적 입장을 찬양-고무-동조한 부분에 대해서는 저에게 응당 포상을 내려야 하는 것 아닙니까?

　이런 모순처럼 학문적 결론은 어떤 이해당사자에게 때로는 득이나 실도 되고, '찬양-동조'도 되고 '이적'도 될 수밖에 없습니다. 학문적 결론은 사실과 논리, 추론과 방법론, 학자의 양심 등이 어우러져 총체적으로 귀결되는 것이지 어떤 집단과 조직의 이해득실이나 국민정서와 같은 여론에 따라 좌우될 수는 없습니다. 바로 이 때문에 국보법상의 이적이나 찬양-동조라는 사법적 잣대는 원천적으로 학문세계에 감히 끼어들 수 없는 것이라고 생각합니다.

학문적 논쟁은 오직 객관적 자료와 타당한 방법론 등을 기반으로 한 논쟁과 설명력이라는 공론의 장에서만 가려질 수 있습니다. 어떤 학문외적 강제인 폭력과 이념 몰이, 또는 국보법이라는 국가폭력에 의해 강요될 수 없는 것입니다. 이들 학문외적 강제는 자유민주주의를 지향한다는 사회가 자유의 이름으로 자유를 부정하는 자기기만과 자기부정을 스스로 저지르는 것입니다.

이제 탈냉전평화통일시대를 맞은 우리 사회도 친북, 반북, 친미, 반미 등의 학문외적 잣대에서 벗어나 학문내적 규범이나 공약성, 민족과 인류사회의 보편적 규범이나 가치에 그 평가기준을 둬야 합니다. 언제까지 냉전의 유령에 홀려 현재와 미래의 민족사가 발목잡힐 수만은 없다고 봅니다.

5) 배타성과 양립성의 혼돈

6·25는 '불법 침략전쟁'이기에 제가 결론지은 통일전쟁론은 성립될 수 없다면서 사법적 잣대를 들이대고 있습니다. 이만큼 모순과 무지의 극치를 이루는 주장도 드물 것입니다.

앞에서 밝힌 대로 통일전쟁론은 전쟁주체자의 전쟁목표를 기준으로 한 전쟁성격규정입니다. 이에는 민족해방, 계급해방, 단순한 권력야욕(왕위쟁탈 전쟁이나 왕위계승전쟁), 민족통일, 지역통합, 종교 전파, 분단고착화, 징기스칸처럼 정복이나 영토 확장 등의 전쟁성격이 있을 수 있습니다. 이에 따른 6·25의 전쟁성격은 1950년 10월 7일자 유엔총회 결의 376호처럼 통일전쟁, 북한의 규정처럼 조국해방전쟁, 남한의 북진통일론처럼 통일전쟁 등 다양하게 논의-규정될 수 있습니다.

대조적으로 침략전쟁은 국제법적 기준에 의한 전쟁성격규정입니다. 이에는 1950년 6월 25일과 27일 유엔안보리 결의 82호와 83호와 같이 평화파괴나 또 평화위협, 침략전쟁, 테러 등의 성격규정이 있을 수 있습니다. 위의 유엔 안보리 결의안은 6·25를 별개의 주권국가 간의 전면적 군사행위인 침략전쟁으로 규정하지 않고 평화파괴(breach of peace)로 규정했습니다.

왜냐면 6·25는 한반도 내의 5·10선거가 실시된 지역에 한정해 합법성을 유엔총회로부터 1949년 10월 21일 인정받은 대한민국과 아직 별개의 주권국가로 유엔으로부터 인정을 받지 못한 북한이라는 실체(국제법적으로는 반도단체) 사이의 내란, 곧 집안싸움이 될 수밖에 없었습니다. 국제법 차원에서 내란은 무력행위 주체를 반도단체 수준에 한정할 때의 규정이고, 이 반도단체를 교전단체로 인정할 때는 내전이 됩니다.

6·25의 경우 초기에 '동란'이나 '사변'으로 지칭했던 것은 동학란이나 농민반란 등과 같은 수준의 내란으로 규정한 것이기 때문입니다. 그러나 당일 유엔안보리 결의안 82호에서 북한을 평화파괴자로 규정하면서 교전단체가 되어 내전으로 전환되었다고 보아야 할 것입니다.

6·25가 침략전쟁이냐 아니냐는 논쟁의 여지가 있습니다. 유엔의 승인이라는 국제적 기준에 의하면 이는 내전이지 침략전쟁일 수는 없습니다. 그러나 소련이나 중국 등 사회주의권의 외교적 승인을 기준으로 하면 북한은 별개의 주권국가가 되므로 국제법적 기준으로 침략전쟁도 될 수 있습니다.

남한은 뚜렷한 논거를 제시하지 않은 채 침략전쟁으로 자의적인 규정을 하고 있는 셈입니다. 냉전성역에 매몰된 남한사회에서는 이 침략전쟁 규정이 논거가 필요 없을 정도로 명명백백할지 몰라도 지구촌 보편의 규범인 국제법상으로나 학문적 논거상으로는 억지 주장으로 귀결될 수밖에 없습니다.

유엔을 중심으로 한 국제법과 북한을 주권국가가 아닌 반국가단체로 규정하고 있는 국가보안법을 엄밀하게 적용하면 6·25는 침략전쟁이 아닌 내전이고 동시에 통일전쟁입니다. 이처럼 국제법적으로 성립되지 않는 것을 일방적으로 또 이데올로기적으로 규정하는 것은 보편주의 원칙과 요즘 금과옥조처럼 들먹이는 '글로벌 스탠더드'에도 맞지 않습니다. 설사 냉전기간에는 그랬다 하더라도 이제 탈냉전-글로벌시대에는 이런 구각의 굴레에서 응당 벗어나야 하는 것은 당연하다고 봅니다.

어쨌든 전쟁목표를 기준으로 한 통일전쟁 성격규정과 국제법을 기준으로 한 침략전쟁 규정은 서로 배타적이 아니라 양립 가능합니다. 곧 침략전쟁이면서 통일전쟁이 될 수 있습니다. 독일이 오스트리아를 독일민족의 통일을 위해 침략했을 경우 이는 통일전쟁이면서 동시에 침략전쟁입니다.

이처럼 6·25를 남한의 공식 규정인 침략전쟁이라 하더라도 여전히 통일전쟁이나 민족해방전쟁일 수 있는 것입니다. 그러므로 침략전쟁을 통일전쟁으로 성격규정했기 때문에 정체성을 위배했다는 등의 주장은 배타성과 양립성을 분간조차 못하기 때문이라고 봅니다. 물론 이를 잘 알면서도 이같은 억지 주장을 펼치는 사람이나 집단이 비일비재한 것도 엄연한 우리의 현실인 것 같습니다.

6) 진실균형과 억지균형의 혼돈

공소장은 서해교전에 관한 저의 논문이 "북방한계선은 북한의 영해에 불법적으로 설정된 것이고, 북한의 서해 5도 통항질서 선포는 정당하며, 서해교전은 불법적인 북방한계선에서 비롯된 것으로 한국 측에서 밀어붙이기식 선제공격을 가하여 발생한 것이라는 등"으로 북한에 동조했다면서, 국가의 존립·안전이나 자유민주적 기본질서를 위태롭게 한다고 결론지었고, 마치 제가 균형감각을 상실한 것처럼 보고 있습니다.

물론 학문에서 균형을 취하는 것은 매우 필요하고 중요하지만 사실을 왜곡하면서까지 억지로 추구할 수는 없습니다. 사실은 사실대로 말해져야 합니다. 김영삼정권 당시 이양호 국방장관이 국회에서 증언한 것처럼 북방한계선은 정전협정과 같은 남북 간 합의나 국제협정에 의하지 않고 유엔군사령부의 내부적 필요에 따라 일방적으로 그어진 임의의 선에 불과합니다. 그러므로 북한 배의 월선은 영해침범도 아니고 불법도 아닙니다.

이 한계선은 오히려 상대지역 봉쇄를 금하는 정전협정 위배이고, 12해리 영해규정인 유엔 해양법 위배입니다. 제가 이 한계선을 불법으로 규정한 것은 사실차원의 문제로 균형 문제가 끼어들 여지가 없습니다. 따라서 북한의 북방한계선 철폐 요구와 서해 5도 통항질서는 관련 협정과 국제법인 정전협정, 12해리 유엔해양법, 서베를린 국제관례 등의 기준에서 보면 정당한 것이 될 수밖에 없습니다.

냉전성역에 기초한 북방한계선에 대해 사실차원에서 진실을 밝히는 작업은 북한보다 남한에 대한 비판이 훨씬 많을 수밖에 없습니다. 이러함에도 국가보안법을 의식해 잘못 없는 북한에 마치 잘못이 있는 것처럼 기계적으로 서술하는 것은 '억지균형'입니다. 균형은 오로지 사실과 진실을 바탕으로 한 '진실균형'이어야 하고, 단지 해결책 등에서 서로의 양보와 타협을 요구해 참된 균형을 추구해야 한다고 봅니다. 저의 논문은 북한에 대한 양보와 타협을 요구하는 히딩크식의 해법을 제안함으로써 해결책에서 참된 균형을 취했습니다.

이 진실균형을 추구한 결과 저는 2차 서해교전이 북한의 '치밀하고도 계획된 도발' '계획적 선제공격론'에 의해 발생했다는 정부의 발표에 의문을 제기하고 '우발적 충돌에 의한 선제 포격론'을 추론했습니다. 이러한 저의 추론은 합참의 비밀문건을 분석해 국방부와 청와대가 공모해 조작했음을 폭로한 2003년 5월 28일자 『한국일보』를 통해 진실임이 밝혀졌습니다. 북한의 '계획된 선제공격론'이 공모-조작된 것임이 밝혀지자 민언련 등이 특별성명을 발표하고, 민주노동당은 국방부의 서해교전 원인 왜곡 발표에 대해 감사원에 국민감사까지 청구했습니다.

이처럼 공안당국이 찬양-고무-동조로 의심을 품고 사법적 잣대를 들이대는 논문이 역사의 진실을 밝히는 귀중한 단서를 제공했다는 점에서 학문의 자유와 억지균형이 아닌 진실균형이 얼마나 귀중한 자산인지를 잘 말해 준다고 볼 수 있습니다.

3. 북한과 미국에 대한 올바른 접근

이번 저의 필화사건에서 공안당국의 조사와 공소장은 맹목적 친미를 거부하면서 미국에 대한 비판을 담은 연구, 맹목적 반북을 하지 않고서 객관적 평가를 시도하는 북한연구 등을 사법적 심판의 대상으로 삼았습니다. 단순-비약적으로 서술하자면 허위사실까지 유포해 친미와 반북을 하지 않으면 죄가 되는 듯합니다. 이를 좀더 세부적으로 검토하면서 북한과 미국에 대한 올바르고 객관적인 접근을 고민해 보겠습니다.

1) 반일-반중-반프랑스는 괜찮고 왜 미국비판과 반미만은 안 되는가?

저의 학문연구 가운데 주한미군 철수, 미국비판, 반미 등이 북한에 대한 찬양-고무-동조로 간주되고 있습니다. 곧, 미국에 대한 비판과 이에 따른 합리적인 반미 서술이나 언술이 마치 죄가 된다는 식이었습니다.

이렇게 어이없는 현상에 저는 역사학자로서 심한 자괴감에 빠졌고 의기소침해 견디기 힘든 상황이었습니다. 그래서 제가 애독하던 책(이재범 외, 2001, 『한반도의 외국군 주둔사』, 중심)을 다시 훑어보지 않을 수 없었습니다.

이 책은 우리 역사에서 외국군의 침략-주둔-지배 등을 연대기적으로 서술한 것으로 삼국시기 당나라군, 고려시대의 몽골군, 임진왜란 당시 일본군, 임진왜란 당시 명나라군, 정묘-병자호란 당시 청나라군, 개항기 청나라군, 개화기 일본군, 식민시대의 일본군, 해방 이후 북한에서의 소련군, 남한에서의 미군 등을 민족 주체적 패러다임(paradigm)에서 다루고 있습니다.

저는 통일신라 이후 전개된 이 치욕의 역사와 일부 지배집단의 반민족 행위를 개탄하면서 아래와 같은 책 서문과 결론을 몇 번이나 되풀이해 읽지 않을 수 없었습니다.

> 한반도의 외국군 주둔사를 점검하면서 얻는 교훈은 어떤 명분으로도 외국군대를 이 땅에 들여놓고 진정으로 자주와 독립, 국가적 자존을 운위할 수 없다는 사실이다. 그리고 이 땅을 거쳐 간 수많은 외국군 가운데 상당수는 극소수 지배집단이 그들의 기득권을 유지하기 위해 애걸해서 불러들인 반민족적 사리사욕의 결과였다는 것도 확인되었다. 그때도 그들은 외국군을 끌어들인 명분으로 '안보'를 내세웠다. 그러나 그 '안보'가 나라와 민족의 안보가 아니라 한줌도 안 되는 그들의 부도덕한 특권을 유지하기 위한 '안보'였다는 것을 역사는 증언하고 있다. (……) 흔히 역사는 반복된다고 하지만 우리의 경우 이 말만큼 정확한 표현도 없는 것 같다(이재범 외, 앞의 책, 7쪽).

외세란 그것이 미국이든 일본이든 언제나 우리가 경계해야 할 대상임을 이 책은 극명하게 보여주고 있습니다. 이 또한 저를 포함한 많은 사람들의 지론이기도 합니다. 그래서 일본의 역사교과서 왜곡이나 신사참배에 대해 우리는 반일을 외치고, 정부나 언론이 은근히 이를 부추겨 왔습니다. 또 프랑스의 고문서 강탈과 같은 제국주의 약탈과 이를 반성하지 않는 그들의 뻔뻔함이나 중국의 동북공정 등 대국주의에 대해 우리는 응당 반(反)프랑스나 반중(反中)을 외치고, 이를 당연지사로 받아들입니다. 물론 사법당국에서 이 반일, 반중, 반프랑스 등을 문제 삼지도 않습니다.

그렇지만 한반도 전쟁위기를 수시로 몰고 오고, 어린 여중생을 죽이고도 발뺌하고, 천문학적 비용이 드는 미국산 무기 구매를 강요하고, 제2의 청일전쟁을 몰고 올 수 있는 망국적 주한미군의 전략적 유연성을 강요하고, 또 통일 가로막기를 자행하는 미국에 대해서만 비판이나 반미는 사법처리까지 강요될 정도입니다.

최근 일본재단이 미 CIA 극비자료를 토대로 작성한 연구보고서에서 밝힌 바와 같이, 미국은 겉으로는 북핵 문제의 평화적 해결을 원한다 하면서 실제로는 지난 2003년 중반부터 북한체제 붕괴를 목표로 한 내부 교란 작전인 작계 5030을 수립, 실행 중인 것으로 밝혀졌습니다. 이 북한붕괴작전의 주요 내용은 북한군의 식량 등 전시 비축물을 고갈시키는 지속적인 한미 군사훈련 실시, 북한 항공기 연료를 소진시키기 위해 북한 항공기의 잦은 긴급발진을 유도하는 불시 정찰비행, 전단 살포 등으로 내부혼란 조장, 정권 핵심인사와 그 자녀들의 망명 지원, 김 위원장의 자금원을 막기 위한 외화 유입경로 차단 등이 포함돼 있다고 합니다.

최근 미국이 확실한 근거도 제시하지 않은 채 제기한 북한 '위조화폐' 문제나 '위조담배'사건, 오극렬 대장의 장남가족 망명유도 사건, 북한인권법과 이를 지원하기 위한 연간 2,400만 달러 책정, 광주비행장에 배치된 F-117A 나이트호크 스텔스 전폭기 15대의 김정일 위원장을 겨냥한 위협 출격과 급강하와 급상승 등 노골적 군사행위, 북한 내 반정부 전단 살포, 북한에 대한 금융-무역 봉쇄조치 강화, 남한의 대북지원에 대한 제동, 지속으로 강화되고 빈발하는 군사훈련 등이 바로 이 미국의 북한붕괴작전계획인 5030의 일환으로 펼쳐지고 있는 실정입니다. 이 작전은 자칫 잘못하면 제2의 6·25라는 상상할 수 없는 민족적 참극을 가져올 수 있습니다.

합리성을 가진 한국인이라면 이러한 미국에 대한 반미나 비판은 응당 분출될 수밖에 없는 자연스럽고 필연적인 귀결일 것입니다. 또한 2000년 10월 12일, 조명록 북한 국방부위원장이 미국을 방문해 한반도 전쟁위기를 해소하고 평화체제를 확약한 10·12북미공동성명을 발표했을 때 저를 포함하여 많은 한국의 평화-통일운동가들은 미국을 칭찬, 곧 친미를 했습니다. 당시 저는 강연할 때마다 클린턴과 올브라이트를 칭찬하는 친미주의자였습니다.

이처럼 한국사회에서 반미나 친미는 고정불변체가 아니라 미국의 정책이나 행위, 또 이들이 한반도나 우리 민족의 평화-통일-국익 등에 미치는 영향에 따라 달리 나타나고 변화될 수밖에 없는 가변적 존재입니다. 이럼에도 불구하고 이 땅에서는 반미만큼은 절대 허용될 수 없는 금기로 치부되어 왔습니다. 마치 이 땅이 미국 땅인지 한국 땅인지 구분하기 힘들 정도입니다.

저는 2003년 초 미국의 *Boston Glove*지 기자와의 인터뷰에서 미국에 대한 한국인의 시각을 몇 가지로 분류해 설명한 적이 있습니다. 맹목적 숭미 또는 대미 자발적 노예주의, 합리적 친미, 합리-비판적 반미, 맹목적 반미(반미주의 또는 반미이데올로기) 등입니다. 맹목적 숭미는 주로 기성주류와 일부 이에 부화뇌동하는 일반인이고, 맹목적 반미는 극히 일부에 지나지 않고, 저를 포함해 대부분 한국 사람은 합리적 친미와 합리-비판적 반미라고 말했습니다.

미국의 대한반도 정책이 한반도의 평화와 통일에 방해가 되지 않고, 수직적이 아닌 수평적 한미관계를 추구하다면 한국에서의 반미는 생기지도 않고 생긴다 하더라도 별로 염려할 필요가 없지만, 부시 행정부처럼 평화통일 가로막기와 지배-예속의 한미관계를 계속 추진한다면, 합리적 친미나 합리-비판적 반미가 맹목적 반미 또는 반미주의(반미이데올로기)로 악화될 수 있음을 경고했습니다.

동일한 행위라 하더라도 일본이나 중국이 하면 반일과 반중으로 대응하는 것이 너무나 당연한 것이 되고, 미국이 하면 면죄부가 되는 것이 오늘날 한국사회의 모습입니다. 이러한 이중 삼중 잣대는 보편성을 거절하는 상식 이하의 억지 기준이면서 민족의 자존을 자진해서 폐기시키는 일입니다. 응당 동일 행위는 동일 기준 적용이라는 보편적 원칙이 지켜져야 합니다. 미국이라고 해서 치외법권을 누리는 예외적 특권이 주어지는 일은 결코 용납될 수 없습니다.

세계사적으로는 탈냉전을, 민족사적으로는 통일시대를 맞이한 이 시점에서까지 반미나 미국비판이 죄가 된다고 보는 이런 자아 상실의 부끄러운 자화상에 종지부를 찍어야 할 때입니다. 이런 자발적 노예주의 정신 상태 하에서는 민족의 숙원인 자주와 자존의 역사행로 구축은 요원한 신기루일 수밖에 없다는 사실을 인식할 것을 간절히 바랍니다.

2) 주한미군 불가피론의 검증

저는 한국사회에서 불문가지의 당위로 자리 잡고 있는 주한미군불가피론을 검증하여 이의 오류를 밝혀내고, 그 결론으로 주한미군철군당위론에 이르게 되었습니다. 저의 이런 미군철군당위론이 반미나 미국비판으로 간주되어 오늘과 같은 사법적 심판을 받게 되었습니다.

앞에서도 밝혔지만 저는 미국의 정책에 따라 때로는 반미를 부르짖고 때로는 친미를 부르짖어 왔습니다. 반미에 대해 사법적 잣대를 들이대면 응당 친미에 대해서는 포상을 내려야 공정하고 균형적인 대처일 것입니다.

어쨌든 냉전성역허물기를 학문적 소명으로 삼고 있는 저로서는 사법처리 여부와 상관없이 이 주한미군불가피론을 검증해 볼 수밖에 없었고 앞으로도 지속적으로 이 연구작업을 펼쳐 나갈 것입니다.

주한미군불가피론은 미군 주둔이 없으면 북한이 전쟁을 일으킨다는 북한전쟁위협론, 북한군에 비해 남한군이 열세이므로 전쟁억지력을 위해 주한미군과 한미군사동맹이 불가피하다는 남한군열세론, 동북아에 세력균형을 위해 한미동맹과 주한미군이 통일 이후까지 불가피하다는 동북아세력균형론, 미국을 좋아하지는 않지만 경제적 실리를 위해서 불가피하다는 경제실리론 등으로 구성돼 있습니다.
 이들 각 구성요소에 대해 경험적 사실에 의한 검증이라는 과학적 절차를 밟은 후 이 결과에 따라 철군당위론이 제창되었던 것입니다. 제가 단순히 원한다거나 희망하기 때문에 내린 결론이 결코 아닙니다. 여기서는 앞의 세 가지만 소개해 주한미군불가피론이 얼마나 설득력이 없는 억지 주장인지 입증하고, 이런데도 주한미군철군당위론을 법적 심판의 대상으로 삼는 것이 얼마나 반 과학적인가를 밝히겠습니다.

북한전쟁위협론

 북한전쟁위협론을 검증하기 위해서는 정전협정 이후 지금까지 있었던 한반도전쟁위기를 모두 점검하고 그 주도자가 과연 북한이었는지 구체적으로 가리는 검증작업이 요구되었습니다.
 이를 검증한 결과 제가 발견한 것은 한국전쟁 이후 1989년까지의 냉전기간에는 세 번의 큰 전쟁위기가 있었다는 사실입니다. 곧 1968년 미국의 간첩선 푸에블로호사건, EC-121 스파이 정찰기사건, 1976년의 미루나무사건이었습니다. 이들 사건에서 전쟁위협을 자행하고 전쟁위기란 긴박한 사태로 몰고 온 측은 북한이 아니라 바로 미국임이 판명되었습니다.
 또 탈냉전시대라는 1990년대 이후를 살펴보면, 한반도는 무려 여덟 번의 전쟁위기를 겪었습니다. 1991~1992년 120일 전투시나리오와 이종구 국방장관의 '엔테베작전' 언급 등 '제2의 한국전쟁위기', 1994년 6월 한 두 시간만 늦었더라도 전쟁이 발발할 수밖에 없는 상황으로 몰렸던 영변핵위기, 엉터리 미국의 인공위성 사진으로 북한이 핵무기를 개발한다고 단정 짓고 모의 핵폭탄 BDU-38로 핵전쟁 실전연습까지 벌였던 1998~1999년 금창리핵위기, 1998년 여름 대포동 미사일(인공위성) 발사를 계기로 발발한 1998~1999년 미사일위기, 휴전 이후 최초의 정규군에 의한 무력충돌이라는 1999년의 1차 서해교전, 2002년 부시의 '악의 축' 전쟁위협, 2002년 2차 서해교전, 또 2003년 이후 지난 해 4~6월까지 지속되는 현금의 전쟁위기 등 무려 여덟 번입니다.

이 가운데 미국이 전쟁위기를 주도한 것은 서해교전을 제외한 아홉 번으로 미국의 한반도 전쟁위기 주도율은 9/11이고 북한주도율은 1/11이었습니다. 이는 이제까지 추호도 의심하지 않아 왔던 (북한이 전쟁위기를 주도한다는) '북한전쟁위협론'은 허구임을 말하는 것입니다. 이로써 한반도전쟁위기의 주도자는 북한이 아닌 미국이라는 결론에 이른 것입니다.

이럼에도 불구하고 한·미동맹만 강화되고 주한미군만 유지되면 한반도의 평화와 국익은 보장될 것이라는 검증받지 않은 믿음이 얼마나 허구이고 또 이 허구를 철저히 신봉해 왔던 한국사회가 얼마나 맹목적이고 이성을 상실한 것인지를 말해 줍니다. 이성적이고 과학적인 기준에서 판단하면 주한미군불가피론은 폐지되고 주한미군철군당위론으로 귀결될 수밖에 없었습니다.

이럼에도 불구하고 미국을 맹목적으로 찬양하기 위해 미국 전쟁위협론은 허구이고 북한전쟁 위협론이 진실이라고 말할 수는 없습니다. 이는 허위사실 유포에 해당되는 것으로 학문을 전업으로 하는 학자로서는 상상조차 할 수 없는 일입니다.

미국에 관한한 이러한 과학적 검증조차 허용되지 않는다는 것이 이번 필화사건으로 입증된 셈이 아닌지 의구심이 듭니다. 바로 이 때문에 미국과 주한미군에 관련된 냉전성역허물기라는 학문적 소명은 우리 한국사회에서 더욱 절실한 것 같습니다.

남한군열세론

주한미군불가피론의 또 다른 구성요소의 하나는 남이 북에 비해 군사력에서 열세이기에 대북전쟁억지력을 위해 주한미군에 안보를 의존해야 한다는 남한군열세론입니다. 이 믿음과는 정 반대로 전쟁억지력은 실제 남측 군사력만으로도 충분하고 오히려 남측 군사력이 북의 군사력을 총체적 수준에서 압도적으로 능가한다는 사실이 밝혀졌습니다.

군사력 또는 전쟁능력은 총력전을 전제해야 하므로 경제력과 군사비에 의해 좌우됩니다. 2005년 북한 군사비는 17~18억 달러 수준이지만 남한은 무려 200억 달러로 북한의 10배가 넘습니다. 2006년도 북한의 군사비는 거의 동일하지만 남한의 국방예산은 무려 22조 9천억으로 약 230억 달러나 되어 그 격차는 더욱 증가하고 있습니다.

또한 총체적 전쟁능력은 경제력에 비례하는데 2004년 6월 8일 한국은행 발표에 의하면 북한의 명목 국민총소득(GNI)은 2003년 184억 달러로 남한 6,061억 달러의 3%에 자나지 않습니다. 예산 또한 100억 달러 안팎 수준입니다. 대외무역은 23억 9천만 달러로 남한의 1/156(0.6%)에 불과합니다. 2004년 명목 국민총소득(GNI)은 208억, 한 사람당 소득은 914달러로 남한의 약 1/16, 대외무역 규모(상품기준)는 28억 6천으로 남한(4,783억 달러)과의 격차는 전년의 156배에서 167배로 확대됐습니다(『한겨레』, 2005.6.1).

북한 전체 경제규모가 200억 달러 정도로 남한 군사비와 비슷하거나 적고 북한 전체 예산이 100억 달러 정도로 남한군사비의 1/2 수준입니다. 북한의 전체 경제규모가 개인 회사인 삼성전자의 1/2도 되지 못하는 실정입니다. 다른 온갖 이야기를 들먹일 필요도 없이 이것만으로도 남한군열세론은 허구임이 충분히 입증됩니다.

북한의 군사력 열세는 남한군부도 명백히 인정하고 있습니다. 1999년 육군본부가 만든 『정훈교재』에서는 "북한군이 국군을 두려워하는 5가지 이유"를 들고 있습니다(『동아일보』, 1999.4.25). 첫째와 셋째만 들면, 북한군은 만성적 영양실조상태이며 체격도 매우 작다는 것입니다. "국군은 평균 신장 171cm에 체중 66kg, 북한군은 162cm에 47~49kg 수준으로 이는 복싱 웰터급과 플라이급 선수의 차이에 해당한다." 셋째, "북한군의 무기와 장비는 양적으로 국군보다 1.6배 많지만 육군무기의 40%, 해군함정의 70%, 공군 전투기의 65%가 폐기처분 직전의 노후장비"라는 것입니다.

남한군의 대북전쟁억지력 충분성이나 과잉성은 최근에 진행되고 있는 주한미군 재편과 재배치에서도 여실히 드러납니다. 지난 2003년 6월 12일 한미관계협의회에서 미 국방정보국(DIA) 동아시아국장 아리고니가 "미국의 계획은 한반도의 방위만이 아니라 더 광범위한 지역적, 지구적 긴급 상황에서 한반도에 있는 부대를 원활하게 이동·배치시키기 위한 것"이라고 밝힌 것은, 주한미군의 성격을 대북억지 임무에서 동북아지역군인 신속기동군으로 전환하고, 한국군이 한반도를 '전담'하는 역할 재조정을 의미합니다. 이를 주한미군의 전략적 유연성이라는 사실 은폐적 개념을 쓰고 있습니다만 이런 역할분담은 한국군의 대북억지력이 충분하기 때문에 가능한 것입니다.

럼스펠드 미 국방장관은 2003년 3월 16일 국방부에서 군부 인사들과 가진 정례 회동에서 "우리는 여전히 많은 병력을 매우 앞쪽에 배치해두고 있다. 한국의 국내총생산 규모는 북의 25~35배에 이른다. 필요한 만큼의 억지력을 부담할 수 있는 모든 역량을 갖고 있다"(『한겨레』, 2003.3.16)고 밝혔습니다. 또 미국 의회조사국(CRS)의 래리 릭시(Larry Liksch)는 지난 2000년 1월 자유아시아방송(RFA)과 가진 대담에서 "지난 5년간 북한은 재래식 전력이 상당히 약화되었으며, 남침할 수 있는 공격능력을 상실했다"고 주장한 바 있습니다.

이로써 대북전쟁억지력은 주한미군 없이 남한군사력만으로도 충분하다는 것이 입증된 셈입니다. 북은 오히려 남한의 군사력에 위협을 느낄 수밖에 없으며, 실제 남한의 흡수통일 기도를 두려워하면서 끊임없는 경계태세를 갖추고 있습니다. 김영삼정권 때까지만 하더라도, 북이 주한미군을 남한의 무력도발에 대한 방패막이로 인식하고 있었다는 것은 이제 공공연한 사실입니다(Harrison, Sekg, 이흥동 옮김, 2003, 『코리안 엔드게임』, 삼인, 28~31쪽).

실재 남한의 군사력은 북한과 비교할 수준을 초과해 세계적 수준에 이릅니다. 2005년 3월 8일 노 대통령은 공군사관학교 졸업식에서 "누구도 감히 넘볼 수 없는 막강 국군을 가지고 있습니다. (……) 이제 우리 군은 한반도뿐만 아니라 동북아시아의 평화와 번영을 지키는 것을 목표로 하고 있습니다. 동북아시아의 세력 균형자로서 이 지역의 평화를 굳건히 지켜낼 것입니다"라는 폭탄선언을 해 많은 사람들을 깜짝 놀라게 했습니다.

그러나 이는 결코 놀랄 일이 아닙니다. 노 대통령은 엄연한 진실을 말한 것입니다. 먼저 군사비를 보면, 남한 군사비는 2005년 약 200억 달러로 북한의 10배가 넘으면서 미국, 일본, 프랑스, 영국, 중국, 독일, 러시아 다음으로 세계에서 8번째입니다. 경제규모도 북한의 33배를 넘으면서 세계 10~11위

정도입니다.

　육군에 비해 언제나 푸대접을 받는다는 해군력을 보겠습니다. 이지스함 도입 이전인 지금도 현대전의 필수조건인 1천t 이상 전투함 숫자로는 이탈리아, 스페인, 독일을 능가하고 한 때 해양제국이었던 영국, 프랑스와 맞먹는 수준입니다. 밀리터리 밸런스 2003~2004에 의하면 이탈리아 18, 스페인 16, 독일 13, 영국 34, 프랑스 34, 한국 39(최근 완공된 4천 5백톤 문무왕 구축함과 1만 9천 톤에 이르는 경항공모함 수준인 독도함을 포함하면 41척)입니다. 여기에 해양경찰대 소속 16척의 함정은 포함되지 않았습니다. 푸대접 받는 해군이 이 정도면 육군이나 공군의 군사력은 더 말할 나위없습니다. 북한의 경우 3척에 불과합니다.

　또 국방중기계획은 자주국방이란 명목으로 2005~2009년 5년 동안 무려 99조를 들여 조기경보통제기(AWACS), 공중급유기, 이지스함, 차세대 미사일 등 온갖 첨단무기를 도입합니다. 이렇게 되면 군사력은 세계에서 6~7위권 안에까지 들 수 있을 정도입니다.

　이로써 남한군열세론은 사실이 아니라 맹목적이고 근거 없는 믿음과 허구에 불과하다는 사실이 판명된 것입니다. 응당 이에 논거를 두고 있는 주한미군불가피론 역시 허구로서 폐기돼야하고 주한미군 철수당위론으로 대체돼야 하는 것으로 귀결됩니다.

주한미군 동북아세력균형론

　동북아 세력균형과 평화조정자로서 역할 때문에 현재뿐 아니라 통일 이후에도 주한미군과 한·미군사동맹이 불가피하다고 주장하고 있습니다. 이러한 기조의 주한미군불기피론과 한미동맹옹호론이 얼마나 反 경험적인지 간략히 검증해 보겠습니다.

　미국은 21세기 미국 패권에 도전할 잠재력을 가진 어떠한 국가나 지역의 출현도 용납하지 않겠다는 세계전략하에 도전 잠재국으로 중국을 상정하여, 대중 포위·봉쇄·전쟁불사전략을 중심으로 한 동북아패권전략을 세워놓고 있습니다. 중국 포위와 대만사태 개입을 노골화하고 있고 중국겨냥

평택 미군기지와 서해안 MD벨트의 추진 등으로 대변되는 주한미군의 재편과 재조정, 역할분담 등은 중국 봉쇄와 포위를 위한 동북아패권전략의 일환입니다. 최근에 합의한 전략적 유연성은 이를 위한 가장 핵심적인 전제입니다.

동북아세력균형론은 이러한 미국의 동북아패권전략을 마치 동북아균형자 역할인 것처럼 왜곡하는 것이고 미국의 패권전략으로 머지않아 야기될 수 있는 엄청난 한반도와 동북아 전쟁위협을 방기하는 것입니다.

객관적으로도 주한미군과 주일미군이 동북아균형자가 아니라 패권자임이 명확합니다. 주한미군 동북아세력균형론은 해양세력군인 한·미·일과 대륙세력군인 중·러·북 간에 존재하는 엄연한 힘의 압도적 불균형을 고려하지 않는 반(反) 사실적 평가입니다. 해양세력군인 한·미·일의 군사비는 미국 4,100억(2005년) 일본 450~500억, 한국 200억으로 총 4,700억 달러 수준입니다. 그러나 대륙세력군인 북-중-러 연대의 군사비는 중국 299억(2005년 기준), 러시아 200~250억, 북한 17~18억 정도로 총 600억 달러 정도에 불과하여 전형적인 불균형을 이루고 있습니다. 산술적으로 동북아 세력 균형은 동북아에서 미국이 배제되어야만 이루어질 수 있음을 이 간단한 숫자에서 쉽사리 확인할 수 있습니다.

미국의 '동북아신냉전패권전략'과 일본의 '아류 패권주의전략'이 한반도 뿐 아니라 동북아의 군사적 긴장과 평화위협 요소입니다. 그럼으로, 응당 주한미군은 동북아 평화와 세력균형을 위해서도 철군되어야 하고 한·미, 미·일 군사동맹은 해체되어야 합니다. 대신 남과 북 또는 통일조국이 동북아 평화조정과 균형자 역할 확대로 한반도와 동북아의 협력체와 평화공동체로 나아가도록 해야 하고 또 충분히 해나갈 수 있습니다.

이런 점에서 우리는 노 대통령이 제시한 '동북아균형자전략'을 추진해 미국의 대북침략이나 '제2의 청일전쟁' 등을 미연에 방지해 한반도의 안위를 지키고 동북아가 평화공동체로 나아가게 하는 장기적 전략이 요구되는 것입니다.

우리는 더 이상 19세기 말의 허약한 대한제국이 아닙니다. 세계적 수준에서는 경제력이나 군사력에서 5% 내에 드는 강력한 힘을 가졌지만 동북아에서는 오히려 크지도 작지도 않은 적정규모의 위상을 가진 것이 남과 북 또는 통일조국입니다. 바로 이 적정규모만이 동북아의 탈미(脫美)비동맹중립의 위치에서 평화조정자나 균형자 역할을 해야 하고 또 할 수 있습니다.

왜냐면 주변 강대국이 이런 역할을 하려면 이는 절대적 안보를 추구하는 딜레마에 빠지게 되어 근원적으로 긴장과 위기의 연속일 가능성이 높습니다. 오히려 패권추구와 거리가 먼 '크지도 작지도 않은' 우리 남과 북이 이런 역할을 자임할 경우 강대국들의 우려를 불식시킬 수 있기 때문입니다. 이를 바탕으로 1차적으로는 한반도의 평화와 통일구도를 정착시키고, 2차적으로는 동북아경제평화협력체를 형성해 세계평화에 기여하는 동북아 균형자전략의 추구로 한반도의 새로운 위상을 정립해야 할 것입니다.

이상과 같이 한미동맹과 주한미군을 통한 동북아세력균형론은 동북아의 세력균형과 평화를 가져오기보다는 세력불균형, 군사적 긴장, 전쟁위협, 군비경쟁 등을 가져옵니다. 오히려 동북아수준에서 크지도 작지도 않은 남과 북이 동북아균형자 역할을 할 때 진정한 한반도 평화와 동북아 평화협력구도를 가져오기에 이에 배치되는 미국주도의 동북아세력균형론에 입각한 주한미군불가피론은 폐기돼야 합니다.

3) 가공적 상상체로서의 북한 – 미국과 객관적 실체로서 있는 그대로의 북한과 미국

앞의 논의에서 주한미군불가피론의 구성요소인 '북한전쟁위협론'과 '주한미군평화지킴이론'은 진실이 아닌 가공적 상상체에 불과하고 '미국전쟁위협론'과 '한반도전쟁위기 미국주도론'이 객관적 실체임이 입증되었습니다. 또 남한군열세론은 허구이고 남한군과잉우세론이 실재여서 노 대통령의 동북아균형자전략과 주한미군의 전략적 유연성이 이에 기반하고 있음을 확인했습니다. 동시에 주한미군 동북아균형자론은 상상의 세계에서만 존재하는 가공체에 불과하고 미·일 동북아패권론과 이에 따른 제2의 청일전쟁론이 근본 속성임이 밝혀졌습니다.

이 결과 주한미군불가피론의 근간은 무너져 이 이론은 과학적으로 반증되었습니다. 이로써 이론적으로는 주한미군불가피론이 주한미군철군당위론에 의해 대체될 수밖에 없습니다. 과학적 방법론을 기반으로 한 냉전성역허물기에 의해 쉽게 무너질 수밖에 없는 취약점을 가진 것이 바로 미국이나 주한미군, 북한이나 북한군사력에 관한 냉전성역입니다. 왜냐면 이들 냉전성역은 맹목적 믿음이라는 허구에 바탕하고 있기 때문입니다.

이처럼 우리 사회는 북한과 미국의 인식에서 그들을 객관적 실체로서 인식하는 것이 아니라 가공적 상상체로 줄곧 인식해 왔던 것입니다. 곧, 미국과 소련 중심의 외세가 강요한 냉전, 이에 야합한 기성 주류, 또 이를 그대로 수용해 냉전이라는 주술에 홀려버린 일반인 등, 이들이 복합적으로 어우러져 한국사회는 미국과 북한에 관한 한 보아도 보지 못하고(視而不見) 먹어도 그 맛을 모르는(食而不知其味) 반이성적 상태에 빠져 허우적거려 왔습니다.

더 나아가 저의 경우와 같이 제대로 보고, 제대로 쓴맛-단맛을 이야기하면 반미와 미국비판, 친북과 매국의 올가미로 엮어 눈을 멀게 하고 귀를 막고 침묵을 강요해 왔습니다. 때로는 북한의 얼굴을 그리고 싶어 북한얼굴을 그린 화가에게 왜 주체사상이나 개인독재 같은 발바닥 모양을 얼굴그림 속에 넣는 반북행위를 하지 않았느냐고 윽박지르면서 북에 대한 찬양-고무-동조로 몰아가고 있습니다. 이 같은 어불성설로 미국을 비판하거나 반미하면, 또 북한을 매도하지 않으면 곧바로 친북-반미로 매도되고 치부되기도 합니다. 온갖 여론몰이, 색깔몰이, 폭력몰이, 보안법몰이 등으로 말입니다. 여기에는 객관적 자료, 합당한 방법론, 논리적 추론, 반증 절차 등의 과학적 규범에 의해 반론을 관철시키는 학문적이고 이성적인 접근일랑 아예 발붙일 수 없습니다.

이제 21세기 탈냉전과 평화통일 시대를 맞은 시점에서, 북한이나 미국을 보고 지록위마(指鹿爲馬) 할 것이 아니라 사슴을 가리키면 사슴이라고 말할 수 있는, 곧 가공의 상상체로서 북한이나 미국이 아닌 객관적 실체로서 있는 그대로의 북한과 미국을, 보고-말하고-그릴 수 있는 사회가 되어야 할 것입니다. 응당 이런 반이성과 허구를 강요하는 국가보안법이 이 냉전성역허물기라는 진실규명의 마당에 끼어드는 일은 역사 속으로 사라져야 한다고 생각합니다.

4. 탈냉전 통일시대의 역사관과 거시적 민족사의 행로

1) 발생적 결정론과 몰역사적 결과론의 극복을

2005년 10월 10일 '미국의 소리'(Voice of America)와 국가보안법 문제에 관한 인터뷰에서 저의 개인적 위상은 아마 사회주의 통일한국에서보다 지금 자본주의하 남한에서 더 나았을 것이라고 추론할 수 있다고 실토했습니다. 그렇지만, 저는 이 개인적 이해득실에 따라 해방공간의 우리 민족사가 내재적 역사흐름에 반하는 자본주의로 가야했다고 주장할 수는 없다고 분명히 밝힌 적이 있습니다.

이처럼 개인의 이해관계, 오늘날의 여론이나 이념이란 기준에서 과거의 역사평가를 복속시키고(몰역사적 결과론) 가치를 개입시키면 객관적 역사평가는 불가능해지고 학문은 학문으로서 자격을 상실하게 된다고 봅니다. 역사는 역사 그 자체여야 합니다.

저는 현대사를 보는 역사관에 관한 한 남과 북이 함께 큰 문제점을 갖고 있다고 곧, 북은 '발생적 결정론'에(genesis determinism) 빠져있고 남은 '몰역사적 결과론'에 빠져 있다고 비판해 왔습니다.

북한의 발생적 결정론 역사관은 "북한의 처음이 좋았으니까 지금도 좋고 남한은 옛날이나 처음이 좋지 않았기에 지금도 좋지 않다"는 것입니다. 이처럼 초기의 친일파 청산 등과 같은 대남 우위성이 지금까지 지속되는 것으로 역사를 평가하는 문제점을 북한의 역사관은 가지고 있습니다.

남한의 몰역사적 결과론은 "지금 현재가 좋고 대북 우위에 있으니까 과거도 좋았고 대북 우위에 있었다"면서 과거를 미화하고 정당화하여 역사를 왜곡시키는 문제점을 가지고 있습니다.

이 몰역사적 결과론은 현재의 기준을 역사평가의 잣대로 삼기 때문에 현재를 언제로 삼느냐에 따라 역사평가가 들쑥날쑥 춤을 추게 되는 문제점을 갖고 있습니다. 이 몰역사적 결과론은 오늘날 남한이 거의 모든 면에서 북쪽에 비해 우세하므로 오늘의 남쪽 기준에서 해방공간을 평가해 역시 분단이 사회주의식 통일보다 잘 됐다는 평가를 내리게 됩니다. 그러나 1950년대 중반에서 1970년 초반까지 북한은 남한에 비해 경제역량이 높았고 자주성도 앞섰습니다. 이 때문에 4·19 당시 경제적 요인 때문에도 '통일만이 살길이다'라고 외쳤습니다.

몰역사적 결과론에 의하면 1960년 당시는 북한이 남한보다 잘 살고 자주성이 높았기 때문에 해방공간에서 사회주의식 통일을 했어야 한다는 평가가 내려집니다. 이처럼 역사를 남과 북이 각기 몰역사적 결과론과 발생적 결정론에 빠져 제각기 자의적으로 해석하거나 평가해서는 안 됩니다.

남북을 아울러 우리 모두는 우리의 역사 앞에서 겸허해야 한다고 생각합니다. 이러할 때 과거사에 대한 올바르고 정당한 평가가 내려지고, 이를 바탕으로 과거를 반성하고, 이를 거울삼아 미래의 역사를 설계해 나갈 수 있다고 봅니다.

2) 자주-평화-통일-번영의 장기적 민족사와 동북아 상생구조를

현재 한반도는 세 종류의 전쟁위협에 직면해 있다고 봅니다. 미국이 조장한 이른바 '북핵위기'나 인권 등에서 비롯된 대북 단기적 전쟁위협과 작전계획 5030과 같은 장기적 저강도전쟁, 미·일의 동북아신냉전패권전략과 주한미군의 전략적 유연성에서 비롯될 수 있는 '제2의 청일전쟁' 위협입니다.

비록 단기적인 전쟁위기가 극복된다 하더라도 미국의 동북아신냉전패권전략구도와 주한미군, 또 최근 한미 간에 합의한 망국적인 주한미군의 전략적 유연성은 한반도와 동북아를 지속적인 전쟁위기와 제2의 냉전으로 회귀시킬 것으로 보입니다. 만일 대만사태와 결부된 중국과 미국 사이에 무력충돌이 발생하면 바로 주한미군과 그 전략적 유연성 때문에 한반도는 미국의 최전방 전쟁터가 되어 중국 공격의 전초기지가 됩니다. 동시에 이는 중국의 대미공격의 최우선 타격목표가 되어 그야말로 한반도는 1895년의 청일전쟁과 같이 강대국의 전쟁터가 되어 지구상에 종말을 맞을 수도 있습니다.

이처럼 민족의 생명권과 평화권이 백척간두에 서게 되고, 통일권은 원천적으로 봉쇄되는 장기적 구도에 직면하게 될 것입니다. 이러한 파국적인 반민족적 행보는 아직은 초기 단계입니다. 이 시점에서 이를 막지 않으면 시기를 놓치게 되어 우리 민족은 또 다시 미국에 의해 '제2의 분단'과 '제2의 냉전과 열전'을 강요당하고 자주권은 영구적으로 상실될지 모릅니다.

이 땅에 미군이 주둔하여 그 예속하에 놓인 지가 일본식민지 전 기간의 두 배에 가깝습니다. 또 분열된 후삼국시대의 두 배를 넘습니다. 이렇게 오랫동안 미국의 예속하에 있으면서 남한 사회 기성주류는 숭미 자발적 노예주의와 공미 자폐주의에 빠져 미국이야말로 한반도 전쟁위기와 통일가로막기의 주도자란 사실을 제대로 인식하지 못하고 있으며 또 이를 알면서도 그들의 기성권력이 와해될 것을 우려해 외면하고 있습니다.

용산기지를 평택기지로 옮기는 계획 속에는 한미 간의 역할 분담이 전제되어 있습니다. 곧 한국군이 한반도 문제를 전담하고, 주한미군은 대 중국 봉쇄·포위·침략 등을 위한 동북아신속기동군이나 전 지구적 신속기동군 역할을 하게 됩니다. 이 역할분담 자체가 더 이상 주한미군이 한반도를 위해 주둔하는 것이 아니라, 단지 미국의 21세기 세계제패와 동북아패권적 지배를 위해, 곧 미국의 자기 국익 일변도를 위해 이 땅에 주둔한다는 뜻입니다.

그런데도 이 주한미군에게 대중국 침략기지가 될 평택 땅 8백만 평을 진상하고, 10조 가까이 되는 기지 이전비용까지 부담하면서 미국의 전쟁기지를 자초하는 전략적 유연성을 보장해 주려고 합니다. 이는 장기적으로 제2의 청일전쟁 유발을 자초하는 자살정책으로 귀결될 수도 있는 위험천만한 역사행보입니다.

이제는 한·미동맹관계를 근본적으로 재편하고 주한미군을 철군하는 한미관계의 새판짜기로 탈냉전―평화·통일시대에 걸맞는 민족사 행보를 개척해야 합니다. 더불어 우리 스스로가 동북아 균형자와 평화조정·주조자 전략을 구사해 '동북아 경제평화협력체'를 형성하고 그 구도 속에서 한반도의 평화, 자주, 번영, 통일을 모색하고, 이와 더불어 동북아의 장기적 상생구조를 창출해야 한다고 봅니다.

저의 냉전성역허물기는 단순히 성역 허물기에 머무는 것이 아닙니다. 이러한 장기적 민족사 구도를 나름대로 설계하고 이를 구현하기 위한 밑알역할을 하고자 합니다. 이러한 민족사적 책무는 저에 관한 사법적 심판이 어떻게 결말이 되든지 상관없이 제 자신이나 이 땅의 평화-통일일꾼들이 흔들림 없이 나아가야 할 올바른 길이라고 생각합니다.

3) 옥동녀 탄생을 위한 마지막 진통으로 마무리를

지난 해 우리는 해방과 분단 60년 환갑의 해를 맞았습니다. 개인적으로 저 또한 작년에 인생의 환갑을 맞았습니다. 환갑은 지난 일생을 성찰하고 새로운 삶을 모색하는 전환의 출발을 의미합니다. 분단과 분열로 얼룩진 통한의 60주년에 즈음해 이번 필화사건을 마지막 소모적인 진통으로 마무리하고, 이제 민족의 옥동녀 탄생을 위한 산통으로 탈바꿈해야 한다고 생각합니다.

제 자신이나 재판장님을 비롯한 우리 남북 모두가 잘못된 지난 날을 겸허히 반성하고, 시야를 남북 한 쪽에 고착시키는 외눈박이가 아니라 전 민족 차원으로 넓히고, 외세가 강제한 분단과 적대를 직시하고, 19세기 말의 각축전이 재연되고 있는 엄중한 오늘의 동북아정세를 남북이 함께 대처하고, 평화와 통일을 이루고, 인류 보편의 이성이 관철되는 정상사회로 나아가기 위한 실천의 마당에 함께 하기를 염원하고 촉구합니다.

2006. 2. 3.
피고인 강정구

서울중앙지방법원　　　형사14단독　　　귀중

1심 마무리 진술

마무리 진술

동국대학교 사회학과 강정구 2006.5.10

재판장님,

저는 2001년 10월 29일 첫머리 진술에서 정당한 사법적 평가와 역사적 평가를 받고, "더 나아가 머지않아 기필코 실현될 수밖에 없는 통일조국의 역사와 후손들로부터도 정당한 평가를 받고자" 한다고 진술했습니다. 여기서 제가 강조한 것은 '정당한'이라는 조건입니다. 이는 사회－역사적 정의에 기초한, 그래서 정정당당한 평가를 의미하는 것입니다.

기계－형식적 수준의 법적 평가보다는 사회－역사적 평가와 통일조국 후손들의 평가를

저는 평소에 역사와 사회의 진보는 다양한 기준에서 논의될 수 있고 정의될 수 있다는 다원론을 주장해 왔습니다. 곧, 생명존중, 평화, 정의, 민주주의, 평등, 자아실현, 자주성, 자유, 이성, 사랑, 연대, 생산력, 공공성, 인권, 자연·인간의 조화 등의 구현과 진전이 진보의 내용이 될 수 있음을 말한 것입니다. 이들 다양한 진보 기준 가운데 어느 것을 가장 중심적인 진보로 설정할 것인가는 그 사회와 역사가 처한 조건에 따라 결정되는 것이지 선험적으로 주어지는 것은 아닙니다.

그렇지만 이들 기준은 서로 조화를 이룰 수도 있지만 서로 상충하기 마련입니다. 다수에 의한 의사결정이라는 민주주의는 다수의 횡포를 자아내 소수에 억압과 박해를 민주주의라는 이름으로 정당화하는 경우가 비일비재합니다. 무소불위의 재벌들이 벌이는 불법 선거자금이나 상속, 비자금 조성 등은 이제까지 국가경제에 '공헌한' 이력이라는 빌미로 면죄부를 받아 와 유전무죄와 무전유죄라는 정의를 배반한 법집행이 다반사였습니다.

그래서 저는 학생들에게 이렇게 상충이 발생할 때 사회-역사적 정의를 으뜸가는 진보의 기준으로 설정하는 것이 보편적이며 바람직하다고 역설해 왔습니다.

아마 저를 기소한 공안당국은 법의 지배를 통한 안정과 질서라는 법치주의를 정의의 기준으로 설정하겠죠. 그렇지만 그 안정과 질서가 사회-역사적 정의를 동반하지 않을 경우 과연 보편적 가치와 정당성을 가질 수 있을까요?

더 구체적으로 국가보안법이란 법의 잣대가 과연 사회-역사적 정당성을 가진다고 볼 수 있을까요? 북녘에 있는 형제자매와 그 집합체를 사랑과 연대와 동반자가 아니라 적으로 몰아붙이고, 이들의 역사·정책·현주소 등에 참과 진실을 이야기 하면 '고무·찬양·동조'의 죄로 처벌하고, 학문·사상의 자유에 원천적인 재갈을 물리는 반 민주성을 안고 있고, 탈냉전-평화통일시대의 요구인 민족 화해·협력·평화·통일 가로막기만을 일삼는 국가보안법이 시퍼렇게 살아 있는 현실이 결코 사회-역사적 정의와 함께할 수 없음은 자명하다고 봅니다.

더구나 탈냉전통일시대라는 민족사적 요구를 받아들여 작년 12월에 제정된 남북관계발전법 3조 1항은 "남한과 북한의 관계는 국가 간의 관계가 아닌 통일을 지향하는 과정에서 잠정적으로 형성되는 특수관계"이고, 제6조 1항은 "정부는 남북화해와 한반도의 평화를 증진시키기 위하여 노력한다"로, 또 6조에서 12조는 한반도 평화증진, 남북경제공동체 구현, 민족동질성 회복, 인도적 문제 해결, 북한에 대한 지원, 국제사회에서의 협력증진, 재정상의 조치 등을 정부의 책무로 규정하고 있습니다.

이 남북관계발전법은 북한을 반국가단체로 규정하고 있는 국가보안법과 상치되고, 신법 우선의 원칙에 의해 이 국가보안법에 우선한다고 보아야 할 것입니다.

이렇게 사회-역사적 정의를 담보하지 못하고, 탈냉전-통일시대의 역사적 흐름을 거역하고, 더욱이 새롭게 제정된 법 자체에 의해서도 자기 부정과 소멸을 요구받고 있는 것이 국가보안법입니다. 더구나 찬양-고무에 관련된 7조는 이미 여당과 야당이 완전폐기하기로 한 조항이라서 실질적으로 사문화 된 것으로 보아야 할 것입니다.

이렇게 정당성을 상실한 국가보안법에 바탕을 둔 검찰의 공소장에 의해 저의 두 필화사건이 기계적이고 형식적으로 평가된다면 그것은 법의 외형적 실효성은 가질지는 몰라도 자발적 동의라는 법의 존엄성과는 거리가 멀고 사회-역사적 정의에 역행한 것이라 하지 않을 수 없습니다. 따라서 이런 기계-형식적 평가는 저에게 무의미하다는 것을 분명히 밝혀 둡니다.

저는 쟁점이 된 제 자신의 학문행위를 사회-역사적 정의에 입각한 평가와 머지않은 뒷날 이뤄질 통일조국의 우리 후손들에 의한 민족사적 평가 속에만 의미를 둘 뿐입니다. 그리고 어떤 판결이 나오든지 간에 저는 저의 학문 이론과 실천행위가 사회-역사적 정의라는 기준과 통일된 조국의 후손에 의한 민족사적 기준 속에서 정정당당하게 자리매김 될 것임을 확신합니다.

탈냉전통일 미래를 위한 진통과 역사성찰의 귀감으로 승화시키기를

저는 우리 현대사를 기본적으로 틀 지운 해방공간 역사를 강의하면서 일제식민지 통치로부터의 우리 민족이 해방되는 것 그 자체가 변혁이고, 이 변혁은 필연적으로 구체제를 무너뜨리는 불가피한 진통과정을 요구하며, 이 과정을 혼란이나 무정부상태로 폄하할 것이 아니라 진정 조선 사람을 위한 새로운 조선 사회와 역사를 창출하는, 곧 새로운 생명의 잉태를 의미하는 변혁진통기로 개념규정 해야 한다고 즈창해 왔습니다. 한 송이 국화꽃을 피우기 위해 봄부터 소쩍새는 그토록 피나는 울음을 토해야 했듯이 말입니다.

　해방은 두 가지 의미가 있습니다. 하나는 일본제국주의의 간악한 직접적인 식민통치로부터 벗어남을 의미하는 것이고 다른 하나는 조선 사람 스스로에 의해, 조선 사람을 위한, 새로운 조선의 사회를 이룩하는 것입니다.

　앞의 것은 단순한 외형적 해방이라면 뒤의 것은 실질적인 해방이면서 광복의 해방이라는 의미입니다. 해방공간 당시 우리는 단순한 해방이 아니라 진정한 광복을 원했고 그래서 8·15가 광복절이었던 것입니다.

　진정 조선 사람을 위한 새로운 조선사회를 건설하기 위해서는 일본제국주의를 위한 식민지 시대의 법, 제도, 규범, 권력, 사회-경제 구조 등을 새로운 조선사회를 위한 것으로 바꾸지 않고는 불가능합니다. 곧 새로운 틀과 새판을 짜는 구조바꿈이 있어야 합니다.

　또한 일본제국주의를 위한 식민시대의 구조와 제도 속에서 승승장구한 기성 권력자 곧, 대부분 친일-민족반역자들을 권력의 반열에서 끌어내리는 사람바꿈이 필연적이었습니다.

　이와 마찬가지로 탈냉전 통일시대의 민족사적 과제인 탈냉전, 화해와 협력, 자주, 평화, 통일 구현은 냉전분단적대체제를 60년간 강제해 온 기존의 법과 제도 및 규범을 허무는 작업을 필연적으로 요구합니다. 물론 해방과 같은 단기간이 아니라 보다 장기간이 요구되기는 하겠지만 국가보안법과 같은 냉전 법, 냉전제도, 냉전심성, 냉전문화 등을 허물고 민족의 화합과 협력, 평화와 통일을 지향하고 뒷받침하는 남북관계발전법과 같은 것으로 서서히 대체되어야 할 것입니다.

　동시에 냉전분단체제에서 이를 바탕으로 온갖 권력남용을 자행하고 외세에 기생해 왔던 분단사대주의 세력은 서서히 역사의 뒷길로 사라지거나 스스로 반성하고 자주통일로 나아가는 개종을 해야 할 것입니다. 이것이야말로 해방공간과 같은 진통일 수밖에 없고 그런 점에서 탈냉전통일의 열매는 필연적으로 또 내생적으로 변혁진통기를 잉태하고 요구하기 마련입니다.

　탈냉전통일시대는 이러한 구시대의 낡은 유물과 새로운 시대의 새싹들이 과도기적으로 함께 하는 불안정한 공존 기간일 수밖에 없습니다. 비록 해방공간처럼 급진적이진 않지만 시대적 역사흐름은 대세를 이루어 평화와 통일과 자주로 나아가게 되어 있습니다. 이런 과정에서 일종의 진통이 따를 수밖에 없기에 저의 필화사건 역시 이 과정에서 발생된 전환기적 진통의 하나인 셈입니다.

그래서 우리 자주권을 짓밟는 외국군인 미군을 철군해 자주평화통일로 나아가야 한다는 너무나도 당연한 주장도, 통일목적으로 전쟁을 벌인 남-북-유엔-중국 모두 통일전쟁인 6·25를 치렀다는 엄연한 역사적 사실의 서술도, 민족정기 함양을 목적으로 설립한 만경대학원 옆 만경대에 가 이 민족정기 정신 이어받아 민족숙원인 통일위업 이룩하자는 간절한 겨레의 소망을 방명록에 남긴 것도, 정전협정에도 국제해양법에도 국내법에도 일체 근거가 없는 북방한계선을 영해선으로 규정하고는 이를 월선 하는 북한배를 영해침범으로 몰아 붙여 전면전으로 치달을 위험을 가진 서해교전의 기초 원인을 지적하고 해결책을 제시한 것까지도 무조건 북한에 대한 찬양-고무-동조로 몰고 가는 어이없는 비정상적인 풍토가 이 땅의 기성주류, 공안당국의 공권력, 주류 신문 등에 의해 자행-조성-재생산 되고 있는 실정입니다. 이 결과 냉전성역이란 맹목적 믿음과 단일 표준정답이 강요되는 반민주적 파시즘이 횡행하고 있습니다.

이런 과정에서 냉전성역허물기를 학문좌표로 설정한 저의 학문행위가 검찰이 말하는 '이념논쟁'(정확하게는 색깔몰이와 폭력몰이이지 합리적 논쟁이란 한 푼어치도 없었음을 검찰은 제대로 보아야 합니다)과 '국론분열'(정확히는 새 시대에 걸 맞는 새로운 국론의 모색과 설정을 위한 필연적인 첫 진통과정이지 국론에 대한 진지한 모색의 단계까지 진입하지 못했음)을 야기하는 것은 당연하다고 볼 수 있습니다.

탈냉전통일시대의 민족사적 과제인 자주평화통일이라는 사회-역사 변화는 풍파 한 점 없는 고요한 바다 위에서 저절로 올 수는 없습니다. 우리가 취해야 할 바는 풍파를 아예 일어나지 않게 하겠다는 불가능한 헛일에 매달리기보다 해저의 요동이나 조류의 변화에 따라 필연적으로 도래하게 되는 풍파를 헤치고 새로운 이정표를 향하여 항해하는 것입니다.

이런 항해의 길 한 모퉁이에 서 있는 저로서는 개인적으로 비정상적인 태풍과 파도 등에 부딪칠 수밖에 없습니다. 이 결과 일시적으로는 역사흐름을 거역하는 반민족적 냉전분단세력에 의해 환난을 맞기도 할 것입니다. 그렇지만 이런 역사적 진통은 머지않아 도래할 탈냉전과 자주평화통일의 이정표에 닿는 환희의 역사를 예비하기 위한 조그마한 디딤돌이라고 확신합니다.

단지 바라는 것은 우리 모두가 성찰과 예지를 발휘해 이런 소모적이고 역사를 거스르는 퇴행적인 진통의 폭을 줄이고 창조적이면서 역사부응적인 진통으로 탈바꿈하자는 것입니다. 그래서 머지않은 그날 이쪽도 저쪽도 서로 어루만지면서 우리 모두 고통스러웠던 변혁진통기를 하나의 역사적 자성과 교훈의 귀감으로 승화시키자는 것입니다.

탈냉전통일시대라는 역사를 장기지속의 관점에서 필연적 역사로 바라볼 수 있기를

프랑스 구조주의 역사학파인 아날역사학을 정립한 브로델(Fernand Braudel)은 기존의 역사학이 바로 눈앞에 보이는 사건중심의 사건사(事件史) 위주로 흘러 왔다는 것을 비판하면서 새로운 역사대상에 주목할 것을 주창했습니다. 곧 별로 변화를 보이지 않는 것 같으면서도 오랜 시간동안 지속돼 결국은 사회에 엄청난 변화를 가져다주는 일상생활의 여러 모습들을 새로운 연구영역으로 삼는 전통을 쌓았습니다.

역사를 과거와 현재, 그리고 내일의 모든 과정, 모든 작업의 총체로 규정하고 이러한 총체로서의 역사를 이해하기 위해서는 역사의 심층을 이루고 있는 바다 속 심층해저와 같은 장기지속적인 구조와 주기를 파악해야 한다고 주장했습니다. 이러면서 바다의 세 가지 현상인 파도, 조류, 심층해저에 비유해 역사연구의 방향을 제시했습니다.

저는 우리 민족이 그가 제안한 장기지속적인 구조의 역사를 중시해야 할 때라고 생각합니다. 곧 인간역사의 하부구조로서 오랜 시간을 통하여 거의 변하지 않고 인간생활을 제약하면서 지속되어온 구조(structure)와 이

구조의 변화를 역사 분석의 핵심으로 삼아, 이를 바탕으로 저의 필화사건과 같이 파도처럼 일어났다 곧 사라지는 사건중심의 역사를 이해하고 설명하자는 것입니다.

탈냉전통일시대를 열게 한 장기지속의 구조 변화는 무엇보다 길게는 70년간 짧게는 반세기동안 지구촌을 규정한 냉전구조가 90년대에 세계사적으로 허물어지고 사회주의체제가 종말을 고한 것입니다. 이런 외적 냉전구도의 변화와 함께 내적인 장기지속의 구조변화는 남한사회의 경제구조와 정신-의식구조 등일 것입니다.

탈냉전은 지구촌에서 세상을 선과 악으로 보는 이분법적 굴절시각을 교정시켜 정상적인 시각을 회복시켰습니다. 또한 막연한 사회주의에 관한 적색공포의 소지도 없앴습니다. 한반도에도 비록 시간이 걸리겠지만 탈냉전구조로의 변화는 필연입니다. 이제 우리 자신의 굴절된 시각도 교정해 정상 시각을 우리 스스로 복원시켜야 합니다. 불필요한 적색공포도 과거의 유물로 정리되어야 합니다.

남한 경제 또한 비록 질적인 문제점이 산적하지만 50~60년대의 극단적인 빈곤경제에서 벗어나 양적 수준에서 세계 10위를 차지할 정도입니다. 이 결과 남북은 40:1 정도의 경제격차를 보이고 있습니다. 사회주의체제의 몰락으로 일국사회주의는 거의 불가능에 가깝고 북한은 생존을 위한 시장경제 수용의 길, 곧 개혁의 길로 나가고 신의주 특구나 개성공단처럼 자본주의와의 접목도 꾀하고 있을 정도입니다. 이는 우리들 대부분에게 적색공포를 부질없는 것으로 만들었고 오히려 북한에 동포애와 형제애를 자아내게 하는 바탕이 되고 있습니다.

이런 장기지속적인 구조 변화와 함께 정신·의식구조 또한 엄청난 변화를 겪고 있습니다. 작년 4~6월 미국이 주도한 한반도 전쟁위기가 고조되는 가운데 실시된 여론조사는 이를 반영합니다. 이전 같으면 아예 여론조사 질문 문항으로 삼을 수도 없는 설문에 대한 응답은 충격적이었습니다. 『문화일보』가 의뢰한 한국사회여론연구소(2005년 5월 10일)에서 '미국이 한국정부의 동의 없이 북한을 폭격할 경우 우리 정부가 어떻게 해야 하느냐'는 질문에 '북한의 편에 서야 한다'는 47.6%, 미국 편은 31.2%였습니다.

또 2005년 4월 9일 프런티어타임스와 21세기리서치 여론조사(『통일뉴스』, 2005.4.12)도 한반도 평화를 가장 위협하는 국가로 미국이 29.5%로 1위였습니다. 20대 응답자 45.7%와 학생응답자 50.1%가 미국을 가장 위협적인 국가로 지목했습니다.

이러한 정신·의식구조의 변화에도 불구하고 일부 종이신문이나 여론 주도층, 그리고 공안당국이 부르짖는 반북반공친미는 그들만의 목소리이지 결코 시민여론 전반의 목소리는 아닙니다. 단지 미국을 조국처럼 떠받드는 이들이 왜곡된 매체에 의해 교묘하게 과잉 대표되고 있을 따름입니다.

이제 장기지속적 구조 변화에 따른 탈냉전 자주평화통일의 역사 행로에 이들 일부의 퇴행적인 발버둥과 몸부림이 일시적으로는 저의 필화사건과 같은 반역사적이고 사건사적인 파도를 일으킬 수는 있습니다. 그렇지만 도도하게 흐르는 조류와 새로운 지반을 구축한 해저의 변화를, 곧 장기지속의 구조변화를 되돌릴 수는 결코 없습니다.

새벽을 여는 수탉의 목을 비틀어도 새벽 여명은 오기 마련입니다. 역사 순응적인 과정에서 분출된 사건사적 필화사건과 이와 유사한 일들을 이제는 이런 장기적 역사의 흐름과 구도 속에 자리매김해 불필요한 에너지를 낭비하는 민족에너지의 손실을 중단할 것을 촉구합니다.

이제 냉전분단 사대주의세력도 늦기 전에 전체주의성을 띤 소련 치하에서 악몽에 떨었던 박노자 교수가 공안당국의 구형의견을 읽고 항변하는 아래와 같은 목소리에 겸허하게 귀를 기울이고 자성해야 합니다. 자신과 민족, 그리고 역사를 위해서 말입니다.

> 대한민국의 젊은이들은 꼭 '무장'해야 하는가? 평화롭고 새로운 길을 모색하면 안 되는가? 서로 다른 정견을 가지는 이들의 민주적인 토론을 '국론 분열'이라고 하는 전체주의적 어법을 '자유민주주의 체제'의 기관들이 사용하는 가관은 언제까지 계속될 것인가? (……) 과연 '국론 통일'을 위한 사상 재판을 한다고 해서 그것이 북한 현실에 대한 생산적인 논의를 도울 수 있을까?(『한겨레』, 2006.5.9).

발생적 결정론과 몰역사적 결과론에서 벗어나 역사의 예지를 터득하기를

저는 탈냉전통일시대를 맞아 남북 모두 잘못된 역사인식 잣대를 겸허히 반성하고 자기성찰과 상대방의 정당한 자리매김을 통한 상호 변증법적 지양으로 승화하는 역사인식으로 나아가기를 아래와 같이 촉구해 왔습니다 (강정구, 2002, 『민족의 생명권과 통일』, 당대, 329~330쪽).

북한과 일부 통일운동진영의 대남 인식은 발생적 결정론(genesis determinism)과 영역오류(instance fallacy)를 범하는 경향이 있다. 비록 남한이 국가정통성의 부재와 종속체제하에서 출발했지만 이 태생적 한계가 지금까지 불변적으로 존재하는 것은 아니다. 이제 남한은 형식민주주의의 제도화와 국민정부의 출범으로 정통성부문을 상향시켰으며, 3저호황 이후 국내 시장 기반의 확충으로 경제적 종속 또한 상당히 개선된 적도 있었다. 이를 고려하지 않고 북한의 태생적 국가 및 민족 정통성을 바탕으로 여러 가지 다른 부문에서도 북한의 대남 우위를 주장하는 것은 영역오류를 범하는 것이다.

남한 또한 이러한 역편향을 가지고 있다. 지금이 좋으니까 옛날도 응당 좋았다고 보는 몰역사적 결과론이다. 이는 역사평가의 기준을 편의적이고 자의적으로 조작할 수 있어 당대의 시대적 요구를 전혀 수용하지 못할뿐더러, 역사를 제멋대로 재단하게 되어 정통성논의 자체를 무의미하게 만든다.

상대방에 대한 나의 우위를 불문가지(不問可知)의 냉전성역으로 안치할 것이 아니라 나에 대한 상대방의 우위성을 적극적으로 평가하고 수용하는 접근이야말로 이 시점에서 남북화해와 내적 통일기반 조성을 위한 통일 지향적 역사인식이다. 남한의 대북 인식은 초기 북한의 국가정통성을 우리 통일조국이 계승해야 하는 인식으로 바뀌어야 한다. 북한의 대남 인식은 비록 초기 국가정통성은 빈약하지만 지금의 남한정권의 정통성은 훌륭한 것으로 인정하여 미래 통일사회의 지표로 삼아야 한다는 인식으로 바뀌어야 할 것이다. 곧 자기성찰과 상대방의 정당한 자리매김이 서로 변증법적 지양으로 승화하는 인식으로 남과 북 그리고 통일운동진영은 나아가야 할 것이다.

이같이 우리는 외세가 강제한 냉전분단체제라는 주술에 걸린 채 우리 자신의 치부를 인정하고 자성하기는커녕 오히려 몰역사적 결과론과 같은 어불성설의 궤변으로 정당화 하고 냉전성역으로 안치시켜 일체의 의문과 도전을 허용하지 않아 왔습니다.
　이러한 역사접근은 참과 거짓을 도치시키는 진리역행 행위로 진정한 내일의 발전을 가로막는 족쇄로 작동해 왔습니다. 이를 이대로 방치하면 그 역사훼절의 결과로 우리는 더욱더 소모적이고 장기적인 전환기적 진통을 감수할 수밖에 없습니다.
　북은 발생적 결정론에 집착해 오늘의 난국을 헤쳐 나가는 나침판을 잃지 말고, 남은 몰역사적 결과론에 현혹되어 과거의 자성으로부터 미래의 지침을 획득하는 역사교훈의 상실로 치닫지 말기를 간곡히 호소합니다. 동시에 참과 진실만이 또 자기성찰과 상대방의 정당한 자리매김만이 탈냉전통일 시대 이행의 역사행로에서 소모적이고 역사퇴행적인 진통을 줄이고 자주평화통일의 창조적 역사행로를 담보하는 길임을 다시 한 번 강조합니다.

생명 – 평화권, 통일권, 자주권 확보를 위해 한미군사동맹 철폐와 주한미군 완전철군을

　21세기를 인권의 세기라고들 합니다. 또 인권은 인류 보편적 가치이고 규범이라 합니다. 그래서 더욱 더 미국의 북한인권법과 같은 대북 인권공세가 강화되고 지구촌에서도 탄력을 받고 있는 것 같습니다.
　그렇지만 서방 측이 중시하는 자유 – 시민권도, 사회주의 측이 중시했던 경제 – 사회권도, 또 이를 포괄했던 유엔인권규약도 모두 한편으로만 시각을 고정한 '나 홀로 인권'에 불과합니다. 그래서 이들이 인권의 필요조건은 될지언정 충분조건은 되지 못합니다.
　인권 가운데 가장 기본인 생명권(right to life), 이 가운데도 전쟁이나 종교간 갈등 등에 의한 집단 생명권이 박탈당하는 것을 막는 생명 – 평화권이 인권 범주에서 빠졌기 때문입니다. 이 세상에서 생명보다 더 소중한 것은 없습니다. 불교나 회교 등은 인간 생명은 말할 것도 없거니와 미물의 생명까지도 자의적인 살상을 금지하고 있습니다.

일부에서는 생명에 대한 도덕적 의무를 행해야 할 주체는 인간뿐이지만 도덕적 객체는 인간을 넘어 자연에까지 확대돼야 한다고 주장합니다. 그래서 생명권을 중심으로 한 최근의 인권논의는 '인간중심주의', '생명중심주의', '자연중심주의(생태중심주의)'에 이르면서 생명에 대한 도덕적 객체의 대상을 자연에까지 확장하고 있는 실정입니다.

인간중심주의는 모든 인간에게 생명의 존엄성이란 도덕적 가치와 위상을 인정하고 있습니다. 그렇지만 인간이란 특정 존재에게만 이를 인정하고 다른 여타의 생명 존재를 배제하고 자연 존재들의 가치를 평가절하 한다는 점에서 비판받고 있습니다. 생명중심주의는 모든 생명체와 생명 그 자체에 고유한 가치와 도덕적 위상을 부여합니다. 자연중심주의는 생명을 가진 존재는 물론 생명 없는 존재를 포함해 모든 자연물과 자연체계에 고유한 도덕적 가치를 인정할 정도입니다.

또 동서고금을 막론하고 모든 인류사회는 살인죄를 가장 흉악시하고, 이에 대해서는 가장 가혹한 형벌을 내립니다. 바로 이런 보편적 사실이 인권 가운데 생명-평화권이 가장 핵심적인 기본임을 말해 줍니다.

우리 사회의 생명권 존중 논의가 이론적으로는 이렇게 앞서나가는데도 정작 우리의 생명-평화권을 근원적으로 위협하는 미국과 주한미군의 문제는 도외시 하고, 냉전성역으로 안치하고 있는 게 기성주류 엘리트집단의 개탄스러운 현주소입니다. 이 결과 탈냉전평화통일로 나아가는 한반도 역사행로는 미국과 여기에 부화뇌동한 이들에 의해 끊임없이 걸림돌의 장막이 드리워지곤 합니다.

이 뿐이 아닙니다. 이들은 북한인권을 문제 삼으건서도 인권 가운데 인권인 이 생명-평화권이 미국의 끊임없는 전쟁위협에 의해 침해당하고 있다는 사실을 쟁점화 하지 않고 있습니다. 더 나아가 이들은 남과 북 우리 모두에게 생명-평화권 위협의 실체가 북한이 아니라 바로 미국과 주한미군임을 입증한 저의 논문을 이적과 동조-찬양으로 몰기까지 합니다.

이렇게 진전된 이론을 낳기 훨씬 이전인 해방공간이나 4·19당시에도

'통일만이 살길이다'라고 외치면서 생명-평화권과 탈냉전통일이 한 묶음임을 간파하고 실천해 왔습니다.

저는 한국전쟁 이후 1989년까지의 냉전기간 한반도에는 세 번의 전쟁위기가 있었고, 탈냉전시대라는 1990년대 이후 오늘까지 무려 여덟 번의 전쟁위기를 겪었고, 또 지금도 겪고 있다고 밝혔습니다. 이 가운데 미국이 전쟁위기를 주도한 것은 서해교전을 제외한 아홉 번으로 미국의 한반도 전쟁위기 주도율은 9/11이고 북한주도율은 1/11이었습니다.

이는 이제까지 우리들 대부분이 추호도 의심하지 않아 왔던 (북한이 전쟁위기를 주도한다는) '북한전쟁위협론'은 바로 허구였음을 말하는 것입니다. 이로써 한반도전쟁위기의 주도자는 북한이 아닌 미국이라는 결론에 이른 것입니다.

한·미동맹만 강화되고 주한미군만 유지되면 한반도의 평화와 국익은 자동적으로 보장될 것이라는 검증받지 않은 믿음이 얼마나 허구이고, 또 이 허구를 철저히 신봉해 왔던 한국사회가 얼마나 맹목적이고 이성을 상실한 것인지를 말해 줍니다. 주한미군의 전략적 유연성과 같은 문제 일랑 차치하고 한반도전쟁위기 역사만 간단히 고찰해보아도 한미군사동맹폐지론과 주한미군철군당위론이라는 결론에 이르게 됩니다.

또 통일사를 되돌아 보더라도 역시 같은 결론에 이를 수밖에 없습니다. 2차 세계대전 직후 38선으로 분단의 첫 단추를 채운 장본인이 미국이었고, 1948년 남북제정당사회단체연석회의 통일결의안 수용을 거절하고 5·10분단선거를 강제한 게 미국이었습니다. 이후 1972년의 7·4공동성명, 1991~1992년의 남북기본·부속합의서, 2000년의 6·15공동선언 등의 통일사적 계기마다 미국은 반통일의 선봉에서 각기 1973년 6·23선언으로 '두 개의 한국' 정책을 강요했고, 1993~1994년 영변핵위기, 2002년 10월 핵위기를 조장해 지금까지 통일가로막기의 주빈역할을 수행해 왔기에 통일을 향한 민족 앞길은 끊임없이 가로막혀 왔던 것입니다.

바로 1년 전인 2005년 4~6월은 미국이 북한의 함경북도 길주 전망대 건설을 핵실험용으로 몰고 가 한반도 전쟁위기가 고조되던 긴장의 시기였습니다. 이 전쟁위기를 해소하기 위한 6월 9일자 한미정상회담에서 부시 대통령은 노 대통령에게 "주한미군에 이제 한국이 싫증난 것이냐"라는 협박으로 미국의 사활적 이해가 걸려 있다는 주한미군의 전략적 유연성과 작전계획 5029-05를 결국 관철시켰습니다.

부시대통령은 한국사회에서 불문가지의 당연지사로 일체의 도전을 허용하지 않는 성역인 한미동맹과 주한미군 문제를 근본적으로 거론함으로써 노 대통령의 선택폭을 아예 없애 버리고 미국의 요구를 무조건 수용하게 만들고 말았습니다. 결국 참여정부에서 2004년 11월 LA선언에서부터 동북아균형론에 이르기까지 시도되었던 대미자주정책이 반년 만에 한미동맹과 주한미군 철칙론에 직격탄을 맞아 좌초하게 되었던 것입니다.

왜냐고요? 한미동맹이나 주한미군에 관한 조그마한 변동이나 약화 징조만 보여도 이 땅의 기성 주류세력들은 마치 하늘이 무너지는 것 같은 일처럼 야단법석을 떨기 때문이죠. 이 결과는 정권에게 치명타가 되기에 무조건 한미동맹에 이상이 없다는 거짓말까지도 자행하고 있는 실정입니다. 작년 6월 9일 한미정상회담의 핵심의제가 전략적 유연성, 작전계획 5029-05, 북핵 문제였지만 우리 정부는 앞의 두 사안이 핵심의제였다는 사실조차 숨겼습니다.

또한 주한미군에 관한 일이었기에 아래의 손호철 교수의 개탄처럼 도저히 일어나서는 안 되는 일인 군사작전이 평택의 황새울 벌판에서 자행되었습니다. 주한미군이라는 성역에 관한 일이었기 때문이죠.

> 80년 5월 광주를 보면서, 특히 광주학살의 즈범 전두환과 노태우가 역사적 심판을 받는 것을 보면서, 우리 역사에서 다른 것은 몰라도 군이 국민들을 적으로 삼아 국민들을 상대로 군사작전을 별리는 비극적인 일은 다시 일어나지 않을 것이라고 굳게 믿었다. 그러나 4일 새벽 '2000년대의 빼앗긴 들'이 되어버린 평택시 대추리 황새울 벌판에 2,800명의 군을 포함한 1만4천 명의 군경이 삶의 터전을 지키려는 주민들과 이들을 도우려는 사회운동가들을 상대로 80년 5월의 비극을 반복하고 말았다.

이렇게 군사작전까지 감행하지 않을 수 없는 불가피한 사정이 있었다고 우리 대통령이 밝혔어야 했다는 평택 대추리 김지태 이장의 아래와 같은 절규는 미국 앞에 서면 무조건 자기비하로 이지러진 우리의 자조적인 현주소 그대로 보여 주는 것입니다.

> 행정대집행을 하기 앞서, 군병력을 투입해 철조망을 치기 앞서 미국의 협박에 의한 불가피한 선택이라고 분명히 밝혔어야 합니다. (……) 우리는 한뼘 한뼘 땅을 가꾸면서 그것을 숭고한 작품을 만들듯, 그리고 대를 이을 자식을 키우듯 어루만지고 가꾸었습니다. 이제 씻을 수 없는 상처를 안긴 당신, 이제 치유의 길은 없습니다. 더 이상 조롱하지 말고, 그리고 더 이상 고통 주지 말고 더 이상 기지이전문제[가] 지연되지 않게 모두를 죽이고 당신 뜻을 이루십시오. 그리고 당신은 훗날 한미동맹을 공고히 했다고 평가받으며 그때 수많은 이름 없는 민초가 명멸해 갔다고 함께 기록되길 바랍니다(김지태 이장이 대통령에게 보낸 편지 가운데서).

60년이 지난 지금까지도 이처럼 우리는 맹목적이고 선험적인 한미동맹 —주한미군 불가피론으로 우리 자신을 묶어 두는 자승자박에 빠져 있습니다. 우리 자신을, 더 정확히는 이 땅의 주류세력을, 이런 자폐적 속박에서 해방시키지 않고는 우리 개개인의 지고의 권리인 생명—평화권, 민족의 통일권과 자주권도 공염불이 되고 말 것이라는 점에 우리 모두 주목할 것을 호소합니다.

동북아신냉전과 부분통일의 시급성을 6·15공동선언 2항으로

우리는 과거 미·소 냉전과 우리 민족과의 관계에서 중요한 역사적 교훈을 얻을 수 있습니다. 그것은 또다시 지구촌이나 동북아에서 냉전이 발생하게 되면, 우리 민족이 아무리 남북공조를 취하여 통일을 이룩하려고 하더라도 이 냉전에서 오는 강제력 때문에 통일은 거의 불가능하게 되고 말 것이라는 점입니다. 통일에만 문제가 생기는 것이 아니라 잘못하면 다시 국지전이든 전면전이든 6·25와 같은 전쟁까지 강요당할지도 모릅니다.
2030년경이면 중국의 국민총생산액이 미국을 능가할 것으로 예측되고 있습니다. 이때면 중국은 더 이상 미국의 일방적인 동북아 패권을 수용하지 않을 것입니다. 곧, 미국의 일방적 패권주의와 중국의 전통적인 중화민족주의가 충돌하게 되고, 그 결과 동북아에서 중국과 미국 간에 '동북아신냉전'이 도래하게 될 것입니다. 이미 그런 징조는 이번 중미정상회담에서 보듯이 이곳저곳에서 나타나고 있는 실정입니다.

만약 신냉전 도래 시점까지 우리가 통일을 이룩하지 못한다면 남과 북은 또 다시 과거 미·소냉전시대와 같이 북은 중국에, 남은 미국에 종속되어, 민족재통일은 거의 불가능하게 되고, 민족분단은 장기간 지속될 것입니다. 그러므로 남과 북은 동북아신냉전 도래 이전에 부분통일이라도 이루어 이 지구촌에서 한반도의 통일을 기정사실화하여 우리의 통일을 굳히는 작업을 시급히 추진하여야 할 것입니다.

이 같이 통일을 시급히 서두를 것을 요구하는 통일 외적조건을 통일 내적조건이 충분히 뒷받침하지 못하고 있습니다. 통일의 전제인 남북 화해와 협력을 위해서는 당연히 남이 북을 찬양하고 북이 남을 찬양해야 합니다. 현실은 찬양은커녕 2001년 북측 통일행사에 참가한 것만으로도 구속이라는 족쇄를 물리고, 북에 대한 객관적 사실의 기술조차 국가보안법으로 묶어 버리고, 맹목적 믿음과 허구로 가득 찬 냉전성역을 허무는 것도 법적 잣대로 심판하려는 반통일성 그대로입니다.

이러한 내적 통일기반이 천박한 조건에서 급박한 독일식의 흡수통일은 북한을 내부 식민지화하는 민족분열적 통일이나 또 다시 6·25와 같은 전쟁으로 귀결될 것입니다. 통일성숙도가 낮은 상태에서 '1국가1정부1경제체제'의 급박한 완전 통합식 통일은 필연적으로 민족의 재앙을 불러오기 마련입니다.

이렇게 통일 외적조건인 통일긴박성을 통일 내적조건이 제대로 부응하지 못하는 불균형 상태, 이 현상이 바로 통일딜레마입니다.

이 통일딜레마를 해소할 수 있는 방책을 바로 6·15공동선언 2항이 제시하고 있다는 점에서 6·15공동선언의 민족사적 의의는 지대하다고 볼 수 있습니다. 선언 2항은 연합제와 낮은 단계의 연방제가 결합한 통일방안에 합의함으로써 북한을 내부 식민지화할 민족분열적인 통일을 막고 부분통일을 가능하게 하여 이 통일딜레마에 대한 돌파구를 연 셈입니다.

검찰 공소장은 낮은 단계의 연방제를 80년대의 고민연과 다름없는 것으로 평가하는 어불성설의 오류를 범하고 이 오류 등을 바탕으로 저를 기소하고 있지만, 공동선언 2항은 남측 '공식적' 통일방안인 한민족공동체통일방안의 기본 문제인 흡수통일을 배제하고, 북측 통일방안의 기본 문제인 단기간의 군사 및 외교권의 통합이라는 비현실성을 극복했습니다. 특히 연방제를 합의함으로써 통일이야기만 나오면 남과 북이 서로 경계하는 흡수통일과 적화통일의 우려도 극복된 셈입니다.

우리 남, 북, 해외동포 모두의 공통된 과제는 동북아신냉전 도래 이전에 부분통일이라도 이루어 한반도 통일을 지구촌에 기정사실화시켜 설사 동북아신냉전이 도래하더라도 민족통일을 예정대로 진척시킬 수 있는 발판을 굳건히 마련하는 것입니다. 통일외적 조건은 우리 민족의 에너지를 소모적인 진통에 소진할 것이 아니라 바로 이런 창조적 통일일구기에 쏟는 예지를 발휘할 것을 시급히 요구하고 있다는 사실에 주목할 것을 간곡히 호소합니다.

냉전성역허물기가 자주평화통일을 위한 디딤돌과 씨앗이 되기를

무릇 학문과 지식은 역사와 사회를 초월해 개인의 천재적 자질로부터 유래되는 것이 아니라 사회—역사적 소명의 결과물로서 어떤 특정 학문과 지식이 태동—생성—발전—소멸되는 것입니다. 저의 냉전성역허물기라는 학문좌표도 바로 이런 지식사회학적인 존재 구속성 때문에 출범했고 그래서 저의 개인적 의지나 희망, 또는 재판의 결과에 따라 수정되거나 중단될 수 있는 성격이 아니라고 봅니다.

탈냉전평화통일시대라는 새로운 역사의 장이 열렸음에도 불구하고 미국과 일본은 또 이들에 부화뇌동하는 냉전분단지향의 기성주류는 퇴행적인 냉전분단의 과거 역사행로를 재생산—강화하기 위해 안간힘을 펼치고 있습니다. 비록 일시적인 발버둥이겠지만 진통의 소모성과 충격파는 저의 필화사건과 같은 숱한 사건사적 풍랑을 불러오고 있습니다.

 이러한 역사 구조적 조건과 국면에서 냉전성역허물기라는 학문좌표는 제 하나의 것이 아니라 학문공동체 공통의 학문좌표르 성장할 것입니다. 이 결과 60년 동안 우리 의식을 마비시켰던 냉전분단의 주술에서 벗어나 우리 모두 탈냉전평화통일시대의 역사방관자가 아니라 역사주체로서 평화와 통일, 그리고 자주의 열매를 맺어 나갈 것을 확신합니다.

 저의 냉전성역허물기라는 학문좌표 역시 이 대열에서 조그만 밀알의 씨앗이 되어 자주평화통일을 위한 디딤돌의 하나가 되기를 바라는 마음 간절합니다.

 재판장님,

 지금 우리에게 주어진 좌표만이 전부이고, 우리 자신이 주어진 구조의 수인(囚人)과 같은 인간에 지나지 않는다면, 앞으로 다가 올 역사는 암울할 수밖에 없을 것입니다. 그렇지만 주어진 구조적 제약을 뛰어넘어 사회 - 역사적 정의 속에 새로운 좌표를 우리 손으로 개척한다면 이는 우리에게 아름다운 기억으로 자리 잡을 것이고 우리의 후손들에게는 자랑스러운 새 역사가 될 것입니다.

 재판장님,

 탈냉전통일시대라는 오늘의 역사는 우리에게 이디 주어진 틀 속에 속박된 피동적 존재로 머물 것이 아니라 구조의 틀을 넘어 새 역사를 창출하는 능동적이고 창조적인 존재를 갈구하고 있습니다.

 이러한 우리의 역사현실을 재판장님께서 냉철히 직시할 것으로 믿어 의심치 않으면서 최후 진술을 마칩니다.

항소이유서

사　건　　　2006노1503호　국가보안법위반
피고인　　　강 정 구

위 사건에 관하여 위 피고인(항소인) 본인은 다음과 같은 항소이유를 개진합니다.

다 음

Ⅰ. 머리말

　법이나 판결은 형식적인 강제성만으로 그 소임을 다하는 것이 아니고 그 내용이 인류사회의 보편적 가치와 규범에 입각한 정당성과 사회적 정의, 그리고 당대가 요구하는 시대사적 과제인 역사성을 담보해야만 그 존엄성을 가질 수 있다고 학문공동체 일반이 역설해 왔습니다. 저의 평소 지론 또한 이러했습니다. 이러한 법관(法觀)을 가진 제가 1심 판결문을 받아보자, 법의 존엄성과 역사적 소명은 어디 갔는지 되묻게 되었습니다. 20여 년 이상 학문연구의 결과물로 나타난 저의 논문과 이에 기초한 소논문 형식의 칼럼 등을 이런 식으로 사법심판 하는 것을 저로서는 수용할 수도 없거니와 이해할 수도 없기 때문입니다.
　1심 판결은 공소사실에 대해 제가 제기한 반론 등을 제대로 읽었거나 이해하려고 노력이나 했는지 의심스러울 정도입니다. 물리적으로도 저의 '마무리 진술'과 변호사의 최종변론이 5월 18일경 제출되었으므로 5월 26일 선고일 이전, 곧 일주일 내에 이를 제대로 읽고 판결문에 반영했다고 추론하기 힘듭니다.

1심 판결은 지난 60여 년 동안 우리 사회를 지배해 왔던 냉전·분단체제가 너무나 거대하고 위협적이어서 쉽게 극복되기가 힘들구나 하는 것을 다시 한 번 절감케 했습니다.

거짓과 맹목적 이데올로기를 거절하고 참과 진실을 밝히는 일, 곧 과학적 지식을 추구하고 이를 실천에 옮기려는 지행합일의 학자로서, 이런 당면 현실에 심한 무력감과 허탈감이 엄습하기도 합니다. 두 번의 필화사건 속에서 기존의 학문기조를 유지하겠다고 몇 번이나 다짐했지만 제 스스로 내면적인 자기검열을 은연중에 하고 있는 자신을 발견하고 얼마나 제 자신을 미워했는지 모릅니다. 또 예민한 주제는 은연중에 기피하려는 저의 모습이 너무나도 초라하게 보였습니다. 제 자신이 아닌 저의 모습을 보았을 때만큼 더 비통한 것은 없을 것입니다. 이러한 조건 속에서 제 자신이 민족의 평화와 통일을 위한 저의 학문적 소임을 제대로 수행할 수 있을지 두렵기도 합니다.

이러함에도 불구하고, 또 이렇기 때문에, 앞으로 더욱 더 저의 학문 과제는 여전히 한반도 평화·통일 관련 주제를, 비록 성역이라 하더라도, 연구 주제로 삼아 역사의 진실을 밝히고, 통일·평화 지향적인 역사인식을 더욱 확장시키는 것이라고 다짐하지 않을 수 없었습니다. 또한 국가보안법이 우리 민족학문과 비판학문을 더 이상 황폐화시켜서는 안 된다는 사실을 저의 체험을 통해서 다시 한 번 확인하게 되었습니다.

박사학위논문을 쓸 때부터 외세 때문에 우리 민족의 역사가 갈기갈기 찢어지고 수백만 우리 민족이 떼죽음을 당한 것을 확인하고는 비통해하며 다짐했던 제 자신의 옛날 모습을 떠올렸습니다. 그때부터 저의 학문좌표였던 '현대사 그림 그리기', '통일 터 닦기', '냉전성역허물기' 등을 이런 시련 때문에 중도하차 시킬 수 없다는 새로운 다짐을 하게 되면서, 저는 항소하기로 결정했습니다.

먼저 총체적 수준에서 1심 판결의 문제점을 반론형식으로 제기하고 다음 구체적 수준에서 세부적으로 반론을 제기하겠습니다.

Ⅱ. 총체적 반론

1. 참과 진실을 밝히는 학문본질을 부정하는 현대판 사문난적에 종지부를 요구합니다.

학문의 본질은 거짓을 허물고 참과 진실을 밝히는 것이고, 이 본질을 탐구하는 학문연구의 자유는(헌법 22조 1항) 헌법 37조 2항에 의해 절대적으로 보장되어 있습니다. 비록 국가보안법이 찬양-고무-동조를 규정하고 있다 하더라도 참과 진실을 밝히는 학문의 본질에 관한 경우에는 적용될 수 없는 것이 헌법정신이라고 보아야 할 것입니다.

이러한 법적 규정의 차원을 넘어 진실과 진리를 추구하는 학문자유는 동서고금을 막론하고 절대적인 보편가치로 자리 잡아 왔습니다. 특히 인권과 평화의 시대라는 21세기 초입을 맞아 자유권이라는 인권의 기초가 되는 학문·사상·표현의 자유는 그 무엇으로부터도 간섭을 받지 않는 불가침의 영역으로 자리매김되어 있습니다.

지난 60년간 냉전분단적대체제 아래 신음해 온 우리들에게 이 학문의 자유는 더욱 더 절실한 역사적 요구이고, 탈냉전통일시대를 맞은 오늘의 시점에서 요구되는 절박한 당대사적 과제입니다.

특히 저의 경우 이 학문본질에 대한 자유는 어느 누구보다도 더 절박한 과제였습니다. 박사논문을 쓸 때부터 저는 '현대사바로그리기'와 '통일터닦기'를 학문적 소명과 정체성으로 삼았고, 이후의 학문적 궤적이 온통 일관되게 이 소명의 일환이었기 때문입니다. 우리 현대사의 참과 진실을 은폐하고 남북의 진정한 화해와 협력을 가로막는 냉전성역을 허무는 작업이야말로 '현대사바로그리기'와 '통일터닦기'의 요체이기 때문에 여기에 매진할 수밖에 없었습니다. '냉전성역허물기' 이게 저의 학문일생입니다.

이 냉전성역은 지난 반세기 이상 극단적인 냉전분단체제 아래 남북이 서로를 원천적으로 적대·부정하여 상대방에 극단적인 덧칠을 가하여 악마화 하고 자기 것은 절대적인 선으로 미화하거나 신성시해 온 과정에서 형성된 불가침의 금기영역입니다. 이에는 공식적인 단일 표준정답이 있어 일체의 다른 해석이나 평가는 비록 학문연구라 하더라도 사문난적으로 취급되어 옥살이나 죽음 또는 불이익을 강요당할 정도여서 냉전성역은 파시즘과 폭압 그 자체였습니다.

이에는 6·25, 주한미군, 연방제 통일, 주체사상, 김일성, 김정일, 민족자주, 평화협정, 정통성, 항일무장 투쟁, 민간인학살 등의 많은 부분에 해당되지만 6·25는 냉전성역 0순위로 성역 중의 성역입니다.

냉전성역은 그 기반이 과학적 지식이 아니라 종교적 신념과 같은 맹목적 반공반북이데올로기입니다. 反과학이기에 진실의 왜곡·은폐이고 反이성적이며, 맹목적이기에 극단적이고 폭력적입니다. 이래서 남북의 진정한 화해, 협력, 평화, 통일을 원천적으로 가로막으며 학문사상의 자유 등 인권과 사회정의 및 민주주의의 기본을 침해해 왔습니다. 이래서 이 성역은 응당 허물어져야 하는 것입니다.

이제 우리 사법부에서도 우리 자신을 냉정히 되돌아보며 성찰을 할 때입니다. 일본의 역사 교과서 왜곡과 일본인의 오만한 한일 역사인식에 우리는 엄청난 분노를 표출해 왔고 이를 너무나 당연한 것으로 여겨 왔습니다. 그렇지만 정작 우리 사회의 세속적인 현대사 인식과 교과서 속의 현대사 서술은 일본 교과서 왜곡과는 비교가 안 될 정도로 역사적 진실을 왜곡하고 있다는 사실을 외면해 왔습니다. 또 이를 무리하게 정당화해 왔습니다. 이제는 성경 말씀처럼 남의 눈에 티끌만 볼 것이 아니라 제 눈의 들보를 제대로 보아야 할 때입니다.

역사의 진실을 규명하는 것을 본업으로 하는 학자로서 세속적이고 강요된 역사인식에서 벗어나고, 교과서 속의 왜곡된 역사서술을 바로잡고, 통념과는 다른 역사적 진실을 밝히고, 이에 기초해 당당한 역사평가를 내리는 것은 너무나도 당연한 자유권 행사이고 학문적 행위입니다.

학문연구 결과는 학자 개인의 선호나 사법적 기준 또는 오도된 여론에 의해 강제적으로 짜 맞춰지는 맞춤형이(tailored) 되어서는 결코 안 됩니다. 이렇게 한다면 더 이상 사회적 정의, 민주주의, 참된 학문의 발전 등은 기대하기 어려워 정상사회로 나아가지 못할 것입니다. 이에 관한 사법부의 당대사적 책임 또한 막중하다는 것을 이번 저의 1심 판결에서도 다시 한 번 확인했습니다.

2. 자유민주주의가 무엇인지 올바른 천착과 정의가 필요합니다.

1심 판결문은 "이 사건 범죄사실에 나타난 피고인의 행위 및 주장은 대한민국의 존립·안전이나 자유·민주적 기본질서에 실질적 해악을 가할 위험성이 있는 적극적이고 공격적인 것이라고 판단되고"라고 서술하고 있습니다. 국가보안법 관련 검찰 공소장이나 법원 판결은 언제나 자유민주주의 기본질서 등을 언급하고 있지만 과연 자유민주주의의 올바른 정의나 내용이 무엇인지 의아심을 자아내고 있습니다.

자유민주주의는 자본주의 사회가 태동되면서 부르주아지가 시장에서의 경제적 자유를 추구하는 자유주의 이데올로기가 자본주의 활성화 과정에서 노동계급의 계급투쟁에 직면해 이들의 요구인 평등과 민주주의를 어느 정도 수용-결합하면서 성립된 선진자본주의 정치지배 형태였습니다. 서구 자본주의가 독점자본주의의 초과이윤을 통해 노동계급에 일정정도 양보를 제공할 수 있는 물적 토대를 확보함으로써 성립된 계급타협의 산물이 바로 자유민주주의라고 볼 수 있습니다. 동시에 이 자유민주주의는 20세기 초 사회주의 혁명과 전쟁을 겪으면서 전체주의나 파시즘의 대안으로 제시-옹호된 역사성을 가집니다.

비록 경제적 자유를 그 핵심으로 하지만 자유주의가 민주주의와 결합하면서 기본권인 자유권의 보장을 그 요체로 하고 있는 것이 자유민주주의이며 이 자유권 속에는 학문-사상-표현-양심-종교 등의 자유가 기초를 형성하고 있다고 볼 수 있습니다.

다른 한편 자유주의는 '인간의 통치'가 아닌 '신의 통치' 또는 '신이란 이름아래 행해지는 교황의 독단적 통치'가 절대적이었던 서양 중세 때 이단이나 이교도들을 처벌한 비극적 역사에서 비롯됩니다. 곧 역사나 세계를 비롯하여 윤리나 종교 문제에 대한 어떤 사람의 생각이 '정통적'인 것과 다르다는 이유로 그를 처벌하는 암흑기인 중세의 질서에 대한 도전에서 비롯되었다고도 볼 수 있습니다. 종교개혁을 계기로 이전까지 일종의 신이 내려준 표준정답이었던 교황청 지배하의 기독교와는 다른 종교, 다른 기독교 해석(version), 다른 세계관과 생각, 다른 진리관이었던 지동설과 같은 과학적 지식 등이 다양하게 허용되고 존중되면서 자유주의는 성장했던 것입니다.

민주주의 역시 권력행사의 절차나 형식에서(how to rule) 많은 다양한 사람과 집합체의 다양한 의견이 서로 논의-조정-타협-수렴되면서 다양한 사람과 집합체로 구성된 인민의 지배가(people's rule)가 관철되는 지배체제를 의미합니다. 이에는 다양성과 다원성이 전제되어 있습니다.

이처럼 자유민주주의를 형성하고 있는 사상적 시원인 자유주의와 민주주의는 모두 '표준정답'이나 '정통'이 아닌 다양성과 다원성을 원천적으로 내포하고 있습니다. 자유민주주의가 발전되면서 아예 표준정답이나 정통과 같은 신적통치의 잔재물이 사라지고 있는 것이 오늘의 추세입니다.

이미 19세기에 콩트(A. Comte)는 인류사회나 지식세계는 맹목적 믿음과 같은 공상적 정신의 지배인 신학적 단계에서 추상적 정신의 지배인 형이상학적 단계로, 다시 실증적 정신의 지배인 과학적 단계로 진화하면서 역사는 발전해 왔다고 지적했습니다. 이처럼 현대사회는 모든 사회현상에 대한 분석과 진단에서 맹목적이고 주관적인 희망사항에서 벗어난 구체적이고 객관적인 경험적 사실에 의해 검정되고 평가되는 과학적 방법론을 요구합니다.

이러함에도 불구하고 탈냉전통일시대를 맞았다는 21세기 초입에서도 공식적인 단일 표준정답을 설정하고는 일체의 다른 해석이나 평가는 비록 학문연구라 하더라도 사문난적으로 취급해 사법적 처벌을 강요하는 냉전몰이가 활개를 치고 있습니다. 이런 점에서 오늘날 한국사회는 21세기 초입이 아니라 중세기 신학적 단계에 머물고 있는 것입니다.

1심 판결문 또한 검찰의 공소장을 그대로 복사한 것과 진배없는 것으로 구체적이고 경험적 사실에 의해 검증을 거쳐야 하는 과학적 방법론을 무시한 것으로 지식체계에서는 그야말로 중세 암흑기의 신학적 단계에 머물고 있는 수준입니다.

거의 판결문 전 부분에 걸쳐 참과 진실을 밝히는 과학적 방법론을 방기한 점과 자유민주주의의 기본인 다양성과 다원성을 위배한 점을 하나하나 들추어 낼 수도 있습니다만 '만경대 방명록 글쓰기' 하나만을 보기로 들겠습니다.

검찰이 제가 서술한 만경대정신을 일방적으로 김일성 정신이나 주체사상 신봉주의로 일원적 해석을 하는 것은 다양성을 존중하는 자유민주주의 원칙을 위배하는 것이고, 공식적인 표준정답만 허용하는 파시즘적 사고입니다. 이를 그대로 수용한 1심 판사의 판결 또한 검찰과 다를 바가 없다고 여겨집니다.

북한전문가에게는 일반인과 달리 이 만경대지역과 관련된 상징을 아래와 같이 다양하게 해석할 수 있습니다.

: 1866년 샤만호 격퇴의 반외세 · 반침략 · 민족자주의 상징
: 김일성의 생가로서 항일 및 민족독립정신
: 김일성 생가로서 김일성주의 또는 주체사상신봉주의
: 소작인으로서 가난한 농민의 상징
: 김구 선생 방문지로서 남북협상의 기념비적 장소
: 만경대 학원의 민족정기 정신

결과적으로 '만경대정신'이란 신조어를 창출한 저는 이를 방명록에 기재할 때 검찰이 주장하고 1심 판결에서 인정했던 김일성주의나 주체사상이 아니라 '민족정기 정신'으로 그 의미를 연상하고 있었습니다. 이 민족정기 정신은 이미 저의 기존 학문연구 네 곳에 언급되었을 정도로 제 머리 속에 충분히 각인되어 있었기 때문에 방명록 기재 당시 직관적으로 자연스럽게 표출되었던 것입니다(강정구, 1996, 『통일시대의 북한학』, 당대, 125 · 128 · 150~151쪽; 강정구, 1996, 『분단과 전쟁의 한국현대사』, 역사비평, 72쪽).

검찰은 저의 만경대정신이 주체사상이나 김일성주의라는 것을 확인해 줄 어떤 근거도 제시하지 못했고 단지 정황으로 주장을 했을 따름입니다. 그런데도 1심 판사는 검증도 없이 이를 그대로 수용함으로써 두 가지 결정

적인 오류를 범했던 것입니다.

  하나는 경험적인 사실에 의해 검증과정을 거쳐 참과 진실을 '확증'하는 과학적 방법론을 적용시키지 않고 단지 느낌으로 판단하는 반과학적이고 반지성적인 오류입니다. 또 하나는 자유민주주의의 기본인 다양성과 다원성을 전혀 인정하지 않고 표준정답이나 정통을 고수하는 중세 암흑기의 신학적 지배단계의 지적 수준에 머물면서 냉전성역을 단일한 표준정답으로 고수하는 파시즘적 판단기준을 준수한 오류입니다.

  이런 오류를 범하면서도 약방의 감초 격으로 등장시키는 자유민주적 기본질서 운운하는 구태의연한 판결문을 볼 때 탈냉전통일시대와 21세기는 되었지만 춘래불사춘(春來不似春)임을 절감했습니다.

3. 찬양-고무-동조 또는 이적행위라는 학문외적 잣대로 더 이상 참과 진실을 밝히는 학문의 장을 재단하지 말 것을 요구합니다.

  저는 맥아더 소논문 칼럼에서 6·25를 '북한지도부가 시도한 통일전쟁'이라고 서술했습니다. 이러한 필자의 전쟁성격규정은 남의 공식입장인 '6·25 불법남침론'에서 북한에 의한 남한 침공을 인정한 셈입니다. 이는 오히려 북의 공식입장인 남한의 북침에 대한 정당방위론을 부정한 셈입니다. 국가보안법에 의하면 저의 글은 남침이라는 남한의 공식 입장을 '고무-찬양-동조'한 셈입니다. 동시에 북침이라는 북의 공식기조를 완전히 허무는, 곧 북의 입장에선 '이적행위'를 한 것과 마찬가지입니다.

  이런데도 북을 찬양-고무-동조 했다고 저를 법적 심판의 대상으로 삼았고 1심 판사는 이를 인정했습니다. 이런 학문외적 기준을 적용한다면 남침이라는 남한의 공식적 입장을 찬양-고무-동조한 부분에 대해서는 저에게 응당 포상을 내려야 하는 것 아닙니까?

  이런 모순처럼 학문적 결론은 어떤 이해당사자에게 때로는 득이나 실도 되고, '찬양-동조'도 되고 '이적'도 될 수밖에 없습니다. 학문적 결론은 사실과 논리, 추론과 방법론, 학자의 양심 등이 어우러져 총체적으로 귀결되는 것입니다. 만약 어떤 집단과 조직의 이해득실, 국민정서와 같은 여론,

국가보안법의 찬양고무 규정에 따라 학문연구 결과가 좌우되거나 달라진다면 이 학문결과는 학문의 생명이라고 볼 수 있는 객관성도, 신뢰성도, 설명력도 없어지게 됩니다.

이는 더 이상 과학적 지식이나 학문이 아닙니다. 진실과 진리를 배반하고 학자의 양심을 파는 것이며, 곡학아세해 지식인 자신을 파멸로 이끄는 자기부정이며, 학문의 존립기반 자체를 허무는 것입니다. 바로 이 때문에 국보법 7조의 찬양·고무라는 사법적 잣대는 원초적으로 학문의 자유와 양립될 수 없는 것입니다.

학문적 논쟁은 오직 객관적 자료와 타당한 방법론 등을 기반으로 한 논쟁과 설명력이라는 공론의 장에서만 가려질 수 있습니다. 어떤 학문외적 강제인 폭력과 이념 몰이, 또는 국보법이라는 국가폭력에 의해 강요될 수 없는 것입니다. 이들 학문외적 강제는 자유민주주의를 지향한다는 사회가 자유의 이름으로 자유를 부정하는 자기기만과 자기부정을 스스로 저지르는 것입니다.

이제 탈냉전평화통일시대를 맞은 우리 사회도 친북, 반북, 친미, 반미 등의 학문외적 잣대에서 벗어나 학문내적 규범이나 공약성, 민족과 인류사회의 보편적 규범이나 가치에 그 평가기준을 둬야 합니다. 언제까지 냉전의 유령에 홀려 현재와 미래의 민족사가 발목 잡힐 수만은 없다고 봅니다.

왜 북한과 소련에 관련된 주제를 연구하게 되면. 우리는 그 연구주제가 무엇이든지간에 필수적으로 북한과 소련에 관한 부정적인 측면을 지적해야 하고, 시비를 걸어야 하고, 최소한도 양비론을 펼쳐야만 한다고, 또 그래야만 안전하다고 생각해야 하는 것입니까?

중국의 고사에서 나오는 지록위마(指鹿爲馬)에서처럼 사슴을 보고 사슴이라고 이야기할 수 없는 사회가 민주주의나 인권은커녕 과연 정상적인 사회라고 할 수 있을까요? 사슴의 뿔을 그리는 화가에게 왜 화폭에 사슴의 못 생긴 뒷다리를 삽입하지 않고 또 더러운 냄사가 나는 사슴의 똥을 한 구석에나마 그려 놓지 않느냐고 국가보안법으로 위협하는 꼴이 우리 사회의 북한에 대한 그림그리기의 현실 아닙니까? 꼭 사족을 붙여 사슴에 흠집을 내듯이 북한 흠집 내기가 곁들여져야만 친북 찬양고무동조 혐의를 벗어나 안전해 질 수 있는 것이 우리의 엄연한 현실 아닙니까?

제가 학문연구의 중심주제로 삼고 있는 냉전성역허물기는 언제나 이런 위험을 안고 있습니다. 이 때문에 끊임없이 자기검열을 하면서 안전을 도모하게 됩니다. 그렇지만 참과 진실을 밝히는 학문을 업으로 삼고 있는 학자와 지식인을 정체성으로 삼고 있는 저로서는 학문적으로 귀결된 결과이고 엄연한 객관적 실재를 국보법의 찬양-고무 죄가 무서워 지록위마라고 할 수는 없습니다.

국가보안법에 의해 자행되고 있는 우리 사회의 반학문적이고 반자유민주주의적인 문제점은 지난 2005년 12월 2일 2일 서울 경남대 극동문제연구소에 정치학·역사학·사회학 연구자들이 함께 모인 '21세기 평화의 시대, 한국전쟁 연구의 쟁점과 과제'를 주제로 한 한국산업사회학회 주최 북한연구학회 주관 심포지엄에 관한 아래 '연합뉴스의 보도'에 잘 나타나고 있습니다. 이런 문제점에 대한 깊은 인식 공유를 항소심 판사님들께 간곡히 부탁드립니다.

6·25전쟁연구 학계-사회 소통 이뤄져야

6·25전쟁에 대한 폭력적인 이념논쟁을 극복하기 위해 학계와 사회의 소통이 이뤄져야 한다는 주장이 제기됐다. 박명림 연세대 국제대학원 교수는 2일 서울 경남대 국제문제연구소에서 열린 북한연구학회·통일연구원 학술회의에 참가, "한국전쟁에 대해 말하는 것은 오늘과 미래의 우리를 말하는 것"이라며 "학문과 사회의 소통을 새롭게 모색해야 할 시점"이라고 말했다. 박 교수는 먼저 6·25전쟁과 관련된 최근의 논쟁을 지켜보면서 연구를 그만둘까 하는 생각이 들 정도로 회의가 들었다며 "학문적 문제가 이념·정치적 압박을 받는다면 한국 사회에서 진실을 찾는 일이 가능한가"라고 반문했다.

그는 "(6·25전쟁이라는) 사건이 큰 만큼 객관적으로 말해야 한다"면서 "이념문제를 다시 이념적으로 접근하면 상대방도 역시 자신의 정당성을 주장하고 이념적으로 대응할 뿐"이라고 지적했다. 또 전쟁의 원인을 규명하려면 유연성이 필요한데 여전히 권력과 학문의 '긴장관계'가 해소되지 않고 있다며 학문 간, 학문과 사회 간, 한국 사회와 서구 간 소통을 통해 돌파구를 찾아야 한다고 강조했다.

특히 강정구 동국대 교수의 '통일전쟁' 파문과 관련, 학문적 소견에 대해 사회적 공론화 과정이 생략된 채 곧바로 소송으로 이어져 개인을 사회적으로 매장하다시피 하는 폭력적인 풍토를 비판했다. (……)

이어진 토론에서도 최근 6·25전쟁 파문에 대한 비판이 계속됐다. 김귀옥 한성대 교수는 "수많은 학문적 자유가 침해당하고 있다"며 "올해 미국의 1950년대 매카시즘 못지않게 (한국 사회가) 한 사람 죽이기에 나섰다"고 말했다. 김 교수는 "연구에서 비롯된 것이라면 연구로 해결해야 한다"면서 "자유로운 의사소통이 이뤄져야 한다"고 강조했다.

정해구 성공회대 교수도 "특정 언론과 보수단체는 한국전쟁을 객관적으로 받아들일 자세가 안 돼 있고 (학문적 연구 성과를) 악의적으로 왜곡하고 있다"면서 학문적 논의가 자유롭게 이뤄지고 사회와 의사소통이 이뤄질 때 역사의식 정립이 가능하다고 지적했다(함보현, 『연합뉴스』, 2005.12.2).

4. 남북관계발전법과 국가보안법 사이의 모순에 관한 고민과 올바른 해법을 요구합니다.

법의 지배를 통한 사회 안정과 질서라는 법치주의는 사회-역사적 정의를 동반하지 않을 경우 보편적 가치와 정당성을 가질 수 없습니다. 일본 제국주의 식민통치 체제에서 치안유지법이나 인종차별의 극치였던 옛 남아프리카공화국의 인종차별법이 전혀 그 법적 존엄성이 없었듯이 말입니다.

이런 기준에서 본다면 국가보안법이란 법의 잣대가 과연 사회-역사적 정당성을 가진다고 볼 수 있을지 의문입니다. 북녘에 있는 형제자매와 그 집합체를 사랑과 연대와 동반자가 아니라 적으로 몰아붙이고, 이들의 역사·정책·현주소 등에 참과 진실을 이야기 하면 '고무·찬양·동조'의 죄로 처벌하고, 학문·사상의 자유에 원천적인 재갈을 물리는 반민주성을 안고 있고, 탈냉전-평화통일시대의 요구인 민족 화해·협력·평화·통일 가로막기를 일삼는 국가보안법이 사회-역사적 정의와 함께할 수 없음은 자명하다고 봅니다.

더구나 탈냉전통일시대라는 민족사적 요구를 받아들여 작년 12월에 제정된 남북관계발전법 3조 1항은 "남한과 북한의 관계는 국가 간의 관계가 아닌 통일을 지향하는 과정에서 잠정적으로 형성되는 특수관계"이고, 제6조 1항은 "정부는 남북화해와 한반도의 평화를 증진시키기 위하여 노력한다"로, 또 6조에서 12조는 한반도 평화증진, 남북경제공동체 구현, 민족동질성 회복, 인도적 문제 해결, 북한에 대한 지원, 국제사회에서의 협력증진, 재정상의 조치 등을 정부의 책무로 규정하고 있습니다. 이 남북관계발전법은 북한을 반국가단체로 규정하고 있는 국가보안법과 근본적으로 상치되고, 신법 우선의 원칙에 의해 이 국가보안법에 우선한다고 보아야 할 것입니다.

이렇게 사회-역사적 정의를 담보하지 못하고, 탈냉전-통일시대의 역사적 흐름을 거역하고, 더욱이 새롭게 제정된 법 자체에 의해서도 자기 부정과 소멸을 요구받고 있는 것이 국가보안법입니다. 더구나 찬양-고무에 관련된 7조는 이미 여당과 야당이 완전폐기하기로 한 조항이라서 실질적으로 사문화 된 것으로 보아야 할 것입니다.

이렇게 정당성을 상실한 국가보안법에 바탕을 둔 검찰의 공소장에 의해 저의 두 필화사건이 기계적이고 형식적으로 평가된다면 그것은 법의 외형적 실효성은 가질지는 몰라도 자발적 동의라는 법의 존엄성과는 거리가 멀고 사회-역사적 정의에 역행한 것이라 하지 않을 수 없습니다. 이런 기계-형식적 사법 판결은 저에게 무의미하다는 것을 저의 최후 진술서는 분명히 밝혀 두었습니다.

비록 1심 판결이 이를 외면하고 고민해보지도 않았지만 우리 사회가 정상적이 되려면 이런 모순을 더 이상 방치할 수는 없다고 봅니다.

5. 상관관계와 인과관계의 등치와 혼동

국가보안법 수사는 종종 우연의 일치에서 비롯되는 상관관계를 마치 필연적인 인과관계인 것처럼 등치시켜 북한을 찬양-고무-동조하는 것으로 규정짓는 방법론상의 중대 오류를 범하고 있습니다. 오비이락(烏飛梨落)의 경우 까마귀가 배를 땅으로 떨어뜨렸다고만 볼 수는 없습니다. 곧 인과관계

성립의 충분조건이 될 수 없습니다. 왜냐면 까마귀가 날지 않아도 자연적으로 배가 땅에 떨어질 수 있는 가능성을 원천적으로 배제하기 때문입니다.

그 보기를 들면 2005년 신년사에서 북한은 해방과 분단 60주년인 2005년을 주한미군 철수의 원년으로 삼자고 주장했습니다. 저 역시 분단 60년을 맞는 올해를 통일과 주한미군 철수 원년으로 자리매김하자고 역설해 왔습니다. 이렇게 주한미군 철수 원년으로 삼자는 동일한 즈장을 두고 제가 마치 북한의 사주를 받거나 북한을 찬양–고무했기에 이런 주장을 한 것으로 간주돼 왔습니다. 곧 상관관계를 인과관계로 잘못 연결–등치시켜 비약하는 오류를 범한 것입니다.

그러나 저의 주한미군 철수론은 북한의 사주나 동조에 의해서가 아니라 저의 학문적 연구결과에 따라서 내려진 당연한 귀결입니다. 곧 미국과 주한미군이 한반도 전쟁위기를 주도하고 있고, 나라와 민족의 자주권을 침해하고 있고, 중국을 봉쇄하고 필요하면 공격하려는 전초기지와 전초군대로 미군을 한반도에 주둔시키므로 1895년의 청일전쟁의 재판을 가져올 불씨가 되고, 우리의 환경권–통일권–생활권 등등을 침해하는 핵심요소 등이기 때문에 이런 문제점을 해결하기 위해 미군철수당의론이 귀결될 수밖에 없었던 것입니다. 그래서 저는 1990년대부터 줄곧 미군철수당위론을 학문적으로 주장해 왔고, 2005년을 철군원년으로 삼자는 주장을 북한보다 훨씬 앞선 2004년 초부터 개진해 왔던 것입니다.

당연히 저의 학문적 결론은 북한의 주장과 같을 수도 있고 다를 수도 있습니다. 우연의 일치로 북한의 것과 같거나 비슷한 결과가 나타나(곧 상관관계가 있으면), 이를 근거로 북한에 대한 찬양–고무–동조나 이적행위라고 간주–등치하는 것은(인과관계가 있다고 해석한다면) 대학 초 학년에서 학습하는 방법론의 초보조차 위배하는 것으로 질타를 받을 수밖에 없습니다.

방법론 교과서에서는 두 요소 사이에 인과관계(causality)가 성립되려면, 첫째 둘 사이 상관관계(co-relation)가 성립돼야 하고, 둘째 원인요소가 결과요소보다 시간적으로 먼저 일어나야 하고(time precedence), 셋째 둘 사이의 관계가 거짓 관계가 아닌(non-spurious relation) 참 관계이어야 한다고 기술되어 있습니다. 저는 교수로서 대학 1학년생에게 언제나 이 초보적 방법론을 학습시켜 학생들이 충분한 논거도 없이 섣불리 단정적인 결론을 내리는 반 학문적 접근을 경계해 왔습니다.

박사논문 때부터 지금까지 매달아 온 이런 주제에 관한 저의 연구결과물이 북한 주장과 유사하다고 마치 이를 인과관계로 규정짓고 이를 북한찬양고무동조 또는 표절로 간주하는 것은 학문과 학자에 대한 모욕이라고 생각합니다. 뒤에서 자세히 살펴보겠지만 미국은 분단과 전쟁의 주도자라는 것을 저는 수없이 많은 논문에서 논증했습니다. 이러한 논증에 의해 귀결된 결과를 북한의 공식주장과 유사하다고 해서 저를 마치 동조-찬양-고무한 것으로 판단하는 1심 판결은 전형적인 저의 학문 모독행위이고 모든 학문에 대한 모독이라고 봅니다.

Ⅲ. 구체적 반론

1. 외세가 개입하지 않았다면 해방공간 남북 모두 사회주의로 이행하는 것은 역사필연이라는 연구결과

1심 판결문은 "피고인은 해방당시 미국이 개입하지 않았다면 한반도 전체가 공산주의·사회주의로 이행하는 것이 역사적 필연이고"라고 서술하고 있어 이 학문적 귀결이 마치 법을 위배한 것처럼 보고 있지만 이는 참과 진실의 문제로 어떤 법적 잣대도 끼어들 수 없는 영역입니다.

만약 외세가 개입하지 않았으면 남과 북 모두 사회주의로 이행했을 것이라는 점은 제가 미국무성의 자료나 군정청의 자료 분석에 의해 내릴 수밖에 없는 학문적 결론이었습니다. 이에 관한 논문은 이미 「남북한 농지개혁 비교연구」라는 제목으로 『경제와 사회』 제7집 1990년 가을호(204~212쪽)에 발표되었고, 『분단과 전쟁의 한국현대사』에 재수록되었으며, 『현대 한국사회의 이해와 전망』(69~72쪽)에 아래와 같이 재언급되었습니다.

결론부터 말하자면 외세의 개입이 없었더라면 사회주의 지향적인 반제·반봉건민주개혁을 북한뿐 아니라 남한도 이루어 조선사회 전체가 사회주의로 이행하였을 것이다. 이제 그 역사구조적 요인을 제시해 보겠다.

먼저 구조적(객관적) 요인을 본다면 첫째, 식민지로부터 전수 받은 경제적 토대가 사회주의 이행에 적합한 토대를 형성하였다는 점이다. 곧, 주요산업자본의 93%(공칭자본금 기준)가 일본인 소유였고, 농지의 약 18%가 일본인 소유이었기에 해방과 동시에 이들 생산수단은 조선인민의 피와 땀으로 형성되었다는 점에서 사적 소유(private ownership)보다는 사회적 소유(social ownership)로 재편되는 것이 당시의 민족사적 요구였다. 이러한 경제적 토대가 사회주의 이행에 유리한 여건을 형성하였다는 분석은 해방이전과 이후 미국의 분석에서 계속 나타나고 있다.

조선의 경제·정치적 상황은 조선이 전후 공산주의 이데올로기를 수용하는 데 좋은 조건이 될 것이다. 조선인들은 보통 소련에 대해 호의적이 아님에도 불구하고 소련의 후원을 받는 조선 내 사회주의 정권의 정책과 활동은 대중의 지지를 쉽게 확보할 수 있을 것이다(U. S. Dept. of State, 1974, *Foreign Relations of the United States*, 1945, Vol.6, Washington: U. S. Gov't Printing Office, pp.561~563).

조선에서 공산주의는 그 출발점이 세계 어느 다른 곳보다 좋은 조건이었다고 볼 수 있다. 일본인들은 철도, 동력 및 전기를 포함한 공공시설뿐 아니라 주요 산업과 천연자원까지 소유하였다. 따라서 이 모든 것이 어느 날 갑자기 인민위원회(공산당)의 소유가 된다면, 어떠한 종류의 투쟁이나 노력도 필요 없이 이들을 인민위원회에서 장악하게 될 것이다(U. S. Dept. of State, 1974, *Foreign Relations of the United States*, 1948, Vol.8, Washington: U. S. Gov't Printing Office, p.707).

이 외에도 객관적 및 주체적 요인을 각기 세 가지씩 제시하여 그 논거를 충족시켰습니다. 이러한 역사적 흐름은 당시의 여론조사에서도 확인되었습니다.

1946년 8월 미군정청 여론국에 의한 8,453명에 대한 여론조사는 당시의 이데올로기 지형을 잘 보여준다. "귀하의 찬성하는 것은 어느 것입니까?"의 설문에, 1) 자본주의 14%(1,189), 2) 사회주의 70%(6,037), 3) 공산주의 7%(574), 4) 모른다 8%(653)의 선호도를 보여주어 좌익이념의 선호도가 무려 77%에 달한다는 사실을 우리는 확인한다(국사편찬위원회, 1973a: 104~105).

이러한 좌익 지향적 이데올로기 지형이 1947년 7월까지 유효함을 우리는 47년 7월 3일 조선신문기자회가 실시한 임시정부 정체에 대한 서울시내 가두 여론조사 결과에서도 재확인한다. 2495명을 서울시내 10곳의 가두에서 설문 조사한 결과는 아래와 같다(국사편찬위원회, 1973: 21~22).

1) 6월 23일 반탁테러 사건은?
 ㄱ. 독립의 길이다(26%) ㄴ. 아니다 (71%) ㄷ. 기권(3%)
2) 미소공위와의 협의에서 제외할 정당·사회단체는?
 ㄱ. 있다 (71%): 한민당(1272) 한독당(922) 독촉국민회(309) 남로당(174) 민전(9) 대한노총(91) 전평(14) 건청(19) 광청(30), 기타
 ㄴ. 없다(14%) ㄷ. 기권(13%)
3) 국호는?
 ㄱ. 대한민국(24%) ㄴ. 조선인민공화국(70%) ㄷ. 기타(1%) ㄹ. 기권(4%)
4) 정권형태?
 ㄱ. 종래제도(14%) ㄴ. 인민위원회(71%) ㄷ. 기타(10%) ㄹ. 기권(5%)
5) 토지개혁방식?
 ㄱ. 유상몰수유상분배(17%) ㄴ. 무상몰수 무상분배(68%) ㄷ. 유상몰수 무상분배(10%) ㄹ. 기권(5%)

위의 조사에서 인민위원회, 인민공화국, 북한에서 실시한 무상몰수·무상분배의 토지개혁 등에 대한 지지도가 70%가까운 점은 여전히 좌익 지향의 이념이 47년 7월까지도 지배적이라는 점을 잘 보여주고 있다. CIA자료를 비롯한 많은 미군정 자료들 또한 사회주의적 좌파이념의 압도성을 인정하고 있다.

여기서 확인할 수 있는 바와 같이 이 논문에서는 학둔적 논거도 없이 그냥 주장한 것이 아니라 역사추상형 비교방법이라는 제 자신의 고유한 방법론을 독창적으로 개발해서 이 방법론을 구체적인 역사 현장에 적용하고 미군정청, 미국 CIA, 여론조사, 인터뷰 등 여러 가지 역사자료를 통해서 귀결된 학문적 결론입니다.

특히, 저는 역사추상형비교방법이라는 우리 사회에 걸 맞는 독창적인 방법론을 개발하여 사회학의 대가라고 할 수 있는 막스베버의 이념형의 한계를 '극복한' 방법론을 고안했다는 점에서 한없는 긍지를 느낍니다. 이러한 학문 결과가 남한이 걸어온 역사행로와 배치된다고 해서 사법처리 대상으로 삼은 1심 판결은 역사의 진실을 거역하고 학문을 부정하려는 것으로 밖에 볼 수 없습니다.

이 결론은 제가 주관적으로 내린 것이 아니라 역사추상방법론, 역사자료, 논리적 추론 등이 결합되어 귀결된 학문적 결론입니다. 이 결과를 연구자가 자의적으로 또 국가보안법이 무서워서 번복한다면 그것은 학자의 양심을 파는 짓으로 학자이기를 거절하는 짓입니다.

역사적 진실을 밝힌 것은 사실을 밝히는 것입니다. 그런데 이 사실적 평가가 왜 북한에 대한 찬양고무동조라는 가치적 평가로 둔갑하는 것입니까? 사실과 가치는 엄연히 별개의 영역입니다. 그런데 사실평가라는 별개의 영역을 근거로 북한 찬양-고무-동조라는 가치평가로 단정 짓는 것은 논리의 기초조차 지키지 못하는 억지 주장입니다.

참고로 저의 역사추상형비교방법에 대한 설명을 저의 책 『분단과 전쟁의 한국현대사』(115~116쪽)에서 인용합니다.

> 두 번째의 비교방법은 (……) 역사추상형비교방법이다. 이것은 외적 변수인 외세개입이라는 변수를 통제했을 경우, 즉 외세의 개입이 없이 조선사회의 순수한 내적 역동력에 의해서 조선의 역사가 진행되었을 시기를 가정하는 것이고, 이 기간을 순수해방공간으로 설정하는 것이다. 이 순수해방공간에서 어떤 사회현상이 외세의 개입 없이 순수한 내적 역동력에 의해 진행되었더라면 그 사회현상의 모습은 어떠한 모습을 띨 것

인가 하는 것을 역사적 상상력으로 투영하는 일종의 역사추상형인 것이다. 이 투영된 역사추상의 모델을 구체화시킨 역사추상모형과 외세의 개입에 의해서 변모된 또는 왜곡된 채로 진행된 실제의 역사현상과를 비교하는 것이다.

이 역사추상은 첫째, 외세의 개입이 없이 역사가 전개되었다는 것을 의미하고 이런 의미에서 순수하고 또 민족 주체적인 역사전개라고 볼 수 있다. 민족주체성이라고 이야기할 때 가장 중요한 것은 민족의 역사를 민족 자체의 힘으로 끌고 가면서 외부의 개입을 막고 민족 스스로의 운명을 스스로 결정한다는 것이다. 이러한 점에서 순수해방공간의 역사추상모형은 바로 민족주체형이라고 할 수 있다.

둘째, 사회과학의 대상이 되는 대부분의 사회현상의 연구에는 명시적이든 묵시적이든 어떤 비교를 전제로 하고 있다. 이때 종종 비교의 기준이나 평가의 기준이 명확히 설정되지 않아 이해의 혼란을 가져오는 경우가 많다. 이 경우 역사추상모형을 하나의 기준으로 설정함으로 해서 어떤 집단의 행위, 외세의 개입 및 그 영향에 대한 평가기준을 확보할 수가 있다. 특히 우리나라와 같은 제3세계는 외세의 개입과 영향에 따라 내적인 사회현상이 규정되어지고 결정지어지기도 하고, 또 그 외세와 결탁한 국내세력이 권력 장악과 지배계급의 지위를 종종 획득하곤 한다. 그러면서도 표면적으로는 언제나 민족주체나 정통성을 앞세워 왔었다. 이들에 대한 평가의 기준으로서 순수해방공간의 역사추상형은 이상적이라고 할 수 있다.

셋째, 베버의 이념형이 추구하는 발현적 도구(heuristic device)라는 점에서는 서로가 유사한 개념이고 유사한 비교방법론이라 볼 수 있다. 그러나 이념형이 몰역사적이고 통시대적이고 통사회적이며 지극히 추상적인 반면, 순수해방공간의 역사추상모형은 역사적이고 구체적이라는 점에서 큰 차이가 난다. 베버의 관료제 이념형에서 보듯 여러 가지 가능한 설명의 소재 중에서 베버 자신의 가치에서 도출한 가치연관에 의해 선택된 일부분의 설명요인인 합리화라는 것을 선험적으로 추상화했을 때에 관료제가 나타나리라고 기대되는 특성을 모은 것이 베버의 관료제 이념형이다. 그것은 구체적으로 얻어진 경험적 자료나 관찰에 의해서 추출된 결과가 아니라 선험적인 가치를 극대화한 추상에 의한 도출이다. 이와는 대조적으로 순수해방공간의 역사추상형은 일제로부터 전승된 사회경제적 요소가 해방공간에서 계급구조나 계급역량, 국가기구의 와해 등으로 종합되는 사회구조적 상황 하에서, 민족운동과 계급운동이 해방정국을 맞아 활성화되었던 1945년 8월에서 대략 46년 2월까지의 상황이 지속되면서 동시에 외세의 개입이 없는 역사기간을 설정하고, 여기에서 관찰되고 얻어진 경험적 자료에 의해서 역사전개를 추상화하는 역사추상을 말한다. 그러므로 보다 더 시대 제한적이고 구체적이면서 역사적인 모델이라고 할 수 있다.

이처럼 위의 결론은 제가 북한을 찬양-고무-동조하기 위해 내린 것이 아니라 역사추상방법론, 역사자료, 논리적 추론 등이 결합하여 학문적으로 귀결된 결과입니다. 거듭 밝히지만 이 학문적으로 귀결된 결과를 국가보안법이 무서워서 번복하고 취소할 수는 없습니다. 또 1심 판결이 유죄로 판정했다하더라도 이 학문적 결론은 아무런 영향을 받을 수 없습니다. 단지 학문의 장에서 논쟁이나 다른 구체적 역사자료에 의하여 이 연구결과가 반증이 된다면 그것은 제가 원하든 원하지 않던 저의 결론은 기각되고 폐기될 수밖에 없습니다.

2. 남과 북의 민족정통성

1심 판결문은 "북한이 태생적으로 민족정통성을 가지고 있으며 (……) 남한은 출발부터 민족정통성이 없고"라고 서술해 다치 제가 북한을 찬양-고무-동조한 것으로 해석하고 있습니다.

가. 가설적 추론 수준의 민족정통성 논의

먼저 분명히 밝혀 둘 것은 2001년 경북대 주체사상 토론회에서 저는 북한에 대한 민족정통성을 가설적 추론수준에서 제한적으로 인정한 것이지 충분한 연구의 결론으로 내린 것은 아니라는 사실입니다. 그러나 비록 가설적 수준이라 하더라도 나름대로 '합당한' 기준을 제시하고 이에 기반하여 가설적 추론을 했던 것으로 자의적인 것이 아니었습니다. 학문 연구에서 주제에 대한 가설은 연구의 출발이고 필수적 과정입니다. 물론 이런 가설적 수준의 추론은 본격적인 연구 결과 입증되기도 하고 기각되기도 하기에 잠정적인 것에 불과합니다.

저의 가설 수준의 민족정통성에 대한 준거 기준과 이 기준에 의해서 내려진 잠정적 평가는 아래와 같습니다.

1) 독립운동 등 민족을 위해 헌신한 사람들을 기리고 보상하는 민족정기 바로세우기 정도
2) 이들이 실재로 사회의 중추세력이 되는 민족성의 구현 정도
3) 친일파 청산이나 통일국가 수립 등 당시의 민족사적 핵심과제 구현 정도
4) 외세가 아닌 내적 역사 흐름에 순응하는 민족사 행로의 이행 정도

구체적으로 각 기준에 따른 단편적 평가를 해 본다면,

1) 만경대학원과 같은 민족정기 바로세우기를 어느 정도 이룩했고(강정구, 1996, 『통일시대의 북한학』, 당대, 125~128 · 150~151쪽),
2) 북로당 창립대회(46년 8월) 전체 당대표 801명 중 89.6%인 718명이 항일투쟁으로 구금당한 경력이 있어(강정구, 2000, 『현대 한국사회의 이해와 전망』, 한울, 113~114쪽) 항일 민족세력이 사회 중추세력이 되어 권력핵심체를 이루었고,
3) 통일국가 수립에는 실패했지만 친일파 청산은 매우 높은 수준이었고(강정구, 1993, 「친일파 청산의 좌절」, 『한국사회학』 27집),
4) 당시 조선사회의 내재적 역사 동력에 의한 역사방향인 사회주의로 이행했다(강정구, 2000, 『현대 한국사회의 이해와 전망』, 한울, 69~72쪽)

고 보았기 때문입니다.

제가 이러한 가설을 기반으로 경북대 토론회의 발표문을 작성한 것이지 아무런 근거나 기준도 없이 자의적으로 주장한 것은 결코 아닙니다.

북한의 민족정통성에 대한 위와 같은 가설적 추론을 검증하기 위해서는 본격적인 연구가 필요하다고 봅니다. 이러한 가설 수준의 추론은 현대사와

북한 연구를 전공하는 학자로서 당연한 학문행위입니다. 그리고 이런 가설 수준의 잠정적 결론은 나름대로 합당한 기준의 설정과 경험적이고 객관적인 사실에 기반 하여 이 기준에 따른 평가를 한 학문적 결론입니다. 이런 사실적 평가를 북한에 대한 찬양-고무-동조라는 가치평가로 치환하는 것은 분명히 영역오류를 범하는 것입니다.

나. 정통성 논의의 체계화와 김정일정권의 정통성에 관한 가혹한 비판

정통성 논의는 역시 한국전쟁이나 주한미군처럼 금기시 되는 예민한 주제입니다. 그러므로 해방된 지 반세기가 지난 지금까지도 이에 대한 본격적인 연구물조차 하나 제대로 내놓지 못하는 기막힌 현실 속에 우리 역사학계나 사회과학계는 처해 있습니다.

이런 가운데 전두환이나 김종필 등의 군부독재 주범들이 아전인수 격의 정통성 논의로 역사를 왜곡하는 것에 대하여 저는 현대사를 연구하는 학자로서 보다 보편적이고 객관적인 평가기준을 제시하고 이에 따라 각 정권의 정통성을 올바르게 평가할 수 있는 평가기준을 마련하는 것이 급선무라고 생각했습니다. 이것은 학자로서 당연히 하여야 할 사명이고 책무라고 생각하고 이에 대한 연구를 시작했습니다.

이 결과 「역대정권의 정통성과 정당성」이라는 논문을 『역사비평』 35호 (1996년 11.30 겨울호)에 게재했고 여기서 정통성에 대한 보다 객관적이고 보편적인 평가기준을 제시했습니다. 저는 이 평가기준에 대해서 이제까지 어느 누구도 제시하지 못한 평가기준을 체계적으로 제시한 점에서 학문적 긍지를 가지고 있습니다.

이 평가기준을 바탕으로 저는 2000년 겨울 『한국 사회학』에 게재한 「김영삼정권의 민족사적 평가」라는 논문에서 김영삼정권에 국한시켜 체계적인 연구를 했습니다. 그러나 아직 남북의 정통성에 대한 본격적이고 체계적인 연구는 하지 못했고 단지 단편적으로 가설적 수준에서 논의했을 정도입니다.

『한국 사회학』 34집 2000년 겨울, 833~865쪽에 게재된 저의 논문 「김영삼정권의 민족사적 평가」에서 저는 아래와 같이 크게 3가지 정통성 기준을 제시하였습니다. 다시 한 번 강조하지만 이러한 나름대로의 기준을 이제까지 제시한 학자는 없는 것으로 학문적 자부심을 가지는 제 나름대로의 업적이라고 생각합니다.

정권 평가기준의 개념화 및 조작화

좁은 의미의 정통성				정당성		
권력뿌리정당성 (historical legitimacy)	권력창출정당성 (representation legitimacy)			권력행사정당성 (performance legitimacy)		
권력주체의 민주화·민족자주통일과 같은 민족사적 핵심과제를 위한 실천 행위	경기 규칙 정당성	경기 규칙 제정 과정의 정당성	절차 정당성: 경기 규칙 집행의 정당성	민족사적 핵심과제 실현성	당대사적 보편과제 실현성	절차정당성: 권력행사의 합법성, 도덕성, 민주성, 합리성, 지도력

* 출처: 강정구, 2000, 「김영삼 정권의 민족사적 평가」, 『한국사회학』 34집, 겨울, 833~865쪽.

이러한 체계적 기준에 따라 남북 정권의 정통성을 아래의 인용문처럼 비록 추론적 수준이지만 현재의 북한정권에 가혹한 비판을 해 북한에게는 '이적행위'를 하였고 남한에 대해서는 '찬양-고무'를 했습니다.

> 물론 객관적으로(다른 말로는 보편적인 기준으로는) 김정일 정권의 뿌리정당성은 세습의 형태이므로 정당성을 가질 수 없고, 또한 인민일반의 선택의지에 의한 정권창출이 아니라 인민의 추대라는 북한 자체의 규정에도 맞지 않는 절차에 의하여 정권창출이 이루어졌으므로 권력창출정당성도 없다고 보아야 한다(강정구, 1998, 「4월혁명과 현단계 자주·민주·통일의 과제」, 『경제와 사회』 39호, 가을, 223쪽 각주 8).

> 북한식의 민주주의는 민주주의의 구성요소에서 시민권이나 정치권을 배제 또는 간과할 위험성이 있다. 바로 인민대중 중심의 주체사상이 사회정치적 생명체를 바탕으로 하는 수령관과 결합된 점은 정치권과 시민

권을 원초적으로 제한한다. 인민은 수령의 영도에 의해서만 역사의 주체로 또는 자기운명의 주인이 될 수 있다는 수동적 인민만이 수령관에 적합한 인민인 것이다. 인민의 자유스러운 선택에 의한 권력창출은 정권 정통성의 요체이다.

그러나 북한은 세습제에 의한 권력승계를 함으로써 정권의 정통성과 정치권의 민주성을 근원적으로 위배하고 있는 것이다. 결론적으로 우리가 지향하여야 할 민주는 시민권, 정치권, 사회권을 아우르는 포괄적 민주주의라고 여겨진(강정구, 1998, 「4월혁명과 현단계 자주·민주·통일의 과제」, 『경제와 사회』 39호, 가을, 222쪽).

대조적으로 '현재의' 남한에 대해서는 아주 높게 평가했습니다.

현 김대중 정권의 정권정통성 차원에서는 객관적으로 정통성을 제대로 갖추었다고 볼 수 있다. 김대중 정권은 정권창출 이전 민족적 과제인 민주화나 통일을 위한 실천노력이나 이론적 탐구 등으로 높은 뿌리정당성을 갖는다고 보아야 할 것 같고, 권력창출정당성에서도 비록 안기부의 북풍공작이 있긴 하였지만 '97년 대선이 공정하고 자유스러운 분위기에 치러져 국민의 선택에 의해 권력이 탄생되었으므로 아무런 문제가 없다. 권력행사정당성은 시기상조이다. (……)
이제까지 남한의 역대 정권 가운데 가장 정통성 있는 정권이라고 보아야 할 것이다. 우리는 정통성이나 정당성의 측정에서 완벽성만을 추구할 것이 아니라 정도의 문제로 설정하는 현실적인 접근을 취해야 할 것이다(강정구, 「90년대 통일운동과 북한: 북한 인식론을 바탕으로」, 1998.7.3. 「통일맞이 늦봄 문익환 목사 기념사업」, 월간 『말』· 민주주의민족통일전국연합 공동주최 〈90년대 통일운동의 반성과 새로운 모색을 위한 토론회〉 발표논문).

그러나 초기 정권에 대한 남북의 정통성은 비록 가설 수준이지만 현재의 정통성과는 다르다고 생각합니다. 남한의 이승만정권은 유엔에 의해 치러진 5·10선거에 의해 정권이 창출되었고, 유엔의 승인을 받았기 때문에 (실제로 유엔의 승인은 38도선 이남에 국한되는 제한적인 것이었음) 한반도에서 유일하게 정통성을 가진다고 주장해 왔습니다.

이에 대해 저는 본격적인 연구를 하지 않았습니다. 그러므로 1심 판결문의 "남한은 출발부터 민족정통성이 없고"라는 서술, 곧 '있고 없고'라는 규정적인 서술은 잘못된 것입니다. 단지 해방공간의 핵심과제였던 친일파 청산 작업이 제대로 되지 않고 친일파가 정치, 경제, 사회, 교육, 문화 등에서 권력행사를 지속할 수 있었다는 점에서 정통성이 높지 않다거나 낮다고는 할 수 있을 것입니다. 남북한 정통성은 완전 인정이나 부정의 성격으로 규정지을 수는 없고 단지 정도의 문제로 높거나 낮다는 식의 평가가 가능하다고 봅니다.

정통성 평가에서 결코 균형을 상실하지 않았음은 『통일시대의 북한학』에서 아래와 같이 남북한 모두 오류를 범하고 있다고 비판한 점에서도 확인됩니다.

> 이렇게 남한정권이 몰역사적 결과론이나 영역오류를 범하면서까지 초기정권의 정통성 재구축작업에 나서고 있는 반역사적 움직임은 아직까지는 쉽게 수용되지 않고 있다. 그렇다고 해서 남한 초기정권의 정통성 비수용이 북쪽 초기정권의 정통성 수용으로 직결되는 것은 아니다. (……)
> 또한 북의 역사인식도 남쪽의 몰역사적 결과론이나 영역적 오류에 버금가지는 않지만 일정 정도 역편향의 오류가 있음도 지적되어야 한다.
> 곧, 초기 기원적 특성인 민족정통성을 과대 일반화하여 현 북한정권의 정통성이 현 남한정권의 정통성에 비해 모든 점에서 우위를 점하고 있다고 단정하는 발생적 결정론(genesis determinism)에 빠져 있지 않느냐는 것이다. 더구나 남한의 일반인이 초기 북한 권력의 정통성 때문에 현재 북한정권의 정통성까지 현 남한정권의 정통성을 능가하는 것으로 받아들인다고 보는 것은 현실과는 거리가 먼 판단이다. 초기 북쪽정권의 정통성을 적극적으로 수용하는 많은 진보적 인사들까지도 발생적 결정론을 수용하지 않는 것은 말할 필요도 없다.
> 따라서 초기의 정통성 못지않게 지금 당면 민족사적 과제를 구현하는 정책지향, 인민의 자발적 동의에 의한 권력 창출, 권력 창출 절차의 공정성과 자유성 등이 제고될 수 있도록 남이나 북 모두 노력해야 할 것이다 (강정구, 1996, 『통일시대의 북한학』, 당대, 274~275쪽).

다. 정통성과 체제 인정과 부정

　가설적 추론 수준에서 북한 초기 정권의 정통성이 높다는, 그래서 북한의 민족정통성이 높다는 저의 결론을 두고 검찰과 1심 판결은 남한체제를 부정하고 북한체제를 인정한 것으로 확대 해석을 하고 있습니다.
　그렇지만 체제와 정통성은 동일 차원이 아닙니다. 체제에는 경제, 정치, 사회, 문화, 역사 등이 종합적으로 아우러져 형성된 집합체입니다. 체제 안에 정통성도 일정 역할은 하겠지만 그 역할은 미미합니다. 정통성은 주로 정권부문에 초점을 맞춘 개념이지만 체제는 정권을 넘어서는 민중이나 집단 등 모든 것을 아우르는 집합개념입니다.
　정통성이 낮다고 실존하고 있는 사회적 실재(Durkheim의 social fact)로서의 체제를 부정하고 정통성이 높다고 체제를 인정할 수는 없다고 봅니다. 중국의 한(漢)나라 시조 유방은 도적 출신이었습니다. 정통성에 문제가 있습니다. 그러나 한나라라는 국가를 건립했고 몇 백 년 동안 중국을 통일 통치했다는 것을 부정할 수는 없습니다.
　또한 정통성은 각 정권에 대한 평가입니다. 정권이 바뀔 때마다 그 평가는 달라지기 마련입니다. 정통성이 체제 인정과 부정의 기준이라면 남한의 군부독재 시절과 문민정부나 국민의 정부 사이에는 엄청난 정통성 격차가 존재하기 때문에 문민정부 이전의 남한 체제 전체가 부정되어야 한다는 결론에 이릅니다. 비록 정권은 바뀌어도 체제 자체는 연속성을 유지하는 속성을 가지기 때문에 이를 인정하지 않을 수 없습니다.
　비록 정통성이 중요하기는 하지만 정통성 자체가 모든 문제를, 특히 현실의 문제를 해결하는 위력을 가진 존재는 아니라는 점을 분명히 밝히고 있습니다.

　〈1999, 민족의 희망 찾기〉, 이는 필진 모두의 간절한 소망이다. 비록 북한의 조기붕괴를 바라는 극단적 반북주의자나 아직도 현실을 직시하지 못한 주체사상 맹신자들의 무책임한 발언이 우리 사회에서 이미 영향력을 잃었다고는 하지만, 아직도 그 근저에 깔린 그릇된 사고방식은 북한과 민족문제에 대한 올바른 여론형성을 집요하게 방해하고 있다. 그것은 바로 평양 정권에 대한 가치판단을 위주로 북한문제에 접근하는 굳어진 관행과 의식이다. '평양에서 당국간 협상을 거부하니 북한 동포들에 대한 지원은 불가하다, 평양이 바뀌지 않는 한 지원은 의미 없다', '평양에 현대사의 정통성이 있으며 모든 문제의 근원은 미국과 남한정부다. 북한의 기아도 과장된 선전이다' 등의 발언은 언제나 한민족의 현실을 호도하고 고비마다 민족화해의 여론에 찬물을 끼얹어 왔다(강정구·법륜, 1999, 「서문」, 『1999, 민족의 희망 찾기』, 정토출판).

제가 북한의 민족정통성을 가설 수준에서 높다고 평가했기 때문에 남한체제를 부정한 것으로 해석한다면 이래와 같은 통일한국의 사회경제체제는 "시장경제를 기본으로 한 자본주의적 경제형태일 수밖에 없다"라는 저의 결론을 설명할 수가 없습니다.

이러한 변화된 조건 속에 우리가 추진해야 할 통일의 방향에 관하여 시론적인 수준에서 논하겠다. 첫째, 통일 경제형태는 시장경제를 기본으로 한 자본주의적 경제형태일 수밖에 없다. 물론 이는 중국형 사회주의를 포함한다. 이는 선택의 문제나 주관적으로 좋아하거나 싫어하는 데 따라 변화될 수 있는 문제가 아니라 이미 세계자본주의세계체제가 행사하고 있는 객관적 규정력의 산물이다(강정구, 1998, 「4월혁명과 현 단계 자주·민주·통일의 과제」, 『경제와 사회』 가을호, 227쪽).

역사는 궁극적으로는 이성의 구현이긴 하지만 일시적으로는 광기의 간계가 작동하는 패러독스를 연출하기 마련입니다. 친일파 후손들이 오늘의 남한 사회에 차지하는 위치를 보거나 전두환 씨가 29만 원의 재산밖에 없다면서 자식들은 수십억의 재산가라는 엄청난 부조리가 상존하지만, 이 때문에 남한이라는 체제가 부정될 수는 없습니다. 정통성은 정통성일 뿐입니다. 체제 전체로 확대해석하는 과대일반화로 마녀사냥의 도구로 만드는 악용은 중단되어야 합니다.

3. 6·25전쟁성격과 미국의 개입

1심 판결은 "그러한 북한이 6·25전쟁으로 민족통일을 시도하였는데 민족내전에 미국이 불법하게 개입하여 북한이 민족통일을 이루지 못하였고…… 미국의 참전을 불법적인 침략행위로 규정하는 점"이라고 서술해 통일전쟁이라는 전쟁성격규정, 침략전쟁을 부정하고 내전이라고 규정한 점, 미국의 개입을 불법으로 규정한 점을 문제 삼아 북한을 찬양-고무-동조한 것으로 해석하고 있습니다.

가. 통일전쟁이라는 전쟁성격의 문제

전쟁성격은 전쟁주체자의 전쟁목표를 기준으로 한 규정입니다. 우리가 1987년 6월항쟁을 6월민주항쟁으로 규정하는 것은 6월항쟁 주체의 항쟁목적이 민주화였기 때문이듯이 말입니다. 전쟁목적은 전쟁주체에 따라 여러 가지 다양한 형태를 띨 것입니다. 태조의 왕자의 난과 같이 왕위쟁탈 전쟁이나 왕위계승전쟁, 유럽의 장미전쟁처럼 종교전쟁, 징기스칸처럼 정복이나 영토 확장전쟁, 남북전쟁처럼 계급전쟁, 베트남처럼 통일 및 민족해방전쟁, 현존 이라크전쟁에서처럼 석유전쟁, 2차 세계대전처럼 패권전쟁 등일 수 있습니다.

6·25의 경우 남한지도부라는 주체의 전쟁목적은 북진통일론으로 통일전쟁이나 사회주의를 괴멸시키기 위한 이념전쟁일 수 있습니다. 다른 주체인 북한의 경우 그들은 민족해방, 계급해방, 통일, 사회주의 적화 등을 목적으로 삼았으므로 민족해방전쟁, 통일전쟁, 계급전쟁, 이념전쟁 등일 수 있습니다. 미국이라는 주체의 경우 1950년 10월 7일자 유엔총회 결의 376호처럼 통일전쟁, 1951년 여름 이후 군사적 승리를 포기하고 38선 원상복귀를 노려 분단을 장기화하려는 분단고착화 전쟁이었습니다. 중국의 경우 항미원조보가위국(抗美援朝保家爲國)처럼 조선을 도와 통일을 이룩하게 하려는 통일전쟁, 보가위국전쟁, 1951년 여름 이후는 미국처럼 전쟁승리를 포기하고 원상복귀를 시도한 분단고착화전쟁이었습니다.

이처럼 전쟁성격에는 주체에 따라 다양하고 또 시기에 따라 전쟁성격이 변화할 수 있습니다. 그러나 주체나 시기를 관통하는 가장 지배적인 것은 통일전쟁입니다.

이 필화사건에서 가장 우려스런 점은 사실논쟁을 이념논쟁과 가치논쟁으로 환원시켜 색깔몰이로 판결을 내려 한다는 점입니다. 필자의 학문적 귀결인 통일전쟁론이 틀렸다면 실증적 차원에서 남북지도부와 미국이 주도한 1950년 10월 7일 유엔총회결의안, 중국 등의 전쟁목표에 통일을 배제한 객관적 자료를 제시하면 될 것입니다. 곧, 북의 민주기지론, 남의 북진통일론, 중국의 항미원조보가위국(抗美援朝保家爲國)론, 미국주도의 유엔총회결의안 376호 등이 통일 목적을 배제한 다른 전쟁목적을 가졌다는 것을 사실적으로 입증하면 됩니다.

또 우려스런 점은 방법론적 공약을 부정하고 있다는 점입니다. 통일은 사전적으로 두 개로 나눠진 것이 하나로 결합되는 것을 의미합니다. 이 통일이나 통일전쟁이라는 개념을 구성하는 기준에 따르면 우리의 가치관으로 좋아하든 싫어하든 상관없이 또 무력이든 평화든, 사회주의든 자본주의든, 남이든 북이든, 견훤이든 궁예든 상관없이 전쟁주체가 통일을 지향한 전쟁목표를 가졌다면 그 전쟁은 통일전쟁일 수밖에 없습니다.

이럼에도 불구하고 통일에 이르는 수단, 통일 이후 경제체제, 통일 주체의 성격 등 통일이라는 개념구성 요소 밖의 요인을 잣대로 들이대어, 곧 개념구성과 상관없는 외적 기준을 잣대로 삼아 통일이라는 개념자체를 부정하는 것은 방법론의 공약성 기초조차 지키지 못하는 반학문적이고 반이성적인 행위입니다. 이승만이 주도했고 자본주의를 지향했으니까 북진통일론은 통일전쟁이 맞지만 김일성이 주도하고 사회주의를 지향했으니까 통일전쟁이 될 수 없다는 것입니다.

하나로 합치면 통일이지 누가하면 통일이 되고 다른 누가하면 통일이 안 된다는 것은 억지 주장으로 귀결됩니다. 자본주의식만 통일이라면 '독일만 통일이고 베트남과 예맨은 아직도 분단되어 있단 말인가?'라는 단순한 질문에 그 모순을 노정하고 맙니다.

생물학적 기준으로 과일이면 과일이지 자기가 좋아하는 사과만 과일이고 싫어하는 감과 배는 과일이 아닐 수는 없습니다. 곧 선호도가 과일을 규정하는 개념구성 요소가 아니기 때문에 이 기준을 적용하는 것은 최소한의 의사소통 기준이나 공약수마저 지키지 않는 치외법권적 억지입니다.

같은 논리로 동물학적으로 사람이면 사람이지 백인단 사람이고 우리 같은 황인종과 아프리카의 흑인은 사람이 아니라고 할 수 없습니다. 이는 동물학적 기준이 아니라 피부색깔이라는 엉뚱한 기준을 적용시키는 억지를 범하는 것입니다. 이 같은 치외법권적 규정은 학문적 공약성을 허무는 문제일 뿐 아니라 일상생활에서 담론과 소통의 기초 공약도 지키지 않는 비정상적 행위입니다.

이 때문에 김대중 대통령과 극우진영의 대표 가운데 하나인 조갑제도, 심지어 5공 군부독재의 허문도 통일원 장관조차 6·25를 신라통일이나 고려통일과 같이 통일시도로 볼 수밖에 없었던 것입니다. 6·25통일전쟁론 성격규정은 가치지향과는 무관하게 개념규정 기준 곧, 공약성을 기준으로 내려질 수밖에 없는 당연한 귀결입니다.

실제 저의 한국전쟁 성격론은 1993년 『역사비평』 여름호에 「미국과 한국전쟁」이란 논문 발표 이후 시대 흐름에 맞춰 아래와 같이 수정·보완 작업이 연속적으로 이뤄져 전쟁성격규정도 변화 발전되어 왔습니다. 이 논문에 대해 수십 개의 우익단체들이 고발했지만 당시 공안당국은 이에 내사를 벌였으나 학문자유 침해 여지가 있다고 무혐의 처리하였습니다.

「미국과 한국전쟁」, 『역사비평』 1993년 여름호, 계간 21호(195쪽 〈표 2〉 '한국전쟁 5단계'는 민족해방전쟁과 조국해방전쟁 및 계급해방 전쟁으로 성격규정).

「미국과 한국전쟁」, 『분단과 전쟁의 한국현대사』, 역사비평사, 1996(205쪽 〈표 2〉 '한국전쟁의 5단계'에서 민족해방전쟁과 계급전쟁으로 규정).

「한미관계사: 38선에서 IMF까지」, 강치원 옮음, 『미국은 우리에게 무엇인가』 백의, 2000('한국전쟁 5단계설' 도표에서 65쪽 통일전쟁 처음 등장).

「한국전쟁과 민족통일: 전쟁의 통일을 넘어 평화와 화해의 통일로」, 『경제와 사회』 48호, 2000년 겨울호(233쪽 〈표 1〉 '한국전쟁 5단계설'에서 가장 체계적으로 민족해방전쟁, 통일전쟁, 분단고착화전쟁으로 성격규정 함).

강정구, 2002,「통일과 한국전쟁」,『민족의 생명권과 통일』, 당대(98쪽 〈표 1〉 '한국전쟁 5단계설' 역시 통일전쟁과 민족해방전쟁 및 분단고착화 전쟁으로 성격규정하고 북한이 공식적으로 규정하는 조국해방전쟁보다 민족해방전쟁으로 서술하고 있음).

「6·15평화통일시대 한국전쟁의 역사적 재조명」(인천통일연대주최 토론회 발표문, 2005년 6월 30일) (위와 같이 통일전쟁, 민족해방전쟁, 분단고착화전쟁으로 성격규정하고 있음).

나. 침략전쟁이 아닌 내전이라는 성격규정의 문제

침략전쟁은 국제법적 기준에 의한 전쟁성격규정으로 별개의 주권국가끼리의 무력투쟁에만 한정된 개념입니다. 내전이나 내란은 한 주권의 나라 안에서 2개 이상의 주권을 주장하는 정권이 서로 단일적이고 배타적인 주권을 확보하기 위해 벌이는 무력투쟁입니다.

이런 국제법적 규정에 따르면 우리의 통념과는 달리 6·25전쟁은 침략전쟁으로 규정될 수 없습니다. 그래서 전쟁이 터지는 당일인 1950년 6월 25일 유엔안보리 결의 82호는 6·25를 별개의 주권국가 간의 전면적 군사행위인 침략전쟁으로 규정하지 않고 평화파괴(breach of peace)로 규정했습니다.

> Determines that this action constitutes a breach of the peace,
> Calls for the immediate cessation of hostilities;
> and Calls upon the authorities of North Korea to withdraw forth with their armed forces to the thirty-eighth parallel(Resolution 82 Adopted by the United Nations Security Council, June 25, 1950).

그러므로 6·25는 한반도 내의 5·10선거가 실시된 지역에 한정해 합법성을 유엔총회로부터 1949년 10월 21일 인정받은 대한민국과 아직 주권국가로 유엔의 승인을 받지 못한 북한이라는 실체(국제법적으로는 반도단체) 사이의 내란, 곧 집안싸움인 것입니다. 국제법 차원에서 내란은 무력행위

주체를 반도단체 수준에 한정할 때의 규정이고, 이 반도단체를 교전단체로 인정할 때 내전이 됩니다.

6·25의 경우 초기에 '동란'이나 '사변'으로 지칭됐던 것은 동학란이나 농민반란 등과 같은 수준의 내란으로 보았기 때문입니다. 그러나 당일 유엔 안보리 결의안 82호가 북한을 평화파괴자로 규정하면서 교전단체가 되어 내전으로 규정되었습니다. 남한의 공식적 주장인 불법 남침이라는 침략전쟁과는 배치됩니다만 국제법적으로 당연한 규정입니다.

『한반도 평화조약의 체결』에서 김명기 국제법 전공 교수는 36쪽에서 6월 25일과 27일의 유엔결의안을 분석하면서 침략전쟁이 아닌 내란으로 해석했습니다.

> 위 결의는 북한의 대남 적대행위가 '평화의 파괴'를 구성한다고 했고, '침략행위'를 이룬다는 표현은 없다. 이는 당시의 무력을 내란으로 간주한 것으로 볼 수 있다. 왜냐하면 침략행위는 국가 간에만 이야기 될 수 있고 국내적인 것이 아니라고 할 수 있기 때문이다(김명기, 1993, 『한반도 평화조약의 체결』, 국제법출판사, 36쪽).

6·25침략전쟁 규정은 국내법과도 상치됩니다. 헌법 제3조는 "대한민국의 영토는 한반도와 그 부속도서로 한다"로 규정하고 있습니다. 또 국가보안법에 의해 북한은 주권국가가 아닌 반국가단체로 규정되어 있습니다. 남한 법체계는 북한이 유엔에 공식적으로 가입한 1991년 이후까지도 북한을 주권국가로 인정하지 않고 있어 여전히 불법적인 반국가단체였습니다.

국내법에 의하더라도 남북 간의 전쟁인 6·25는 별개 주권국가 간의 전쟁일 수 없기 때문에, 곧 주권국가인 대한민국과 대한민국의 영토 안에 존재하는 반국가단체에 불과한 북한과의 전쟁이기에, 침략전쟁이 성립될 수 없고 단지 내전일 수밖에 없습니다.

이런 법 형식적 기준보다는 남과 북에 살고 있던 주민들의 인식입니다. 당시 어떠한 사람도 아마 남과 북을 별개의 주권국가로 여기지는 않았습니다. 모두들 머지않아 통일이 될 것으로 기대했고 반드시 되어야 한다고 생각했습니다.

  역사적으로 고찰해 보더라도 6·25는 침략전쟁이 아닌 내전일 수밖에 없음을 확인할 수 있습니다. 내란이나 내전에는 침략이라는 개념이 학문적으로 성립될 수 없습니다. KBS 한국방송공사의 주말 연속극이었던 '왕건'에서 확인할 수 있듯이 후삼국 시대의 고려 왕건, 후백제 견훤, 태봉국의 궁예, 위축된 신라 등은 서로 자기중심의 삼한통일을 위해 전쟁을 가열 차게 치렀습니다. 그렇지만 우리 역사에서나 역사책에서 어느 누구도 이들을 침략자로 규정하고 있지 않습니다.

  이는 세계사에서도 마찬가지입니다. 미국의 남북전쟁에서 북의 링컨도 남의 리장군도 침략자가 아니었습니다. 일본의 명치유신 당시 개혁파와 수구파의 내전에도 침략자 규정은 이제까지 어떠한 역사 책에도 없습니다.

  흔히들 전 지구적 표준화에 맞추자는 의미에서 Global Standard를 이 땅의 언론과 지식인은 밥 먹듯이 외치면서도 왜 우리 역사에서 김대중 대통령이 정확하게 지적했듯이 통일을 목표로 한 점에서 동일한 전쟁인 신라통일전쟁과 후삼국통일전쟁을 침략전쟁으로 보지 않으면서 6·25는 침략전쟁으로 보아야 하며, 또 미국의 남북전쟁이나 일본의 개혁전쟁의 경우 침략자라는 규정이 없는데 우리의 경우는 이러한 非학문적, 탈법적, 非역사적, 反민중의식적인 침략자 또는 침략전쟁이라는 규정이 적용되어야 합니까?

  이처럼 6·25통일내전에 대해 사법처리 운운하는 이 땅의 일부 세력, 이를 바탕으로 저를 기소한 검찰, 이를 무비판적으로 수용한 1심 판사들은 국제법이나 국내법을 초월한, 영어식 표현으로는 over and above either the internal or external laws＝the lawless＝outlaw인 셈입니다. 법의 집행을 전문으로 한다는 1심 판사는 이러한 법적 근거에 의해서만 규정될 수 있는 침략전쟁 개념을 법이 아닌 냉전성역이라는 맹목적 믿음이라는 잣대로 판결을 내린 것이 아닌지 의구심을 떨쳐버릴 수 없습니다.

다. 미국의 불법적 개입 문제

앞에서 6·25는 별개의 주권국가 사이의 전쟁인 침략전쟁이 아닌 집안싸움인 내전으로 규정될 수밖에 없음을 국제법, 국내법, 남북 주민들의 인식, 우리 역사, 세계사 등의 준거 틀(frame of reference)을 근거로 확인했습니다. 여기에 머물지 않고 이 논리를 좀 더 확대하면 6·25전쟁이라는 내전 또는 내란의 집안싸움에 먼 외지인에 불과한 미국이 끼어들어 전쟁주체가 되어 본래의 주체인 남한을 대신해 작전통제권까지 장악하고는 실질적으로 전쟁주도자 역할을 한 것은 일종의 침략행위입니다.

유엔이라는 외피를 입고 개입한 것이기 때문에 국제법적으로 정당하다는 주장은 마치 '힘이 정의다'라는 정글의 법칙을 정당하다고 보는 것과 마찬가지입니다. 그 당시 유엔은 마치 미국의 국무성 수준에 지나지 않는다는 해석이 지배적이었으니까 말입니다.

그러므로 북한이 6·25전쟁을 확대하고 도발했지만, 이 전쟁은 내전이기 때문에 북한을 침략자로 규정하는 것은 학문적으로 허용되지 않고 있습니다. 오히려 남의 내전에 직접적인 전쟁행위자로 개입해 남의 주권을 침해하고 실질적인 전쟁주체가 되어 버린 미국의 행위를 침략으로 또 침략자로 보아야 할 것입니다.

영국사학자 Jon Halliday, 미국의 사학자 Cumings, Kolko 등도 이런 견해를 가지고 있으며 Halliday는 한국전쟁은 1945년 9월 미군이 인천에 상륙하면서 자생적 국가인 여운형 중심의 조선인민공화국을 붕괴시키기 시작할 때부터 미국의 침략은 시작되었다고 그의 논문에서 주장했습니다.

다시 한 번 1심 판사에게 묻습니다. 왜 우리의 역사에서 김대중 대통령이 정확하게 지적했듯이 통일을 목표로 한 점에서 동일한 전쟁인 신라통일전쟁과 후삼국통일전쟁을 침략전쟁으로 보지 않으면서 6·25는 침략전쟁으로 보아야 하며, 또 미국의 남북전쟁이나 일본의 개혁전쟁의 경우 침략자라는 규정이 없는데 우리의 경우는 이러한 非학문적이고 非역사적인 침략자라는 규정이 있어야 합니까?

이런 잘못된 것을 바로 잡고 당당히 미국을 구세주가 아닌 침략자로 규정할 수밖에 없는 학문적 연구결과에 사법처리를 시도하면서 자유민주주의 운운하는 것은 자가당착이라고 봅니다.

물론 이는 김일성 등의 전쟁책임론을 전혀 부정하는 것은 아닙니다. 역사 구조적 요인에 초점을 맞추는 사회형성론이 아닌 행위론적으로 본 전쟁책임론은 한국전쟁의 각 단계별로 책임자가 달라질 수밖에 없습니다. 1948년 2월 2·7구국투쟁에서 비롯된 '작은전쟁'에 대한 1차적 책임은 남한 내의 민주주의민족전선에, 6·25'확대전쟁'에는 김일성과 북한지도부에, '전면전쟁'에는 미국에, '진영전쟁'에는 미국, 중국에 각각 있다고 볼 수 있습니다. 그렇지만 이들 행위자들이 이러한 결정을 하게 된 근본적 요인인 역사 구조적 요인을 제대로 고려하지 않기 때문에 행위론적 전쟁설명은 근본 요인을 밝혀 낼 수 없는 한계가 있는 접근방식입니다.

4. 미국의 신식민지 지배의 문제

1심 판결문은 "현재 미국의 신식민지 지배하에 있으며"라고 서술해 남한이 마치 미국의 신식민지인 것처럼 확대해석하는 것처럼 평가하고 있습니다. 그러나 저는 신식민지가 아니라 부분적으로, 특히 작전통제권도 없는 군사부문 같은 영역에서는 신식민적 지배하에 놓여 있다고 본 것입니다. 저의 책 『통일시대의 북한학』의 「대외종속성문제」라는 절에서(276쪽) 북한의 신식민지반자본주의사회론을 아래와 같이 비판했습니다.

> 곧, 남한은 더 이상 '식민지반봉건사회' 또는 '신식민지반자본주의사회'라고 지칭되는 '절대적 종속성'이 아니라 '상대적 독자성'을 가지고 있는 실체라는 점을 북한이 공유해야할 시점에 이르렀다고 생각한다. (……)
> 이러한 상대적 독자성의 확보는 85년 이후 '3저 호황'이란 국면을 계기로 남한자본주의가 자기 생명력과 교정력을 확보하여 물질 토대가 어느 정도 구축된 점과 김영삼정권이 과거 군부독재정권과 차별성을 띤 문민정부라는 점에서 비롯된다고 본다(강정구, 1996, 『통일시대의 북한학』, 당대, 276쪽).

신식민주의는 2차 세계대전 이전의 구 식민주의와는 달리 정치적 독립을 외형적으로는 허용해 형식적인 주권 통치는 허용하되 경제-외교-군사-정치 등의 여러 분야에서 실질적인 지배를 관철시키는 지배형태를 의미합니다. 한국사회가 이처럼 광범위한 영역에서 모두 미국의 실질적인 신식민지적 지배하에 놓여 있는 것은 아니지만 부문별로 이 신식민지적 지배가 관철되고 있는 것은 엄연한 현실입니다.

특히 군사부문에서는 그야말로 주권국가라고 보기 힘들 정도입니다. 작전통제권이 없는 상태에서 우리의 대통령이 군통수권을 제대로 행사할 수 없는 것은 불문가지의 일입니다. 이는 노 대통령이 당선자 시절 한국노총을 방문해 작전통제권을 갖지 못한 대통령이 어떻게 전쟁을 막을 수 있는가라는 탄식의 목소리를 내었음에도 드러나는 현상입니다.

최근 한미FTA 협상에서 논란이 되고 있는 약값 책정 문제도 마찬가지입니다. 국민의 건강과 직결된 약값 문제를 우리 스스로 결정하지 못하고 식약청관련 회의에 미국의 대사관 직원이 정례적으로 참석해 간섭하는 관행이 당연시 되었던 것입니다. 이러한 탈법적인 행위가 실질적으로 여러 곳에서 자행되는 현상을 일컬었던 것입니다.

작전통제권 부재로 인한 군사영역의 신식민지적 지배 현상을 좀더 구체적으로 살펴보겠습니다.

첫째, 국민의 생명과 재산을 지키는 임무를 지고 있는 한국대통령은 명목상의 군통수권자에 불과합니다.

"막상 전쟁이 나면 국군에 대한 지휘권도 한국 대통령이 갖고 있지 않다"(『한겨레』, 2003.2.14)는 노무현 당선자의 한탄은 자신이 대통령이지만 명목뿐인 군 통수권자에 불과해 전쟁이 일어나면 미국에 우리 운명을 맡겨야 하는 절박한 상황을 토로한 것입니다. 대통령은 헌법상 군 통수권자이지만 군정과 함께 군 통수권을 이루는 군령권을 갖고 있지 못한 실정입니다. 군령의 핵심이 작전통제권인데 이를 미국, 곧 한미연합사령관이 행사하기 때문입니다.

우리의 죽고 사는 문제인 전쟁의 문제를 군 통수권자인 대통령이 아니라 한미연합사령관이 장악하고 있다는 사실은 우리의 운명이 미국에 맡겨져 있다는 것을 의미합니다. 군대의 사용·운용 사항인 군령은 군사력 건설 사항인 군정을 규정합니다. 어떤 작전계획을 짜느냐, 어떤 전략전술을 채택하느냐에 따라 군의 구조나 규모, 무기체계, 군수 등이 좌우되는 것입니다. 작전통제권을 가진 미국이 군 구조개편이나 국방개혁에 간여하고 무기체계 선정에 간섭하는 것은 미국의 작전통제권 장악이 군정에까지 그 영향력을 행사하고 있음을 말합니다.

결국 군령은 물론 군정도 사실상 독자적으로 시행하기 어려워 한국 대통령은 명목상의 군 통수권자에 불과한 게 엄연한 우리의 현실입니다.

구체적인 보기를 들도록 하겠습니다. 1994년 6월 중순 한반도는 당시 미국국방장관인 페리의 말에 의하면 평양에 가 있던 카터 전 대통령의 전화가 한 시간만 늦었더라도 전쟁은 불가피했고 전쟁이 발발하지 않은 것은 기적이었다 할 정도로 급박한 상황이었습니다. 미국은 이미 5월 중순 전쟁모의실험을(simulation) 거쳐 무려 48만 명의 군대를 동원해 6월 중순 북한을 침략하는 계획을 확정했고 6월 14일 최종 백악관의 국가안보회의에서 이를 의결했습니다. 당시의 김영삼 대통령은 이미 수일 전에 클린턴 대통령과 32분 동안 '전화로 싸우면서' 결코 전쟁은 안 된다고 고함을 쳤다고 합니다. 그렇지만 미국은 이에 전혀 아랑곳하지 않고 전쟁을 의결했던 것입니다. 응당 작전통제권이 미국에 있었고 이 땅에 미군이 존재하고 있었기 때문입니다.

또 2002년 부시정권이 들어서자마자 미국은 북한에 대한 첨단정밀폭격 선제공격인 작전계획 5026을 한국에 강요했습니다. 2002년 10월 방한한 더글러스 파이스 미국 국방부 정책차관은 "오는 12월 워싱턴에서 열리는 한미안보협의회의에서 럼즈펠드 장관이 비상계획에 대한 입장을 제시할 예정이니 한국 측에서도 준비를 해 달라"고 요구했습니다. 우리 정부는 "새로운 작전계획의 틀과 담길 내용이 미 군사력에 의한 북한 핵시설 선제공격을 담고 있는 등 기존의 작전계획과 상당히 다르다는 것을 확인하고서 계획 수립을 완강히 거부했"습니다(「휴전선 북한 화력 초기에 무력화」, 『중앙일보』, 2003.1.17). 그러나 결국 미국 압력에 굴복하여 2002년 SCM에서 "유엔사, 한미연합사 작전계획 5027과 개념계획 5029를 보완하는 추가적인 작전계획 5026을 발전시킨다"라고 합의하고 말았습니다.

또 2005년 초 청와대는 개념계획 5029-99를 작전계획 5029-05로 바꾸는 한미연합사의 작업이 주권침해 소지가 있다며 중단하도록 한국 합참에 지시했습니다. 그러자 미국 7함대사령관이 "북한에 정권 붕괴 등 급변사태가 발생할 경우 미7함대가 전력을 투입할 것"(『중앙일보』, 2005.4.20)이라며 한국 대통령의 지시를 무력화 시키는 폭거를 일개 군사령관이 자행했습니다. 당시 한국을 방문했던 로리스 미 국무부차관은 이종석 NSC 사무처장을 경질하라는 요구까지 했습니다. 결국 미국은 개념계획 5029를 보완·발전시킨다는 한미국방장관 합의를 이끌어냈습니다(『연합뉴스』, 2005.6.4).

또한 북한정권 붕괴를 꾀하는 작전계획 5027-02는 한국과 상의 없이 북한 침략전쟁을 상정하고 있습니다. 군사전문 인터넷 사이트인 글로벌 시큐리티에는 다음과 같이 기술하고 있습니다: "This case study in the application of the Bush administration's new doctrine of pre-empty military action envisioned a swift attack, carried out without consulting South Korea, America's ally on the peninsular."

이런 상황인데도 과연 1심 판사는 군사영역에서 한국은 미국의 신식민지적 지배하에 놓여 있지 않다고 장담할 수 있을지 의문입니다.

5. 주체사상의 대내적 주체노선과 대외적 자주노선 문제

1심 판결은 "민족통일을 이룩하기 위해서는 주체사상의 대내적 주체노선과 대외적 자주노선을 받아들여 주체사상이 민족통일의 길잡이가 되어야 하는데"라고 서술하고 있습니다. 민족통일 과정에서 주체사상 가운데 우리가 계승해야 할 것은 대내적 주체노선과 대외적 자주노선이라는 주장은 했지만 주체사상 전체가 민족통일의 길잡이가 되어야 한다는 주장을 한 적이 결코 없습니다.

대내적 주체노선과 대외적 자주노선이 긴요하다는 것은 이미 남북이 1972년, 1991년, 2000년 공식적으로 합의한 사항이고, 이를 떠나 범세계적으로 너무나 보편적인 규범이기에 전혀 문제가 될 수는 없다는 점을 지적합니다. 이를 찬양-고무-동조로 인정하는 문제점을 다음과 같이 밝힙니다.

> 가. 먼저 주체사상의 '계승' 등이 범죄 구성 요건이 되려면 주체사상의 범주를 명확히 규정해야만 합니다.

왜냐면 주체사상이란 방대한 사상·이론·방법의 체계이기에 북한의 모든 것과 모든 곳은 김일성 우상화와 주체사상과 연관이 있기 때문입니다. 이는 '북한의 모든 것 = 김일성 정신 발로 = 주체사상 구현'이라는 도식을 도출할 수 있기 때문입니다. 이 결과 북한에 대한 어떤 연구도 주체사상과 김일성 정신 찬양으로 볼 수 있게 됩니다. 그래서 검찰이나 법원은 국가보안법 상 '김일성 정신'과 '주체사상'에 대한 명확한 범주와 처벌 대상의 구체적 행위를 객관적으로 입증이 가능하도록 제시해 주어야 합니다. 그렇지 않은 상태에서는 반론권 행사가 거의 불가능하다고 생각합니다.

> 나. 주체사상 신봉자라면 주체사상의 방대한 내용 중 최소한도 세 가지를 받아들여야 합니다.

곧 수령론, 국가 사회주의 체제의 필연성, 현 북한체제에 대한 긍정성입니다. 이 가운데 수령론의 신봉이 가장 핵심이라고 볼 수 있습니다. 그러나 저는 수령론에 대해서는 부정과 비판을, 국가사회주의에 대한 부정을, 북한체제에 대한 비판을, 그리고 자주노선에 대한 긍정적 평가를 내렸습니다. 이러한 저의 학문적 분석은 3:1의 비율로 주체사상을 부정적으로 보고 있다는 것을 의미합니다. 이 3:1 비율을 균형감을 상실한 것이라고 결코 볼 수는 없습니다.

핵심인 수령론에 대한 비판은 저의 1995년 2학기 동국대학 강좌 '북한의 정치와 사회' 강의록에서 아래와 같이 개진했고 또 저의 책이나 논문에서 계속 이 기조를 유지하고 있습니다.

> 주체사상에 의하면 인민대중이 역사의 주체입니다. 그런데 민중은 수

령의 영도를 받아야 역사의 주체가 될 수 있다는 것입니다. 그런데 이러한 수령의 절대적 존재의 근거가 무엇인지 우리가 이를 어떻게 확인할 수 있는지 의문이 제기됩니다. 수령의 영도를 받지 않는다면 인민대중은 역사의 주체가 못되는 수동적 존재가 아닌가 하는 의문이 제기됩니다.

또한 아래의 인용문처럼 수령론이 민주주의와 배치된다는 점을 누누이 강조해 왔습니다.

> 북한식의 민주주의는 민주주의의 구성요소에서 시민권이나 정치권을 배제 또는 간과할 위험성이 있다. 바로 인민대중 중심의 주체사상이 사회정치적 생명체를 바탕으로 하는 수령관과 결합된 점은 정치권과 시민권을 원초적으로 제한한다. 인민은 수령의 영도에 의해서만 역사의 주체로 또는 자기운명의 주인이 될 수 있다는 수동적 인민만이 수령관에 적합한 인민인 것이다. 인민의 자유스러운 선택에 의한 권력창출은 정권 정통성의 요체이다.
> 그러나 북한은 세습제에 의한 권력승계를 함으로써 정권의 정통성과 정치권의 민주성을 근원적으로 위배하고 있는 것이다. 결론적으로 우리가 지향하여야 할 민주는 시민권, 정치권, 사회권을 아우르는 포괄적 민주주의라고 여겨진다(강정구, 1998, 「4월혁명과 현단계 자주·민주·통일의 과제」, 『경제와 사회』 39호, 가을, 222쪽).

다. 주체사상의 방대한 내용 가운데 대내외적 자주노선을 통일의 길잡이로 계승하자고 한 사실만으로 주체사상 신봉자로 규정하는 것은 그 논거가 성립되지 않습니다.

민족자주는 단순한 지금 현재적 과제만이 아니라 통일신라 이후 1,300년 민족사가 요구하는 전 역사적과제였습니다. 우리 역사에서 외국군의 침략-주둔-지배는 삼국시기 당나라, 고려시대의 몽골, 임진왜란 당시 일본, 임진왜란 당시 명나라, 정묘-병자호란 당시 청나라, 개항기 청나라, 개화기 일본, 식민시대의 일본, 해방 이후 북한에서의 소련, 남한에서의 미국 등으로 이어집니다.

저는 이 치욕의 역사와 일부 지배집단의 반민족행위를 개탄하면서 1995년 해방 50돌을 맞아 『한겨레』 주최 통일학술대회에서 발표된 「민족과 통일」 논문에서 이제 통일시대는 민족 스스로의 길을 걸어가도록 해야 한다고 주창했습니다.

모든 역사는 역사 그 자체가 의미를 가진 것이 아니라 오늘날의 당면과제를 풀어나가는 지침을 주고 미래의 전망을 제공해 주는 데 의의가 있다고 카(E. H. Carr)를 비롯해 많은 역사학자들이 이구동성으로 강조하고 있습니다. 그래서 역사는 과거와 현재의 대화라는 것입니다.

이러한 역사연구의 기본 원칙에 충실하고, 통일시대라는 현재의 시대적 요청에 부응하는 역사적 함의를 주체사상의 대외적 자주노선과 대내적 주체노선에서 찾는 것은 북한전문가와 통일이론가로서 당연한 귀결이라고 생각합니다.

제 자신만이 아니라 남한정부도 자주노선을 긍정적으로 평가하여 7·4공동성명, 남북기본합의서, 6·15공동선언에서 박정희, 노태우, 김대중정부가 각기 통일원칙으로 자주노선에 합의했던 것입니다. 북한전문가인 펜실바니아 대학 이정식 교수는 북한외교가 '하나의 예술'이라고 자주노선을 극찬할 정도였습니다. 또 주체사상의 여러 다양한 내용가운데 가장 긍정적인 것이 자주노선임은 북한전문가인 이종석 박사, 김근식 박사 등 국내학자의 공통된 견해이고 일반인들도 이것만은 인정하고 있습니다.

동시에 2001년 저의 첫 담당 검사도 조사과정에서 어느 나라든지 자주노선의 보편적 원칙을 견지하는 것은 당연하다고 주장했습니다. 그런데 이 자주노선을 긍정적으로 평가한다고 저를 주체사상 신봉자라는 무리한 결론을 내린다면 자주노선을 당연한 것으로 또 보편적 원칙으로 보았던 담당 검사도 주체사상 신봉자로 규정되어야 마땅하다고 봅니다.

라. 통일원칙으로 남북이 합의한 자주노선

자주노선은 더 이상 북한이나 주체사상의 전유물이 아니라 남북이 7·4공동성명, 1991년 기본합의서, 6·15공동선언에서 합의·확인한 범 민족적

노선입니다. 보편성을 띤 것이기 때문에 남한정부도(박정희, 노태우, 김대중) 자주노선을 통일원칙으로 적극 수용했던 것입니다.

저의 자주노선 계승 주장이 주체사상을 신봉한 것으로 해석되어 법적 심판을 받는다면 역대 대통령으로서 자주노선을 통일원칙으로 북한과 공식적으로 합의했던 박정희, 노태우, 김대중 전 대통령들도 마땅히 주체사상 신봉자로 평가되고 심판을 받아야 합니다. 법은 그 적용에서 보편성을 띠어야 합니다.

마. 제국주의 대응 자주노선과 사회주의식 대국즈의 대응 자주노선

북한의 자주노선은 미국 등 자본주의 패권국가에 대한 자주노선이기도 하지만 소련 등 사회주의 대국주의에 대응한 자주노선이기도 합니다. 이를 반미자주로 한정시킬 수는 없습니다.

미국과 일본에 대한 자주노선은 언급할 필요가 없을 정도로 널리 알려져 있어 세부적 논의는 하지 않겠습니다. 우리가 놓치기 쉬운 것은 사회주의 대국주의에 대응한 자주노선입니다.

북한은 이미 1960년대 중후반에 소련의 수정주의와 중국의 교조주의와의 대외적 자주노선투쟁을 통해서 자체의 독자노선체제를 실현시켰습니다. 1967년의 메이데이 행사에는 비동맹지도자들만 초대함으로써 대외적 자주노선의 구축을 상징적으로 과시하기도 했습니다.

1966년 8월 12일 북한은「자주성을 옹호하자」라는 『로동신문』 사설에서 그동안의 대외적 자주노선의 투쟁과 성과를 높게 평가하며 8가지 원칙을 밝혀 북한 나름대로 대외적 자주노선의 결실을 거두었다는 평가를 했습니다.

> 국제관계에서도 우리 당은 자주적으로 활동하겠다. 현대수정주의를 반대하는 투쟁도 우리는 자기의 판단에 따라 독자적으로 진행되었다. 정세가 복잡할수록 우리는 자주적이며 독자적인 입장을 확고히 견지하여 나갔다. 사상에서의 주체, 정치에서의 자주, 경제에서의 자립, 국방에서의 자위 - 이것은 우리 당의 일관된 방침이다. 제반 사실은 우리 당이 취한 모든 방침이 전적으로 옳았다는 것을 확증하고 있다. 혁명과 건설에

서 우리가 거둔 승리는 무엇보다도 우리 당의 자주노선의 결실이다(『로동신문』, 1966.8.12).

이처럼 제가 내외적 자주노선을 통일길잡이로 삼자는 것은 반미자주에 국한되지 않고 보편적 자주를 의미합니다.

바. 외세 배격만의 자주성과 열린 자주성

제가 주창하는 자주노선은 무조건적인 외세 배격만의 자주노선이 아니라 보편적인 자주노선이었고 열린 자주성이었습니다. 2001년 검찰조사에서 북한의 대외적 자주노선은 외세가 평화와 통일에 도움이 될 경우 외세와 협력하고 외세가 방해가 될 경우 외세배격이라는 양면성을 띠고 있다고 설명했습니다. 이에 담당검사도 '부당한 간섭에는 배격을, 도움이 될 때는 협력'이라는 원칙은 북한이나 주체사상의 고유물이 아니라 보편적 원칙이라고 동의했습니다.

저를 비롯한 민족운동진영의 자주노선 역시 이러한 보편적 원칙에 입각한 합리적 자주노선이지 무조건의 맹목적 외세 배격노선이 아닙니다. 1994년의 10・21북미제네바협정, 2000년 10・12북미공동선언, 2005년 9・19공동선언 당시 저를 비롯한 민족운동진영은 이 합의가 북미 간 대결구도를 종식시키고 한반도에 평화체제를 이룰 기초를 형성할 수 있다고 미국을 치하했습니다.

저는 이미 필요에 따라 "미국이라는 외세에 의존해야 하는 상황"을 지적했고(『통일시대의 북한학』, 152쪽), "민족중심과 남북공조의 바탕 위에서 미국과 중국을 끌어안으면서 통일 환경을 조성하는데 역점을 두어야 한다"라고(『통일시대의 북한학』, 198쪽) 주장했고, "미국의 협조가 현실적으로 긴요한 점"(『현대 한국사회의 이해와 전망』, 209쪽) 등을 역설했습니다.

곧, 미국이 하기에 따라 자주노선은 친미도 하고 반미도 하기 마련입니다.

사. 주체사상의 자주노선과 반미자주노선

　주체사상의 자주노선은 반드시 반미자주노선을 의미하는 것이 아닙니다. 역사적으로 북한은 배타적 자주나 폐쇄적 자주가 아닌 열린 자주를 추구하고 있고, 저 또한 우리가 통일을 위해 추구해야할 자주노선은 반미자주노선만이 아닌 미국과 필요할 때 협력하는 열린 자주를 옹호해 왔습니다.
　북한의 자주노선은 실제 필요에 따라 외세 협력을 적극적으로 수용하고 있는데도 검찰이 외세배격으로만 보는 것은 사실과는 다릅니다. 박성덕 교수(주체사상연구소)는 미국을 연방제 통일을 지원하는 외세로 인식했고(『통일시대의 북한학』, 286쪽), 김정일 국방위원장이 주한미군의 주둔을 허용한 것도 또 열린자주에 대한 동의나 미일수교에 대한 그의 견해도 반미자주만을 일삼는 자주가 아님을 분명히 보여준다고 생각합니다(『한겨레』, 2000. 8.10, 8.14).

　　박 교수는 미국을 연방제통일까지도 지원해 줄 수 있는 외세로 보고 있어 북한의 대미인식 변화를 확인할 수 있었고, 가장 큰 반통일 외세는 일본이라는 인식은 많은 남쪽 지식인의 견해와 일치하는 것을 발견하였다(강정구, 1996, 『통일시대의 북한학』, 당대, 286쪽).

　　[일본 아사히신문의 2000년 7월 9일 '코리아, 공존시대'라는 특집에 의하면(……)
　　김 위원장은 다시 김 대통령을 향해 "(……) 미군은 우리들을 공격해서는 안 된다. 그러나 김 대통령의 설명에는 동감하는 면도 있다. 지금 철수는 필요하지 않다. 통일된 후에도 평화유지를 위해 미군은 남는 것이 좋다"고 설명했다.
　　이와 관련, 아사히는 김 위원장의 발언 진의와 관련, "북한이 한국의 '북침'에 대한 경계를 아직 풀지 않고 있으며 동시에 일본의 군비증강, 중국의 군사대국화를 우려한 때문"이라는 한국 고위관리의 관측을 소개했다. (……)
　　김대통령은 "외세 배척의 시대가 아니다. 내가 여기(평양)에 오기로 결정한 것은 나의 '자주'에 의한 것이며 미·일에도 이야기했다. 배타적인 자주가 아니다. 주변국과 좋은 관계를 유지해 협력하면서 독자의 입장을 관철한다는 것이다. 이것이 진정한 자주가 아니겠는가"라고 설명했다.

이에 대해 김위원장은 "'열린 자주'에 공감한다"고 답변했다. (……)

(「[주한미군] 김정일위원장, 통일후에도 미군 남는 것이 좋아」, 『한겨레』, 2000.8.10).

아. 대내적 주체노선의 필요성

저는 이미 「김대중 정부 통일정책의 평가와 전망: 포용정책의 민족친화성과 신자유주의의 반 통일성」(『진보평론』 창간호, 1999, 176~204쪽)이라는 논문에서 신자유주의가 범람하고 있는 시점에서 김대중정부의 종속적 신자유주의 경제정책이나 과잉세계화는 김 대통령의 의지와는 반대로 반통일적인 사회적 조건을 형성하여 대북 포용정책의 통일지향성에도 불구하고 궁극적으로 反통일정권이라는 역사적 평가를 받게 될 것이라고 경고하고 대내적 주체노선이 필요하다고 역설했습니다.

> 또 김대중 정권은 '세계에서 제일 기업하기 좋은 나라 만들기'라는 신자유주의 매몰정책으로 대미 예속의 심화와 전면화를 주도하고 있다. 이 결과 국민경제의 토대는 약화되고, 초국적 지배계급이 등장하고, 국민국가의 물적 토대가 허물어지는 상황이 전개되고 있다. 이에 대한 근본적 궤도수정이 없을 경우 궁극적으로 남한 내의 통일동력의 기반이 상실되고 말 것이다. 이 결과 비록 김대중 정부가 의도하지 않았다 하더라도 과잉세계화와 종속적 신자유주의와 결합한 그의 '대북 및 통일정책'은 反통일성으로 귀결되고 민족사의 준엄한 심판을 면하기 어렵게 될 것이다 (203쪽).

곧 대내적 주체노선이 없으면 통일의 결정적 시기가 온다 하더라도 통일동력을 상실하여 통일을 이루지 못하기 때문에 이를 견지해야 한다고 주장했던 것입니다. 신자유주의나 세계화 등으로 인류 역사의 발전 단계가 민족의 좁은 틀에서 벗어나 글로벌 시대로 나아가고 있는 것은 틀림없습니다. 그러나 진정한 세계화는 우리 것인 주체성을 세계무대에 올려 범세계적인 다양성을 살찌우는 것을 지향해야 합니다. 주체성이나 정체성이 없는 세계화는 서양화이고 일체화이며 이 결과 패권과 노예적 굴종만이 판을 칠 뿐입니다. 세계화와 대내적 주체화의 병존과 균형이야말로 우리의 지향이어야 합니다.

6. 통일주체로서의 시민 · 민중사회

1심 판결문은 "이러한 통일대업을 이끌어 갈 주체는 시민 · 민중사회일 수밖에 없다고 주장한다"로 서술함으로써 마치 이 서술이 찬양－고무－동조인 것처럼 해석하고 있지만 이는 전적으로 잘못된 것입니다.

저는 역사는 일반 민중의 삶의 발자취이고 이들이 생을 위해 세상을 이끌어간다고 보는 밑으로부터의 역사관을 견지해 왔습니다. 역사는 지난날의 낡은 교과서식의 왕정사나 엘리트 중심의 위로부터의 역사가 아니라 일반 서민의 삶과 직결된 민중사가 되어야 한다는 것이 저의 지론이었습니다.

이러한 역사관과 평소 지론에 따라 통일이라는 큰 역사 역시 시민－민중사회가 역시 주체가 될 수밖에 없다고 보고 있습니다. 김대중정부의 대북 포용정책이 6월항쟁 이후 1988년부터 전개된 열렬한 통일운동과 이에 대한 일반 민중의 적극적 지지라는 시민－민중사회의 흐름을 적극 수용함으로써 탄생했던 것처럼 말입니다.

물론 밑으로부터의 역사관은 밑과 위가 서로 변증법적 상호작용에 의해 주고받음의 소통을 부정하는 것은 아닙니다. 김대중정부의 포용정책의 결과 오늘날 호남지역 주민들은 다른 지역에 비해 월등히 통일지향성을 띠고 있습니다. 이는 바로 위와 밑의 변증법적 상호작용에 의한 결과라고 봅니다. 그렇지만 역사 동력의 원 뿌리는 역시 시민과 민중 등 밑으로부터 오는 것이 인류사의 보편적 흐름이었다고 보아야 할 것입니다.

오늘날 우리 사회가 이러한 역사관에 의한 통일주체에 내린 결론마저 사법부의 심판을 두려워해야 한다면 우리 사회의 학문－사상－표현 등이 질식하고 말 것이며 이는 더 이상 정상사회의 모습은 아닐 것입니다. 이 점을 1심 판사는 고려했어야 한다고 봅니다.

7. 미국의 6·25참전과 역사추상형방법론

1심 판결문은 "만약 미국의 개입이 없었다면 한국전쟁은 한 달 이내에, 1만 명 미만의 희생자만 내고 끝났을 것이라는 추론을 하는데, 위 추론의 또 다른 결과는 만약 미국을 포함한 유엔연합군의 참전이 없었다면 북한에 의한 적화통일이 달성되어 현재의 대한민국은 존재할 수 없다는 결과에 이르게 됨이 명백함에도, 피고인은 그러한 결과가 오히려 정당하다는 주장을 한다. 이와 같은 피고인의 주장은 1948년 건국되어 현재에 이르는 대한민국의 존재 및 존립의 영속성을 명백히 부정하는 것이다"라고 서술해 저의 역사추상형방법론에 의한 추론이 대한민국의 존재와 존립의 영속성을 부정하는 것이라고 판단하고 있습니다.

이는 반(反)사실적 실험(counter-factual experiment/reasoning)에 의한 역사추상형방법론을 제대로 이해하지 못한 데서 비롯된 것이고, 학자에게 역사추론 자체를 허용하지 않는 것이며, 여러 가지 가능성과 대안을 언제나 고뇌하는 학문본연의 속성을 침해하는 판단이라고 봅니다.

단적으로 "역사는 실제 전개된 역사연구도 중요하지만 가능했던 또는 가능한 대안의 역사도 중요하다. 실제의 역사에 국한되어 여러 가지 열려 있는 가능성을 논의-탐구하지 않거나 이를 허용하지 않으면 기존의 역사를 정당화 시키는 이데올로기로 전락할 위험성에 빠지는 게 아닌가? 또한 역사의 대안이나 보다 이상적인 사회가 가능하겠는가?"라는 반문을 제기합니다.

역사추상협방법론에 의한 결과를 문제 삼는 1심 판사는 새로운 발명품이 어떻게 탄생되는지를 유추하면 자신이 얼마나 큰 오류를 범하고 있는지 인식할 수 있을 것입니다. 새로운 발명품은 기존의 기계나 물품을 당연하고 주어진 것으로 보는 것이 아니라 어떤 부분을 새로 도입하거나 변형시킴으로써, 곧 반(反)사실적 실험을 함으로써 질적으로 비약-향상된(up-graded) 제품을 만들거나 완전히 새로운 신제품을 발명하게 됩니다. 이처럼 기존의 주어진 것에 대한 의아심과 이에 대한 대안을 모색하는 도전 정신은 물질세계에서나 학문세계에서 공히 다 요구되는 덕목이고 발전의 원동력입니다.

가. 역사추상형방법론

이의 필요성과 설명력에 관해서는 이미 위의 'Ⅲ. 구체적 반론 1항'에서 언급되었으므로, 가톨릭대학 사회학과 조돈문 교수의 발표문을 중심으로 서술하도록 하겠습니다(조돈문, 2005, 「역사연구의 역사추상형 접근방법: 가치중립적 연구와 이데올로기적 공격」, 교수5단체 주최 긴급토론회 '국가보안법과 강정구 교수 필화 사건' 발표문).

그는 통상적 역사 연구방법과 바람직한 연구방법으로서의 '반사실적 실험과 추론'(counter-factual experiment/reasoning)을 대비하고 있습니다. 통상적 방식은 "현재 관찰되는 현상(Y: 결과)에 대한 원인(X)을 찾아내고자" 하기에 "현재로부터 과거로 거슬러 올라가면서 원인을 찾고자"하는 "현재의 시각에서 과거를 보는" 곧, 역사를 거꾸로 보는 방법이라고 보았습니다. 이 방법의 문제점은 "기존 역사의 전개를 당연한 것으로 받아들"여 "특정 역사 전개를 필연적으로 보게 되는 결정론의 함정"을 가진다고 보았습니다. 이로써 "현재의 결과(질서)를 정당화하여 보수학문의 이데올로기적 기능"을 할 우려가 있다는 점입니다.

이에 대한 대안으로 바람직한 연사 연구방법론으로 저의 역사추상형방법론과 동일한 반(反)사실적 실험이나 추론(counter-factual experiment/reasoning)을 제안했습니다. 이는 "역사를 역사 전개 방향에서 분석하는 곧, 시간의 흐름에 따라 역사를 바라보는" 방법론입니다. 이 방법론에서 여러 '역사 변수들의 활동'과 '외적 변인들의 개입'(반 사실적 실험 변수)을 조합해 추출함으로써 "역사에서 다양한 가능성이 존재함을 알게 되고" 또 "가능한 대안들 가운데 현실적으로 실현되는 대안들의 선택지는 좁혀짐"을 인식할 수 있다는 것입니다.

그는 미국의 저명한 역사학자인 Maurice Zeitlin 역시 동일한 인식을 가졌다고 보고 있습니다. "모든 역사적 물음들은 두 가지로 나누어진다. 하나는 사실적 물음 '역사에서 무슨 일이 발생했는가?', 다른 하나는 반 사실적 물음 '무엇이 일어날 수 있었는가?'이다"라고 Zeitlin은 보았던 것입니다. Zeitlin은 또 "역사학자들은 세밀한 과거(detailed past '무엇이 실제로 발생했는가?')를 재구성하는 방식으로 반사실적 추론을 사용해야만 한다"며 "물음은 '실제로 발생했던 사실이 발생하지 않았더라면 무엇이 달라졌겠는가?' 뿐만 아니라, 역사적 이해를 위해 보다 더 중요한 것은, '실제로 발생하지 않았던 사실이 발생했더라면 무슨 차이가 있었겠는가?'이다"라고 주장했습니다.

이 역사추상형방법론의 유용성은 미국의 또 다른 저명한 철학자인 Jon Elster도 강조하고 있습니다. 그는 "실제세계(actual world 실제 발생한 사실들의 세계)만을 설명하는 이론은 이론이 아니라 기술(description)에 불과하다"며 "이론은 두 변수들의 값의 조합을 구체화함으로써 가능했을 세계에 대한 함의를 지녀야만 한다. 무엇이 일어났었는가? 뿐만 아니라 무엇이 일어났었을 수 있는가를 함께 묻고 답할 수 있어야 한"다고 강조했습니다.

조 교수는 이러한 유용성을 가진 저의 역사추상형 방법론은 일종의 반사실적 실험과 추론으로 "사회과학에서는 일반화된 분석방법"이고 "강정구 교수의 수난: 강정구교수의 가치중립적 연구에 대한 보수진영의 이데올로기적 공격"이며 "한국사회의 현실은 아직도 냉전시대"로 "정교한 이론이 필요 없는" 단순한 현실만 존재한다고 비판했습니다.

이렇기 때문에 학문적 자세는 '당연한(뻔한) 것은 없'고 '기존 이론, 통념, 가치관, 이데올로기에 의문을 던지는 것을 학문의 출발점(문제제기)'으로 삼아야 한다고 주장했습니다. "이러한 문제제기는 역사적 사실과 사회적 현상에 대한 새로운 해석을 가능하게 하고, 그 결과 새로운 이론이 형성될 수 있"으며 "결국 학문의 지평을 넓히고, 이론 패러다임을 교체하며 이론의 현실 설명력을 높일 수 있게" 된다고 보았습니다.

이 역사추상형방법론은 한반도 역사 이해와 설명에 아주 유용한 방법론임을 확신합니다. 왜냐면, 우리는 외세의 끊임없는 개입과 지배를 받아 왔고, 냉전성역에 매몰되어 해방공간 이후 우리 역사에서 가능했던 여러 역사행로가 있었음에도 불구하고 이 가능성을 원천적으로 부정하여 오직 남한이 취해 왔던 역사행로가 유일하고 가장 이상적이라는 도그마에 빠져 있고, 맹목적 믿음인 냉전성역 때문에 표준정답 외에는 일체의 다양한 설명과 해답을 봉쇄해 왔기 때문입니다.

학문의 본질은 참과 거짓을 밝히고 도그마를 깨뜨리는 것입니다. 이에 유용한 방법론을 활용하여 여러 가지 가능한 역사대안이 존재했음을 제시한 것을 문제 삼는 행위야말로 더구나 사법적 처벌을 하는 것이야말로 문명사회에서는 있을 수 없는 폭거라고 봅니다.

나. 6·25 미국 참전 없는 역사추론 1: 전쟁 인명피해자의 축소

저는 앞에서 6·25는 내전인 집안싸움이었고, 이 내전에 외지인에 불과한 미국이 개입한 것은 불법이고 일종의 침략행위로 보았습니다. 저의 논거는 의외로 간단합니다. 내전으로 끝났으면 조기에 전쟁이 마무리됨으로써 1만 내지 수만 명의 희생에 그쳤을 것을 미국이 개입함으로써 인명 희생자 수가 수백만 명으로 늘어났다는 것입니다. 이러함에도 불구하고 우리 사회의 기존 통념은 미국을 생명은인으로 단정하고 미국에 그 은혜를 갚아야 한다는 보은론에 빠져 있습니다.

미국이 개입하지 않았다면 사회주의가 되었을 것이기 때문에 사회주의화를 막아 주었기 때문에 그 은혜를 갚아야 한다는 반공주의자나 몰역사적결과론주의자의 주장은 그 자체로서는 논거가 성립되고 논리적이라 볼 수 있습니다. 그렇지만 미국이 생명의 은인이기 때문에 은혜를 갚아야 한다는 보은론은 전혀 사실과는 다른 왜곡과 허구이고 논거가 성립될 수 없습니다.

이런 문제점에 대해 저는 간단히 역사추상형방법론을 적용으로써 잘못된 생명 은인론을 이론적으로 기각시켰던 것입니다. 오히려 미국의 개입으로 미국이 의도했건 하지 않았건, 또 미국이 4백만이나 되는 생명을 앗아간 주체이든 아니든, 결과적으로 미국개입이 없었다면 이 엄청난 인명피해를 줄일 수 있었다는 반사실 바탕의 추론(counter-factual reasoning)을 했던 것입니다.

너무나도 논거가 확실한 이 추론을 두고 친미냉전주의자들은 '한반도 전체가 공산화되었어도 좋다'는 이야기냐고 입에 거품을 물고 소동을 벌인 것입니다. 동서고금을 막론하고 세상에서 사람 목숨보다 더 귀한 것은 없습니다. 그 어떤 이념과 체제도 수백만 명의 사람 목숨을 앗아가도 무방할 만큼 절대적 가치를 지닐 수는 없습니다. 저의 이런 접근이야말로 인간의 생명을 최고의 인권으로 설정하는 인도주의적인 접근입니다.

더구나 맥아더는 원자탄을 26개나 투하해 한반도를 불모지대로 만들고, 전쟁을 중국과 소련까지 확대하려는 계획을 가진 자였습니다. 만약 이 계획이 실행되었더라면 남과 북의 주민 대부분은 죽음을 당했을 것이고 3차전으로 확대되었다면 수억의 인명희생이 따랐을 것입니다. 이런데도 인천지구 황해도민회 류청영 회장 같은 사람은 맥아더를 '구세주'라면서 "만일 맥아더 동상이 철거되는 모습이 CNN 방송에라도 나가면 우리는 배은망덕한 민족으로 취급 받는다"고까지 했다 합니다.

이런 논거가 없는 맥아더의 우상화라는 신화나 성역을 허물기 위한 것이 문제가 된 저의 맥아더 칼럼입니다. 맹목적 믿음인 허구를 밝히고 진실을 밝히는 것이 학자 본연의 임무이고, 평화통일시대의 역사적 요구이고 역사적 흐름이기 때문입니다.

물론 저의 역사추상형 추론이 오류를 범할 수도 있습니다. 실제 저는 이 칼럼에서 "미국이란 생명의 은인이 아니라 생명을 앗아간 원수일 것이다"라고 서술해 오류를 범했습니다. 칼럼 전체는 미국이 4백만 인명피해의 직접적인 원인은 아니고 그 기원을 만든 결정적 요인이란 점이 나타나지만 이 문장에서 서술한 것처럼 4백만 인명을 앗아간 직접적이고 전적인 원인은 아닙니다.

이러한 잘못은 학문의 장에서 논박되고 수정되고 비판되는 과정에서 보다 진실과 진리에 가까이 갈 수 있는 것이지 법적 제재로 해결될 성격은 아닙니다.

다. 6 · 25 미국참전 없는 역사추론 2: 적화통일의 정당성

1심 판결문은 위 역사추상형방법론에 의한 추론의 또 다른 결과는 북한에 의한 적화통일 달성이 명백함에도 불구하고 제가 그러한 결과가 오히려 정당하다는 주장을 한다면서 이는 제가 "대한민국의 존재 및 존립의 영속성을 명백히 부정하는 것이"라고 단정했습니다.

여기서 문제가 되는 것은 두 가지입니다. 하나는 제가 적화통일의 정당성을 인정한 것을 마치 적화통일을 선호한다는 것으로 비약하여 북한을 찬양-고무-동조한 것으로 해석한 점입니다. 둘째는 제가 당시 국민의 선호도라는 여론을 바탕으로 적화통일은 정당성이 있다고 평가한 것을 마치 제가 대한민국의 존재와 그 영속성을 명백히 부정하는 것이라고 잘못 결론지은 점입니다.

적화통일의 정당성 인정은 역사추상협방법론에 의해 도출된 결과가 그 당시 조선인 대부분이 원했던 바와 동일한 것이었으므로 다수결의 원칙이란 민주주의 기준에 의하면 정당하다는 것으로 판정한 것입니다. 제가 사회주의를 선호하기 때문에 정당하다는 주장을 펼친 것은 결코 아닙니다. 동시에 오늘날 북한이 사회주의체제이기 때문에 정당하다고 평가한 것은 아닙니다. 역사는 당대의 역사주체인 시민과 민중의 요구와 민족사의 요구를 기준으로 평가할 사항이지 오늘의 기준이나 당시의 역사적 상황과 관계없는 엉뚱한 기준으로 평가해서는 안 됩니다. 이는 몰역사적 결과론으로 역사를 왜곡하는 것입니다.

2005년 9월 30일 민주화를 위한 전국교수협의회 주최 토론회 발표문인 「한미관계의 비판적 검토와 새판짜기」(이후 한국현대사연구회, 2005, 『현대사 연구』 1호, 통권 14호에 수정 게재됨) 각주 19는 아래와 같이 서술하고 있습니다.

> 19) 미국이 개입하지 않았다면 공산화되었을 것이기에 결과적으로 잘 됐다고들 한다. 이 '염려'대로 분명 남북 전체가 공산화됐을 것이다. 그러나 그 당시 조선 사람들은 사회주의·공산주의를 자본주의보다 훨씬 더 좋아했다. 1946년 8월 미군정 여론국이 8,453명을 대상으로 조사한 결과 사회주의 70%, 공산주의 7%로 좌익지지 세력이 무려 77%였고 자본주의 지지는 겨우 14%였다. 공산주의든 무정부주의든 그 당시

조선사람 대부분이 원하는 것이면 응당 그 체제를 택하는 것은 당연하다. 오늘날 기준에서 과거 역사를 정당화 시키는 것은 몰역사적 결과론의 오류를 범하는 것이다.

이처럼 역사적으로나 보편적 규범으로나 타당한 기준인 국민의 여론에 따른 평가를 마치 제 자신의 선호도나 북한 찬양-동조에 따라 정당성을 인정한 것처럼 해석하는 것은 왜곡이고 흠집 내기입니다. 저의 정당성 평가에 대한 문제제기는 저의 민주주의라는 기준설정이 잘못되었다거나 아래 인용된 『동아일보』처럼 그 당시 여론조사 결과를 잘못 해석했다는 식의 접근이라야만 올바르다고 볼 수 있습니다.

강정구 교수 '국민 다수가 공산주의 지지' 발언 진위 검증
▽ 광복 직후 실제로 공산주의 지지자가 압도적이었는가?

강 교수는 발표문의 16쪽 각주(脚註) 19번에서 '미국이 개입하지 않았다면 분명 남북 전체가 공산화됐을 것이다. 당시 조선 사람들은 공산주의를 자본주의보다 훨씬 더 좋아했다. 1946년 8월 미군정 여론국이 전국의 8,453명을 대상으로 조사한 결과 공산주의와 사회주의 지지 세력이 무려 77%였고 자본주의 지지는 겨우 14%였다. 당시 조선 사람 대부분이 원하는 것이면 응당 그 체제를 택해야 하는 것이 당연하다'고 주장했다.

강 교수가 인용한 미군정 여론조사 결과는 국사편찬위원회가 1973년 펴낸 자료집에 실려 있다. 하지만 실제 내용을 보면 강 교수가 조사 결과를 상당히 부정확하게 인용했음을 알 수 있다.

미군정은 1946년 7월 서울 지역 1만 명에게 '어떤 정부 형태를 원하십니까'라고 물었다(강 교수가 인용한 1946년 8월 조사와 동일한 것으로 추정됨). 그 결과 '대의 민주주의'라고 응답한 사람이 85%로 압도적이었다. 공산주의의 프롤레타리아 독재를 의미하는 '계급 지배'는 5%에 불과했고, 과두제가 4%, '1인 독재'가 3%였다. 또 '어떤 경제체제를 원하는가'라는 질문에 대한 응답은 자본주의 14%, 사회주의 70%, 공산주의 10%(일부 자료엔 7%), 나머지는 '모른다'였다. 강 교수는 공산주의 지지율이 겨우 7%(혹은 10%)에 불과하다는 점을 언급하지 않은 채 여기에 사회주의 지지율을 합쳐서 당시 사람들이 공산주의를 훨씬 더 좋아했다고 주장하는 논리의 비약을 한 것이다. (……) 이처럼 여러 조사는 당시 남쪽 국민 사이에서 공산주의에 대한 지지율이 바닥권이었음을 보여 주고 있다(『동아일보』, 2005.10.3).

비록 『동아일보』의 문제제기 방식은 정당한 것이지만 그 내용은 저의 결론을 기각할 수 없는 수준이었습니다. 왜냐면 『동아일보』가 반박하기 위해 활용한 여론조사의 정치형태를 묻는 질문이 국사편찬위원회 자료집에 수록될 수 없을 정도로 자료가치가 전혀 없는 것이었기 때문입니다.

이 정치형태 질문에 대한 답항은 "개인독재(민의와는 무관하게), 수인독재(민의와는 무관하게), 계급독재(타계급의 의지와 무관하게), 대중정치(대의정치), 모릅니다" 였고, 응답자 85%는 대중정치(대의정치)를 선택했습니다. 그러나 이를 두고 『동아일보』는 "'대의 민주주의'라고 응답한 사람이 85%로 압도적이었다. 공산주의의 프롤레타리아 독재를 의미하는 '계급 지배'는 5%에 불과했고, 과두제가 4%, '1인 독재'가 3%였다. (……) 강 교수는 공산주의 지지율이 겨우 7%(혹은 10%)에 불과하다는 점을 언급하지 않은 채 여기에 사회주의 지지율을 합쳐서 당시 사람들이 공산주의를 훨씬 더 좋아했다고 주장하는 논리의 비약을 한 것이다"로 결론지었습니다.

그러나 이는 첫째, '대중정치'와 '대의정치'는 동일하지 않은데도 답항을 '대중정치(대의정치)'로 마치 동일한 것으로 표기했기 때문에 애초부터 여론조사의 답항으로 자격이 상실된 답항이었습니다. 둘째, 나머지 답항은 모두 ××독재 형식으로 표기되어 있어 응답자 대부분이 자동적으로 '대중정치(대의정치)' 답항을 택할 수밖에 없도록 유도했습니다. 정신 나가지 않는 한 독재를 선호할 사람은 지금이나 당시나 별로 없었을 것이기 때문입니다. 셋째, 더 나아가 1946년의 여론조사 답항 원문인 '대중정치(대의정치)'를 2005년 10월 3일자 『동아일보』는 '대의 민주주의'로 바꿈으로서 의도적으로 자신의 왜곡을 감추려 한 것으로 보입니다.

결론적으로 1심 판사의 판결문도 『동아일보』도 저의 정당성 논거를 기각할 수 없었습니다. 하지만 『동아일보』의 오류는, 의도적이든 아니든, 단순한 자료 해석의 잘못으로 생긴 문제이지 접근방식의 문제는 아닙니다.

그러나 1심 판사는 정당한 방법론에 의한 정당하고 보편타당한 평가를 마치 제가 공산주의를 선호하기 때문에 적화통일의 정당성을 인정한 것으로 판단하는 반 학문적이고 이념몰이 식인 접근을 한 것으로 보입니다. 이는 또 다른 색깔몰이 접근방식으로 전혀 수용할 수 없음을 분명히 밝힙니다.

라. 6·25 미국참전 없는 역사추론 3: 대한민국의 존재 부정

앞항에서 지적한 두 번째 문제점은 제가 당시 국민 여론을 수렴하는 민주주의 기준에 의거해 적화통일은 정당성이 있다고 평가한 것을 마치 제가 대한민국의 존재와 그 영속성을 명백히 부정하는 것이라고 잘못 결론지은 점입니다. 곧 대한민국을 이루는 총집합체 가운데 통념적으로 공유되지 못한 부분이나 잘 못된 부분 하나라도 지적하면 그것이 마치 대한민국 자체의 존재와 존속을 부정하는 것으로 단정한다는 점입니다.

우리 대한민국이 일체의 비판을 허용하지 않을 만큼 완벽한 사회가 아니라는 것은 자명한 일입니다. 우리 사회가 보다 바람직한 사회로 나아가기 위해서는 잘못되고 모순된 부분을 찾아내어 해결책을 모색하는 자기비판과 자정 능력이 응당 요구됩니다. 이를 위한 시도의 하나로 행해진 적화통일 가능성에 대한 정당성 인정이라는 학문적 행위에 대해 체제부정의 올가미를 씌우는 것이 바로 1심 판사의 법적 행위입니다.

저에 대한 이러한 체제부정의 혐의는 앞에서도 언급했지만 김대중정권의 정통성을 김정일정권보다 높게 평가한 점에서도 기각될 수밖에 없습니다. 또한 남한의 현재가 북한보다 나으니까 과거의 남한도 북한보다 우위에 있었다고 과거역사를 정당화하는 남한이 몰역사적 결과론에 빠져 있다고 비판한 곳에서도 남한의 현체제를 부정하지 않고 있다는 것을 명백히 말해 줍니다. 또한 저는 이미 「4월혁명과 현 단계 자주·민주·통일의 과제」(『경제와 사회』 1998년 가을호, 227쪽)라는 1998년의 논문에서 통일 경제 형태는 시장경제를 기본으로 한 자본주의적 경제형태일 수밖에 없다고 결론지으면서, 이는 주관적 선택의 문제가 아니라 이미 세계 자본주의 체제가 행사하고 있는 객관적 규정력의 산물이라고 보았습니다.

이러한데도 불구하고 저에게 체제부정의 혐의를 씌우는 것은 단일 이념과 해석만 허용하는 전체주의 사회의 전형적 특징입니다. 우리가 추구하는 민주주의는 이해와 가치관이 서로 다른 다양한 개인이나 집단들이 서로 경쟁-비판-논쟁-타협하면서 다수결로 공통분모를 모으고 이를 바탕으로 통치와 질서가 이뤄지는 체제입니다. 곧 다원주의 사회가 그 특징입니다. 민주주의는 자유롭고 다양한 해석, 평가, 가치관, 이념 등이 공존하는 공론의 장입니다.

역사추상형방법론에 의해 추론한 결과를 보편타당하고 역사순응적인 기준에 의해 평가하고 그 결과 현존체제에 대한 비판과 함께 대안으로 가능했던 역사행로를 발굴하는 작업은 새로운 해석과 평가, 이론과 대안을 가능케 하는 사회의 자양분입니다. 이러한 자양분의 학문행위를 체제부정으로 모는 것은 1심 판사가 염려하는 대한민국의 미래를 암담하게 할 뿐입니다.

8. 한반도 분단과 전쟁을 강요한 주범으로서의 미국

판결문은 "피고인은 미국이 한반도의 분단과 전쟁을 강요한 주적이고"라면서(1심 판사는 주범을 주적으로 잘못 표기한 것임) 제가 내린 학문적 귀결을 마치 논거가 없는 허구적 주장이고 제가 마치 북한의 인식을 찬양-동조한 것으로 보고 있습니다. 그러나 이는 전적으로 잘못된 것입니다.

미국-주한미군과 직-간접적으로 관련된 연구물로 단행본이 세권, 논문이 26편이 있을 정도로 저는 미국의 분단·전쟁 연관성을 집중적인 학문 연구영역으로 설정해 왔습니다. 왜냐면 우리의 삶과 평화통일을 옥죄고 있는 냉전성역은 대부분 미국과 관련되어 있기 때문입니다. 이를 바탕으로 제가 내린 학문적 결론인 '분단과 전쟁의 주범으로서 미국'을 기각시킬 어떤 근거도 1심 판결문은 제시하지 않고는 이를 마치 허구이고 북을 동조한 것으로만 단정 짓고 있습니다.

가. 분단책임론과 미국

저는 한반도의 분단이 다섯 단계로 나누어 진행되었다는 분단5단계설을 제시하면서, 각 단계인 지리적 분단, 이념적 분단, 사회적 분단, 정치적 분단, 고착적 분단 등에서 외세의 역할을 조명했습니다. 분단의 단초를 이룬 38선을 획정해 지리적 분단을 누구의 동의도 없이 설계하고 집행한데서부터 시작해 미국은 매 단계마다 분단을 확정시키는 데 주도적 역할을 했던 것입니다. 이 결과 저는 분단에 관한 미국의 역할을 분석해 미국을 주범, 소련을 공범, 국내친미분단세력을 방조범으로 보았습니다(강정구, 1993, 「미국과 한국전쟁」, 『역사비평』 여름호). 이로써 미국과 소련의 책임 정도가 동일하다고 보는 양비론을 비판했습니다.

동시에 "만약 분단이 이뤄지지 않았다면 6·25라는 민족적 비극이 생겼을까?"라는 반사실적 질문을 던지면서, 6·25전쟁은 분단 때문에 발생한 것이고 분단을 주도한 것은 미국이기에 미국을 원인제공자, 곧 전쟁의 기원자로 보았습니다. 이 점에서 미국이 전쟁원인 기초제공자인 기원임은 틀림없지만 소련과 우리 민족내부도 정도 차이는 있지만 전쟁원인제공자로 보아야 합니다. 그렇지만 역시 핵심은 미국입니다. 소련과 민족내부를 들먹여 미국의 책임론을 희석시켜서는 안 된다고 봅니다. 이것이 저의 '분단과 전쟁 주범으로서의 미국'에 관한 연구결과의 기조입니다.

1948년 당시 김구선생을 비롯한 대부분의 조선 사람과 당시 신문과 잡지 등은 분단이면 전쟁이 필연적으로 발생한다고 보았습니다. 1948년 4월 남북제정당사회단체연석회의 합의문 2항은 외세가 철군하고 난 후 전쟁을 하지 않는다는 조항이 있습니다. 이것만 보아도 전쟁은 필연에 가까운 분단의 결과물인 것을 알 수 있습니다. 분단이라는 조건하에서 6·25와 같은 전쟁은 구조적으로 일어날 수밖에 없었습니다. 그야말로 6·25는 분단세력과 통일세력, 개혁세력과 친일기득권세력, 외세 의존적 세력과 자주세력 등에서와 같이 균열-대립-힘 관계인 구조가 폭발한 결과물입니다. 이 폭발할 수밖에 없는 구조물을 축성한 핵심주체가 바로 미국이라는 것입니다.

소련 역시 분단을 수세적으로나마 공모했고, 6·25전쟁 발발과정에서 북한의 요구와 지지를 1950년 3~4월경 수용해 확대전쟁을 발화시키는 데 기여했습니다. 하지만 소련은 어디까지나 보조적 역할을 한 것이지 주체적 역할을 한 것이 아닙니다. 또 실제 전쟁과정에서도 소련은 그야말로 보조적 역할에 그쳤다고 봅니다.

제가 적극적으로 수용하였던 소련 책임론에 대한 기광서 교수의 견해를 아래와 같이 인용합니다(강정구, 2000, 「한국전쟁과 민족통일」, 『경제와 사회』 통권 48호, 241쪽). 이는 서대숙 교수의 경우도 마찬가지입니다(서대숙, 2000, 『현대북한의 지도자 김일성과 김정일』, 을유문화사).

소련이 6·25확대전쟁에 관계한 것은 어디까지나 북한주도의 확대전쟁에 동맹적 수준에서 동의와 지원을 한 것으로 평가되어야 한다. 그래서 소련은 처음부터 이를 내전이라 규정하며 불간섭입장을 천명하고, 직접적인 전쟁개입을 자제하였다. 단지 청천강 이북에 한해서 중국군의 복장으로 소련 공군기를 출격시켜 만주지역의 공업시설을 공중 보호하였다(기광서, 2000, 「소련의 한국전쟁관과 개입과정」, 한국전쟁의 재인식 발표문). 기광서는 6·25확대전쟁에 대한 소련주도설을 비판하면서 소련주도설이 성립되려면 소련이 행위당사자로서 공세적이며 공격적인 태도나 행위를 전제로 해야 하는데 소련은 당시 "단 한 명의 자국 전투병력을 투입하지[도] 않았으며 방어적 업무만이 부연된 공군의 참전"만 실행하였을 뿐이었다.

그는 소련주도설을 부인하고 북한주도설을 주장하면서 그 논거로 첫째, 국토완정론을 추구해온 북한지도부의 통일의지는 스탈린의 '한반도전략'보다 더욱 강력하였다. 둘째, "스탈린은 북한지도부의 무력 통일방침과 요청에 대해 마지막까지 소극적인 태도를 취했다." 셋째, "대외관계에서 유럽지역에 총력을 기울여야 할 상황에서 극동방면으로부터 미국을 자극하는데 주도적으로 나서기에는 커다란 모험일 수밖에 없었다." 넷째, "조선인민군을 무장시키기 위해 소련에서 도입된 무기와 물자들은 대체로 북한 측이 막대한 자금을 치르고 구입하였다. 기본적으로 구매자가 판매자에게 자신의 의도를 강제하기는 부담스러운 것이었다. 결국 전쟁 개시 결정은 김일성이 미국의 불개입과 속전속결을 스탈린에게 확신시키고 이에 대한 모택동의 지지를 얻은 후에 이루어졌다"(기광서, 앞의 글, 62쪽).

중국은 항미원조보가위국(抗美援朝保家爲國)이란 기치 아래 미국이 중국대륙을 침략할 것을 사전에 막고(抗美), 조선을 도와 조선의 붕괴를 막고(援朝), 그 결과로 중국의 국토를 보전하려는(保家爲國) 것을 참전 목표로 설정했습니다. 중국이 실제 전쟁주체로서 참전했지만 처음부터 참전한 것은 아니었고, 나중에 북한정권이 붕괴되려는 시점에서 이를 막고 자신들의 안보도 동시에 추구하기 위해 개입한 측면이 더 높습니다. 마치 임진왜란 때 평양성이 함락되면서 자신들의 안위를 위해 명나라가 군대를 파견했듯이, 미군이 38선을 넘을 때부터 중국은 지속적으로 그들의 개입을 미국에 경고해 왔습니다. 그리고 평양이 함락되는 시점에서 중국군은 압록강을 건넜습니다.

분명한 사실은 외국군이 본격적으로 점령하기 이전의 해방공간에서 조선 사람 가운데 분단을 선호하는 사람들은 극소수의 친일반민족세력과 일부 권력욕에 사로잡힌 친미분단주의자 뿐이었습니다. 분단은 우리 조선인들이 원하는 것이 아니라 외세 특히 미국주도의 결과물이었습니다.

분단책임에 대한 명확한 인식과 책임자에 대한 비판은 오늘날 우리의 통일 문제를 푸는데도 많은 함의를 줄 것입니다. 곧 민족적 차원의 자주적 행로가 얼마나 중요한지를 잘 말해 줍니다. 이런데도 미국에 대한 비판이 마치 금기영역인 것처럼 인식하고 있는 한국사회 기성 주류와 미국분단전쟁책임론을 마치 북한에 동조하는 것으로 판단하는 1심 판결에 전혀 동의할 수 없습니다.

나. 전쟁책임론과 미국

1심 판결이 문제 삼는 미국 전쟁주범론은 6·25개입에 대한 전쟁책임론을 겨냥한 것이지만 동시에 한국전쟁 이후 한반도 전쟁위기를 초래한 주도자로서의 미국이라는 저의 연구결과도 겨냥한 것입니다. 후자를 저는 미국 전쟁위협론이라고 부르고 있습니다.

미국이 한반도 전쟁위기의 주도자인 것은 저의 논문에서 경험적으로 검증되어 귀결된 연구결과입니다. 자세한 내용은 저의 2005년도 논문「한반도 전쟁위기의 실상」(강정구 외, 2005, 『전환기 한미관계 새판짜기』, 한울)에서 다루고 있습니다.

　우리는 전쟁위기가 생기면 으레 맹목적으로 한반도 전쟁주범은 북한이라는 북한전쟁위협론에 사로잡혀 있습니다. 이를 검증하기 위해서는 정전협정 이후 지금까지 발생해 왔던 한반도 전쟁위기를 경험적으로 모두 점검하고 그 주도자가 과연 북한이었는지 구체적으로 가리는 검증작업이 요구됩니다.

　이를 검증한 결과 제가 발견한 것은 한국전쟁 이후 1989년까지의 냉전기간에는 세 번의 큰 전쟁위기가 있었다는 사실입니다. 곧 1968년 미국의 정탐선 푸에블로호사건, EC-121 정찰기사건, 1976년의 미루나무사건이었습니다. 이들 사건에서 전쟁위협을 자행하고 전쟁위기란 긴박한 사태로 몰고 온 측은 북한이 아니라 바로 미국임이 판명되었습니다.

　또 탈냉전시대라는 1990년대 이후를 살펴보면, 한반도는 무려 여덟 번의 전쟁위기를 겪었습니다. 1991~1992년 120일 전투시나리오와 이종구 국방장관의 '엔테베작전' 언급 등 '제2의 한국전쟁위기', 1994년 6월 한 두 시간만 늦었더라도 전쟁이 발발할 수밖에 없는 상황으로 몰렸던 영변핵위기, 엉터리 미국의 인공위성 사진으로 북한이 핵무기를 개발한다고 단정 짓고 모의 핵폭탄 BDU-38로 핵전쟁 실전연습까지 벌였던 1998~1999년 금창리핵위기, 1998년 여름 대포동 미사일(인공위성) 발사를 계기로 발발한 1998~1999년 미사일위기, 휴전 이후 최초의 정규군에 의한 무력충돌이라는 1999년의 1차 서해교전, 2002년 부시의 '악의 축' 전쟁위협, 2002년 2차 서해교전, 또 2003년 이후 지난 해 4~6월까지 지속되는 현금의 전쟁위기 등 무려 여덟 번입니다.

　이 가운데 미국이 전쟁위기를 주도한 것은 서해교전을 제외한 아홉 번으로 미국의 한반도 전쟁위기 주도율은 9/11이고 남북 주도율은 각기 1/11이였습니다. 이는 이제까지 추호도 의심하지 않아 왔던 (북한이 전쟁위기를 주도한다는) '북한전쟁위협론'은 허구임을 말하는 것입니다. 이로써 한반도전쟁위기의 주도자는 북한이 아닌 미국이라는 결론에 이른 것입니다.

　이같이 저의 미국전쟁위협론은 북한에 동조한 결과도 아니고 구체적 논거가 없는 허구적 주장도 아니라 전쟁위기의 경험적 사례분석을 통해 정립한 것입니다. 이 밖에도 이를 뒷받침하는 요인은 아래와 같이 수없이 많습니다.

첫째, 전쟁을 제도적으로 막는 장치인 평화협정 체결을 70년대부터 지금까지 북한은 끈질기게 미국에 촉구하고 있지만, 미국은 이를 지속적으로 거절하고 있습니다. 지금도 미국은 북핵 문제의 평화적 해결을 겉으로는 말하면서도 실질적으로 평화협정이나 불가침협정을 거절하고 있으며 핵태세보고서, 악의 축, 부시독트린 등에서 대북 핵선제공격을 명시하고 있습니다.

둘째, 작전계획을 통해 본 미국의 전쟁위협론입니다. 미국의 작전계획 5026-5027-5028-5029-5030-콘플랜8022 등은 모두 북한 공격용 또는 정권붕괴용 작전계획입니다.

셋째, 군사훈련을 통해 본 전쟁위협론입니다. 한반도에는 해마다 세계에서 가장 규모가 큰 군사훈련이 열리고 있습니다. 1976년부터 1992년까지는 팀스피리트 훈련이었고 최근에는 연합전시증원연습과 독수리훈련을 통합한 통합훈련이 매년 3월에 열립니다. 올해 열린 훈련은 대북 선제공격과 대북 점령 훈련을 노골적으로 실행했습니다. 3월 30일 충남 만리포해수욕장에서 이상희 합참의장 등 한미장성들 현장브리핑에서 국방부는 "오늘 실시되는 연습은 '작계 5027-04' 3단계 2부에 의해 적용"되고, "만리포는 북한 서해안의 한 지역을 상정한 상륙작전"이고, "평양의 고립을 위한 서해안 상륙작전 준비 중"이며 "한미연합사령관은 평양을 압박－고립하기로 결심했다"며 노골적으로 침략전쟁연습임을 밝혔습니다(『통일뉴스』, 2006.3.30). 작계 5027은 북한정권 교체 작전계획입니다. 이 밖에도 8월 하순에 실시되는 을지포커스렌즈(UFL) 훈련, 림펙훈련 등 연간 한미연합 훈련은 지속되고 있습니다.

이에 비해 2005년 3월 8일 상원군사위 2006년도 예산안 심의 미상원청문회에서 라포트 주한미군사령관 증언에 의하면 북한의 군사훈련은 있으나 마나 한 정도입니다.

공군 조종사들은 매년 12~15시간 정도 항공기가 작동하도록 유지하는 수준에서 비행훈련을 하기 때문에 군사준비 태세로는 부족하며, 지상군은 여단규모 기동훈련이 매우 드물 정도로 대규모 기동훈련은 줄어든 채 사단급 이상은 주로 지휘소 훈련을 하고 있다. (……) 이 같은 경향은 최근 수년간 변함이 없으며, 물자 부족 때문으로 분석된다.

대조적으로 한국 공군과 주한미공군은 1달에 15시간 비행훈련을 한다고 라포트 사령관은 밝혔습니다.

넷째, 주한미군의 평택기지 이전과 전략적 유연성 허용으로 인해, 주한미군이 미국의 대 중국 전쟁기지나 다른 해외전쟁 기지로 사용되는 것을 합의해 줌으로써 한반도는 제2의 청일전쟁 위기 속에 빠져 있습니다.

다섯째, 비밀리에 체결된 「미래 한미동맹 합의 보고서」에 의하면 강력한 한미동맹을 기반으로 긴밀한 한·미·일 간 안보협의 유지 등을 설정하고 있고, 통일은 남한주도의 흡수통일을 상정하고 있고, 주한미군을 통일 이후까지 주둔하게 되어 있습니다. 통일과 군사부문에 외세가 개입하고 북한을 적으로 상정하고 있어 전쟁위기 속에 구조적으로 놓이게 됩니다.

이상과 같이 우리 민족의 최대 비극인 분단과 전정은 우리 자신이 원했던 것이 아니라 미국이 주조한 구도 속에서 구조적으로 발생할 수밖에 없는 결과물이었습니다. 이런 점에서 우리에게 분단과 전쟁을 강요한 주범이라는 저의 미국 규정은 단순한 허구적 주장이 아니라 논증을 바탕으로 한 학문적 귀결이고 이를 문제 삼으려면 이를 기각할 논거를 제시하면 됩니다. 1심 판결과 같이 이를 단순히 허구로 보거나 북한 동조의 산물이라고 볼 수는 없습니다.

9. 연방제통일 방안

1심 판결문은 명확하지는 않지만 연방제 통일방안 자체가 북한동조인 것처럼 인식하고 있는 듯합니다. 저는 통일방안에 직·간접적으로 관련된 논문을 약 15편 정도 집필했을 정도이고 그 결정판은 「아리랑통일민주공화국을 주창하며」(강정구, 2002, 『민족의 생명권과 통일』, 당대)입니다. 이에 기초해 연방제 통일방안의 본질과 불가피성을 제시하고, 북한의 1980년 고려민주연방제의(이하 고민연) 연방제와 2000년 6·15에서 제안된 낮은단계 연방제와 차이점을 밝히겠습니다. 이로써 연방제가 마치 북한의 전유물이고 적화통일방안인 것처럼 인식하는 것이 잘못임을 밝히고자 합니다.

연방제의 본질은 남북이 각기 서로 다른 사회경제체제 곧 자본주의와 사회주의를 취해 왔으므로 통일 후에도 역시 남은 자본주의 북은 사회주의체제를 그대로 유지하는 방식의 통일방안이라는 점에 있습니다. 곧, 북이 기도한다고 의심받는 적화통일과 남이 시도한다고 의혹을 사고 있는 흡수통일방안 모두를 배제한 통일방안입니다. 단지 이를 골간으로 해 북한이 1980년 조선노동당 6차당대회에서 고려민주연방공화국이라는 통일방안을 제안했기 때문에 연방제는 마치 북한의 전유물인 것처럼 잘 못 인식하고 있을 따름입니다. 북한 외에도 통일방안으로서 제대로 규격을 갖춘 남한 민간진영의 통일방안인 문익환, 김대중, 김낙중 등의 통일방안 모두 연방제를 택하고 있으면 저의 아리랑통일민주공화국 통일방안 역시 연방제를 기본으로 채택하고 있습니다.

다음 연방제 통일방안의 불가피성을 다루겠습니다. 남북은 지난 60년 동안 서로 적대이념과 사회경제체제를 유지했기 때문에 과도기적으로 연방제를 채택하지 않는 통일방안으로 통일을 추구하면 이는 거의 필연적으로 전쟁으로 귀결될 수밖에 없습니다. 남북 어느 쪽도 강제로 상대방 경제체제에 흡수되는 것을 허용하지 않을 것입니다. 그래서 정치적 통일은 먼저 이루되 경제적 통합은 과도기를 설정해 천천히 추진함으로써 상호 충돌을 방지하는 것이 가능해 집니다. 이런 연방제를 장기간의 과도기로 설정하여 통일충격(통일비용, 통일에 따른 심리적 갈등, 통일적응력)을 분산시키기 때문에 순조로운 통일과정을 담보할 수 있습니다.

검찰은 1980년 고민연의 연방제와 2000년 낮은단계연방제 사이의 차이점을 인정하지 않지만 이는 전적으로 잘못된 것으로 그 차이는 아래와 같습니다.

1) 고민연은 남한의 연합제를 배제하지만 낮은단계연방제는 연합제와

결합을 전제한다.
2) 고민연은 경제체제에 국한해 남북자치정부에 독자성과 자치권을 인정했지만 낮은단계연방제는 경제-정치-외교-군사 부문의 독자성과 자치권을 모두 인정하고 있다.
3) 고민연은 단기적으로 통일국가에 이르는 통합을 전제로 하지만 낮은단계연방제는 장기적 단계로 설정하고 있다.
4) 고민연은 비현실적으로 실질적인 민족통일기구를 중앙에 단기적으로 구성하는 것을 상정하고 있지만 낮은단계는 상징적 차원에서 민족통일기구중앙을 상정하고 있어 실현 가능성이 높다.

이같이 연방제를 적화통일방안의 하나로 마치 북한의 전유물인 것처럼 인식해, 연방제 주장을 북한동조로 규정하는 것은 전적으로 부당합니다.

10. 잡지나 대중 집회, 인터넷매체 등을 통한 표현행위

1심 판결은 "위와 같은 피고인의 전체적인 주장에 덧붙여 피고인이 위 주장들을 잡지나 대중 집회, 인터넷매체 등을 통하여 표현한 점"이라고 서술하고 있습니다. 이 표현 행위 등이 무슨 문제인지 불분명합니다만 이 행위의 성격을 밝힐 필요가 있다고 봅니다.

이러한 행위는 학문의 연장선상에 있는 학문 활동의 하나라는 점을 아래와 같은 이유에서 분명히 하고자 합니다. 첫째, 제가 몸담고 있는 동국대학을 비롯한 모든 대학은 교수업적평가를 해마다 시행합니다. 평가항목은 세 가지로 나눠집니다. 교수영역, 연구영역, 외부 봉사 및 실천영역입니다. 이 업적평가 자체가 외부 활동이 학문영역 아니라는 주장을 반증하고 있는 것입니다. 둘째, 학문의 영역에 실천영역은 우리의 학문전통에서도 필수영역이었습니다. 바로 지행합일(知行合一)이라는 것이 선비의 덕목이었습니다. 셋째, 서양에서도 실천하지 않는 학자를 armchair academism이라면서 비겁하고 겁 많은 소인배의 학자로 조롱하는 투의 어휘가 생겨 오늘까지도 학문공동체 내에서 유행하고 있습니다.

대학교수라는 학문하기를 전문으로 하는 지식인들이 각종 제도권의 자문위원 선정에서 필수적으로 등장하는 것은 바로 전문 지식과 학문 업적을 반영하기 위한 것입니다. 저의 경우도 대학 밖에서 연설, 강연, 칼럼기고, 자문위원, 집회 참석 등을 요청받았을 때 자연인 강정구로서가 아니라 현대사-북한-평화통일-한미관계 등을 전공하는 역사사회학자와 학문전문가로서 요청받는 것입니다. 그래서 저의 이름을 표기할 때나 소개할 때 바로 평화통일, 현대사, 북한 및 한미관계 전문가 강정구 교수로 칭해집니다.

물론 저의 학문전공 분야와 무관할 경우 이는 학문전업자인 역사사회학자 강정구 교수가 아니라 시민 강정구로서 참여하고 실천 활동을 하는 것으로 간주되어야 한다고 봅니다. 현재 기소내용에 포함되어 있는 것들은 바로 저의 전공학문과 직결되어 있는 부문입니다. 특별히 문제 삼고 있는 맥아더관련 인터넷 칼럼은 70매 내외의 원고 분량이고, 인용문 또한 7문단이나 되고, 자료와 그 출처-원문 등이 들어 있는 소논문이지 단순한 칼럼이 아닙니다. 역사추상형방법론까지 활용되고 한국전쟁에 관한 내용은 기존 연구논문 11편을 기초로 한 것입니다.

이제 이론적으로 학문자유에 관한 논의를 할 필요가 있습니다. 학문자유는 근대 사상과 법, 제도에서 국민의 기본권에 해당하는 권리입니다. 헌법 제 22조 1항은 "모든 국민은 학문과 예술의 자유를 가진다"고 규정하여 학문의 자유를 국민의 기본권으로 설정하고 있습니다.

학문의 자유라 함은 네 가지 내용을 가진다고 볼 수 있습니다. 헌법학계의 권위를 대변하는 권영성 교수의 책 『헌법학개설』(법문사, 1999)은 학문자유 영역을 아래와 같이 설정하고 있습니다(362~363쪽).

1) 연구의 자유
: 연구라 함은 사색, 독서, 조사, 실험 등에 의하여 진리를 탐구하는 행위를 보장하는 자유
2) 연구결과발표의 자유
: 연구결과를 외부에 공표 하는 자유. 대학의 강의실 이외의 집회에서 발표하거나 학술지, 또는 저서로써 발표하는 경우

3) 강학의 자유
: 연구의 자유의 연장선상에 있다. 대학이나 고등교육기관(한국과학원 등)에 종사하는 교육자가 자유로이 교수하거나 강의하는 자유.
4) 학문적 집회·결사의 자유
: 학문을 공동으로 연구하거나 발표하기 위하여 집회를 개최하거나 단체를 결정하는 자유.

이 학문의 자유는 다원성, 개방성, 자율성을 특징으로 하는 자유와 권리의 본질적인 내용이기 때문에 어떠한 제약도 받아서는 안 된다고 봅니다. 위의 판결문에서 언급한 표현 행위 역시 마찬가지라고 봅니다.

11. 선동적인 표현 문제

판결문은 "대한민국 또는 미국에 대하여는 '불법개입', '불법점거', '불법성 및 위배', '원수', '전쟁광', '주적', '학살책임자' 등으로 표현하고, 북한에 대하여는 '민족정통성', '정당한 월선', '합당' 등으로 표현한 점 등을 고려하면 피고인의 위 주장들은 내용이나 표현 방식에 있어서 학자의 입장에서 냉철하고 합리적인 학문적 논의를 이끌기 위한 화두를 던졌다고 볼 수 없고 자극적이고 선동적인 방법으로 북한에 동조하거나 친북적인 주장을 한 것이라고 판단된다"라고 서술하고 있습니다.

이러한 해석은 그야말로 1심 판사가 얼마나 반공이나 반북이데올로기에 일상적으로 내면화 하고 있어 우리 자신들이 일상생활에서 냉전성역에 대해 얼마나 거친 표현으로 매도하고 있는지를 의식하지 못하고 있음을 잘 보여 주는 것입니다. 그야말로 남의 눈에 든 티끌은 보면서 제 눈의 들보는 보지 못하는 격입니다. 또한 저의 학문적 좌표나 대상이 냉전성역허물기와 냉전성역 그 자체라는 특수성을 이해하지 못하고 있고, 자극적인 표현 방법이 오히려 학문의 객관성을 더 높여 주고 있음을 이해하지 못하고 비학술적이라는 편견에 사로잡혀 있음을 보여 줍니다.

가. '자극적이고 선동적인' 표현과 북한 동조

저의 글쓰기 기본철학은 쉽고, 간명하고, 본질을 회피하지 않고, 직설법으로 누구든 쉽게 빨리 포착이 가능한 방식으로 쓰는 것입니다. 애매하고 추상적인 방식으로 표현해 결정적인 흠집을 잡히지 않고 또 변명의 여지를 남겨 놓는 방식의 글쓰기는 회색 지식인의 전형적인 수법입니다.

저의 글쓰기를 가장 잘 포착한 동료교수는 원광대학교 이재봉 교수입니다. 그는 '고지식하게' 글을 쓴다면서 「강정구 교수의 '세 가지 문제'와 한국전쟁」(『오마이뉴스』, 2005.10.24)에서 아래와 같이 저의 글쓰기를 특징화했습니다.

> 강 교수의 글에는 적어도 세 가지 문제가 있다. 첫째, 그의 글은 너무 쉽다. 대학교수들의 글은 대체로 영어와 한자가 많이 뒤섞여서 그 분야의 전문가가 아니면 이해하기 어렵다. 쉬운 내용도 어렵게 써야 권위가 있는 것처럼 착각하기 때문일 것이다. 그도 미국에서 오랜 동안 공부한 사람이어서 심오한 이론을 끌어다가 어려운 영어를 섞어 글을 쓰면 웬만한 전문가들만 이해할 수 있을 텐데, 글을 너무 쉽게 쓰는 탓에 극우 정치인들이든 수구 언론인들이든 무식하거나 바쁜 사람들조차 그의 글을 대충 읽으면 시비를 걸 수 있게 된다.
> 둘째, 주장이나 결론이 너무 명확하다. 글을 쉽게 쓰더라도 주장이나 결론은 에둘러 표현하거나 다소 애매모호하게 처리하면 될 텐데, 민감한 부분까지 솔직하게 직설적으로 쓰기 때문에 자신의 생각과 다른 사람들로부터 쉽게 공격을 받게 되는 듯하다. 나를 포함해 많은 사람들처럼 과정만 제대로 설명하고 결론은 독자들에게 맡기는 식으로 글을 쓰면 탈이 덜 생길 것 같은데, 그는 '비겁한 글쓰기'를 굳이 거부하는 것이다.
> 셋째, 글투가 점잖지 못하다. 나이 60의 대학교수라면 화가 나더라도 감정을 어느 정도 숨긴 채 부드럽게 표현할 수 있을 텐데 거친 말들을 그냥 쏟아낸다. 예를 들어, 학술 논문에 부시 대통령을 '황야의 무법자'라고 쓰는 것은 적절하지 않은 것 같다고 하면, 북한이나 김정일 위원장에 대해서는 학술 논문에서든 신문 기사에서든 '깡패 국가'나 '폭군' 등의 거친 말을 주저 없이 쓰면서 왜 미국에 대해서는 거친 말을 쓸 수 없느냐는 식이다.

논문이나 글은 한국 학문공동체의 잘못된 풍조처럼 학자의 현학을 과시하고 권위를 높이는 수단으로 악용되어서는 안 된다고 봅니다. 누구든 쉽게 이해할 수 있는 방식으로 서술하는 것이 기본이지만 이러한 직설법적-대중적 글쓰기가 일반 학자들의 경우와 다르다고 해서 그것이 바로 선동적인 것으로 규정될 수는 없다고 봅니다. 더구나 직설법적 글쓰기를 학문적 논의가 아닌 것처럼 보는 1심 판사의 인식에는 전혀 동의할 수 없습니다. 학문적 논의는 합당한 방법론, 결론이나 논증을 뒷받침할 증거자료 확보, 합리적인 논리성, 보편적 규범에 걸 맞는 평가기준 확보 등에 의해 결정되는 것이지 표현 방식의 부드러움이나 거침에 좌우되는 것이 아님은 학문의 초보 중에 초보입니다.

글쓰기라는 것은 자기의 논증이나 주장을 독자들이 공감 및 동의하기를 바라면서 쓰는 것이고 이는 어떤 의미에서 원천적으로 호소력을 가질 수 있도록 서술해야 합니다. 아래 인용문이 보여 주겠지만 저의 글쓰기는 일반적으로 애매하고 추상적인 것, 양시양비론이나 중립적이며 산술평균적인 것을 삼가고 분명한 기준을 설정하고 이에 따른 명백한 글쓰기를 선호합니다. 그래야만 호소력이 생깁니다. 제가 단재 신채호 선생이나 김남주 선생의 글쓰기와 같이 피를 토하듯 절규하는 글을 좋아하는 이유도 바로 여기 있습니다.

저의 필화사건 담당검사는 저의 논문이나 소논문이 객관적 균형을 상실하고 마치 선전선동을 위한 것처럼 서술되어 있다는 느낌을 말한 바 있습니다. 아마 1심 판사도 그렇게 생각한 듯합니다.

저는 이러한 느낌과 지적은 타당하다고 봅니다. 이는 저의 학문 기본지향인 민족-민중-비판 학문 가운데 비판학문의 방법론에서 비롯된 불가피한 결과라고 생각합니다. 비판학문의 특성을 『독재와 민주주의의 사회적 기원』이라는 책의 저자인 미국의 역사사회학자 베링톤 무어(Barrington Moore)가 잘 설명해 주고 있습니다.

> 어느 사회든 그 사회를 지배하는 집단은 사회가 운용되어 가는 방식에 대해 숨겨야 할 것이 가장 많은 집단이므로 (……) 진실한 분석은 비판적

이기 마련이며, 객관적 진술처럼 보이기보다 폭로의 글처럼 보이기 마련이다.

특히 한국사회는 이런 숨겨야 할 것이 너무나 많을 수밖에 없는 역사적 특성을 가졌습니다. 이를 저의 책은 이미 아래와 같이 지적하고 있습니다.

> 50년 만에야 비로소 평화적 정권교체가 여야 간 이루어지고 금강산 관광이 이뤄질 정도로 금기와 제약이 많았기 때문에 자유와 민주주의가 제대로 성장할 수 없었다. 그래서 너무나도 많은 사회현상이 왜곡되고 진실이 장막에 가려져 왔다. 일본 식민지 지배, 친일파에 대한 역사청산을 이루지 못한 해방공간, 미국지배의 종속체제에서 타율적인 역사의 강요, 박정희에서 전두환에 이르는 30년 군부독재, 분단으로 인해 북한 것은 무조건 다 악과 부정으로 보아야 하는 극단적 반공·냉전 이데올로기의 압도 등 때문에 우리 역사는 언제나 왜곡을 강요당해 왔고, 진실은 은폐되어 왔던 것이다. 이런 사회일수록 인문사회과학의 주요 소임인 '脫신비화'와 '가면 벗겨 폭로하기'가 절실히 요구되기 마련이다. 따라서 우리 학문은 민족·민중지향성과 더불어 비판적 성향이 요구되고 있다(강정구, 2000, 『현대 한국사회의 이해와 전망』, 한울, 23쪽).

저는 이렇게 숨겨야 할 것이 절대적으로 많은 영역인 현대사, 북한, 평화와 통일, 한미관계 등을 중심주제로 학술활동을 해 왔습니다. 이는 필연적으로 냉전성역허물기를 할 수밖에 없음을 의미합니다. 저의 학문이 비판학문을 철저히 지향하고, 민족학문을 올바르게 또 용기 있게 지향하고, 세부적으로 냉전성역허물기를 그 학문적 소명으로 삼는 한, 신문검사의 느낌과 같이 균형감을 상실한 것처럼 보이는 것은 숙명적이라고 생각합니다. 왜냐면 비판학문의 주요한 학문적 소임은 "드리워진 장막을 걷어내어 참모습을 밝히는 脫신비화(神秘化)와 가면 벗겨 폭로하기(debunking)"이기 때문입니다. 그래서 배링턴 무어의 지적과 같이 결과적으로 객관적 진술처럼 보이기보다 폭로와 선동의 글처럼 보이기 마련입니다.

이 학문적 특성을 제대로 이해하신다면 저의 글이 균형감각을 상실한 것이 아니라 오히려 비객관적이고 불균형적으로 인식되어 왔던 이제까지의 왜곡을 바로 잡아 균형을 회복해 오히려 참된 객관성을 어느 정도 복원했다고 판단하실 것으로 믿습니다. 저는 이런 점에서 제 나름대로의 학문원칙에 비교적 충실했다고 자부하고 있고 자긍심을 가지고 있음을 밝힙니다.

나. 남한·미국과 북한 사이 서술의 불균형

1심 판결문은 "대한민국 또는 미국에 대하여는 '불법개입', '불법점거', '불법성 및 위배', '원수', '전쟁광', '주적', '학살책임자' 등으로 표현하고, 북한에 대하여는 '민족정통성', '정당한 월선', '합당' 등으로 표현한 점 등을 고려하면"이라고 서술하면서 양자 간의 서술에서 제가 균형감각을 상실한 것처럼 묘사하고 있습니다.

법적 판단은 구체성에 입각해야 하는 게 기본입니다. 위의 판결문 서술은 어떤 주제, 어떤 현상, 어떤 소재 속에서 특정 어휘나 개념인 '민족정통성' '정당한 월선' '불법성' '전쟁광' 등인 쓰인 것인지 그 맥락을 파악할 수 있는 구체성이 없습니다. 개념이 쓰인 맥락(context) 없이 텍스트(text) 자체만으로 평가·해석하거나 이 텍스트를 한데 뭉뚱그려 일괄적으로 해석·평가하는 것은 근거 없는 결론을 자아낼 우려가 있습니다.

위의 '불법개입'은 6·25내전에 미국이 개입한 것을 제가 불법개입으로 규정한 것을 지목하는 것 같습니다. 저는 이미 위에서 이 규정의 정당성을 구체적으로 밝혔습니다. 내전이나 내란은 집안싸움이기에 외부가 개입할 성격이 아닙니다. 마치 궁예, 견훤, 왕건, 신라 등이 통일각축전을 벌일 때 외세인 중국이 개입해 견훤 편을 들어 주었을 때를 유추하면 미국개입이 불법임이 명백해 질 것입니다. '주적'은 우리 국방백서에 명시된 개념이고 저의 칼럼에서는 미국 하원국제관계위원장이 '주적을 분명히 하라'는 내정간섭을 비판한 글에서 쓰인 개념으로 주제가 주적이니까 응당 자주 등장할 수밖에 없는 것입니다. 위에서 문제 삼는 어휘 하나하나가 모두 이 같은 맥락 속에서 당연히 쓰일 수밖에 없는 어휘이거나 개념입니다.

'정당한 월선' 역시 너무나 당연한 어휘 선택입니다. 우리 언론과 국방관련 관변학자들의 서해교전이나 북방한계선 관련 논문은 북한 배가 북방한계선을 넘어 오는 것을 모두 영해침범, 침략, 국토수호 차원의 대응 등 전혀 법적인 근거가 없는 데도 극단적인 개념으로 서술하고 있습니다. 영해선이나 군사분계선으로 북방한계선이 법적 자격을 갖추려면 응당 정전협정이나 국제법 등의 근거가 있어야 합니다만 어디에도 이런 근거는 없습니다. 오히려 12해리를 영해로 설정하고 있는 국제법상으로는 북방한계선과 서해 5도가 모두 북한 영해가 됩니다. 이런데도 북한 배가 북방한계선을 넘어 오는 것이 침범이고 침략이라고 주장할 수 있습니까? 북한 행위는 국제법상으로 정당한 월선이고 이를 마치 영해로 강제하는 것이야말로 불법 점거라고 볼 수 있는 것입니다. 바로 이 때문에 미국무부도 서해교전 해역을 공해 또는 분쟁해역으로 발표했으며 김영삼정부 당시 국방장관이었던 이양호도 월선이고 넘어와도 정전협정 위배가 아니며 어쩔 수 없다고 국회에서 답변했던 것입니다.

또한 저의 서술이 불균형적인 것으로 1심 판사는 해석하고 있습니다. 앞의 이재봉 교수가 언급한 것처럼 우리와 미국은 평소 북한이나 김정일 김일성 등에게 얼마나 극단적인 표현으로 묘사해 왔는지 자문해 볼 필요가 있습니다. 폭군, 망나니, 피그미, 호색한, 깡패국가, 불법정권, 전쟁광, 도발자 등의 극단적인 묘사는 일상화 되어 있습니다. 그야말로 근거도 없이 북한을 극단적으로 낙인찍고 매도하는 것은 남한과 미국에서는 습관화되어 있으니까 이런 것이 자연스러운 느낌입니다. 역으로 미국에 대해서는 온통 미화일색으로 찬양-고무하는 것이 당연하고 마치 의무적인 것이 되고 습관화 되었습니다.

이런 원초적인 불균형 상태에서 앞에서 지적했지만 논거가 충분한 개념과 어휘로 북한을 묘사하고 남한과 미국의 잘 못을 지적한 것이 마치 북한 동조나 불균형으로 인식되기 마련입니다. 자기도 모르는 사이 반공반북이데올로기에 빠지게 되면 관례와 타성에 젖어 제 눈의 들보는 보지 못하고 남의 눈 티끌은 보기 마련입니다. 또 비정상적으로 미친 사람이 미치지 않은 정상적인 사람을 보면 오히려 미친 비정상적인 사람으로 보기 마련입니다.

어쩌면 저의 학문 연구결과가 마치 객관성이 약하고 불균형적인 것처럼 보이는 것 자체가 제 자신이 추구하는 학문적 좌표인 냉전성역허물기에 제 자신이 충실하다는 증거라고 생각할 수도 있습니다. 저를 잘 아는 지식인 한분이 쓴 아래와 같은 서평이야말로 필화사건에 휘말린 저의 위치를 잘 그리고 있는 것 같습니다.

> 혹자는 강 교수가 너무 앞서 간다고 문제 삼기도 하고 혹은 너무 돌출적이라고 힐난하기도 한다. 필자는 그러한 비난에 대해 100% 강정구 교수를 옹호하고 싶다. 현실은 강 교수가 너무 앞서간 것이 아니라 한국의 지식인 사회가 시대 흐름에 비해 너무 처져 있는 것이며 강 교수가 돌출적인 것이 아니라 한국의 지식인들이 이슈에 대해 너두 소심하고 둔감해져 있다고 보는 것이 정확할 것이다.

이에 관한 저의 결론은 이미 2002년도 판 저의 책 「연보: 늦깎이의 자화상을 다시 그리면서」(『민족의 생명권과 통일』, 당대, 570~572쪽)에서 내려져 있습니다.

> 나는 언제나 주장한다. 서구제국주의 지식인은 차가운 이성과 뜨거운 가슴이 조화를 이루어야 한다고 부드러운 학문자세를 역설하지만, 그것은 노예와 굴종과 인간 이하의 동물적 지배를 경험하지 못한 제국주의 지식인에게만 해당되는 것일 뿐이라고. 우리는 온갖 질곡과 수모에 시달려 한과 울분의 역사를 가슴속에 응어리로 품고 있는 제3세계 지식인이다. 제3세계 지식인은 먼저 뜨거운 가슴과 분노를 거쳐 올바른 문제의식을 확고히 가진 다음에야 이끌어 오른 가슴을 차가운 이성으로 채울 수 있어야한다고 역설해 왔다. 그래서 가끔 거친 말과 욕설이 나오는 것은 오히려 자연스러운 현상이라고 여겨진다.
> 제3세계가 분노할 줄 모르는 지식인이나 일반인으로 가득 차 있다면, 제3세계의 미래는 비관적일 수밖에 없다. 뜨거운 가슴과 냉정한 머리 사이의 산술평균적인 결합보다는 먼저 가슴이 뜨거워지고 그 다음 이 들끓는 가슴을 채워줄 합리적 이성을 발전시켜야 한다고 본다. 이렇게 가슴과 머리가 유기적 융합을 이루는 학문적 경지를 지향하는 것이 제3세계의 학문세계가 나아가야 할 올곧은 방향일 것이기 때문이다.

12. 대한민국의 존립·안전이나 자유·민주적 기본질서에 실질적 해악을 가할 위험성

판결문은 "결국, 이 사건 범죄사실에 나타난 피고인의 행위 및 주장은 대한민국의 존립·안전이나 자유·민주적 기본질서에 실질적 해악을 가할 위험성이 있는 적극적이고 공격적인 것이라고 판단되고, 피고인의 평소 성행, 전력, 학력·지식의 정도, 직업 등에 비추어 피고인도 그러한 점을 알고 있었다고 본다"라고 결론짓고 있습니다. 전혀 동의할 수 없는 주장입니다.

가. 국가의 존립·안전 위해

학문본질인 참과 진실 찾기, 맹목적 믿음 허물기, 냉전성역허물기, 시대적 요구인 평화·통일 중심의 역사접근, 올바른 역사해석, 이를 표현하는 점 등이 대한민국의 존립—안전을 위협한다는 발상자체가 잘못된 것입니다. 설사 단기적 위협이 되는 것처럼 보일지라도 진실은 장기적으로 승리한다는 점에서 장기적 도움이 되기 마련입니다. 진실이나 진리는 어느 누구에게 위협이 되건 도움이 되건 상관없이 진실과 진리 그 자체로 추구되고 기각되어야 할 성격이므로 진실·진리 외적 기준에 의해 결코 재단되어서는 안 됩니다.

저는 저의 활동이 국가의 존립·안전을 위협한다는 생각은 아예 해 본적도 없었습니다. 왜냐면 냉전성역허물기라는 학문 수행에 의해 국가의 존립·안전이 위해받기보다는 오히려 탄력성을 높여 우리 사회의 건강성을 높여 줄 것으로 확신해 왔습니다. 또한 진실을 바탕으로 한 연사인식을 갖게 되어 우리의 전 민족적 과제인 평화통일에 훌륭한 자양분이 될 것으로 보았습니다. 실제 과거의 유승환 의원의 발언이나 문익환 목사나 임수경의 방북 등이 기초가 되어 김대중정권의 햇볕정책이 나왔고 상대적으로 남북관계는 더욱 화해—협력—평화—통일 지향적이 되었습니다. 만약 부시 하의 미국 개입이 없이 햇볕정책이 추진될 수 있었다면 한반도는 평화체제로 진입할 수 있었을 것입니다.

다음 반문하고 싶은 것은 지금 남북 간의 격차가 얼마인데 '북한으로부터의 위협'이나 국가의 존립·안전 등을 아직까지 화두로 삼고 있느냐 입니다. 2006년 현재 남한은 세계 수준에서 경제력 10위, 군사비 지출 8위, 군사력 7위 정도로 모두 5% 이내입니다. 북한은 순위를 낼 수 없을 정도로 거의 200위권입니다. 대학성적으로 치면 남한은 A+ 수준이고 북한은 F 수준입니다. 전반적으로 A+학생이 F 학생으로부터 석차 위협을 받는다고 생각하는 것은 정상이 아닐 것입니다.

남북의 실상을 제대로 알면 존립안전이라는 성립될 수 없음을 깨닫게 될 것입니다. 북한 경제총량은 250억 달러 미만으로 남한의 2006년 국방비 수준이고, 삼성전자의 50% 수준에 불과하며, 남한 전체의 1/40에 불과합니다. 북한 예산은 100억 달러 안팎입니다. 군사비는 20억 달러 미만으로 미국, 일본, 프랑스, 영국, 중국, 독일, 러시아 다음으로 세계에서 8번째인 남한의 230억 달러(2006년)의 1/10에도 못 미치는 수준입니다. 우리 군에서 '푸대접 받는다'는 해군력의 경우도 남북 격차는 엄청납니다. 이지스함 도입 등 대대적 증강계획이 이행되지 않은 지금도 현대전의 필수조건인 1천t 이상 전투함 숫자는 이탈리아, 스페인, 독일을 능가 영국, 프랑스와 맞먹는 수준인 41척으로 북한의 3척과는 아예 비교할 대상이 되지 않습니다(밀리터리 밸런스 2003~2004 이탈리아 18, 스페인 16, 독일 13, 영국 34, 프랑스 34, 한국 39 – 최근 완공된 4천 5백 톤 문무왕 구축함, 경항공모함 독도함 포함하면 41척).

이러한 현황을 누구보다 총체적으로 파악하고 있는 노무현 대통령은 2005년 3월 8일 공사졸업식에서 아래와 같은 '폭탄선언'을 해 많은 사람들을 깜짝 놀라게 했습니다. 그러나 이는 결코 놀랄 일이 아니라 사실을 사실대로 말했을 따름입니다.

> 이제 우리를 지킬만한 넉넉한 힘을 가지고 있습니다. 누구도 감히 넘볼 수 없는 막강 국군을 가지고 있습니다. (……) 이제 우리 군은 한반도뿐만 아니라 동북아시아의 평화와 번영을 지키는 것을 목표로 하고 있습니다. 동북아시아의 세력 균형자로서 이 지역의 평화를 굳건히 지켜낼 것입니다.

세계 7~8위권의 군사력과 세계 10위권이라는 경제력을 바탕으로 노 대통령의 동북아세력균형론 전략이나 "우리 역사상 오늘처럼 강한 국력을 가진 적이 없다"는 노 대통령의 평가가 나올 수 있었습니다. 그렇지만 미국에 의존해야만 살 수 있다는 공미(恐美)론적 자폐주의에 빠진 이 땅의 기성 주류는 이 전략이 미국의 비위를 건드리는 일이고 우리 같은 힘없는 나라로서는 불감당이란 패배주의에 빠져 있었습니다.

결론적으로 남북의 실상을 있는 그대로 곧, 객관적으로 알게 되면, 그리고 맹목적 믿음인 냉전에서 벗어나면 더 이상 북한위협으로부터의 국가 존립·안전이라는 잘못된 인식은 사라지고 우리에 대한 자긍심이나 자부심을 가지리라 봅니다.

1심 판사도 어렴풋이나마 남북격차가 심하다는 것을 인식하고 있는 듯 판결문에서 "피고인의 주장으로 인해 국가의 존립·안전 및 자유·민주적 기본질서에 대한 위험이 현실화될 가능성은 과거에 비해 상대적으로 낮아졌다고 평가할 정도로 건강함과 자신감을 가지고 있는 점"이라고 서술하고 있습니다.

그러나 제가 위에서 지적한 남북격차 등을 제대로 또 정확하게 파악하고 있다면 "피고인도 그러한 점을(대한민국의 존립·안전이나 자유·민주적 기본질서에 실질적 해악을 가할 위험성) 알고 있었다고 본다"라는 1심 판사의 서술은 나올 수 없었을 것입니다. 이 서술은 저의 학문이나 논문을 제대로 읽어보지도 않고 단정적으로 내리는 무책임한 인격모욕적인 주장입니다. 응당 수용할 수 없는 그만의 주장에 불과합니다.

나. 자유·민주적 기본질서

자유민주주의의 기본은 자유권입니다. 이 자유권에 기초한 자유민주적 기본질서는 어떠한 제약도 없이 학문사상표현의 자유를 향유하는 것이므로, 현대사에 덮여진 허구를 파헤치고 역사의 진실을 발견하고 이를 알리고 표현하는 것은 참된 자유민주적 기본질서를 오히려 북돋는 역할을 한다고 생각합니다.

학문적 활동은 오로지 객관적 역사자료, 타당한 방법론, 논리적 추론, 올바른 해석, 학자의 양심이 총화되어 귀결되는 것이고 진실과 진리를 목표로 삼습니다.

이러한 학문적 귀결이 특별한 경우 국가에 위해를 끼치는 경우도 있을 수 있다고 봅니다. 국가가 잘못된 짓을 얼마나 많이 해 왔습니까? 단기적으로는 위해라고 보일지 모르지만 장기적으로는 진실에 바탕을 두도록 하기에 진정한 국익에 보탬이 된다고 봅니다.

물론 학문적 귀결이 오류를 범할 가능성은 언제나 존재합니다. 그렇지만 이런 오류는 법적으로 규정할 수 있는 성격이 아닙니다. 단지 그 학문-사상-표현 자체의 마당에서 논의-비판-기각-재조정-수정-개선될 따름입니다.

1심 판결문도 이를 인정하고 아래와 같이 서술하고 있습니다.

> 민주사회에서 어떤 주장이나 표현의 해악을 시정하는 1차적 기능은 우리 사회의 사상의 경쟁시장에 의하여야 하고 국가의 개입은 다른 사상이나 표현에 의하여 그 해악을 해소할 수 없거나 다른 사상이나 표현을 기다리기에는 그 해악이 너무 심대한 경우로 제한하여야 하는데, 우리 사회가 민주주의의 발전과 체제경쟁의 우위에서 포용할 수 있는 표현의 폭이 넓어진 결과 피고인의 주장을 건전한 사상의 경쟁시장에서 논의하고 검증한다면 그 해악을 시정할 가능성이 높은 반면(……).

앞 1항에서 본대로 북한으로부터의 '국가 존립·안전 위해'는 아예 논의조차 할 필요가 없을 정도이므로, 표현의 해악 여부 판정은 위의 인용 판결문대로 '사상의 경쟁시장'에 의해 맡겨져야 합니다. 그런데도 유죄로 결론 낸 1심 판결은 자가당착의 모순을 범하는 일이라고 봅니다.

다. 평화통일시대의 학문좌표

사람이 어떤 지식과 학문을 창출하는 것이 아니라 역사와 사회가 어떤 특정 지식을 배출하지 않을 수 없게 만들어 학문이 성립됩니다. 이를 학문의 존재구속성이라고 합니다. 바로 이런 학문의 존재구속성 때문에 저는 냉전성역허물기를 저의 학문좌표로 설정했습니다.

이 냉전성역허물기는 단순히 저의 주관적 선호에 의해 학문좌표와 소명으로 설정된 것이 아닙니다. 우리 현대사와 탈냉전통일시대를 맞은 한국사회의 현주소가 학문하는 강정구로 하여금 이 냉전성역허물기를 학문좌표로 설정하지 않을 수 없도록 만든 셈입니다. 그래서 냉전성역허물기라는 학문좌표와 정체성은 저에게는 숙명적이라고 봅니다.

물론 이 학문좌표는 언제나 위험부담을 안겨 주고 있습니다. 1993년의 논문「미국과 한국전쟁」경우 무려 70개의 각주를 달았습니다. 만약 기소된다면 방어를 하기 위한 최소한의 장치였고 일종의 자기검열이고 안전판 확보차원이었습니다. 위험부담을 안고서라도 냉전성역허물기를 학문좌표로 설정한 이상 멈출 수는 없습니다. 학자로서 양심과 존재이유를 국보법 때문에 저버릴 수는 없었습니다.

이는 앞으로도 마찬가지입니다. 제가 유죄를 받는다 하더라도 냉전성역허물기 자체를 포기할 수는 없다고 생각합니다.

미·소냉전의 희생물로 강요된 냉전분단적대체제라는 역사 구조적 조건과 탈냉전통일시대라는 국면적 조건에서 창출된 냉전성역허물기라는 학문좌표나 주제는 결코 제 하나의 전유물이 아니라 학문공동체 많은 구성원의 학문좌표로 성장할 것이라 확신합니다. 응당 성장하고 정착화 될 것이고 되어야 합니다. 이것이 역사의 흐름이고 민족사의 요청입니다.

IV. 맺음말

원고지 400매에 가까운 항소이유서를 마무리 하면서 먼저 담당 판사님들께서 격무에 시달리는 구조적 조건에서 이 긴 글을 읽어야만 하는 시간적 부담이 마음에 걸립니다. 그것도 단순히 스쳐 지나가는 식의 읽기가 아니라 고민과 분석을 곁들인 독해가 요구되기에 더욱 그렇습니다.

다른 한편 저의 반론은 너무나 당연한 저의 방어권 권리행사이기도 합니다. 판사님들께는 격무의 문제이지만 저에게는 유죄냐 무죄냐 하는 절대적인 문제입니다. 동시에 이는 저의 개인 문제이기도 하거니와 학문공동체의 문제이고 더 나아가 우리 민족의 평화통일의 문제이고 장기적 민족사의 문제이기도 합니다.

 2004년 연말 생과 사의 기로에 서 있던 국가보안법이 당시 폐지되었다면 이라는 역사추상형 추론을 해 보면서 아쉬워해보기도 합니다. 그러나 역사의 진전이나 발전은 우여 곡절의 진통을 요구한다는 것을 다시 한 번 체험했습니다.

 저의 이런 시련이 조그만 밀알과 겨자씨가 되어 도도히 흐르는 탈냉전 평화통일의 역사도정에 합류되기를 바라는 마음 간절합니다. 이 가운데 남과 북이 진정으로 화해·협력하고 평화·통일의 고속항해에 함께 승선하여 민족사의 뗏목을 함께 저어가는 가운데 판사님들과 제가 함께 옆 자리에 앉기를 기대하고 촉구하고 호소합니다.

2006. 7. .
위 피고인(항소인) 강정구

서울중앙지방법원   형사항소 제4부 귀중

항소이유 추가 진술 첫머리발언 요지

사　건　2006노1503호 국가보안법위반
피고인　강 정 구

1. 1심 판결이 '학문윤리 위배'를 강요하기 때문에 항소가 불가피함
   1) 김병준 교육부총리의 학문윤리 위배 문제를 계기로 학문윤리 또는 연구윤리가 사회적 쟁점이 됨
   2) 이제까지의 논의는 타인의 연구결과 표절이나 자기 표절의 문제로 연구윤리 문제를 국한시킴
   3) 중요한 연구윤리 문제 가운데 하나는 국가보안법 7조에 있음을 누구도 주목하지 않고 있음
   4) 저의 1심 판결은 미국과 북한에 관한 한 학문적으로 귀결된 진실과 사실을 진실과 사실대로 서술하지 말도록 하는 판결을 내렸음
   5) 이 결과 1심 판사는 학문에서 연구윤리 위배를 강요하는 역할을 하였음
   6) 결과적으로 북한과 미국에 관한 엄연한 사실과 진실을 발견하고도 1심 판결은 이를 발표하지 못하고 침묵하게 함으로써 진실은폐라는 반학문윤리행위를 강요한 셈
   7) 학자로서 이런 반 학문윤리행위를 수용할 수 없기에 항소하지 않을 수 없음

2. 헌법 제37조 제2항의 학문자유 제한 규정과 본질적 내용 불가침 규정 사이에 분명한 관계설정의 필요성 때문에 항소는 불가피

　　제22조 1항: 모든 국민은 학문과 예술의 자유를 가진다.
　　제37조 2항: 국민의 모든 자유와 권리는 국가안전보장·질서유지 또는

공공복리를 위하여 필요한 경우에 한하여 법률로써 제한할 수 있으며, 제한하는 경우에도 자유와 권리의 본질적인 내용을 침해할 수 없다.

1) 어문구조 분석 상 37조 2항의 전항인 학문자유 제한규정은 주절이고 뒷항인 본질적 내용 불가침 규정은 조건절임.
2) 조건절과 주절이 함께 문장을 형성한 복합문의 경우 조건절의 한도 내에서 주절은 그 효력을 발생할 수 있음.
3) 그러므로 37조 2항은 정확하게 재 서술하면 "자유와 권리의 본질적인 내용을 침해하지 않는 경우에(또는 범위에) 한정해서, 국가안전보장·질서유지 또는 공공복리를 위하여 필요한 경우에 그 자유와 권리를 법률로써 제한할 수 있다."
4) 결론적으로 37조 2항은 어문 구조상 핵심이 조건절인 본질적 내용에 있으므로 이제까지 주절에 중심을 두고 본질적 내용임에도 불구하고 제한시키는 판결을 내린 것은 오류를 범한 것임.
5) 저의 1심 판결 역시 이런 조건절과 주절의 관계를 혼동한 판결이므로 항소하지 않을 수 없음

3. 37조 2항의 학문자유 본질의 정의내림의 긴요성 때문에 항소 불가피함
   1) 37조 2항에 의거한 판결을 내리기 위한 선결요건은 학문자유의 본질에 관한 정의를 내리는 것
   2) 1심 판결이나 제가 알기로는 법원이 아직 이에 대한 법적인 차원의 정의를 내리지 않고 있음
   3) 학문자유 본질의 핵심은 연구결과로 귀결된 참과 진실을 밝히는 것이라고 보는데 이에 대한 법원의 분명한 해석이 요구됨
   4) 만약 학문자유의 본질이 참과 진실을 밝히는 것이라는 것을 인정한다면, 미국과 북한에 관한 한 참과 진실을 밝힌 저의 학문연구결과가 응당 헌법 37조 2항에 의해 보호되어야 하고 1심 판결은 무효가 됨.

4. 공판과정에 피고의 방어권 보장 요구
   1) 이 필화사건은 사실 확인 문제가 본질이 아니고, 학문적 귀결로 내려진 결론에 대한 평가 문제가 본질임
   2) 그러므로 피고의 문제의식, 방법론, 역사자료, 논리적 추론, 가치관 등이 충분히 개진될 수 있어야 사건의 본질을 재대로 이해하고 파악할 수 있음
   3) 따라서 피고가 증인, 검찰, 판사에게 질문과 해명을 요구할 수 있는 권리를 보장하고 이에 대한 답변과 해명을 보장받을 권리가 주어져야 한다고 봄
   4) 특히 검찰 측이 제시한 전문가들의 감정이나 평가 등에 관한 피고의 방어권을 위한 질문권이 보장되어야 함
: 공안당국이 문서감정을 의뢰하는 단골 전문가들의 감정 자체가 객관적 설명력과 설득력이 있는지는 지극히 의문이다. 특히 우리 사회에서는 예민한 북한과 미국에 관한 한 냉전성역이 지배하고 있어 합리적인 논쟁이 허용되지 않고 있다. 합리적 논쟁과정 없이 내린 감정은 객관성을 상실하기 십상이다. 그러므로 이 객관성을 증명하기 위해 연구당사자인 피고, 이를 변호하는 변호사, 감정서를 옹호하는 검찰, 감정인 사이 합리적인 논쟁과정이 필시 요구된다. 특히 강정구의 연구는 사실차원의 문제라기보다 분석과 설명이 중심이므로 평가차원의 문제이다. 그러므로 이런 특징상 합리적인 논박이 더욱 절실히 요구된다.

5. 필화사건에 관련된 저의 연구물에 대해 비록 시간이 걸린다 하더라도 어느 정도 독해하고 난 후 공판심리가 진행되기를 바랍니다.
   1) 주한미군과 미국에 관한 논문 약 26편, 6·25전쟁 성격에 관해 약 11편, 통일이나 통일방안에 관해 약 15편 정도의 논문을 집필했고, 관련 책으로 단행본 약 7권을 발간했음
   2) 이 논문과 책들이 이번 필화사건과 직접적이든 간접적이든 관련되어 있음
   3) 필화사건 자체가 사실차원의 문제가 아니라 평가차원의 문제이기

때문에 이들에 대한 독해가 전제되어야만 평가가 이뤄질 수 있음
4) 관련당사자 모두가 이들을 어느 정도 숙지한 조건에서 객관적인 평가가 가능하다고 보기 때문에 충분한 시간적 여유를 가지고 공판이 진행되기를 바랍니다.

2006.8.24
피고인 강정구

2심 마무리 진술

마무리 진술

사　건　200노2194호　국가보안법위반
피고인

위 사건에 피고인은 다음과 같이 최후 진술합니다.

다　음

Ⅰ. 머리말

6월민주항쟁 이후 한국사회가 전반적으로 민주화되고 이성화되었다고 하지만 미국, 북한, 안보 영역만큼은 아직도 민주화 이전의 수준에 머물고 있습니다. 이 영역에 관한 한 '민주화 이후의 민주화'가 아니라 '민주화 이전의 민주화'가 여전히 화급한 과제일 따름입니다. 곧, 미국·북한·안보에 관한 많은 사안은 참과 진실이 그대로 받아들여지지 않고 있으며, 있는 그대로의 객관적 서술도, 학문의 자유니 자유민주주의니 하는 이상향도, 무참히 제약 당하고 금기시되고 있습니다.

최근 우리 사회에서 가장 큰 쟁점이 되고 있는 전시작전통제권 환수 문제를 보면 이런 비정상적인 우리 사회의 자화상이 여실히 드러나고 있음을 확인할 수 있습니다. 이 문제와 같이 미국-북한-안보 세 영역이 함께 걸려 있는 사안일수록 이런 반이성과 야만, 친북반미라는 냉전몰이와 색깔몰이 등은 더욱 기승을 부려 상승작용을 타기 마련입니다.

이 같은 맥락에서 저의 필화사건은 우리 사회의 냉전성역이라는 성역은 온통 다 관련돼 있기에, 곧 금기시 되는 미국－주한미군－북한－안보－평화－통일－연방제통일방안－해방공간－한국전쟁－정통성－민간인학살－주체사상－서해교전－북방한계선－만경대 정신－민족자주－한미동맹－전쟁위협론－친일파 등을 저의 학문적 과제로 삼고 있기에, 비록 그것이 학문적 논의라 하더라도 이를 둘러싸고 색깔몰이－폭력몰이와 더불어 여기에 야합하는 언론과 공권력 등의 반이성과 굴절이 난무함을 다시 한 번 확인했습니다.

지난 10월 26일 유엔 B규약 인권위원회(유엔 시민적－정치적 권리위원회 Human Rights Committee)의 크리스틴 샤네 위원장은 제네바 유엔인권고등판무관실(OHCHR) 회의장에서 한국의 시민－정치적 권리에 관한 국제규약(일명 B규약) 이행 여부에 관한 이틀간의 심사를 마치면서 내린 총괄 평가에서 아래와 같이 구체적으로 저의 필화사건을 거명하면서 검찰의 기소를 국가보안법 남용이라고 질타하고 '긴급한 사안으로' 그 시정을 촉구했습니다.

> "민주주의 체제에서는 사실과 반대되는 견해가 표명되더라도 기소와 수감 이외의 방법으로 얼마든지 반박할 수 있다" "한국 정부는 이제는 국보법의 남용 사례가 없다고 하는데 이 경우 국보법의 남용 사례가 아니라고 할 수 없다" "강 교수 사건은 규약(유엔) 제19조(표현의 자유)에 부합하지 않는 것으로 보인다"(『연합뉴스』, 2006.10.27).
>
> "당사국은 긴급한 사안으로서 국가보안법 제7조 및 그에 따른 처벌이 규약의 요구사항과 모순이 없도록 보장해야 한다"(『연합뉴스』, 2006.11.3).

유엔사무총장을 배출했다고 용비어천가를 불러대는 한국사회가 바로 그 유엔으로부터 지탄과 규탄을 받고 있습니다. 이런 모순되고 수치스런 자화상에 대해 진정성 있는 자기반성과 자기 교정력을 발휘해야 한다고 봅니다. 그러나 유엔 대북인권결의안에는 유엔사무총장을 배출했기에 북한 인권 문제를 더 이상 외면할 수 없고, 또 찬성할 수밖에 없다고 하면서도, 국가보안법남용의 전형으로 지적되고 시정권고까지 받았던 저의 필화사건에 관해서는 침묵으로 일관하고 있습니다. 이런 이중 잣대에 대한 일말의 자기반성도 보이지 않고 있는 우리 한국사회의 야만성과 이중성이 엄연한 현주소입니다.

이번 판결을 계기로 우리 사회가 이러한 비정상에서 정상으로, 마녀사냥에서 합리적 논쟁으로, 차이에 대한 배제에서 인정으로, 폭력에서 평화로, 무엇보다 우상에서 이성으로 전환하는 의미 있는 계기가 되기를 간절히 바랍니다.

Ⅱ. 진술 기조

저의 진술 기조는 크게 여섯 가지로 요약될 수 있습니다.

첫째, 공판중심주의나 구술중심주의라는 대법원 지침에도 불구하고, 또한 학문과 표현의 자유와 관련된 특수 성격 때문에 더욱 더 공판중심주의가 필요함에도 불구하고, 항소심이 충분한 심리 진행이 없이 곧장 결심으로 줄달음 치고 있어 변호사나 제 자신이 충분한 변론권이나 방어권을 행사할 수 없었습니다. 특히 피고의 방어권을 위해 내린 판사님의 석명명령에도 불구하고 검찰은 입증석명이 아닌 변명으로 일관했지만 재판부는 재석명을 요구한 피고의 방어권 요청을 일방적으로 기각했습니다.

이 때문에 일반적인 총체적 형식의 마무리 진술과는 달리 방어권 차원의 마무리 진술을 피력하겠습니다. 200자 원고지 390여 매에 이르는 저의 항소이유서가 1심 판사의 판결에 대한 반론이라면 이 마무리 진술은 검찰의 항소이유서에 대한 반론이 되겠습니다.

참고로 검찰의 석명과 이에 대한 재석명 요청의 기각이 가진 문제점을 저의 2차 구석명신청서의 일부를 인용함으로써 다시 한 번 검찰의 문제점을 지적하고자 합니다.

1. 석명과 법적 심판은 무엇보다 엄밀한 구체적 증거에 의거해 입증이 되어야 함은 공리수준의 당연지사입니다. 그럼에도 불구하고 검찰은 구체적 근거를 제시하지도 않은 채 두루 뭉실하게 묶어 '종합하면' '전반적으로' '평가 된다' '본건 문제된 각 논문에서의 피고인의 기본적 입장에 대한 평가를 한 것' 등의 애매모호하고 추상적인 언술과 주관적 진술로 구석명사항에 응답해 석명 아닌 석명을 하고 있습니다.

1. 본인의 역사추상형비교방법론을 '객관적이고 학문적인 것인 양 감추기 위한' 장치로, 통일전쟁론을 '학문적인 연구로서 인정받기 어렵다고 판단되자' '객관적인 외양을 덧칠하기 위'한 위장으로 서술함으로써 충분한 근거 없이 학자의 명예와 인격을 완전히 짓밟는 폭거를 저질렀습니다. 이 인격모욕적인 폭거에 대한 구체적 근거 제시 등으로 입증해 줄 수 있는 석명을 요구했으나 '평가의 문제' 등으로 단순하게 치부하고 전혀 구체적 입증 자료를 제출하고 있지 못합니다. 그럼에도 불구하고 자신의 잘 못에 대한 일말의 양심적인 모습도 보여주지 않고 있습니다.

1. 본인의 수많은 연구물에 대한 종합적인 검토는 물론이거니와 구석명신청서에서 본인이 제시하고 언급한 관련논문마저도 읽거나 확인도 하지 않고 '북한 굶주림 외면', '사회주의 몰락 외면' 등이라는 근거 없는 모함을 여전히 지속하고 있습니다. 본인의 60~70편의 논문을 모두는 못 읽는다 하더라도 구석명신청서에서 이미 제시된 「4월혁명과 현 단계 자주·민주·통일의 과제」와 같은 관련논문은 최소한 읽고 확인하는 성의는 보여야 하는 것이 기본이라고 봅니다.

1. 주관적 평가에 의한 석명은 일반적으로 객관적 분석을 외면해 객관성과 보편타당성을 가질 수 없습니다. 더구나 주관적 평가에 관한 구체적인 평가 기준과 그에 합당하는 자료를 뒷받침하지 않으면 더욱 심각해집니다. 평가 역시 근거 없는 평가는 있을 수 없고, 특히 법적 처벌이라는 재판에 관련된 평가는 객관적이고 구체적인 근거와 자료가 구체적 증거의 형태로

제시되어야 증거주의가 성립될 수 있으므로, 검찰의 지속적인 주관적 평가 의존의 응답은 재판의 증거주의 원칙을 위배하고 있습니다.

1. 이 구석명신청서 마지막 부분에서(검찰항소이유서 2006.6.29. 37쪽의 검찰 인용문단) 검찰은 인용문단의 첫 부분을 본인의 책 323쪽 문장의 뒷부분만 따오고(앞부분은 의도적으로 빼어 버리고), 중간 부분 역시 328쪽 문장의 뒷부분만 따오고(앞부분은 의도적으로 빼어 버리고), 마지막 부분 역시 330쪽 중간부분만 따와(앞 뒷부분을 의도적으로 빼어 버리고) 짜깁기를 통해 한 연속문단을 만들어 인용표까지 붙이는 명백한 '사문서 위조'행위까지 했습니다. 이 같은 '사문서 위조'에 대한 구체적 사실을 제시하고 석명을 요청했는데도 검찰은 이를 시인하지 않고 오히려 요약이라고 '위증'하고 있습니다.

1. 검찰은 여러 부분에서 구체적 근거나 자료 없이, 또 논리적 타당성이나 인과관계의 연결고리도 밝히지 않고 주장만으로 북한동조 혐의를 씌운 점을 솔직히 인정하지 않고 구석명사항과 무관한 부분을 끌어들여 얼버무리는 안타까운 모습을 보여 주고 있습니다. 북한의 대외적 자주노선 문제에서와 같이 각기 개별적인 사회현상들이 어떤 관련 속에 반외세의 보편적 자주를 배제한 반미자주로 귀결되는지 논리적 연결고리를 제시하지 않으면 이는 단순한 주장에 불과하지 인과관계를 연결 짓는 설명은 될 수 없습니다. 그야말로 주장에 불과한 것만으로 범죄사실을 마치 입증이라도 할 수 있는 것처럼 사고하는 것은 무책임한 것으로 공권력이 해서는 안 될 일입니다.

1. 학문업적에 대한 분석과 평가는 전문적인 식견을 가지고 엄밀하게 다뤄져야 함에도 불구하고 담당 검찰의 한계로 의도했건 안 했건 일방적 왜곡, 논리성을 갖추지 않는 주장, 논문과 글의 주제 파악 미숙, 불필요한 오해 등을 너무 많이 노출해 근본적 한계를 가집니다. 보기를 든다면, 본인의 93년 논문은 제목인 '미국과 한국전쟁'이 말하듯이 한국전쟁에 개입한 미국

에 초점을 맞추었기 때문에 한국전쟁 5단계설에서 민족해방전쟁론이 부각될 수밖에 없습니다. 반면에 2000년의 논문은 「한국전쟁과 민족통일: 전쟁의 통일을 넘어 평화와 화해의 통일로」라는 제목이 말하듯이 통일이 중심 논지였으므로 통일전쟁이 부각되기 마련입니다. 이처럼 동일한 현상인 한국전쟁을 학문 연구대상으로 삼더라도, 논문의 전체 주제에 따라 중심논지가 달라지고, 또 중심논지에 따라 전쟁성격도 여러 종류의 전쟁성격 가운데 특정 성격이, 곧 민족해방전쟁이나 통일전쟁 또는 이념전쟁이라는 성격이 부각될 수 있음을 제대로 인식할 필요가 있습니다. 그렇지만 검찰의 인식수준은 전혀 이에 이르지 못하니까 그저 표피적인 것에 집착하여 과도한 혐의나 주장을 하기 마련입니다.

1. 검찰은 학술연구물에 등장하는 특정 언술 등을 그 자체로만 별개로 해석하거나 이해하지 말고 전체적인 맥락 속에 이들을 위치시켜 총체적으로 이해하고 해석해야 합니다. 곧, 자료-정보-연구결과물로서의 텍스트(text)는 텍스트 자체만 따로 떼어 놓을 것이 아니라, 곧 텍스트 차원에만 국한시키는 것을 넘어서서 그 텍스트가 위치한 자리를 제대로 매김으로써, 곧 콘텍스트(context) 속에 위치 지움으로써, 심층적이고 올바른 맥락적 이해를 할 수 있다는 것은 사회과학에서 초보 중 초보에 속합니다. 그러나 저의 학술 연구결과에 대한 검찰의 이해는 전혀 이런 초보적 수준에도 미치지 못합니다.

검찰의 구체적이고 세부적인 문제점은 다음에 자세하게 서술되어 있습니다만, 이처럼 진실과 사실이 제대로 밝혀지지 않고, 석명되지 않은 채, 검찰의 여전한 허위사실 기재와 일방적 주장만이 허용되고 본인의 진실 밝히기가 관철되지 않고, 본인의 당연한 권리인 공판중심주의와 구술중심주의에 의거한 진실 찾기 기회가 주어지지 않는다면, 이 재판은 더 이상 법의 이름에 의한 공정하고 정정당당한 판결이 이뤄질 수 없다고 확신합니다.

판사님은 9월 14일 본 법정에서 검찰에게 피고의 방어권을 위해 검찰이 석명을 해서 피고가 다시 의견을 개진할 수 있도록 하라고 검찰을 지휘하

셨습니다. 그러나 검찰의 10월 12일자 석명은 이 지휘를 제대로 이행했다고 결코 볼 수 없는 것은 명약관화하다고 생각합니다. 이 지휘원칙에 따라 판사님께서 사법의 기초조차 어기면서 책임회피만을 일삼는 이런 검찰의 10월 12일자 응답에 대해 구체적 입증이 이뤄질 수 있는 석명과 사법 기준에 맞게 재석명 지시를 내릴 것 것을 간곡히 요청합니다. 이는 사법적 정의에 입각한 공정하고 정정당당한 판결을 위해 요구되는 필연사항일 뿐 아니라 허위사실에 기초한 부당한 판결을 막기 위해 피고로서 본인에게 부여된 당연한 권리행사를 위해서도 필수적인 요건이라고 생각합니다.

둘째, 검찰의 항소이유서에 대한 구체적 반론과 함께, 국가보안법 사건 일반에서 공안당국이 상투적으로 제기하고 사법당국이 무비판적으로 대부분 수용하는 허구적 내용의 진실을 밝힘으로써, 얼마나 국가보안법 사건이 허구하에 진행되고 있는지를 드러내고자 합니다. 국가보안법 앞에 서기만 하면 누구든지 사슴을 보고 사슴이라고 말하지 못하고 말이라고 말해야 하는, 곧 지록위마(指鹿爲馬)를 강요당하는 현주소를 고발하고자 합니다.

셋째, 저의 진술 밑바닥에 깔려 있는 기조는 탈냉전, 평화통일, 지구화라는 시대흐름에 순응하는 가치지향을 띠고 있습니다. 따라서 저의 진술에는 우리 사회에서 불문가지로 '공인'되는 냉전성역은 없습니다. 저의 진술은 또한 남북을 초월하여 전 민족적 견지에 입각해 있습니다. 더 나아가 지구화의 글로벌 스탠더드에 맞게 우리만의 좁은 사고와 시야가 아니라 인류사회 보편의 가치지향을 기준으로 삼고 있습니다.

넷째, 우리는 더 이상 남쪽에 살면 무조건 남쪽 편향으로, 북쪽에 살면 북쪽 편향으로 가는 반(反)보편주의나 민족분열적 사고에서 벗어나야 한다는 기조를 띠고 있습니다. 이제 남북을 떠나서 남이든 북이든 그 정책이나 가치지향이 민족의 평화와 통일, 사회정의와 진실, 인류의 보편적 가치에 부합하고 증진에 기여할 때 남북을 초월하여 이에 동조해야 마땅합니다. 동시에 남이건 북이건 이들 기조에 어긋날 때 역시 남과 북을 떠나 이를 규탄하고 배격해야 합니다.

냉전분단체제 때문에 보편주의를 실종시키고 미국과 북한에 대한 예외주의를 내세워 냉전성역을 여전히 활개 치게 만드는 모든 거짓 논리를 저는 단호히 배격합니다. 동시에 남쪽에 동조하는 것은 문제시 하지 않으면서 북쪽에 동조하는 것 자체가 왜 문제가 되는지를 자성해야 한다고 주장합니다.

다섯째, 미국과 북한 예외주의는 저에게는 용납되지 않습니다. 조사과정이나 1심 재판 때도 누누이 주장해 왔지만 일본 역사교과서 왜곡에 대한 반응으로 반일운동이, 중국 동북공정에는 반중운동이, 프랑스의 고문서 강탈에 대한 반환거부에는 반프랑스운동이 시민사회에서 일어나기 마련이고, 우리 정부나 언론 등은 이 현상을 너무나 당연한 것으로 여깁니다. 이렇듯 주한미군의 여중생 압살사건, 한강독극물 사건, 주한미군기지의 극심한 환경오염과 이의 치유를 거절하는 미국 등에 대해 반미운동이 일어나는 것은 너무나 당연하고 자연스러운 현상입니다. 그러나 우리 정부나 주류종이신문, 한나라당 등 이 땅의 주류들은 반일 반중은 오히려 부추기면서 반미만은 안 된다는 식의 이중 삼중 잣대를 들이댑니다. 이처럼 미국은 잘못하더라도 잘 못한다고 이야기 하지 못하게 하는 미국예외주의가 판을 치고 있습니다.

북한에 관한 한 이런 예외주의가 더 극단으로 치달아 북한이 잘하더라도 잘 못한다고까지 비방해야만 안전한 곳이 이곳 남한 땅입니다. 그것도 자유민주주의를 지향한다고 하면서 또 이 자유민주주의를 위해서라고 강변하면서, 이런 보편성을 거역한 북한예외주의를 마녀사냥과 국가보안법으로 강요하고 있습니다. 자유민주주의 사회라고 우기고, 자기 부정의 모순을 폭압적으로 강제하면서도, 그것이 수치인 줄도 모르는 사회 그것이 이곳 남한 땅입니다. 진실을 허위로 둔갑시키는 지배논리는 진실을 생명으로 알고 진실 그 자체만을 추구하는 학문하는 사람으로서는 용납할 수 없는 자기 배반이고 자기부정이며 자기정체성 죽이기 행위입니다.

여섯째, 이 필화사건을 비롯한 모든 사안에서 저의 궁극적 기조는 사회정의와 진실입니다. 참과 진실이 냉전성역과 국가보안법에 의해 제약되어서는 안 된다고 봅니다. 이는 너무나 당연한 보편적 기본입니다. 그럼에도 불구하고 북한과 미국 등에 관련된 한 수많은 참과 진실이 은폐되고, 조작되고, 음모되어 거짓 우상으로 우리 사회와 민족을 여전히 폭압하는 게 우리의 부끄러운 자화상입니다.

　판사님들도 전 한국일보 국방부 출입기자 김정호의 법정 증언을 통해 확인하셨지만 2차 서해교전의 진실은 관련 정보부처 회의 결론인 우발적 충돌에 의한 교전이었습니다. 그렇지만 지휘관 문책을 우려한 국방부와 햇볕정책에 대한 비난을 우려한 청와대의 이해관계 때문에 진실이 왜곡되어 '북한의 의도적이고 계획적인 선제도발'로 둔갑되어 일종의 사기행각을 벌였던 것입니다. 이처럼 북한에 관련된 자주노선, 연방제통일방안, 미군철수, 한국전쟁관, 주체사상 등에는 왜곡과 거짓이 판을 치고 있는 것이 엄연한 현실입니다. 참과 진실을 밝히는 것을 본업으로 하는 학자로서 이런 잘못을 수정하는 것은 당연한 책무이고 정체성입니다. 더구나 그것이 민족의 평화와 통일을 위해서 필수적으로 요구되는 전제조건이기에 더욱 더 진실을 밝히는 학자의 책임은 막중하다고 봅니다.

　최근 절필을 선언한 우리 시대의 선각자 리영희 선생은 자신의 일생 체험을 바탕으로 "사람은 신념에 따라 행동할 때 가장 행복하다"고 회고했습니다. 또 왕의 남자 감독인 이준익은 "나는 영화의 미학적 기능을 추구하는 사람이 아니다. 영화의 사회적 기능을 추구한다. 영화가 카타르시스를 줘야 할, 즉 정화해야 할 사회의 페이소스(고통)가 뭐냐를 찾는 거고 (……) 지식이 감동을 주는 걸 봤는가. 감동을 주는 건 행동이다. 행동주의자가 없으면 지식인들은 밥 굶는다. 지식인은 행동주의자를 기술하면서 먹고 산다"(『한겨레』, 2006.9.19)라고 했습니다.

　저는 이 두 분의 목소리에 제 자신을 맡기는 심정으로 이 마무리 진술을 쓰면서, 행동은 말할 필요도 없고 학문적 귀결과 업적을 표현할 자유마저도 국가보안법으로 짓밟는 공안당국과 이를 부추기는 냉전수구 기성주류에 이 분들의 목소리를 경청할 것을 강력 촉구합니다.

Ⅲ. 검찰 항소이유서에 대한 구체적 반론

1. 3대헌장기념탑 참관의 건

여기서 3대 헌장은 첫째, 통일3원칙에 남북이 합의한 72년의 7·4공동성명 둘째, 승공-적화 통일기도를 배격한 80년의 고려민주연방공화국 창설방안 셋째, 다시 한 번 승공-적화 통일기도를 배제한 바탕 위에 통일을 이루기 위해 민족이 나아갈 길을 나름대로 제시한 93년의 전민족대단결 10대 강령 등을 통털어 지칭하는 것입니다. 이 헌장을 기념하기 위해 만든 탑이 3대헌장기념탑이고 이 개막식에 참관한 것을 공안당국은 문제 삼으면서 북한에 동조했다고 합니다.

북한이 기념하기 위해 만든 것이라면 그 내용이 무엇이든지 간에 무조건 남쪽 사람은 금기시해야 합니까? 그렇다면 민족의 성산이고 김정일이 태어난 곳이라고 북한이 선전하는 백두산 방문은 왜 문제가 되지 않습니까? 이런 모순된 행위를 자행하면서 평화와 통일을 겉으로 이야기하는 것은 위선일 따름입니다.

더구나 위의 세 가지는, 비록 구체적 실천과정에서는 수정해야 할 부분이 많긴 하지만, 통일행로에 남북을 떠나 준수해야 할 대원칙을 담고 있다는 점에서 평화통일의 역사에 높게 평가되고 있습니다.

첫째의 7·4공동성명은 통일3원칙으로 자주-평화-민족대단결을 삼고 있고, 이 원칙을 1991년의 기본합의서, 2000년의 6·15공동선언 등을 통해 남과 북이 공식적으로 계승하고 있습니다.

둘째의 고려민주연방공화국 창설안은 남과 북 동일 기초 위의 '민족통일정부', 남북 동일 권리·의무를 가지는 '지역자치제도', 상대방의 이데올로기를 인정 및 감내하며 자기 이데올로기를 절대화시키지 말 것, 동일한 수의 남북대표와 적당한 수의 해외동포로 구성되는 '최고민족연방회의'와 '연방상설위원회' 구성, 비동맹·중립 노선 등을 핵심 내용으로 합니다. 이는 한 쪽이 다른 쪽을 붕괴시키고 자기 것을 강요하는 전쟁촉발적인 흡수통일기도를 배제하는 것으로 통일3원칙 가운데 평화원칙에 부합하는 것입니다.

셋째의 전민족대단결10대강령 1항은 "전민족의 대단결로 자주적이고 평화적이며 중립적인 통일국가를 창립하여야 한다. 북과 남은 두 제도, 두 정부를 두고 각당, 각파, 각계각층의 모든 민족성원들을 대표할 수 있는 범민족통일국가를 창립하여야 한다. 범민족통일국가는 북과 남의 두 지역정부가 동등하게 참가하는 연방국가로 되어야 하며 어느 대국에도 기울지 않는 자주적이고 평화적이며 불력 불가담적인 중립국가가 되어야 한다"로, 5항은 "북침과 남침, 승공과 적화의 위구를 다 같이 가시고 서로 신뢰하고 단합하여야 한다"로 설정하고 있습니다.

6·15공동선언 이후 통일시대를 맞아 이런 통일시대적 의미를 가진 곳에 방문하는 것이나 그 기념식에 참관하는 것을 북한에 동조한 것으로 문제삼을 것이 아니라 장려해야 하는 것 아닙니까? 남북을 떠나 민족의 평화통일에 기여하는 것이라면 남쪽 사람도 북쪽 사람도 출신지역을 떠나 응당 그것을 기리고 동조해야 하는 것 아닙니까?

그 내용이 무엇이든지간에 북한이 기념한다는 사실 자체 때문에 이를 금기로 받아들여야 한다면, 김일성 사상과 주체사상이 스며들지 않는 곳이 없는 북한 땅을 방문하는 것 자체가 금기시될 수밖에 없는 논리의 벽에 부딪치게 됩니다. 먼 훗날 남과 북을 초월한 통일후세대들이 이런 선대들의 웃음꺼리 같은 모순행위에 대해 무엇이라고 평할 지 판사님께서도 고민해 보실 것을 부탁드립니다.

2. 만경대 방명록 사건

검찰 항소이유서 16쪽은 만경대정신이 '김일성 주체사상 및 항일무장투쟁 정신'이므로 북한에 동조했다고 합니다. 이는 다양성을 존중하는 자유민주주의 원칙을 위배하는 것이고, 공식적인 표준정답만 허용하는 냉전분단파시즘입니다.

외눈박이가 된 검찰이나 단순하게 생각하는 일반인과는 달리 북한전문가인 저에게는 만경대라는 지역과 관련된 상징을 아래 여섯 가지로 다양하게 해석할 수 있습니다. 첫째는 1866년 샤만호가 격퇴된 장소로서 반외세

반침략 민족자주정신, 둘째는 김일성 생가의 긍정적 의미에서 항일무장투쟁과 민족독립정신, 셋째 역시 김일성 생가로서 부정적 의미에서 김일성주의 또는 주체사상신봉주의, 넷째 조선조 말엽 극빈 소작농이 살던 곳으로 가난한 빈농의 상징, 다섯째 1948년 조국의 분단을 막고 통일을 이루기 위하여 평양에서 열린 남북제정당사회단체 연석회의에 참석했던 김구선생이 방문하여 기념의 글을 남긴 남북협상의 기념비적 장소, 여섯째 1947년 항일투쟁 등 민족의 해방과 독립을 위해 헌신한 애국자들의 자녀들에게까지 명예를 기리고 보상을 베풀어 민족정기를 함양하기 위하여 세운 만경대학원의 민족정기정신 등입니다.

검찰의 주장과는 달리 저는 '만경대정신'을 '민족정기정신'으로 그 의미를 짓고 있었습니다. 이 민족정기정신은 이미 저의 기존 학문연구 네 곳에 언급되었을 정도로 제 머리 속에 충분히 각인되어 있었기 때문에 방명록 기재 당시 직관적으로 자연스럽게 표출되었던 것입니다(강정구, 1996, 『통일시대의 북한학』, 당대, 125·128·150~151쪽; 강정구, 1996, 『분단과 전쟁의 한국현대사』, 역사비평, 72쪽).

이런데도 검찰은 저의 만경대정신이 주체사상신봉주의라는 것을 입증할 어떤 근거도 제시하지 못하면서 단지 정황으로 추측 주장을 했을 따름입니다. 이는 경험적인 사실에 의해 검증과정을 거쳐 참과 진실을 '입증'하는 과학적 방법론을 적용시키지 않고 단지 느낌으로 판단하는 반과학적이고 반지성적인 오류를 범하는 것입니다. 이는 지난날 군부독재 시절 공안당국이 정황만으로 수많은 간첩을 양산했던 악몽을 떠올리게 합니다. 동시에 검찰은 자유민주주의 기본인 다양성과 다원성을 인정하지 않고 표준정답이나 정통을 고수하는 중세 암흑기의 신학적 지배단계의 지적 수준에 머물면서 냉전성역을 단일한 표준정답으로 고수하는 냉전분단파시즘에 입각한 판단기준을 준수한 오류를 범하고 있습니다.

다른 한편 검찰은 만경대정신을 항일무장투쟁 정신이라면서 북한에 동조했다고 합니다. 비록 저의 방명록은 이를 의미하지는 않았지만, 설사 제가 이런 의미로 사용했다 하더라도, 왜 그것이 문제가 됩니까? 항일무장투쟁정신은 우리가 이어받고 기려야 하는 것이고, 이런 의미에서 북한에 동조해야 하는 것 아닙니까? 우리 정부에서 만시지탄이 있지만 여운형, 김산, 최동오 등 좌익진영의 독립투쟁을 인정하고 포창하고 있다는 사실을 검찰은 왜 외면하고 있는지 뼈아픈 자성을 해야 합니다. 역사의 무지에서 벗어나야 합니다. 북한 것은 무조건 배격해야 한다는 이런 사고 속에 살면서 어떻게 북한을 통일의 동반자로 또 민족의 성원으로 함께할 수 있을지 검찰은 먼저 대답해야 할 것입니다.

3. 주체사상 토론회에서 북한의 대외적 자주노선 계승 옹호의 건

검찰은 2001년 6월 13일 고려대학교 총학생회 주최 통일대토론회에서 주체사상 가운데 통일조국이 계승해야 할 것은 대외적 자주노선과 대내적 주체노선이라고 제가 주장한 것을 문제 삼고 있습니다. 곧, 검찰은 북한의 자주노선은 외세 간섭배격이라는 보편적 자주노선이 아닌 반미자주노선(항소이유서 17쪽)인데 이 반미자주노선을 제가 길잡이로 삼아야 한다고 주장했다면서 북한동조로 몰아가고 있습니다. 또 은근슬쩍 자주노선이 아니라 마치 주체사상 전체를 통일의 길잡이로 삼아야 한다고 주장한 것처럼 몰고 가는 비열함을 보이기도 합니다.

먼저 분명히 밝힐 점이 있습니다. 제가 이야기 한 것은 주체사상 가운데 통일의 길잡이로서 계승해야 할 부분은 대내적 주체노선과 대외적 자주노선 뿐이라는 것이지, 주체사상 전체가 민족통일의 길잡이가 되어야 한다는 주장을 한 적도 없을 뿐 아니라 할 수도 없다는 점입니다. 이런데도 검찰이 마치 제가 주체사상 전체를 계승해야 하는 것처럼 확대해석하고 있습니다.

주체사상은 방대한 사상·이론·방법의 체계이기에 북한의 모든 것과 모든 곳은 주체사상과 직간접적으로 연관이 있습니다. 이렇게 방대한 주체사상의 모집합 가운데 지극히 일부인 대외적 자주노선과 대내적 주체노선 계승 주장을 주체사상 전반에 걸친 찬양으로 보는 것은 과대 일반화라는 영역오류를 범하는 것입니다.

또한 누차 조사과정에서나 1심에서 밝혔지만 주체사상 신봉자라면 방대한 모집합 가운데 핵심이라 할 수 있는 세 가지 곧, 수령론, 국가 사회주의 체제의 필연성, 현 북한체제에 대한 긍정성 등을 받아들여야 합니다. 그러나 저는 수령론에 대해서는 부정과 비판을, 국가사회주의에 대한 부정을, 북한체제에 대한 비판을, 그리고 자주노선에 대한 긍정적 평가를 내렸습니다. 이렇기 때문에 확률적으로나 논리적으로 제가 주체사상 전반을 계승해야 한다고 주장했다는 것은 성립될 수 없습니다.

 북한의 대외적 자주노선에 대해 검찰이 보편적 자주를 배제한 반미자주노선뿐이라는 주장은 바로 검찰이 저의 고려대학교 총학생회 주최 통일대토론회 발표문을, 최소한도 이 발표문 3절인 'Ⅲ. 사회주의 대국주의와의 자주노선'을(자료집 11~13쪽) 전혀 읽지 않았다는 것을 입증하는 것입니다. 왜냐면 저의 발표문 3절의 중심논지가 북한은 반미자주 뿐 아니라 소련과 중국을 겨냥한 반사대주의 또는 반사회주의대국주의를 지향했기에 외세간섭 배격을 기조로 한 보편적 자주노선이었다는 것입니다.

 이 발표문 3절인 'Ⅲ. 사회주의 대국주의와의 자주노선'(고려대 통일 대토론회 자료집 11~13쪽)은 소제목이 명시하는 바와 같이 사회주의 대국인 소련과 중국과의 자주투쟁을 심층적으로 논의하고 있습니다. 또한 제가 주장하는 대외적 자주노선은 수 십 차례 공판과정이나 검찰 조사과정에서 밝힌 대로, 또 남북이 1972년의 7·4공동성명, 1991년의 남북기본합의서, 2000년의 6·15공동선언에서 합의한 대로 보편적 자주노선이고 이는 반드시 반미만을 의미하는 것은 아닙니다.

 또한 지금 북한이 끈질기게 북·미 외교관계수립이나 관계개선을 요구하는 것 자체가 북한의 자주노선이 무조건적인 반미나 외세배격이 아니라 외세간섭 배격이고 외세가 도움이 된다면, 역설적이긴 하지만, 친미나 친외세도 할 필요가 있다는 것을 의미합니다. 미국과 북한이 2000년 10월 합의한 10·12공동성명이 전형적인 보기라고 볼 수 있습니다. 이때 북과 미국은 한반도 평화체제에 합의했고 서로의 관계개선을 약속해 화해기에 들어갔던 것입니다. 저를 비롯한 통일운동 진영 또한 한반도 평화통일에 도움이 된다면 친미자주노선도 가능하다고 역설해 왔고 실재 10·12공동성명 당시는 클린턴 대통령과 미국을 칭찬했습니다.

오늘날 북한의 미사일 발사나 핵실험은 그 자체를 목적으로 삼기보다는 이를 빌미로 미국과 관계개선을 이루고 이 바탕 위에 자기들의 안전을 보장받겠다는 정치적 목적을 가지고 있는 것입니다. 북한은 이런 정치적 목적, 곧 미국과 친해져서 더 이상 미국이 북한정권 교체나 체제변경 추구하지 않도록 하겠다는 친미지향을 분명히 하고 있습니다. 한국정부는 물론 미 국무성조차 북한의 대미 화해노력을 인정하고 있습니다.

이런데도 불구하고 검찰은 여전히 북한의 대외적 자주노선과 이에 대한 저의 해석이나 주장이 반미자주노선만을 의미하는 것으로 보편적 자주노선을 배제하고 있다고 주장하고 있습니다. 이러한 검찰의 주장이 전적으로 잘못된 것임을 저의 발표문 3절 내용을 중심으로, 북한의 원문을 재구성해 입증시키겠습니다.

1) 「사회주의진영의 통일을 수호하며 국제공산주의 운동의 단결을 강화하자」, 『노동신문』, 1963.1.30; 『중소대립과 북한』(나라사랑, 1988), 275~283쪽.

"특히 우리 사회주의 진영에서 중요한 자리를 차지하고 있는 중국공산당을 일방적으로 공격하며 고립시키려는 것은 사회주의진영의 통일을 위태롭게 하며 평화와 사회주의의 공동의 위업에 엄중한 손실을 끼치는 것이다"(277쪽).

"큰 나라와 작은 나라는 있으나 높은 당과 낮은 당은 없다. 바로 그렇기 때문에 어떤 당이 다른 형제당들의 내부문제에 간섭하거나 다른 당에 압력을 가하여 자기의 일방적인 의사를 강요하거나 그를 음해하는 일이 있어서는 안 된다"(281쪽).

2) 「사회주의진영을 옹호하자」, 『노동신문』, 1963.10.28; 『중소대립과 북한』(나라사랑, 1988), 285~319쪽.

"공산주의 운동 대열 내에서는 누구든지 특권적인 지위를 요구할 수 없고 상급과 하급의 관계는 있을 수 없다. 즉 어떤 사람은 어떤 중앙적 위치에서 명령하고 어떤 사람은 그 밑에서 복종하고 집행한다는 관계는 있을 수 없다.

어느 하나의 당에서 자기 의사를 강요해서는 안 되며 일방적인 존중을 요구해서는 안 된다. 근년 국제공산주의운동에서는 형제당간에 합의를 본 이 상호관계에 관한 규범에 심히 위반되는 예가 나타나고 있다"(295쪽).

"형제당, 형제나라 안에 일방이 타방의 내정을 간섭하고 일방적인 존중을 요구하는 행위는 상호간의 정상적인 관계를 악화시키는 중요한 근원으로 된다. 어떤 사람들은 원조를 구실로 형제당, 형제나라의 내정에 간섭하고 자기의 일방적인 의사를 내리누르고 있다. (……) 원조를 준다는 자만심으로 그것을 정치적 간섭과 경제적 압력의 수단으로 이용하는 것은 프롤레타리아국제주의와 완전히 무관하다. 자본주의나라간에 적용되고 있는 것과 같은 부대조건이 붙어 있는 '원조', 내정간섭을 전제로 한 '원조'는 사회주의나라간에 있을 수 없으며 있어서도 안 된다. 사회주의나라의 원조는 그것을 받는 각각의 나라의 주권과 독립을 강고히 하고 사회주의진영의 강화·발전을 위한 것으로 되어야 한다"(298쪽).

"그들은 혁명과 건설에서 제기된 문제에 대해서 반드시 독자적으로 판단해야 하며 맑스-레닌주의원칙을 자기나라의 역사적 조건과 민족적 특성에 창조적으로 적용하여 그 정책을 작성하고 실시해야 한다. 사회주의혁명과 사회주의건설에서 맑스-레닌주의의 일반적 원칙으로부터 벗어나서는 안 되며 또 민족적 특수성을 무시하고 형제당의 정책의 경험을 기계적으로 흉내 내서도 안 된다. (……) 다른 사람의 경험을 통째로 삼켜서는 안 된다. 교조주의에 빠지면 결국 그 당은 현실과 인민대중으로부터 유리되고 (……) 사회주의혁명과 사회주의건설에서 각국의 당이 창조한 경험에 대해서는 각각의 당이 서로 존중해야 한다"(301쪽).

3) 「왜 평양경제토론회의 성과를 중상하려드는가」(『로동신문』, 1964.7.7) 『중소대립과 북한』(나라사랑, 1988), 321~334쪽.

"어떻게 이만큼 〈프라우다〉의 목소리와 〈미국의 소리〉가 불가사의하게도 부합하는가! 놀랄 것은 〈프라우다〉가 〈미국의 소리〉보다 심하게 말하고 있다는 사실이다. 얼마나 다른 사람을 깔보고 멸시하는 오만한 태도인가! 얼마나 오만하고 무례하며 부끄러움도 모르는 잠꼬대인가! 이것은 자기가 모든 것을 결정하고 지시할 수 있고 다른 사람은 모두 무지하며 오직 자기만이 식견이 있는 것처럼 생각하는 속성이 붙은 대국적 배외주의자들만이 할 수 있는 말투이다"(325쪽).

  4) 「자주성을 옹호하자」, 『로동신문』, 1966.8.12.

"국제관계에서도 우리 당은 자주적으로 활동하였다. 현대수정주의를 반대하는 투쟁도 우리는 자기의 판단에 따라 독자적으로 진행되었다. 정세가 복잡할수록 우리는 자주적이며 독자적인 입장을 확고히 견지하여 나갔다. 사상에서의 주체, 정치에서의 자주, 경제에서의 자립, 국방에서의 자위―이것은 우리 당의 일관된 방침이다. 제반 사실은 우리 당이 취한 모든 방침이 전적으로 옳았다는 것을 확증하고 있다. 혁명과 건설에서 우리가 거둔 승리는 무엇보다도 우리 당의 자주노선의 결실이다"(152쪽).

"자주정신을 가지고 혁명과 건설을 해 나가는 데 있어서 장애로 되는 것은 사대주의다. 사대주의는 큰 나라를 섬기고 떠받드는 노예적 굴종의 사상이다. 그것은 대국주의를 끌어들이며 교조주의를 낳게 한다"(154쪽).

  5) 김일성, 「현정세와 우리 당의 과업 1절. 국제정세와 국제공산주의운동에서 제기되는 몇 가지 문제에 대하여」 1966년 10월 조선노동당 대표자회의 보고서(『북한 '조선로동당'대회 주요문헌집』, 돌베개, 1988, 423~448쪽).

"자주성은 그 누구도 침해할 수 없는 매개 당의 신성한 권리이며 매개 당은 또한 다른 형제 당들의 자주성을 존중할 의무가 있습니다. (……)
  형제 당들은 완전한 평등과 자주성, 호상존중과 내정불간섭 및 동지적 협조의 원칙에 기초하여 호상관계를 맺어야 합니다. 이 규범은 국제 공산주의 운동의 역사적 경험에 기초하여 각국 당 대표들의 1957년 회의와 1960년 회의에서 규정된 것이며 이미 생활에서 그 정당성이 확증되었습니다"(443쪽).

"공산당 및 노동당들 사이에는 높은 당과 낮은 당, 지도하는 당과 지도받는 당이란 있을 수 없습니다. 그 어느 당도 국제 공산주의 운동 내에서 특권적 지위를 요구할 수 없습니다. 국제 공산주의 운동 내에는 각국 당들의 활동을 유일적으로 지도하는 그러한 국제적인 조직이 없습니다. 시대는 달라졌으며 공산주의 운동에서 국제적인 중앙을 필요로 하던 시기는 이미 지나갔습니다. (……) 더욱이 어느 한 나라가 '세계혁명의 중심'으로 되거나 어느 한 당이 국제공산주의 운동의 '지도적 당'으로 될 수는 없는 것입니다"(444쪽).

이처럼 북한의 자주노선은 검찰의 주장과는 달리 반미자주만이 아닌 외세간섭 배격의 보편적 자주노선입니다. 그렇지만 저는 또한 북한의 자주노선이 이미 많은 한계를 가지고 있음을 저의 논문 「4월혁명과 현 단계 자주·민주·통일의 과제」(『경제와 사회』 1998년 가을호, 통권 39호, 206~232쪽) 215쪽 '〈표 1〉 자주조건의 어제와 오늘'에서 아래와 같이 서술했습니다.

1. 사회주의체제 소멸과 세계자본주의 체제의 규정력 증가로 자주의 대외적 조건이 붕괴
2. 극심한 식량난과 경제난으로 물적 토대 최악화
3. 김정일 정권의 권력행사부문의 정통성(객관적) 약화와 독자적 정통성 구축의 지연으로 장기적으로는 정치적 토대 약화
4. 주체와 자주 전통의 지속, 사상에서의 주체 등 인적 및 사상적 토대는 견지될 것이나 이를 뒷받침할 물적 토대의 부재와 정치적 토대 약화로 자주의 장기적 지속성 위기에 직면
5. 과잉폐쇄와 세계화거부에서 근본적 전환이 객관적으로 강요되고 있어 열린 자주성이 요구됨

이럼에도 불구하고 검찰이 저의 자주노선을 마치 보편성을 배제한 반미자주만으로 몰아가는 것은 '허위사실 유포'와 다를 바 없다고 봅니다. 동시에 제가 주제사상 전반을 계승해야 한다고 주장한 것처럼 보아서도 안 될 것입니다.

4. 서해교전과 북방한계선

　검찰은 항소이유서 19쪽에서 "북방한계선은 1953.8.30 남북 간 우발적 군사충돌의 발생 가능성을 예방할 목적으로 유엔군에 의하여 정당하게 설정된 것이고, 이후 우리나라 해군에 의하여 실효적으르 지배하여 왔으며, (……) 기본합의서에서 북한도 북방한계선의 존재를 인정하였고"라면서 제가 「서해교전과 맹목적 냉전성역의 허구성」 논문에서 '북방한계선 설정 수역이 북한의 영해이고, (……) 서해 5도 통항질서가 정당하므로 북한의 북방한계선 침범은 정당한 것으로 이에 대하여 남한에서 밀어붙이기식 충돌 선제공격을 가한 것"이라면서 저를 북한에 동조하였다고 주장합니다.

　이에 대한 구체적 반론을 제기하기 이전 먼저 분명히 밝힐 것이 있습니다. 곧, 위 논문에서 저는 '북한의 영해이다'라는 서술을 결코 하지 않았고, 서해 5도 통항질서가 '정당하다'는 표현도 쓰지 않았습니다. 저의 정확한 서술은 아래와 같습니다.

> 그러나 12해리 해양법이 실행되는 1970년대에는 이 주변해역이 '합법적'으로 북한의 영해에 속하게 될 수 있었다(171쪽 마지막 문단 첫 문장).
> 　서로 합일점을 찾지 못하고 있는 북방한계선을 그 관련 준거틀인 유엔해양법, 정전협정, 서베를린 국제관례를 기준으로 삼아 진단한다면 북한의 통항질서선포는 합당하다. 또한 남한이 북방한계선을 영해선이나 해상군사분계선 및 해상포위선으로 설정하는 것은 마치 남의 집 안마당에 무단으로 줄을 그어 그 한 쪽을 불법 점거한 셈이 된다(172쪽 둘째 문단).

　이는 '영해이다'나 '정당하다'라는 단정이나 결론이 아닙니다. 이는 조건 절 문장에서 이러이러한 조건이 충족되면 이렇게 될 수 있고, 이러한 준거틀의 기준에서 평가하면 이렇게 된다는 것입니다. 곧 저의 추론과 결론은 조건 절을 충족하는 한도 내에서 내려진 제한된 추론이고 결론이며 평가입니다. 이를 검찰은 마치 영해와 정당한 것으로 무조건 단정지은 것처럼 해석하는 오류를 범하고 있는 것입니다.

이제 구체적 반론은:

첫째, 북방한계선 설정은 유엔군 사령관이 남한 배의 북쪽으로 월선을 방지해 무모한 군사적 충돌을 막기 위해 1953년 클라크 유엔사령관이 남한 배가 더 이상 북쪽으로 나아갈 수 없는 한계선으로 설정한 것입니다. 곧 내부 목적으로 설정하고 내부 목적으로 규제하는 것은 정당하고 필요하다고 봅니다. 저의 논문도 이 정당성을 인정하고 있습니다.

그러나 이 북방한계선을 내부 목적이 아니라 북한에 대한 군사분계선 또는 영해선으로 확대 해석해 북한 배의 월선을 영해침범 또는 군사분계선 침해로 규정짓고, 북한 배의 월선을 무력행위로 막는 것은 정당화 될 수 없습니다. 정전협정이나 남북회담 등에서 이에 관한 합의는커녕 논의조차 일체 이뤄지지 않았습니다. 그야말로 남측의 일방적 행위에 불과한 것입니다.

이는 이 해역에 대한 해상군사분계선을 확정짓지 않은 정전협정과 해상·공중 봉쇄를 금지하고 있는 정전협정 2조 15항 및 16항을 위배하는 것입니다. 2조 15항은 "해상군사력은 비무장지대와 상대방의 군사통제하에 있는 한(조선)반도 육지에 인접한 해면을 존중하며 어떠한 종류의 봉쇄도 하지 못한다"라고 규정하고 있고 16항은 상공에 대해서도 동일한 원칙을 적용하고 있습니다.

이 점에 관해 저의 논문은 아래와 같이 명확하게 판단하고 있습니다.

> 이 내부적 작전규칙이 내부적으로 적용되는 것은 합법적이다. 곧, 남한 무장선이 이 한계선을 넘는 것을 통제하고 어선의 월선을 막는 것은 내부적 필요성에 따른 것이고, 북한에 어떤 위해(危害) 등과 같은 영향을 주는 행위가 아니고, 또 3해리 규정의 해양법에 따른 공해상의 행위이기 때문이다. 그러나 남한이나 유엔군이 이 북방한계선이 마치 영해선인 것처럼 북한의 월선행위를 제지 및 통제하고, 옹진반도 등 북한해안에 북한선박이(민간선박 마저 봉쇄하는) 접근하는 항로를 봉쇄하는 해상포위선으로 삼는 행위는 이 해역에 대한 해상군사분계선을 확정짓지 않은 정전협정과 해상 및 공중봉쇄를 금지하고 있는 정전협정 2조 15항 및 16항을 위배하는 것이다(168쪽 둘째문단).

둘째, 서해교전 당시 국방부 대변인은 북한이 과거 묵시적으로 북방한계선을 수용하고 실제적(de facto)으로 관할해 왔다면서 남한이 국제법상 실효성의 원칙(principle of effective control)과 응고의 원칙(principle of consolidation)에 의해 북방한계선은 군사분계선이고 영해선이라는 주장을 펼쳤습니다. 검찰은 이런 "실효적으로 지배하여 왔"다는 군 당국의 발표를 그대로 따르면서 이 때문에 영해선이나 군사분계선이라고 보고 있지만 실효적 지배는 사실이 아닙니다. 저의 논문 170쪽에 제시된 아래의 표가 이를 단적으로 입증해 줍니다. 따라서 국제법상 실효성의 원칙이나 응고의 원칙은 적용될 수 없는 게 분명합니다. 법을 집행하는 검찰이 이런 법조차 이해하지 못하거나 이해하고도 인정하지 않으려는 행위는 스스로 자기를 부정하는 자아부정행위와 다름없어 보입니다.

〈표 1〉 국방부 발표의 서해 5도 주변해역 북한 주요 도발일지(소규모 충돌은 생략)

일 시	내 용
1956.11.7	서해 상공서 아군기 2대 습격
1957.5.16	북한 선박, 연평도서 어선 납북
1958.4.24	연평도서 어선 1척 납치
1960.8.24	연평도 근해에 북한 무장선 침입, 우리 함정이 포격전 끝에 격침
1962.12.23	연평도 근해에서 북한 함정과 교전, 우리 장병 6명 사상
1964.3.20	백령도 근해에서 어선 2척 납북
1965.10.29	강화 앞바다서 북한 함정, 어부 109명 납치
1968.6.17	연평도 근해에서 어선 5척(어부 44명) 납북
1970.6.5	연평도 서북방서 해군 방송선 납북(승무원 20명)
1970.7.9	백령도 근해서 어선 5척(어부 29명) 납북
1971.1.6	서해안서 북한 경비정 어선에 포격 1척 피침
1972.2.4	대청도 서쪽 해상서 북한 함정 우리 어선 1척 격침, 5척은 납북
1973.12.1~12.7	연평, 대청, 백령 근해에서 북한 함정 경비정 11차례 10여 척 침범

1974.2.15	백령도 서쪽 공해상에서 북한 함정, 우리 어선 2척 납북
1975.2.26	북한 선박 10척, 백령도 서남해상 침범, 북한 함정 미그기도 월경
1975.3.24	북한기 30대 백령도 주변 상공 침입
1975.6.9	미그 21기 2대 백령도 상공 침범
1976.1.23	북한기 2대 백령도 상공 침범
1981.8.12	북한 미그 21기 백령도 상공 침범
1981.8.26	북한, 미군 정찰기 SR-71기에 미사일 공격
1983.1.31	북한 IL-28기 백령도 상공 비행 도주
1985.2.5	백령도 공해상에서 어선 2척 납북
1991.4.13	북한 경비정 1척 백령도 근해 북방한계선 침범
1993.6.21	북한 경비정 1척 백령도 동북방 약 2.5마일 월선 침범
1996.4.19~8.27	북한 어뢰정, 경비정 등 1996년 한 해 동안 서해 NLL 13차례 침범
1997.5.29	북한 경비정 1척 백령도 서북방 5.6km NLL 침범
1997.6.5	북한 경비정 1척 백령도 서쪽 해상 12.9km NLL 침범(북 함포 3발 발사)
1997.7.2	북한 경비정 1척 백령도 서쪽 해상 12.9km NLL 침범
1997.7.4	북한 경비정 1척 백령도 서쪽 해상 12. 9km NLL 침범
1998.11.24	강화 간첩선 출몰도주 등 30여 회 출몰
1999.6.7	북한 경비정 9척 NLL침범
1999.6.15	연평도 서북방 해역에서 남측 해군 포격전

* 출처: 『한겨레』, 1999.6.16.

셋째, 검찰은 남북기본합의서에서 북한도 이 북방한계선을 인정했다고 하지만 이는 사실이 아닙니다.

남북기본합의서 11조는 "남과 북의 불가침 경계선과 구역은 1953년 7월 27일자 군사정전에 관한 협정에 규정된 군사분계선과 지금까지 쌍방이 관할하여 온 구역으로 한다"로, 불가침관련 부속합의서 10조는 "남과 북의 해상불가침 경계선은 앞으로 계속 협의한다. 해상불가침구역은 해상불가침 경계선이 확정될 때까지 쌍방이 관할하여온 구역으로 한다"로 되어 있습니다.

우선, 기본합의서는 어디까지나 정전협정이나 해양법에 비해 하위차원의 준거 틀에 불과합니다. 더구나 남한은 이제까지 남북기본합의서를 법적 구속력이 없고 오로지 정치적인 구속력만이 있는 신사협정으로 보고 있어, 국회비준도 그치지 않고 있기 때문에 법적구속력은 없습니다.

  다음, 기본합의서의 "지금까지 쌍방이 관할하여 온 구역으로 한다"라는 구절을 일방적으로 해석해 마치 남측이 실효적으로 지배해 온 것을 인정하는 것으로 정당화시키고 있습니다. 그렇지만 정전협정에서 서해안에 대해 남북쌍방이 서로 합의해 관리해 온 구역은 황해도와 경기도의 도 경계선인 한강하구수역 끝에서 우도까지 2km정도밖에 없습니다.

  앞의 표에서 확인한 것처럼 북한은 1957년부터 지속적으로 서해 5도 연안 순시, 남한어선 나포, 북방한계선 월선 등으로 이 북방한계선을 인정하지 않았습니다. 이는 비록 동해 해상과 황해도와 경기도 도 경계선 구역에는 '쌍방이 관할하여 온 구역'이 존재하지만, 이 구역을 제외한 서해에는 아무 데도 '쌍방이 관할하여 온 구역'은 없다는 것을 의미합니다.

  이러한 정전협정 상의 불명확성을 남과 북이 문제가 있다고 보고 불가침관련 부속합의서 제10조 전반 문장에서 "해상불가침 경계선은 앞으로 계속 협의한다"는 합의를 하게 된 것입니다. 결론적으로 북한이 기본합의서에서 북방한계선을 영해선이나 군사분계선으로 인정했다는 검찰의 주장은 사실이 아닙니다.

  넷째, 객관적 진술 등에서도 북방한계선을 군사분계선이나 영해선으로 보고 저를 북한동조로 몰고 가는 것은 정당하지 않습니다. 증거자료로 이미 제출했지만 1996년 7월의 제180회 국회 국방위원회 회의록 제2호(1~3쪽)를 보면 당시 이양호 국방장관은 북한 측이 넘어와도 정전협정 위반이 아니라는 견해를 당당히 몇 차례나 밝혔습니다. 또한 1999년 1차서해교전 당시 미 국무부는 이 해역을 분쟁해역 또는 공해(open sea)라고 논평했습니다. 또 1차 교전 당시 남한 군당국은 처음에는 북한 배의 침범이 아니라 월선으로 발표했습니다. 국회속기록을 보면 군당국자의 국회 답변이나 보고에서 월선이라는 개념을 대부분 사용했고 침범이라는 개념은 지극히 제한적이었습니다.

다섯째, 서해수역의 관할권이나 북방한계선의 성격 문제는 관례나 검증되지 않는 실효적 지배 등과 같은 남측만의 일방적인 기준 등에 의해 평가될 것이 아니라 관련국제법, 정전협정, 국제관례, 남북합의 등의 보편적 규범을 기준으로 평가되어야하므로 남한의 영해선이나 군사분계선으로 보는 검찰이나 군 당국의 주장은 정당화 될 수 없습니다.

오히려 앞의 논문에서 제가 서술한 대로 50년대에는 3해리 영해 설정을 규정한 유엔해양법에 따라 서해 5도 주변 해역이 공해였지만 60년대에는 12해리 영해로 수정되었으므로 이 수정된 유엔해양법과 정전협정 2조 13항 B호("단 황해도와 경기도의 도계선 북쪽과 서쪽에 있는 도서 중에서 백령도, 대청도, 소청도, 연평도, 및 우도의 도서들은 유엔군 총사령관의 군사통제하에 남겨두는 것을 제외한 다른 모든 도서들은 조선인민군 최고사령관과 중국인민군 사령관의 통제 하에 둔다")를 기준으로 하면 북한의 영해가 되게 됩니다. 따라서 북한의 '서해 5도 통항질서' 선언은 국제법이나 정전협정에 근거한 것으로 정당하다고 볼 수 있습니다. 정전협정 2조 13항 B호는 다음과 같이 규정하고 있습니다.

> **제2조(정화 및 정전의 구체적 조치) 제13항 B호**
> 본 정전협정이 효력을 발생한 후 10일 이내에 상대방의 (……) 후방과 연안도서 및 해면으로부터 모든 군사역량을 철거한다. (……) 상기한 연안도서라는 용어는 본 정전협정이 발효 시에 비록 일방이 점령하고 있을지라도 1950년 6월 24일에 상대방이 통제하고 있던 도서를 말한다. 단 황해도와 경기도의 도계선 북쪽과 서쪽에 있는 도서 중에서 백령도, 대청도, 소청도, 연평도, 및 우도의 도서들은 유엔군 총사령관의 군사통제하에 남겨두는 것을 제외한 다른 모든 도서들은 조선인민군 최고사령관과 중국인민군 사령관의 통제 하에 둔다. 한국 서해안에 있어서 상기 경계선 이남에 있는 모든 도서들은 유엔군 총사령관의 군사통제하에 남겨둔다.

여섯째, 저는 북한에 동조한 것이 아니라 남도 북도 기존의 인식이나 기득권을 서로 양보하고 축구감독 히딩크식의 새로운 모색으로 이 수역을 평화통일 공동수역을 만들어 통일조국의 견본으로 삼는 해결책을 제시했습니다.

북한은 대승적 견지에서 서해5도 해역에 한정하여 1999년과 2000년에 선포한 '해상군사분계선'과 '통항질서'를 철회해야 한다. 남한 또한 맹목성이 아니라 이성적 견지에서 북방한계선을 철폐해야 한다. 북방한계선 서쪽과 공해사이의 전 해역은 가상 통일조국의 영해로 설정하여 통일조국의 상징적 물적 토대로 삼고 이 해역의 실제적 위상은 통일 및 평화해역과 공동어로 구역으로 자리매김돼야 한다. 비무장 해역이므로 남북의 군함은 통과권만 가지고 일체의 군사력 배치나 훈련 등 군사행위는 금지돼야 한다. 군함 통과 시 상대방에 사전 통고해야 하며, 아울러 서해5도가 대북한 해상포위의 역할을 하는 것을 철회해야 한다. 또한 남북의 비무장 상선이나 어선 등은 자유롭게 항해할 수 있도록 해야 한다. 또 공동어로 해역 내 꽃게잡이나 조기잡이 등에는 쿼터제를 도입하여 남북간 우발적 충돌을 예방하도록 해야 한다. 서해5도의 각 섬 연안해역 1Km는 남한 해상군사분계선으로 설정하고, 1km밖의 주변해역은 남한 해상관할해역에 포함시키지 않고 평화해역 및 통일해역에 귀속시켜야 한다(182쪽).

일곱째, 1~2차 서해교전 모두 우발적 충돌에 의해 교전으로 비화된 사건입니다. 2차 서해교전의 경우도 전 한국일보 김정호 기자의 법정증언에서 확인된 바와 같이 관련정보기관 합동회의에서 내려진 결론은 우발적 충돌이었습니다. 그러나 지휘관 문책을 염려한 국방부와 햇볕정책 흠집 내기를 우려한 청와대는 이 정보분석보고서를 폐기시키고 북한의 악의적이고 계획적인 도발에 의해 선제공격이 행해졌고, 이 결과 남측이 피해를 입을 수밖에 없었다는 사기행각을 벌였습니다. 김정호 기자의 증언에 의하면 이런 조작을 폭로하고 진실을 밝힌 용기 있는 당사자는 강제예편을 당하는 불이익을 당하고 관계기관은 기무사의 파기감사까지 받았다고 합니다.

이 사실이 밝혀짐으로써 저의 우발충돌론 추론은 정당함이 입증되었습니다. 그럼에도 불구하고 검찰은 저의 이러한 진실 밝히기를 북한동조로 몰아가는 마녀사냥을 지속하고 있습니다.

여덟째, 검찰은 제가 논문에서 1차교전의 경우 남한이 선제공격을, 2차교전에서는 북한이 선제포격을 했다는 서술 가운데 남한선제공격설을 문제 삼았습니다. 저의 남한 선제공격설은 1999년 당시 시민운동 진영의 서해교전 관련 기자 회견에서 제기했던 것으로, 당시 기자회견에 참여했던 『경향신문』 기자가 이를 신문에 반영시키기 위해 저와 특별 인터뷰까지 했습니다. 그렇지만 윗선의 저지로 기사화되지 못했던 점을 저는 똑똑히 기억하고 있습니다.

이는 사실 제가 먼저 제기한 것은 아닙니다. 오히려 군 당국의 공식발표에서 나왔던 것입니다. 『한겨레』 6월 16일자 신문은 "군 당국은 북한이 그동안 영해침범 후 해군의 밀어내기식 공격에 대한 소극적인 대응자세에서 돌변, 15일 선제공격을 감행한" 것이라고 언급했습니다. 이를 바탕으로 제가 논문에서 정교화 한 것은 선제공격, 선제사격, 선제포격으로 분류하고 1차에서는 남한이 밀어내기식 선제공격, 북한의 선제사격, 남한의 선제포격으로 2차에서는 북한 과잉반응에서 선제포격으로 추론했던 것입니다. 이러한 학문적 추론과 정교화 까지 문제 삼고 금지하는 것이 자유민주주의이고 올바른 길인지 현명한 판사님의 판단을 기대하겠습니다.

5. 6·25통일전쟁론

검찰의 항소이유서(2006.6.29) 22쪽 셋째 문단에서부터 23쪽 첫 문단은 "피고인은 한국전쟁 5단계론의 시초가 되었던 「미국과 한국전쟁」(1993)에서는 한국전쟁 성격을, (……) 라고 하여 피고인의 가치판단을 그대로 드러내었다가 학문적인 연구로서 인정받기 어렵다고 판단되자 거기에 객관적인 외양을 덧칠하기 위하여 '통일전쟁'이라는 표현을 가져 온 것에 불과한 것입니다"라고 서술하고 있습니다. 또한 23쪽 각주 18번은 "93년 당시 작성된 피고인의 위 글을 보면, 6·25전쟁이 정당한 전쟁이라는 피고인의 주장을 객관적인 학문인양 포장하기 위하여 '통일전쟁'이라는 용어를 도입한 것으로 보입니다"로 서술하고 있습니다.

이로써 검찰은 한국전쟁을 통일전쟁으로 성격규정한 저의 논문들을 1993년 '미국과 한국전쟁'에서는 민족해방전쟁으로만 규정해 가치판단을 했지만, 나중에 '객관적인 외양을 덧칠하기 위해' 통일전쟁을 첨가한 것으로 인격모욕적인 평가를 하면서 통일전쟁론 자체를 북한동조로 보고 있습니다. 정말 비열한 조직폭력배 수준의 기본적인 예의도 갖추지 못한 게 바로 한국 검찰이라는 것을 입증하는 것과 같은 부분입니다.

첫째, 먼저 지적해야 할 사항은 저는 이미 1993년 논문에서부터 한국전쟁을 통일전쟁으로 성격규정하고 있었다는 사실입니다. 전쟁성격은 전쟁주체자의 전쟁목적에 따라 규정되어지는데, 저는 한국전쟁의 출발인 48년 2·7구국투쟁부터 전개된 작은전쟁이 그 첫 출발부터가 5·10단독정부수립 선거를 막고 통일을 이룩하기 위한 목적으로 남한 좌익세력에 의해 주도되었다는 것이라고 밝혔습니다.

아래에 인용된 논문의 본문은 무려 통일을 여섯 번 언급할 정도로 전쟁성격으로서의 통일전쟁을 담고 있습니다. 단지 이 논문의 표에서는 통일전쟁보다는 민족해방전쟁을 중심논지로 세웠기 때문에 통일전쟁이라는 전쟁성격을 기재하지 않았던 것입니다. 왜냐면 1993년의 논문은 중심주제가 '미국과 한국전쟁'이라는 제목자체가 말하듯이 한국전쟁과 미국과의 관계 설정이었기 때문입니다. 그러나 2000년 논문인 「한국전쟁과 민족통일: 전쟁의 통일을 넘어 평화와 화해의 통일로」는 통일이 중심주제였기 때문에 표에 통일전쟁이 중점적으로 기재되었던 것입니다.

> 민족사의 주체로서 우리 민족은 남북에 각기 독자적 정권이 들어선 1948년 여름 이후에도 여순군민항쟁, 유격투쟁, 평화통일운동 등을 통해 반외세민족자주통일정부 수립을 위한 활발한 투쟁을 수행해 왔었다. 이러한 민족의 끈질긴 통일투쟁은 민족의 분단사 속에 역사적 당위성으로 내재해 있었고, (……)
>
> 그러나 이러한 자주적인 통일항쟁이 민족자주적인 통일의 성취라는 결과물을 획득하지 못하면서 '전쟁이라는 최고형태의 정치투쟁'으로 귀결되었다(강정구, 1996, 『분단과 전쟁의 한국현대사』, 역사비평사, 203쪽).
>
> 이러한 반외세·민족자주·통일민중정부 수립을 위한 투쟁의 일환으로서의 한국전쟁은 외세와 외세의존 국내세력과 민족자주세력간의 민족해방전쟁, 민중세력간의 계급해방전쟁 또는 내전이라는 복합적 전쟁성격과 제한전쟁 및 확전이라는 외형을 띠면서 전개되었다(강정구, 1996, 『분단과 전쟁의 한국현대사』, 역사비평사, 204쪽).

2단계는 1950년 6월 25일에 비롯된 북한이 제한적인 무력동원을 통해 서울을 긴급 점령하여 통일정부 수립을 꾀한 '제한전쟁'이다(강정구, 1996, 『분단과 전쟁의 한국현대사』, 역사비평사, 204쪽 마지막 문단).

이런데도 검찰은 저의 1993년 논문(「미국과 한국전쟁」)의 한국전쟁 5단계설이 가치판단을 드러내어 '학문적인 연구로서 인정받기 어렵다고 판단되자 거기에 객관적인 외양을 덧칠하기 위하여 통일전쟁이라는 표현을 가져온 것에 불과한 것'이 바로 저의 2000년 논문(「한국전쟁과 민족통일: 전쟁의 통일을 넘어 평화와 화해의 통일로」)의 '통일전쟁론'이라고 항소이유서 22~23쪽에서 주장하고 있습니다.

그러나 앞에서 본 바와 같이 93년 논문은 이미 6·25를 통일전쟁으로 성격규정했습니다. 곧 통일전쟁론은 2000년 새롭게 규정된 것이 아니라 이미 93년에 규정된 것을 부각시켰을 따름입니다. 93년의 논문은 제목인 '미국과 한국전쟁'이 말하듯이 한국전쟁에 개입한 미국에 초점을 맞추었기 때문에 한국전쟁 5단계설에서 민족해방전쟁론이 부각되었습니다. 2000년의 논문은 「한국전쟁과 민족통일: 전쟁의 통일을 넘어 평화와 화해의 통일로」라는 제목이 말하듯이 통일이 중심논지였으므로 통일전쟁이 부각되었을 따름입니다.

검찰의 주장처럼 '객관적인 외양을 덧칠하기 위해서' 본인의 통일전쟁론이 위장 등장했다면 시간적으로 통일전쟁론이 1993년 당시에는 등장하지 않아야 함에도 불구하고 이미 1993년 논문에서 등장한 것은 검찰의 주장이 논리적으로 모순을 범하고 있다는 것을 입증합니다.

둘째, 바로 위의 세 번째 인용문의 '복합적 전쟁성격과 제한전쟁 및 확전이라는 외형을 띠면서'가 말하듯이 전쟁성격은 복합성과 다양성을 띠고 있습니다. 그렇기 때문에 이미 1993년부터 전쟁성격에는 통일전쟁, 계급전쟁, 해방전쟁 등 다양한 형태를 띤 것으로 볼 수밖에 없었던 것입니다.

셋째, 다른 논문인 「한국전쟁과 민족통일」은 아래 인용문과 같이 전쟁성격을 민족해방전쟁, 계급해방전쟁, 통일전쟁, 분단고착화전쟁 등 다양하게 성격규정 했습니다. 전쟁은 외형에 따라, 주체에 따라, 목적에 따라, 규모나 국제법에 따라 다양하게 분류할 수 있습니다. 이런 학문적 다양성과 다차원성이라는 본질을 무시한 채 단지 1993년 표에서 통일전쟁이 없다가 나중 논문에서 표기된 점만으로 '외양을 덧칠하기 위한' 것으로 몰아가는 것은 근본적으로 학문을 말살하는 분서갱유와 다름없습니다.

> 전쟁주체를 중심으로 본 한국전쟁은 외세와 외세의존 국내세력을 한 편으로 하고 민족자주세력을 다른 한편으로 하는 민족해방전쟁 또는 내전의 형태를 띠었다. 또 외세를 중심으로 볼 때 한국전쟁은 미국과 중국이라는 자본주의 종주국과 사회주의 준 종주국사이의 진영전쟁 양상을 띠었다. 또 전쟁규모나 전투행위의 유형을 기준으로 본다면 국지전, 전면전, 제한전, 확대전, 교착전쟁 등 다양한 외형을 띠면서 전개되었다. 전쟁목적을 기준으로 분류한다면 통일전쟁에서부터 계급혁명전쟁, 반제민족해방전쟁, 분단고착화전쟁에 이르기까지 다양한 성격을 띤다(강정구, 2000, 「한국전쟁과 민족통일」, 『경제와 사회』 겨울호, 232쪽).

넷째, 학문이란 고정된 응고물이 아닙니다. 끊임없이 성찰하고 논쟁하는 사이 발전하고 윤택해지는 것입니다. 이처럼 저의 한극전쟁 연구도 1993년 "미국과 한국전쟁" 이후 주제 선정에 따라 여러 각도에서 재조명되고 재기술되고 수정·보완 작업이 연속적으로 이뤄져 그 내용도 변화·발전되고 명확해져 왔습니다. 이러한 흐름을 인정하지 않고 그저 허물 덮어씌우기 시각으로 이를 보는 것은 올바른 접근이 아닙니다.

> 「미국과 한국전쟁」, 『역사비평』 1993년 여름호 계간21호(195쪽 〈표 2〉 '한국전쟁 5단계'는 민족해방전쟁과 조국해방전쟁 및 계급해방 전쟁으로 성격규정).
> 「미국과 한국전쟁」, 『분단과 전쟁의 한국현대사』 역사비평사, 1996(205쪽 〈표 2〉 '한국전쟁의 5단계'에서 민족해방전쟁과 계급전쟁으로 규정).
> 「한미관계사: 38선에서 IMF까지」, 강치원 엮음, 『미국은 우리에게 무엇인가』 백의, 2000('한국전쟁 5단계설' 도표에서 65쪽 통일전쟁 처음 등장).
> 「한국전쟁과 민족통일: 전쟁의 통일을 넘어 평화와 화해의 통일로」, 『경

제와 사회』 48호 2000년 겨울호(233쪽 〈표 1〉 '한국전쟁 5단계설'에서 가장 체계적으로 민족해방전쟁, 통일전쟁, 분단고착화전쟁으로 성격규정 함)
「통일과 한국전쟁」, 강정구, 『민족의 생명권과 통일』, 당대, 2002(98쪽 〈표 1〉 '한국전쟁 5단계설' 역시 통일전쟁과 민족해방전쟁 및 분단고착화전쟁으로 성격규정하고 북한이 공식적으로 규정하는 조국해방전쟁보다 민족해방전쟁으로 서술하고 있음).
「6·15평화통일시대 한국전쟁의 역사적 재조명」(인천통일연대주최 토론회 발표문, 2005년 6월 30일)(위와 같이 통일전쟁, 민족해방전쟁, 분단고착화전쟁으로 성격규정하고 있음).

다섯째, 검찰은 민족해방전쟁으로 전쟁성격규정한 저의 1993년 첫 논문을 이렇게 불온시 하면서도, 1993년 당시 수 십 개의 우익단체들이 이 논문을 고발해 내사를 벌였으나 학문자유 침해 여지가 있다고 무혐의 처리하였습니다. 1993년에는 무혐의 처리된 것이 2001년과 2005년에 문제시 되는 것은 이중기준입니다. 이에 1993년 무혐의 처리 내용과 근거, 1993년과 현재 사이 시차에 따라 다른 평가를 내리는 이유를 명백히 제시해 줄 것을 요청합니다.

여섯째, 검찰은 제가 93년 논문에서 '학문적인 연구로서 인정받기 어렵다고 판단되자' '외양을 덮칠하기 위'해 통일전쟁론을 2000년 논문에서 제기했다고 주장했습니다. 이런 주장을 하기 위해서는 이를 뒷받침하는 구체적이고 실증적인 증거를 제시해야 합니다. 제가 구석명(2)에서 증거제시를 요구했지만 검찰은 전혀 증거를 제시하지 못한 채 평가의 문제라면서 문제를 피해 가는 비겁한 모습을 보였습니다.

이는 학문을 전업으로 하는 학자의 명예에 직결된 문제이고, 평가 역시 근거 없는 평가는 있을 수 없고, 특히 법적 처벌이라는 재판에 관련된 평가는 객관적이고 구체적인 근거가 증거의 형태로 제시되어야 증거주의가 성립될 수 있으므로, 이에 대한 검찰의 석명은 반드시 필요합니다. 그런데도 석명을 하지 못하는 것은 검찰 자신이 터무니없이 마구잡이 색깔몰이를 하고 있다는 증거라고 생각합니다. 이에 대한 판사님의 엄중한 조치가 필요하다고 봅니다.

법적 차원의 판결이야 어떻든 이러한 공안검찰의 소행은 저에게는, 조직폭력배 수준의 무도덕성, 중세 암흑시대와 같은 마녀사냥 몰입주의, 증거 철칙주의라는 검찰 자신의 존재원리 자체를 부정하는 증거와 입증 배제주의, 무소불위의 '황제 권위주의'라는 오만의 극치, 민주주의 운운할 기초조차 없는 반시대주의, 상식조차 배제하는 비열주의 등으로 완전 감염된 불치의 병을 앓고 있기에 새로운 소생이 필요한 존재로 각인되어 있음을 분명히 밝힙니다.

6. 통일전쟁론, 침략전쟁론, 내전론 등의 혼동

검찰의 항소이유서 23쪽 각주 18번은 "피고인은 6·25전쟁이 국제법적으로 내전이었고, 북한이라는 전쟁주체가 통일을 이룩하려 한 것이므로 '통일전쟁'이며, 남한도 통일을 하려하였으므로 역시 '통일전쟁'이라고 하여 가치중립적인 것처럼 주장하면서 6·25전쟁을 통일전쟁이 아닌 '침략전쟁'이라고 하는 자들은 국제법 개념을 제대로 알지 못하는 자들이라고 비난하고 있으나, 93년 당시 작성된 피고인의 위 글을 보면, 6·25전쟁이 정당한 전쟁이라는 피고인의 주장을 객관적인 학문인양 포장하기 위하여 '통일전쟁'이라는 용어를 도입한 것으로 보입니다"로 서술하고 있습니다.

검찰의 항소이유서 23쪽의 첫 문단과 여기에 첨가된 각주 18번은 검찰이 내전, 통일전쟁, 침략전쟁 등의 개념이나 상호관계에 대해 초보적인 이해도 하지 못하는 수준임을 말합니다. 이 정도도 이해하지 못하면서 법적 단죄를 시도한다는 것 자체가 한국검찰의 부끄러운 자화상이라 생각합니다. 이 관계를 밝히면서 검찰 주장의 모순을 지적하겠습니다.

명확히 하기 위해 먼저 성격규정을 엄밀하게 하겠습니다. 6·25전쟁 발발 초반은(미국의 개입 이전 사흘 정도에 국한된 논의임) 북한에 의한 침략전쟁이 성립될 수 없고 내전과 통일전쟁만 성립 가능합니다. 물론 전쟁발발 사흘 만에 외세인 미국이 개입하고 7월 1일 지상군이 투입되므로 내전은 국제전으로 비화되었습니다.

첫째, 이제까지 맹목적으로 신봉해 왔던 '6·25북한불법침략전쟁론'은 논거가 학문적으로 성립될 수 없고 단지 북한의 선제 침공전쟁론만 성립될 수 있습니다. 침략전쟁 성립의 전제조건은 국제법적으로나 국내법적으로 또 관습법적으로 교전 당사자들이 반드시 별개의 주권국가이어야 합니다.

국제법적으로 6·25발발 당시 남한은, 비록 5·10선거가 실시된 지역에 한정한 것이지만, 유엔총회로부터 1949년 10월 21일 합법성을 인정받은 주권국가였습니다. 그렇지만 북한은 유엔에서 아직 주권국가로 인정받지 못한 상태였습니다. 그러므로 6·25발발은 주권국가인 대한민국과 국제법적으로는 반도단체에 불과한 북한 사이의 전쟁이었던 것입니다. 교전 당사자 중 하나가 별개의 주권국가가 아니므로 침략전쟁은 성립될 수 없습니다.

국내법적으로도 남한 헌법3조의 영토조항("대한민국의 영토는 한반도와 그 부속도서로 한다")와 국가보안법에 의한 반국가단체 규정 때문에 북한은 별개의 주권국가가 될 수 없었습니다. 이는 지금도 마찬가지입니다. 또한 관습법적으로도 6·25전쟁 발발당시 남북 어느 누구도 서로 별개의 나라, 남의 나라로 생각한 사람은 하나도 없었습니다. 그러므로 국내법이나 관습법의 기준으로도 6·25침략전쟁론은 성립될 수 없습니다.

둘째, 6·25전쟁 발발 자체는 내전으로 시작되었고 미국이 개입한 이후에는 국제전으로 바꿔졌습니다. 내전은 한 나라에 두 개 이상의 정권이 배타적 주권을 가지는 단일 주권을 확보하기(통일) 위해 서로 간에 벌이는 무력행위로 개념 규정되고 있습니다.

1950년 6월 한반도에는 외국군이 주둔하지 않은 상태에서 남북 간에 6·25라는 전쟁이 발발했습니다. 이미 북에서는 소련군이 48년 12월, 남에서는 미군이 49년 6월 철군해 외국군은 군사고문 외에 주둔하지 않았습니다. 물론 북한이 소련이나 중국과 논의하고 '승인'을 받아 전쟁을 결행했지만 여전히 전쟁주체는 북한지도부였고, 남한 또한 철군하는 미군으로부터 많은 무기를 전수받았기 때문에 미국의 개입이 없었다고 보기 힘들고, 무엇보다도 외국인 소련과 미국이 6·25발발 직전에서나 직후 전쟁의 주체는 아니었기 때문에, 6·25전쟁 발발 자체가 국제전이 될 수 없는 내전입니다. 이러 성격규정은 최근 노무현 대통령의 언급에서도 등장했는데, 이런 초보적인 수준의 이성적 판단조차 허용하지 않으려는 야만적인 모습을 우리 수구언론들이나 정당들은 보였던 것입니다.

6·25의 경우 초기에 '동란'이나 '사변'으로 지칭했던 것은 동학란이나 홍경래란을 지칭할 때 '란'의 개념으로 보았기 때문입니다. 1950년 6월 25일 유엔안보리 결의안 82호 역시 6·25를 침략으로 규정짓지 않고 다음과 같이 '평화파괴'(a breach of the peace)로 규정했고 38도선 이북으로 북한군이 철수할 것만 결정 했습니다. 미국은 곧바로 소련의 팽창야욕 결과로 보았지만 국제법적으로는 마치 집안 싸움과 같은 현상으로 볼 수밖에 없었기에 다음과 같이 내란 또는 내전의 일종인 a breach of the peace로 표기했던 것입니다.

> Determines that this action constitutes a breach of the peace,
> Calls for the immediate cessation of hostilities;
> and Calls upon the authorities of North Korea to withdraw forth with their armed forces to the thirty-eighth parallel(Resolution 82 Adopted by the United Nations Security Council, June 25, 1950).

셋째, 6·25는 북한의 불법침략전쟁인데 어떻게 통일전쟁이냐 라고 보면서 침략전쟁과 통일전쟁을 배타적으로 보고 있습니다만, 양자는 완전히 별개의 개념이므로 개념상으로는 양립 가능합니다. 독일이 오스트리아를 독일민족의 통일을 위해 침략했을 경우 이는 통일전쟁이면서 동시에 침략전쟁일 수 있습니다.

통일전쟁론은 전쟁주체자의 전쟁목표를 기준으로 한 전쟁성격규정입니다. 이에는 민족해방, 계급해방, 단순한 권력야욕(왕위쟁탈 전쟁이나 왕위계승전쟁), 민족통일, 지역통합, 종교 전파, 분단고착화, 징기스칸처럼 정복이나 영토 확장 등의 전쟁성격이 있을 수 있습니다. 이에 따른 6·25의 성격규정은 1950년 10월 7일자 유엔총회 결의 376호처럼 통일전쟁, 북한의 규정처럼 조국해방전쟁, 남한의 북진통일론처럼 통일전쟁 등이 있을 수 있습니다.

이처럼 6·25를 남한의 공식 규정인 침략전쟁이라 하더라도 여전히 통일전쟁이나 민족해방전쟁일 수 있습니다. 그러므로 침략전쟁인 6·25를 제가 통일전쟁으로 성격규정 했기 때문에 정체성을 위배했다는 등의 주장은 소가 들어도 웃을 일입니다. 검찰 역시 이런 수준에 사로잡혀 있는 한심한 수준입니다.

이런 논리적인 추론과는 달리 실제 6·25라는 경험적 현상은 앞에서 본 바와 같이 남북사이가 별개 주권국가 사이가 아니었기에 침략전쟁이 될 수 없고, 내전이면서 통일을 목적으로 하였기에 통일내전입니다.

넷째, 검찰은 제가 침략전쟁을 부정했기에 북한의 침공을 '정당한 전쟁'이라고 보았다고 주장하고, 제가 통일전쟁론을 제시한 데 대해서는 '가치중립적'으로 보이기 위해 위장한 것이라고 주장합니다. 이는 단순한 주장이 아니라 사실무근의 무고죄에(false charge) 해당된다고 봅니다. 그러면서도 은근히 통일전쟁론은 북한의 사회주의식 통일전략을 인정하는 것이라는 가치부과를 하고 있습니다. 조사과정에서 검찰은 통일전쟁을 부정할 수 없었기에 이에 관해서는 묻지 않겠다고 말했으면서도 공소장이나 항소이유서는 통일전쟁론 자체가 마치 북한동조인 것처럼 몰고 있는 모순을 저지르고 있습니다.

이것이야말로 가장 우려스런 것으로 사실논쟁을 이념논쟁과 가치논쟁으로 환원시켜 색깔몰이로 판결을 내리려 하는 반이성적 행위입니다. 사실 차원에서, 나눠져 있던 둘이 하나로 합치면 통일입니다. 사회주의식이나 무력에 의한 통일은 통일이 아니고 평화나 자본주의식만이 통일이라는 것은 가치논쟁이지 사실논쟁이나 논리논쟁이 될 수 없습니다. 또 이승만이 주도하면 통일전쟁일 수 있지만 김일성이 주도하면 통일전쟁이 성립될 수 없다는 것도 억지 주장에 불과한 가치평가이지 사실평가나 논리적 평가는 아닙니다. 학문의 세계에서 이러한 논의를 한다면 아예 학계에서 처음부터 배척당하고 말 것이고 당연히 배척되어야 합니다.

이런 논리를 편다면 자본주의식 흡수통일을 이룬 독일만 통일되었고 사회주의식 통일을 이룬 베트남은 아직도 통일이 안 된 채 분단되어 있다고 해야 할 것입니다. 사람이면 사람이지 백인만 사람이고 황인종과 흑인은 인간이 아니라고 할 수 없습니다. 인간인지 아닌지를 판명하는 기준은 생물학적 기준입니다. 그런데 느닷없이 얼굴과 몸 색깔을 기준으로 삼아 검은 색깔의 흑인은 인간이 아니고 흰 색깔인 백인만 인간이라 분류하는 것과 마찬가지입니다. 생물학적으로 과일이면 과일이지 자기의 선호에 따라 '과일인지 아닌지'를 판명하는 것과 같은 행위입니다. 이 때문에 김대중 대통령과 수구 대표인 조갑제도 6·25를 신라통일과 같이 통일시도로 보았습니다. 필자는 사실 차원에서 6·25는 침략전쟁이 될 수 없고 내전이었으면서 통일전쟁이라고 성격규정 했던 것입니다.

　다섯째, 저의 '6·25 통일내전론'을 제대로 또 이성적으로 문제 삼으려면, 다른 말로 반증하려면(disprove), 북한의 국토완정론이나 남한의 북진통일론이 전쟁목적에서 통일을 배제하고 있다는 사실차원의 실증적 역사자료를 제시해야만 합니다. 또한 더 나아가 1950년 10월 7일자 유엔총회 결의안 376호를 폐기시켜야 합니다. 왜냐면 376호는 1950년 10월 1일 한국군이 38도선을 넘어 북을 침공한 시점에서 유엔군이 38도선을 넘어 진격할 수 있는지 없는지를 결정하는 결의안으로, 통일을 위해 북을 침공해야 한다는 일종의 '한반도 통일결의안'이었습니다.

　이 376호는 '권고사항' 1항의 a, b, c에서 한반도의 평화회복, 통일선거, 통일독립국가의 수립을 위해 모든 조치를 취할 것을 다음 인용처럼 권고하고 있습니다.

1. Recommends that
    (a) All appropriate steps be taken to ensure conditions of stability throughout Korea;
    (b) All constituent steps be taken, including the holding of election, under the auspices of the United Nations, for the establishment of a unified, independent and democratic government in the sovereign State of Korea;
    (c) All sections and representative bodies of the population of Korea, South and North, be invited to cooperate with the organs of the United Nations in the restoration of peace, in the holding of elections and in the establishment of a unified government.
 (「RESOLUTION ADOPTED ON THE REPORTS OF THE FIRST COMMITTEE」,

376(v). The problem of the Independence of Korea, 294th plenary meeting 7 October, 1950).

이는 유엔이 유엔군의 38도선 이북 침공을 통일전쟁으로 규정했음을 의미합니다. 이에 근거해 『한반도 평화조약의 체결』(국제법출판사, 1993)을 집필한 김명기 국제법 전공 교수는 36쪽에서 유엔결의안을 분석하면서 침략전쟁이 아닌 내란으로 해석했습니다.

> 위 결의는 북한의 대남 적대행위가 '평화의 파괴'를 구성한다고 했고, '침략행위'를 이룬다는 표현은 없다. 이는 당시의 무력을 내란으로 간주한 것으로 볼 수 있다. 왜냐하면 침략행위는 국가 간에만 이야기 될 수 있고 국내적인 것이 아니라고 할 수 있기 때문이다(김명기, 1993, 『한반도 평화조약의 체결』, 국제법출판사, 36쪽).

이처럼 유엔 안보리결의안 82, 83호는 내전으로, 유엔총회 결의안 376호는 통일전쟁으로 6·25를 성격규정하고 있습니다. 대한민국은 엄연히 유엔 가맹국입니다. 유엔이 규정하고 지구촌의 대부분 학자들도 동의하지 않을 수 없고, 일반인도 실재 통일목적을 부정하지 않은 이 엄연한 현실에도 불구하고, 이런 보편주의를 거절하고 국가보안법의 금과옥조에 따라 나 홀로식의 통일내전 불가론을 고수하는 것은 유엔사무총장까지 배출한 한국사회의 역사흐름과는 분명 배치된다는 점을 판사님들께서도 유의하시기 바랍니다.

여섯째, 검찰은 항소이유서 22쪽에서 제가 미국을 6·25전쟁 침략자로 규정한 것을 문제 삼고 있습니다만 이는 합리적인 학자라면 누구든지 내전과 침략전쟁의 개념규정에 따라 내릴 수밖에 없는 논리적 귀결입니다. 앞의 논의에서 6·25는 내란 또는 내전으로 귀결되었습니다. 내란은 한 주권국가 내의 여러 정치세력들이 배타적 주권을 확보하기 위해 벌이는 무력행위입니다. 가치 문제를 배제하고 사실과 비유의 차원에서만 본다면 미국의 6·25개입은 마치 동학혁명에 일본군이 개입해 침략전쟁을 벌였던 1894년 일본제국주의 침략과 동일한 행위입니다. 또한 형제간의 집안 싸움에 경찰이나 당국의 허가 없이 이웃 사람이 불법 개입해 형제의 한 쪽을 대신해 싸움주체가 되는 것과 마찬가지라고 유추될 수 있습니다.

우리는 맹목적으로 6·25전쟁의 침략자는 김일성이라는 도식에 매여 한 치도 앞서 나가지 못하고 있기에 이를 뒤 짚고 미국을 침략자로 보는 것을 납득하지 못하고 있는 것입니다. 그러나 김일성은 전정도발자이고 침공주도자일지는 몰라도 법적으로 침략자는 될 수 없습니다. 왜냐면 내전에는 침략의 개념이 성립될 수 없기 때문입니다. 미국의 내전인 남북전쟁에서 북쪽의 링컨 대통령이나 남쪽의 리 장군을 미국역사에서나 세계사 어디에도 침략자로 규정짓지 않고 있는 점을 비유하면 이는 명확해집니다.

물론 이런 합리적이고 정확한 분석을 우리 사회에서 받아들일 준비가 되어있지는 않는 게 현실입니다. 그렇지만 언제까지나 이런 반이성과 반과학성에 매몰되어 있어야 합니까? 새로운 인식은 그것이 합리적이고 진실에 바탕을 두고 있다 하더라도 그냥 저절로 오는 것이 아니고 달걀껍질을 깨는 진통의 과정이 요구되기 마련이라고 봅니다.

7. 사회주의 필연론

검찰은 항소이유서 22쪽에서 '한반도 전체가 사회주의·공산주의로 이행하는 것이 역사적 필연이었다'라는 저의 연구결과를 가치판단이라고 보면서 문제 삼고 있습니다. 그러나 아래의 2005년 9월 30일자 저의 서울대학 발표 논문은 저의 가치관에 의해 내려진 귀결이 아니라 다수결이라는 민주주의 원칙에 따라 또 주객관적 조건에 따라 내려진 귀결이었으므로 가치관의 결과물이 결코 아닙니다. 설사 가치판단을 했더라도 가치판단 그 자체가 가치관의 산물이 아니라면 하등 문제가 될 것이 없습니다. 단지 그 가치판단이 사실의 왜곡, 객관적 논거 부족, 인류 보편적 가치의 부정 등이 결부된 경우 문제가 될 수 있을 따름입니다.

저의 2005년 9월 30일 서울대학교 발표회에서 논문,「한미관계의 비판적 검토와 새판짜기」각주 19번은 다음과 같이 서술하고 있습니다.

미국이 개입하지 않았다면 공산화되었을 것이기에 결과적으로 잘됐다고들 한다. 이 '염려'대로 분명 남북 전체가 공산화 됐을 것이다. 그러나 그 당시 조선 사람들은 공산주의를 자본주의보다 훨씬 더 좋아했다. 1946년 8월 미군정 여론국이 전국 8,453명을 대상으로 조사한 결과 공산주의 － 사회주의 지지 세력이 무려 77%였고 자본주의 지지는 겨우 14%였다. 공산주의든 무정부주의든 그 당시 조선 사람 대부분이 원하는 것이면 응당 그 체제를 택해야 하는 것이 당연하다. 오늘날 기준에서 과거 역사를 정당화하는 것은 몰역사적 결과론의 오류를 범하는 것이다.

이 사회주의필연론은 저의 박사학위 논문에서부터 일관되게 견지해 온 학문적 귀결이었습니다. 저는 이미 1989년부터 여러 가지 주객관적 조건 때문에 해방공간 한반도에서 "외세의 개입 없이 순수한 내적인 역동력에 의해서 조선사회가 스스로의 길을 걸어갔더라면 그것은 진보적 민주주의라는 역사통로였다. (……) 이 진보적 민주주의가 지향하는 것은 단기적으로는 인민 민주주의였다고 볼 수 있으나 장기적으로는 점진적인 사회주의로의 이행이라고 볼 수 있겠다"고 결론지었습니다[「남·북한 농지개혁 비교연구: 민족주체적 시각에서」, 『경제와 사회』 통권 7호, 1990년 가을호, 204~212쪽; 강정구, 『분단과 전쟁의 한국현대사』에서 재수록, 122쪽(1989년 발표하고 1990년 학술지에 게재한 논문)].

객관적 요인으로는 사적소유가 미미했던 경제토대의 특성, 계급구조의 불균형, 구래지배계급의 정통성 상실, 조선인 구지배계급의 경제적 지배계급에 국한된 제한성 등을, 주체적 요인으로는 노동·농민계급의 계급역량 성숙, 이들의 급진화, 좌익급진민족주의자의 독립운동 헤게모니, 지배계급의 온정주의적 지배를 피지배계급이 극복한 점 등을 제시했습니다. 또한 국면적 요인이면서 촉진요인으로는 조선총독부의 건준 대상 정권이양, 해방 이전의 소련군 진주 등이라고 논거를 밝혔습니다.

이를 뒷받침하는 구체적 역사자료로는 1945년 초기 해방 이전에 발표된 미 국무성의 조선정세보고서, 1946년 트루만 미 대통령의 특사로 남북을 방문한 Pauley 특사의 보고서, 미군정청 각종 자료와 여론조사 등이었습니다. 주목할 사항은 1943년 중경임시정부의 건국강령을 외교부장 조소앙이 당시 주중미대사관에 전달하자 미국무성은 그해 8월 2일자 보고서에서 "비록 공산주의는 아니지만 좌익이데올로기를 지향하고 비혁명적인 과정을 통해서 반(半)사회주의 경제를 제창한다"라고 평가할 정도였습니다.

이처럼 해방공간의 사회주의 필연성은 종합적 분석과 논증의 결과이지 미군정 여론조사 하나로 내려지는 결론은 결코 아니었고 최소한 필자에게는 새삼스런 학문 연구결과도 아니었습니다. 이처럼 해방공간의 역사흐름이 사회주의 지향이었고 또 여론조사에서도 이것이 반영되었다면 민주주의 원칙에 따라 당시의 역사지향이 사회주의로 가는 것은 당연하다고 학자로서 결론지을 수밖에 없다고 봅니다. 그것이 자본주의든, 무정부주의든, 사회주의든 선택은 당시의 조선 사람에게 응당 맡겨져야 하는 것이지 외세가 개입할 성격은 분명 아니었습니다. 더구나 당시는 일제의 35년 식민지 통치로부터 갓 벗어난 시점이기에 민족자주 지향은 최상의 덕목이었고 목표였습니다. 바로 친일파 숙청이 당시의 최우선 과제였다는 점을 상기하면 이는 명확하다 볼 수 있습니다.

작년 10월 10일 『미국의 소리』(Voice of America)와 국가보안법 문제에 관한 인터뷰에서도 이 문제가 제기되었습니다. 이때 저는 아마 사회주의 통일한국에서 보다 지금 남한에서의 나의 개인적 위상은 더 나았을 것이고 나에게 이로웠을 것이라고 결론 내릴 수 있지만, 학자로서 이 개인적 이해 기준에 따라 당시의 역사가 당연히 자본주의로 가야한다고 주장할 수는 없다고 분명히 밝혔습니다.

이처럼 개인의 이해관계, 오늘날의 기준에서 과거의 역사평가를 복속시켜 몰역사적 결과론으로 평가한다면 객관적 역사평가는 불가능해지고 학문은 학문으로서 자격을 상실할 것입니다. 역사는 역사 그 자체여야 합니다. 저는 역사관에 관한 한 남북이 함께 문제를 가지고 있다고, 곧 북은 '발생적 결정론'에(genesis determinism) 빠져있고, 남은 '몰역사적 결과론'에 빠져 있다고, 줄곧 비판해 왔습니다. 북한의 발생적 결정론 역사관은 "북한의 처음이 좋았으니까 지금도 좋고 남한은 옛날이나 처음이 좋지 않았기에 지금도 좋지 않다"는 것입니다. 이처럼 초기의 친일파 청산 등과 같은 대남 우위성이 지금까지 지속되는 것으로 역사를 평가하고 있는 문제점을 북한의 역사관은 가지고 있습니다. 이는 사실이 아닐 뿐 아니라 오늘날 북한이 직면한 시련을 극복하는데 심대한 장애가 되고 있습니다. 남한의 몰역사적 결과론은 "지금 현재가 좋고 대북 우위에 있으니까 과거도 좋았고 대북 우위에 있었다"면서 과거를 미화하고 정당화 하여 역사를 왜곡시키는 문제점을 가지고 있습니다.

몰역사적 결과론은 현재의 기준을 역사평가의 잣대로 삼기 때문에 현재를 언제로 삼느냐에 따라 역사평가가 들쑥날쑥 춤을 추게 되는 원천적인 문제점을 갖고 있습니다. 이 역사관은 오늘날 남한이 거의 모든 면에서 북쪽에 비해 우세하므로 오늘의 남쪽 기준에서 해방공간을 평가해 역시 분단이 사회주의식 통일보다 잘 됐다는 평가를 내리게 됩니다. 그러나 1950년대 중반에서 1970년 초반까지 북한은 남한에 비해 경제역량이 높았고 자주성도 앞섰습니다. 이 때문에 4·19 당시 경제적 요인 때문에도 '통일만이 살길이다'라고 외쳤던 것입니다. 몰역사적 결과론에 의하면 1960년 당시는 북한이 남한보다 잘 살고 자주성이 높았기 때문에 해방공간 사회주의식 통일을 했어야 한다는 평가가 내려집니다. 이처럼 역사를 자의적으로 해석하거나 평가할 것이 아니라 진실을 바탕으로 평가해야 하며 또한 역사 앞에서는 겸허해야 합니다.

8. 역사추상형 연구방법론

검찰 항소이유서(2006.6.29) 22쪽 둘째 문단은 저의 독창적인 연구방법을 "피고인의 이러한 의도를 마치 객관적이고 학문적인 것인 양 감추기 위한 장치에 불과한 것입니다"라고 조직폭력배 수준의 인격모욕과 무고죄에 해당하는 주장을 하면서 이 방법론을 북한 동조를 위해 사전에 면밀히 고안해 낸 장치라고 합니다.

이러한 검찰의 무모한 주장에 대해 검찰에게 확인해야 할 점은 역사추상형 연구방법의 첫 공식화 논문인 "남·북한 농지개혁 비교연구: 민족주체적 시각에서"(1989년 한국 사회학회에서 발표되고, 『경제와 사회』 1990년 가을 통권7호, 193~234쪽에 게재됨)와 저의 박사논문을 출간한 『좌절된 사

회혁명: 미 군정하의 남한·필리핀과 북한연구』(열음사, 1989)를 읽었는지 여부입니다.

저의 방법론은 이미 1985년 제가 본격적으로 박사논문을 쓸 당시에 구상되었고 실제 박사논문에 적용되었습니다. 또 이를 정교하게 공식화한 논문을 발표한 것이 1989년이고 학술지에 게재했던 게 1990년 이었습니다.

검찰이 문제 삼는 저의 논문대상은 1993년 『역사비평』에 게재된 「미국과 한국전쟁」이고 나머지는 「민족통일과 한국전쟁」(2000년), 「서해교전과 맹목적 냉전성역의 허구성」(2002년), 「맥아더를 알기나 하나요」(2005년), 「그래 주적이 누군지 분명히 말하마」(2005)년 등으로 모두 2000년 이후의 연구물입니다.

제가 8~9년이나 20년 후의 논문을 위해 '사악하게' 위장한 장치인 역사추상형 연구방법을 1985년부터 고안해 냈다고 주장하려면 검찰은 제가 1985년부터 이런 의도를 가졌다는 구체적 증거를 제시해야 할 것입니다. 또 이 연구방법론을 적용해 연구된 많은 저의 기존 논문들을 왜 검찰이 동일하게 '사악하게' 위장한 것으로 보지 않고 또 문제시 하지 않았는지를 설명해야 할 것입니다.

문제의 핵심은 제가 여러 논문과 글을 발표하기 이전에 객관적이고 학문적인 것으로 위장하기 위해 역사추상형 방법론을 의도적으로 고안해 냈다는 객관적인 증거를 제시해야만 검찰은 그들의 주장을 입증할 수 있다는 점입니다. 이 때문에 저는 구석명에서 검찰의 석명을 요구했지만 검찰은 석명을 하지 않았습니다. 보다 정확히는 석명이 불가능하기에 할 수 없었던 것입니다. 이는 심각한 명예훼손이자 무고로 검찰은 그 책임을 져야 할 것입니다.

9. 6·25 정의의 전쟁론

검찰은 항소이유서(2006.6.29) 24쪽 마지막 문단에서 "북한 김일성이 주도한 6·25전쟁의 침략적 성격을 희석시키고, 더 나아가 북한의 주장과 같이 민족사적 과제 완수를 위한 정당한 전쟁, 즉 '정의의 전쟁'으로 한껏 치켜세우고 있습니다"로 허위사실의 진술과 모함을 하고 있습니다. 검찰이 언급하고 있는 저의 논문(「한국전쟁과 민족통일: 전쟁의 통일을 넘어 평화와 화해의 통일로」) 어디에도 '정의의 전쟁'이란 어휘는 서술되어 있지 않습니다.

더구나 '정의의 전쟁'은 제국주의 침략에 자주와 독립을 위한 정당방위 성격의 전쟁을 의미하는 것이므로, 6·25전쟁은 제가 서술했듯이 북한이 먼저 남한을 침공한 전쟁이므로 정의의 전쟁이 원천적으로 성립될 수 없습니다. 이런데도 피고인의 견해가 북한이 주장하는 '정의의 전쟁'이라고 따옴표까지 붙여 단정 짓고 있으므로 이에 대해 검찰의 논거가 필요하며 아니면 의도적인 왜곡이라고 인정해야 할 것입니다.

실제 검찰이 따옴표까지 붙인 것을 보면 그 개념을 충분히 알고 있었고, 또한 북한이 6·25전쟁을 '정의의 전쟁'으로 해석하고 있다는 사실까지도 파악한 것으로 보입니다. 위의 제 논문 231쪽 각주 1은 "북한은 한국전쟁을 ① 미제와 그 앞잡이들의 무력침공을 반대하고 조국의 자유와 독립을 고수하기 위한 정의의 조국해방전쟁이었으며 ② 조국통일위업을 완수하고 전국적 범위에서 민족적 자주권을 확립하기 위한 혁명전쟁이라고 규정한다"라고 명시해 놓고 있어 이를 통해서도 정의의 전쟁 개념을 파악한 것으로 보입니다.

저는 의도적인 왜곡을 의심하여 검찰에 구체적 자료와 논거를 제시해 달라는 석명을 요청했습니다. 그렇지만 검찰은 "논문 전체를 통해 본인의 주장을 축약 평가한 것"이라고 응답함으로써 책임회피를 하였습니다.

국어사전은 인용법을 '남의 말이나 글, 또는 고사나 격언 등에서 필요한 부분을 인용함으로써 글의 뜻을 더욱 분명히 하는 표현 방법'이라고 규정하고 있습니다. 이렇듯이 검찰은 저의 견해가 마치 북한이 주장하는 '정의의 전쟁'과 동일한 것으로 몰아가기 위해 인용부호까지 붙여 거짓 인용해 놓으면서 그 논거를 제시하지 못하는 것은 검찰이 필요에 따라 인용문을 임의로 조작하는 행위로, 곧 사문서 위조와 진배없다고 봅니다. 이에 대한 엄중한 문책이 따라야 한다고 생각합니다.

10. 미국분단책임론

검찰은 저의 미국분단책임론 주장을 더욱 분명히 하고 부각시키기 위한 의도로 저의 논문에서 서술되지 않은 글을 항소이유서(2006.6.29) 24쪽 마지막 문단에서 "미국에 의하여 38선을 경계로 한 민족분단이 도래되었고"라고 허위로 인용했습니다. 저는 저의 항소이유서 38쪽 "8. 한반도 분단과 전쟁을 강요한 주범으로서의 미국, 가. 분단책임론과 미국"에서 설명 드린 바와 같이 한반도 분단의 미국주도 책임론을 주장해 왔습니다. 그렇지만 논문 어느 곳에도 검찰이 인용한 문장을 그대로 서술한 적은 없습니다. 또한 저의 미국분단책임론은 주도적인 미국책임론이지 전적인 미국책임론을 의미하는 것은 아닙니다. 이런데도 검찰의 인용문은 마치 전적인 미국 단독책임론을 주장한 것처럼 포장하려는 불순한 의도를 가진 것으로 보입니다.

저의 항소이유서 마지막 부분에서 왜 분단책임론 규명이 우리 민족사에서 또 현재의 시점에서도 긴요한지를 다음과 같이 밝혔습니다. 판사님께서는 이를 경청해 주시기 바랍니다.

> 분명한 사실은 외국군이 본격적으로 점령하기 이전의 해방공간에서 조선 사람 가운데 분단을 선호하는 사람들은 극소수의 친일반민족세력과 일부 권력욕에 사로잡힌 친미분단주의자 뿐이었습니다. 분단은 우리 조선인들이 원하는 것이 아니라 외세 특히 미국주도의 결과물이었습니다.
> 분단책임에 대한 명확한 인식과 책임자에 대한 비판은 오늘날 우리의 통일문제를 푸는데도 많은 함의를 줄 것입니다. 곧 민족적 차원의 자주적 행로가 얼마나 중요한지를 잘 말해 줍니다. 이런데도 미국에 대한 비판이 마치 금기영역인 것처럼 인식하고 있는 한국사회 기성 주류와 미국분단전쟁책임론을 마치 북한에 동조하는 것으로 단단하는 1심 판결에 전혀 동의할 수 없습니다(항소이유서, 2006.7.).

11. 6·25확대전쟁불가피론

 검찰은 항소이유서 25쪽에서 "북쪽에 김일성이 아니라 아무리 평화를 사랑하는 사람이 최고책임자로 있었다고 하더라도 확대전쟁은 불가피했다고 주장하여 북한 김일성이 주도한 6·25전쟁의 침략적 성격을 희석시키고, 더 나아가 북한의 주장과 같이 민족사적 과제 완수를 위한 정당한 전쟁 즉 '정의의 전쟁'으로 한껏 치켜세우고 있습니다"로 서술해 마치 6·25확대전쟁불가피론이 김일성의 선제공격을 정당화시키는 것으로 몰고 있습니다.
 그러나 사회현상의 설명에서(이 경우 6·25) 개인이나 인간집단이라는 인간행위에만(이 경우 이승만이나 김일성 등) 전적으로 인과 요인을 귀착시키는 것은 전통적인 역사학적 방법론으로 사회구조적 요인(분단구조, 계급구조, 민족모순, 억압구조 등)의 인과성을 무시하기 때문에 비과학적으로 지탄받고 있는 것은 사회과학의 초보적 상식에 속합니다. 한국전쟁에서 역사학의 두 부류인 전통주의학파와 수정주의학파 모두 이 행위론적 방법론에 치우쳐 있어 많은 문제점을 가지고 있다는 점이 사회과학계에서 대두되어 인간으로 하여금 그러한 선택을 할 수밖에 없도록 만든 사회역사의 구조를 중시하는 역사구조적 방법론, 사회형성론, 구조중심론 등이 대안으로 제시됐던 것입니다.
 이런 학문적 맥락을 조금도 이해하지 못하는 한심한 수준의 검찰은 이런 지성사적 맥락에서 나와 사회역사구조를 중시한 방법론을 적용시킨 저의 사회형성론적 6·25확대전쟁불가피론을 하나의 위장이나 정당화의 수단으로 몰고 있는 지적수준의 저급함과 천박함을 보이고 있습니다. 저는 정말 안타까운 현실이라 판단해서 미국식의 로스쿨(law School)제도가 도입되어 사법관계 종사자의 지적 수준을 높이는 것이 급선무라는 생각까지 했습니다.
 위의 6·25확대전쟁불가피론은 이미 1948년 2·7구국투쟁에서부터 작은 전쟁의 형태로 한국전쟁은 시작되었고, 이 전쟁이 1950년 6·25전쟁으로 확대된 것은 북의 김일성과 남의 이승만 등 어떤 개인의 책임도 없지는 않지만 누가 책임자로 등장했다하더라도 불가피한 구조적 성격을 띠고 있었다는 사회형성론적 6·25전쟁 설명입니다.

다음 저의 논문 인용은 사회형성론에 의한 6·25확대전쟁불가피론을 잘 설명하고 있습니다. 이를 통해 검찰의 음모론적 의아심이 풀려지기를 기대합니다.

카(E. H. Carr)는 역사현상의 인과적 설명이나 역사이해에서 개인의 초역사적 능력이나 초월성을 강조하는 것을 저속한 역사서술이라고 보았다. 어느 개인이나 집단이 어떠한 의사결정을 내려 역사현상이 전개되기까지에는 그러한 결정을 가능하게 했던 사회구조적 요건이 충족되어야 한다. 그런 선결 조건을 사회구조적 맥락에서 분석하지 않은 채 최종단계에서의 의사결정과정만을 중시하고 개인과 일부 집단에 인과요인을 귀착시키는 것은 그 선결조건을 무시한 설명이다. 개인이나 집단의 의사결정을 가능하게 했던 사회형성과정을 먼저 밝힌 후, 이것이 의사결정과정으로 어떻게 연결되는지가 규명되어져야 한다.

이런 종류의 역사분석은 주로 위인전이나 왕정사 또 구미 사회과학계의 의사결정과정 중시론에서 볼 수 있다. 보기를 들자면 6월민주항쟁이라는 역사인식에서 단순히 노태우 개인에게 초점을 맞추는 6·29선언으로 보는 역사 이해는 4월 13일의 호헌조치와 6월 10일 민정당 차기 대통령후보로 선출되어 군사독재 후계자로 향해 돌진하고 있던 개인 노태우로 하여금 6·29선언을 하지 않을 수 없도록 강제한 사회적 요건을 보지 못한다. 그 결과 불과 20일 만에 군부독재 지향적인 노태우가 대통령직선과 같은 6·29를 수용하는 민주인사로 둔갑한 것을 설명할 길이 없게 된다.

스탈린주도설, 박헌영주도설, 김일성주도설, 이승만 단독주도설, 이승만장개석·맥아더 공모설 등의 한국전쟁 설명은 최종순간의 의사결정과정을 중시한 분석으로 전쟁확대 이전의 사회구조적 모순, 곧 계급모순과 민족모순이 팽창되는 과정을, 또한 언젠가는 곪아터질 수밖에 없는 그러한 사회적 요건을 간과한 절름발이 분석이다. 남쪽의 경우 이승만이 아니라 미국의 이익에 부합하는 어느 누군가 집권했더라도 또 북쪽에서 김일성이 아니라 어느 누군가 집권했다 하더라도 6·25확대전쟁은 거의 필연적이었다는 것을 제대로 보여주지 못하는 치명적인 결점을 가진다. 보다 전쟁의 사회적 형성조건에 주목하는 한국전쟁의 설명이 이루어져야 한다.

다섯째, 5단계설은 위에서 강조한 한국전쟁 전반과 그 부분으로서의 6·25확대전쟁의 불가피성에 대한 사회 형성적 요인을 잘 보여주고 있다. 미국의 주도에 의해 유엔감시하의 총선거를 실행하기 위하여 유엔조선위원단이 1948년 1월 남한에 도착하여 남한만의 단독선거 실시를 위한 구체적인 활동이 시작되면서 한반도는 분단출발기를 맞았다. 이를 계기로 남한 내 사회, 정치세력은 통일보다는 분단을 이루어 권력을 장악하려는 반통일 분단세력과 분단저지를 기해 통일을 이루려는 통일세력으로 뚜렷하게 분할된다. 이승만의 독립촉성회, 김성수 주도의 한민당, 서북청년단을 비롯한 극우 테러단체 등은 조기 단정수립 운동을 벌였고, 민전(민주주의민족전선)을 중심으로 한 모든 좌익, 김규식을 중심으로 한 중도세력, 또한 김구 중심의 임정우익 등은 단독선거와 단독정부 수립을 저지시키고 자주적 통일정부 수립을 위한 통일운동을 추진하였다. 이 가운데 남로당을 중심으로 한 남한좌익은 '2·7구국투쟁'을 전개하여 작은전쟁을 주도하였다.

이런 작은전쟁과 통일운동에도 불구하고 1948년 9월을 기점으로 남과 북에서 서로 배타적인 주권을 주장하는 정부가 등장하여 정치적으로 완전히 분단되었다. 작은전쟁 자체가 분단을 해소하기 위한 통일전쟁이었으나 오히려 정치적 분단이 확고하게 자리잡게 됨에 따라 본격적인 확대전쟁은 불가피하게 되었다. 실제로 북한은 국토완정론을 내세웠고 남한은 북진무력통일론을 공식화하여 남북간 국지전 성격의 작은전쟁(small war)에서 대규모 전면전으로 확대될 것은 시간문제였다.[1] "당시 식자라면 누구에게나 명백한 사실이었다."[2]

극우 분단주의자였던 이승만 정부와 한민당은 단독정부 수립이후 전쟁예찬론으로 일관했다. 윤치영 내무장관은 1948년 9월 11일 최소 3년간

---

1) 내전성격을 강조한 메릴도 전쟁불가피성을 강력히 피력하고 있다. "After the establishment of separate regimes and the pull-out of occupation forces, it was only a matter of time before a major conflict broke out"(Merril, John, 1983, "Internal Warfare in Korea, 1948," Child of Conflict, 1943~1953, Seattle: University of Washington Press, p.162).
2) 이 문단에서의 인용은 한상구, 1995, 「1948~1950년 평화통일론의 구조」, 『분단 50년과 통일시대의 과제』, 역사비평사, 243~244쪽에서 다시 옮긴 것이다.

의 미군주둔을 요청하면서 "남조선군을 훈련하여 2주일 이내로 전북조선을 점령케 하고 이를 위해서는 14만 명의 군대가 필요하다"고 역설했다. 이범석 국무총리는 11월 20일 국회에서 "미국은 조만간 소련군과 일전을 할 수밖에 없을 것"이라고 말했다.

이 정부발언은 당시 남북통일은 평화적으로는 도저히 달성할 가망이 없으므로 통일은 조만간 있을 미·소간의 전쟁에서 미군이 승리를 얻는 데서만 이룰 수 있다는 정부의 판단을 그대로 드러낸 것이다. 오직 남은 길은 3차세계대전에 의한 것밖에 없다고 강변하는 한민당 선전부장 함상훈의 극언은 남이나 북, 어느 쪽에서도 6·25와 같은 확대전쟁은 불가피하다고 보았던 것 같다.

대한민국 정부가 소위 인공정부에 대하여 해산을 요구하고 불응하면 군사적으로라도 해체를 강요할 국제적 및 국민적 권위를 가졌으니 남북통일의 길은 이것밖에 남지 않았다. 동족상잔이 어떻고 정치적 해결이 어떻고 해도 이 길밖에는 없는 것을 내하오. (……) 그런 의미에서 38선을 깨치고 통일한 국토로 함에는 외교적으로는 물론이요, 군사적으로도 제3차대전이란 국제적 관계성을 가지고 해결하지 않으면 안되겠다는 것이다.3)

1948년 4월 평양에서 열린 '남북제정당사회단체대표자 연석회의'의 합의사항 역시 분단이 될 경우 전쟁이 불가피함을 천명하고 있다(김인걸, 1998: 61~62).

첫째, 우리 강토로부터 외국군대를 즉시·동시에 철거하는 것이 조선문제를 해결하는 가장 정당하고 유일한 방법이다. 둘째, 남북제정당사회단체 지도자들은 외국군대가 철거한 이후에 내전이 발생될 수 없다는 것을 확인한다. 셋째, 남한 단선을 인정치 않으며 이를 통해 수립되는 단정도 인정하지 않는다.

---

3) 함상훈, 1949, 「외교와 무력에 의한 통일」, 『딘윈』 2월호, 22쪽; 한상구, 앞의 책, 244쪽에서 다시 옮김.

미국무장관에게 낸 미국특별조사단의 한국정세보고서 역시 확대전쟁을 예고하고 있다.

　전라남도의 무질서한 상황은 겨울동안 공산주의자들에 의해서 지속되었고 도 전체를 폭동 속으로 몰아 넣었던 빨치산 활동은 그밖에 다른 곳, 특히 경상북도에서도 보다 작은 규모이지만 계속되고 있다. 여타의 사태발전도 그다지 고무적이지 않다. (……) 균형있는 관점에서 볼 때, 한국이 건강한 상태로부터 거리가 멀다는 사실을 명백한 것으로 보인다. 1949년 봄의 일련의 사건들은 장래에 결정적인 영향을 끼칠지도 모른다.[4]

　사회형성조건에 의한 6·25확대전쟁의 설명에서 중요하게 고려되어야 할 요소는 어느 개인이나 파벌이 주도하였다는 점이 아니라, 38선을 경계로 한 미·소의 강제 분할점령, 혁명민중세력과 외세의존반혁명세력 사이의 갈등, 모스크바결정의 고의적인 위반행위, 미·소 공위 결렬, 5·10단정단선, 2·7구국투쟁, 4·3항쟁, 38선에서의 남북충돌 등이다. 이들 민족모순과 계급모순이 중첩되어 드러난 결과들이 상호 내적 연관을 가지면서 증폭된 결과가 6·25확대전쟁으로 귀결된 것이다. 그래서 북쪽이 김일성이 아니라 아무리 평화를 사랑하는 사람이 최고책임자로 있었다 하더라도 확대전쟁은 불가피했다. 이런 한국전쟁의 사회형성론적 설명에 대하여 일부에서는 6·25확대전쟁이 북한의 계획된 '남침'에 의한 것이 분명해지면서 커밍스같은 '수정주의자'들이 어떤 배경하에 전쟁이 발발하게 되었는지, 곧 기원론을 강조하는 방향으로 논의를 바꾸고 있다고 왜곡하고 있지만 사회형성론적 설명이 배제되어서는 사회과학적 설명이 될 수 없다는 점을 우리는 주목해야 한다.

　이 사회형성론, 곧 한국전쟁 발발의 사회형성 조건을 밝히는 문제는 당대의 사회구조 자체에만 국한된 분석으로는 충분하지 못하고 역사적 유산을 또 역사적으로 규정된 당대의 사회구조를 분석해야만 한다. 이를 우리는 역사구조적 분석 또는 방법론이라 할 수 있을 것이다. 한국전쟁의 시발점을 1950년 6월 25일로 받아들인다 하더라도 조선이 일본제국주

---

[4] Everett Drumright, 1949, "Political Summary of February 1949," Seoul: The Foreign Service of the United States of America, pp.1~2.

의 질곡으로부터 해방된 지 겨우 5년밖에 지나지 않았다는 점이 중요하게 부각되어야 한다. 일본제국주의 패망은 조선으로 하여금 조선인 스스로의 역사를 창조할 수 있는 역사전환기를 맞게 했다. 이 역사전환기는 그 이후 조선사회 역사전개의 기본 틀을 제공하는 가장 결정적인 시기였다(강정구, 2000, 「한국전쟁과 민족통일」, 『경제와 사회』, 240~245쪽).

12. 현실 사회주의 붕괴와 북한의 경제적 궁핍

검찰은 항소이유서 29쪽에서 제가 "③ 현실 사회주의의 붕괴와 북한의 경제적 궁핍에 애써 눈감"는다고 문제 삼고, 더 나아가 이를 마치 "남한의 해방을 주장하고 있"는 것으로 해석하고 있습니다. 이는 100% 왜곡이므로 저는 검찰에게 이 주장에 대한 구체적 증거를 제시하라는 석명요청을 했습니다.

그러나 검찰은 사회주의 붕괴와 북한의 경제적 궁핍에 대해서 "본건 문제된 각 논문에서의 피고인의 기본적 입장에 대한 평가를 한 것"이라며 석명 아닌 변명을 했습니다. 남한 해방에 대해서는 6·25통일전쟁론, 미국 전쟁개입 없었다면 한 달 이내 전쟁 종식, 미군이 한반도 전쟁위기 주범, 주한미군철수론 등을 제가 주장했기에 남한 해방을 주장하는 북한 주장과 같은 것이므로 제가 북한의 입장에서 남한해방을 주장하는 것으로 평가할 수 있다고 응답했습니다(상관관계와 인과관계의 혼동).

저는 저의 논문(「4월혁명과 현 단계 자주·민주·통일의 과제」) 215쪽 '〈표 1〉 자주조건의 어제와 오늘'에서 지구촌의 21세기 말 현황을 "국가사회주의 역사적 대안성 상실"로 설정하고 있어 검찰 주장처럼 '현실 사회주의 붕괴를 애써 눈감은' 것이 아니라 역사적 대안으로서의 가치를 사회주의가 상실했음을 명시하고 있습니다. 또한 이 논문 228쪽은 박순성 교수 논문을 참조하여 사회주의는 체제 몰락으로 더 이상 역사의 대안으로서 가능성이 없음을 분명히 했습니다. "사회주의 체제가 몰락하여 단기적으로는 전통적 국가사회주의가 역사적 대안으로서 등장할 가능성이 없는 시점에서 사회주의냐 자본주의냐의 이분법적인 접근은 더 이상 실용성이 없다."[5)

이 논문은 이미 검찰에 증거물로 제출되어 있고, 법원심리과정이나 검찰 조사과정에서 수없이 언급되었고, 본인의 1차 구석명신청서에서도 검찰의 주장을 반박하는 증거로 제시해 이를 읽었는지 여부를 문의까지 했던 것입니다.

또한 북한의 경제적 궁핍에 눈감았다는 검찰 주장과는 달리 저는 저의 논문(「4월혁명과 현 단계 자주·민주·통일의 과제」) 215쪽 〈표 1〉에서 명백히 북한경제 궁핍을 다음과 같이 지적했습니다.

  2. 극심한 식량난과 경제난으로 물적 토대 최악화
  4. 주체와 자주 전통의 지속, 사상에서의 주체 등 인적 및 사상적 토대는 견지될 것이나 이를 뒷받침할 물적 토대의 부재와 정치적 토대 약화로 자주의 장기적 지속성 위기에 직면

검찰의 주장처럼 제가 사회주의 붕괴나 경제적 궁핍에 관해 애써 외면했는지를 밝히기 위해서는, 논리적으로 검찰석명과 같이 '본건 문제된 각 논문'만의 평가로는 불가능하고 응당 저의 전체 논문을 읽고 평가해야 합니다. 그러나 검찰은 본인의 전체논문을 검토하지 않았을 뿐 아니라 심지어는 1차 구석명신청서에서 제시된 두 논문 「북한 식량난과 사회변화」, 「4월혁명과 현 단계 자주·민주·통일의 과제」조차 읽거나 확인하지도 않고는 허위로 석명했습니다.

「북한 식량난과 사회변화」(강정구·법륜, 1999, 『북한 1999, 민족의 희망찾기』, 정토출판사, 15~57쪽)는 심층적으로 식량난의 현황과 이에 따른 북한 사회변화와 문제점을 논의하고 있습니다. 그 차례만 보더라도 다음과 같이 제가 결코 북한 식량난을 외면하지 않았음을 확인할 수 있습니다.

  2절. 북한식량난의 전반적 현황
  3절. 북한주민의 참상

---

5) 박순성, 1998, 「남북한 경제위기와 경제교류·협력」, 동국대 사회과학연구원 안보연구부 주최 1998년도 통일문제 국제학술회의 발제문, 10쪽.

4절. 식량난과 사회변화
     1) 경제토대의 변화 – '비공식경제'의 생성과 진전
     2) 생활양식의 변화
     3) 보편적 가치관의 변화
     4) 인구학적 변화

이처럼 저는 현실 사회주의 몰락을 외면하지 않았고, 오히려 현실 사회주의 몰락으로 인해 우리 민족사의 과제인 자주, 민주, 통일이 그 내용 상의 전환을 이뤄야 한다는 논의를 1998년에 이미 했을 정도입니다. 이와 마찬가지로 북한의 경제적 궁핍에 대해서도 1999년에 위의 일부 인용처럼 전면에서 다뤘을 정도입니다. 이런데도 이를 확인도 하지 않고 문제 삼는 것은 그야말로 생사람 잡는 검찰의 진면목을 보여주는 대표적 경우이고 더 나아가 석명을 요구했는데도 자신의 과실이나 악의적인 의도를 인정하지 않고 변명으로 일관하는 추악한 모습을 보이고 있습니다.

이제까지 어떻게 보면 구차스런 대응을 했습니다만 솔직히 제가 현실 사회주의 붕괴와 북한 경제궁핍을 외면했다 하더라도 왜 그것이 문제가 되느냐는 근본적 질문입니다. 얼굴그리기를 좋아하는 화가에게 발바닥을 그리지 않는다고 시비 거는 꼴과 무엇이 다른지 모르겠습니다. 이렇게 주류 언론이나 검찰이 '아니면 말고' 식과 '치고 빠지기' 식의 무책임한 행위를 자행하는 한 조국의 미래는 참담할 것이라는 우려를 자아내고 있습니다.

13. 남한 해방론

검찰은 항소이유서 29쪽에서 제가 "③ 현실 사회주의의 붕괴와 북한의 경제적 궁핍에 애써 눈감으며 '민족중심적 인식'이라는 허울 좋은 명분을 앞세워 '민족사적 정통성이 있는 북한'의 입장에서 '미국의 신식민지적 지배를 받고 있는 남한'의 해방을 주장하고 있고"라고 제가 마치 남한 해방론을 주창한 것처럼 서술하고 있습니다.

이에 대해 저는 '북한의 입장에서 남한의 해방'을 주장하는' 구체적이고 직접적인 증거 제시를 요구하는 석명요청을 했습니다. 이에 검찰은 제가 6·25통일전쟁론, 미국 전쟁개입 없었다면 한 달 이내 전쟁 종식, 미군이 한반도 전쟁위기 주범, 주한미군철수론 등을 주장했기에 남한 해방을 주장하는 북한 주장과 같은 것이므로 제가 북한의 입장에서 남한해방을 주장하는 것으로 평가할 수 있다고 석명 아닌 응답을 했습니다(상관관계와 인과관계의 혼동).

이런 검찰의 응답은

첫째 구체적 증거를 제시하지 못하고 있고,

둘째 미국이 6·25에 개입하지 않았다면 한 달 이내 전쟁이 종식되었을 것이라는 연구논문은 북한에 존재하지 않고 있고,

셋째 실제 북한의 통일방안인 연방제 자체가 적화통일에 의한 남한해방을 배제하고 있듯이 북한이 남한해방을 기도하지도 않거니와 오히려 흡수통일을 두려워하고 있고,

넷째 한 영역에서 북한주장과 본인 주장이 동일하다고 해서 다른 영역에도 동일하다고 추정하는 것은 논리적으로 영역오류를 범하는 것이고,

다섯째 설사 북한주장과 본인주장이 동일해 상관관계가 성립된다고 해서 북한동조의 결과라는 인과관계가 논리적으로 성립될 수 없고,

여섯째 9월 14일자 구석명신청서에서 본인 논문 「4월혁명과 현 단계 자주·민주·통일의 과제」 관련부문인 "통일 경제 형태는 시장경제를 기본으로 하는 자본주의 경제형태일 수밖에 없다"를 인용까지 했음에도 이를 전혀 고려하지 않고 있습니다.

이런 점 등을 고려할 때 검찰의 주장은 전혀 성립되지 않을 뿐 아니라 이를 인정하려고 하지도 않는 파렴치한 모습입니다. 다시 한 번 이 부분에 관한 저의 관련논문 「4월혁명과 현 단계 자주·민주·통일의 과제」 227쪽을 다음과 같이 인용-제시합니다.

이러한 변화된 조건 속에 우리가 추진해야 할 통일의 방향에 관하여 시론적인 수준에서 논하겠다. 첫째, 통일 경제형태는 시장경제를 기본으로 한 자본주의적 경제형태일 수밖에 없다. 물론 이는 중국형 사회주의

를 포함한다. 이는 선택의 문제나 주관적으로 좋아하거나 싫어하는 데 따라 변화될 수 있는 문제가 아니라 이미 자본주의세계체제가 행사하고 있는 객관적 규정력의 산물이다.

14. 연방제 통일방안

검찰은 항소이유서 29쪽 각주 24는 "피고인은 자신이 주장하는 연방제는 북한의 그것과 다르다고 하며 그 이름을 '고려민주통일공화국'이라고 붙이고 있으나, 그 구체적 내용을 보면, 북한의 '고려민주연방공화국'안을 다소 변경시킨 것으로 그 내용에 차별성이 없습니다. 피고인이 꿈꾸는 통일연방공화국은 1) 시장경제를 토대로 한 사회경제체제이고, 2) 노동계급의 공동결정권이 보장되는 탈자본주의라고 하고 있습니다(수사기록 제3권 제1208~1231쪽)"라고 서술하고 또 항소이유서 본문 30쪽 첫 문단에서도 "(……) 자신의 주한미군철수주장, 민족자주화세력에 의한 연방제통일주장을 널리 퍼뜨리기 위하여 작성된 것이고(작성동기), (……) 그 내용이 북한의 주장을 그대로 충족하는 것이므로"라고 서술하고 있습니다. 또한 항소이유서 37쪽은 "피고인은 (……) 현재의 변혁과제(미국에 의한 남한의 신식민적 지배구조 척결, 북한의 주체사상을 바탕으로 한 통일)를 그 과정에 대한 별다른 비판의식 없이 바로 연계시키고 있습니다"로 서술해 제가 마치 주체사상을 전적으로 수용한 통일을 지향한 것처럼 억지 주장을 펼치고 있습니다.

이에 저는 검찰에게 석명을 요청하여 첫째, 저의 통일국가 국명을 '고려민주통일공화국'이라고 허위로 서술해 마치 북한 것과 유사한 것으로 서술하고 있는 바, 이에 대한 출처 제시, 둘째, 노동계급의 공동결정권이 지금도 독일에서 채택하고 있는 수정자본주의 경제제도임을 인지하고 있는지 여부, 셋째, 검찰이 인용한 문건은 저의 논문 「아리랑통일민주공화국을 주창하며」인데 전체 맥락은 무시하고 '탈자본주의'만을 부각시킨 이유 등을 밝히라고 요구했습니다. 이에 검찰은 역시 직답을 피하고 단지 '문제부분을 명확히 하고자 함'이라고 석명 아닌 응답을 했습니다. 이와 관련 저는 다음과 같이 명확히 하고자 합니다.

첫째, 본인의 여러 통일방안 연구논문 가운데 '고려민주통일공화국'이라는 북한 것과 유사한 국호를 설정한 적은 없습니다. 단지 저의 통일방안 결정판인 '아리랑통일민주공화국' 방안은 저의 책『민족의 생명권과 통일』(한울, 2002), 493~523쪽에 실려 있고 이 국호를 선택할 때도 '한국' '조선' '고려' 등 여러 가지를 놓고 저울질 했습니다만 남북 누구에게도 호소력과 응집력과 정서력이 있는 아리랑을 선택했던 것입니다. 그런데도 검찰은 마치 북의 것과 거의 동일한 국호를 제가 설정하고 있는 것처럼 허위사실을 기재하여 북한동조로 몰아가고 있습니다.

둘째, 동시에 통일 경제체제 역시 자본주의적 시장경제를 기본으로 하고 있다는 사실을 9월 12일자 구석명신청서나 이제까지의 조사과정에서 명백히 밝혔음에도 불구하고 검찰은 본인이 단지 탈자본주의만을 주장하는 것처럼 인용문을 교묘히 조작하고 있습니다. 바로 앞에서도 제시했지만 저의 1998년 논문「4월혁명과 현 단계 자주·민주·통일의 과제」227쪽은 "첫째, 통일 경제형태는 시장경제를 기본으로 한 자본주의적 경제형태일 수밖에 없다. 물론 이는 중국형 사회주의를 포함한다. 이는 선택의 문제나 주관적으로 좋아하거나 싫어하는 데 따라 변화될 수 있는 문제가 아니라 이미 자본주의세계체제가 행사하고 있는 객관적 규정력의 산물이다"라고 명시하고 있고, 이를 수없이 검찰에게 주지시켰지만 검찰은 그야말로 마이동풍인 것 같습니다.

셋째, 저의 아리랑통일방안과 북한의 1980년 제창한 '고려민주연방공화국'(고민연) 통일방안과 '그 내용에 차별성이 없다'고 검찰이 주장합니다만 이는 명백한 허위사실입니다. 저의 통일방안은 80년대의 고려민주연방공화국 통일방안에 기초한 것이 아니라 6·15공동선언 2항의 연합제와 낮은 단계의 연방제 공통점에 기초해 고안된 것입니다. 검찰은 1980년 고민연의 연방제와 2000년 낮은단계 연방제 사이의 차이점을 인정하지 않고, 이런 인식을 바탕으로 저의 통일방안 역시 북의 80년 고민연과 동일하므로 북한을 추종한다고 판단하고 있습니다만 이는 전적으로 잘못된 것으로 그 차이는 아래와 같습니다.

1) 고민연은 남한의 연합제를 배제하지만 낮은단계연방제는 연합제와 결합을 전제한다.
2) 고민연은 경제체제에 국한해 남북자치정부에 독자성과 자치권을 인정했지만 낮은단계연방제는 경제-정치-외교-군사 부문의 독자성과 자치권을 모두 인정하고 있다.
3) 고민연은 단기적으로 통일국가에 이르는 통합을 전제로 하지만 낮은단계연방제는 장기적 단계로 설정하고 있다.
4) 고민연은 비현실적으로 실질적인 민족통일기구를 중앙에 단기적으로 구성하는 것을 상정하고 있지만 낮은단계는 상징적 차원에서 민족통일기구중앙을 상정하고 있어 실현 가능성이 높다.

또한 저의 아리랑통일민주공화국 통일방안의 통일 조감도(저의 2002년 책『민족의 생명권과 통일』, 513쪽)는 아래와 같이 구체적이고 독창적이며 어느 누구도 제시하지 않은 시점에서 2000년 가을부터 이를 창안해 2002년에 발간됐던 것으로, 결코 북의 고민연과 차이가 없는 것이 아닙니다. 이 방안은 단지 6·15공동선언 2항의 지침에 따른 저의 독창적 작품으로 저는 이에 대해 무한한 긍지를 가지고 있습니다. 내용도 반 푼어치도 모르는 무식하고 저급하기 짝이 없는 공안검찰이 이를 두고 감히 북한추종 운운하는 것은 정말 가소로운 일입니다. 이는 마치 공안검찰과 저를 다 같은 인간이니까 동일하다는 것과 같은 어림없는 비유라고 생각합니다.

넷째, 검찰은 저의 통일방안을 "민족자주화세력에 의한 연방제통일주장을 널리 퍼뜨리기 위하여 작성된 것이고(작성동기)"로 보고 있습니다만 이는 당연한 것입니다. 덧붙이자면 그냥 연방제통일주장이 아니라 아리랑통일민주공화국이라는 저의 연방제 통일방안을 퍼뜨리기 위한 것입니다. 왜냐고요? 저는 2030년경 중국의 경제력이 미국에 버금가는 시점이 되면 중국의 전통적 중화민족주의와 미국의 패권주의가 충돌해 동북아에서 미국과 중국 사이 동북아신냉전이 도래할 것으로 이미 1997년부터 내다보고 있었습니다. 미소냉전 당시 민족통일이 불가능했듯이 새로운 신냉전이 도래하면 또 다시 우리 민족의 통일이 불가능해지게 됩니다. 그러므로 신냉전

도래 이전에 남북 간 상징적이고 부분통일이라도 해 지구촌에 우리 한반도 통일을 기정사실화 하는 것이 민족사의 급선무로 보고 있었던 것입니다. 이런 시점에서 이루어진 2000년의 6·15선언 2항은 저에게 돌파구를 제공했습니다. 그래서 저는 곧바로 이 남북합의에 따른 통일방안을 고민하기 시작해 이 방안을 창출했던 것입니다. 이 방안이 하루빨리 특히 동북아신냉전이 도래하기 이전에 현실화 되는 것이 저의 꿈입니다. 물론 민족의 꿈이라는 것도 저는 확신하고 있습니다. 이런 꿈을 구현하기 위해 민족자주화세력뿐 아니라 더 나아가 보다 많은 민족구성원에게 전파하고 공감대를 형성하려는 것은 너무나 당연한 귀결입니다. 왜 민족의 염원이고 숙원인 통일을 위해 이를 전파하려는 것이 죄가 되는지 검찰은 설득력 있게 연유를 제시해야 할 것입니다.

다섯째, 저의 통일방안 역시 연방제를 전제로 하고 있습니다. 이는 불가피합니다. 남북은 지난 60년 동안 서로 적대적인 이념과 사회경제체제를 유지했기 때문에 과도기적으로 연방제를 채택하지 않는 통일방안으로 통일을 추구하면 이는 거의 필연적으로 전쟁으로 귀결될 수밖에 없습니다. 남북 어느 쪽도 강제로 상대방 경제체제에 흡수되는 것을 허용하지 않을 것입니다. 그래서 정치적 통일은 먼저 이루되 경제적 통합은 과도기를 설정해 천천히 추진함으로써 상호 충돌을 방지하는 것이 가능해 집니다. 이런 연방제를 장기간의 과도기로 설정하여 통일충격(통일비용, 통일에 따른 심리적 갈등, 통일적응력)을 분산시키기 때문에 순조로운 통일과정을 담보할 수 있습니다. 연방제라는 과도기를 설정하지 않는 통일방안은 전쟁통일이고 한편이 다른 편을 죽이는 반민족적 통일로 귀결됩니다. 그래서 김대중도 문익환도 김낙중도 모두 연방제를 기본 방안으로 삼고 있습니다. 따라서 연방제를 더구나 저의 아리랑통일민주공화국 통일방안을 적화통일방안의 하나로 마치 북한의 전유물인 것처럼 인식해, 연방제 주장을 북한동조로 규정하는 것은 전적으로 부당합니다.

여섯째, 검찰은 '주체사상을 바탕으로 한 통일'을 제가 주장한 것처럼 항소이유서 37쪽에서 근거 없이 서술하고 있지만, 제가 고려대학교 총학생회 주최 토론회에서 통일의 길잡이로 주체사상에서 계승해야 할 것은 대외적

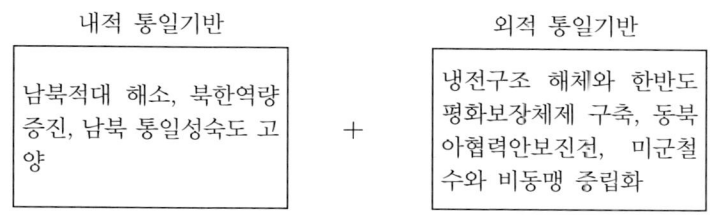

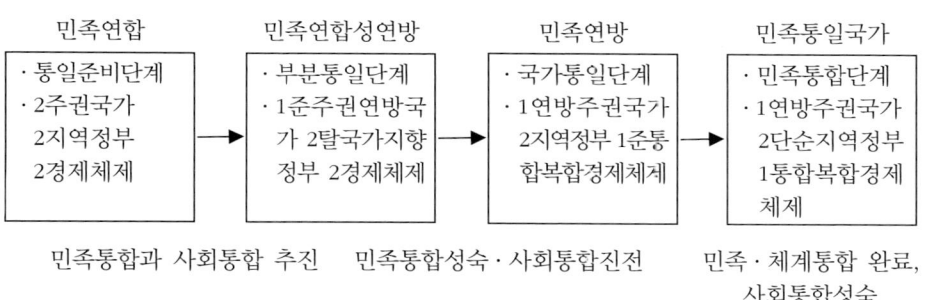

자주노선이었지 전체의 주체사상이 아니라는 것은 너무나 명약관화합니다. 검찰의 주장은 마치 제가 미국 친구인 A씨를 좋아한다고 해서 제가 마치 모든 미국인을 좋아한다고 터무니없이 과잉일반화 하는 오류를 범하고 있습니다. 더욱 문제가 되는 것은 이런 논리적 오류가 있다는 것을 뻔히 알면서도 검찰은 전혀 아랑곳하지 않고 동일한 수법을 계속 악용하는 데 있다고 봅니다.

15. 주한미군철수론

검찰은 항소이유서 본문 30쪽 첫 문단에서도 "(……) 자신의 주한미군철수주장, 민족자주화세력에 의한 연방제통일주장을 널리 퍼뜨리기 위하여 작성된 것이고(작성동기), (……) 그 내용이 미국을 한반도 분단의 주범이자 침략자로 규정하고, 주한미군 철수와 연방제 통일을 주장하는 북한의 주장을 그대로 충족하는 것(표현물의 내용)이므로 명백히 이적표현물에 해당합니다"라고 서술하고 있습니다.

제가 주한미군 철수를 주장하는 것은 검찰의 터무니없는 가정처럼 북한에 추종한 결과가 아니라 저의 학문적 연구로 귀결된 결론입니다. 물론 분단의 주도적 책임자이고 6·25통일내전에 외세로서 개입한 침략자라는 역사적 요인 때문에(이는 충분히 논의되었으므로 여기서는 재론하지 않겠습니다) 철군해야 한다고 주장할 수 있지만 저의 주한미군철군론은 미국주도 전쟁위협론과 안보위협론 때문입니다.

이에 대한 본격적인 논의에 앞서 지적하고 싶은 것은 검찰은 제가 북한을 추종해서 주한미군철수론을 주장하고, 주한미군철수론은 확고한 북한의 정책이라고 단정하지만, 북한은 기본적으로 주한미군철수론이지만 때에 따라서는 주한미군 주둔을 인정하는 정책을 수시로 취해 왔다는 사실입니다. 이 주한미군 용인정책은 북한이 오히려 남한의 대북 침공을 우려해서 나온 것으로 그 발언록은 다음과 같습니다.

: '92년 6월 「평화군축연구소」 이삼로, "주한미군은 주둔하되 남북의 통일을 방해하는 것이 아니라 지지하는 역할을 수행해야 한다."
: '96년 4월 「아태평화위」 이종혁, "미 북 양측이 평화조약을 모색하는 동안 미군이 한반도에서 평화유지군으로 활동하는 데 반대하지 않는다."
: '96년 5월 「북한군판문점대표부」 이찬복, "주한미군의 역할이 대북억제로부터 한반도 전체의 안정자와 균형자로 변형되어야 한다."

이제 본론으로 들어가겠습니다. 먼저 미국주도 전쟁위협론 때문에 미군철수는 이뤄져야 한다는 학문적 귀결은 저의 논문 「한반도 전쟁위기의 실상」(강정구 외, 2005, 『전환기 한미관계 새판짜기』, 한울)에서 미국은 한반도에 평화를 가져오기보다 끊임없이 전쟁위기를 가져오는 주도자임이 입증되었기 때문입니다. 이 논문 221쪽 마지막 문단은 '미국주도 전쟁위협론'을 다음과 같이 결론짓고 있습니다.

첫째, 앞에서 확인한 것처럼 정전협정 이후 한반도의 전쟁위기는 무려 11번이다. 이 가운데 미국이 전쟁을 주도한 것은 서해교전을 제외한 아홉 번으로 미국의 전쟁위기 주도율은 9/11이다. 그러나 남북은 각기 1/11로서 북한이 전쟁위기를 주도한다는 북한전쟁위협론은 바로 허위임이 드러난다. 오히려 한반도전쟁위기를 불러오는 주범은 북한이 아니라 미국, 곧 주한미군이라는 결론에 이른다. 더구나 의도적이고 계획적인 전쟁주도는 미국이 100%를 차지했다.

또한 미국주도 안보위협론에 따른 주한미군철수론은 다음에서 간단히 확인할 수 있습니다.

첫째, 전쟁을 제도적으로 막는 장치인 평화협정이나 불가침협정을 미국이 시종일관 거절해 온 점에서 미국이야말로 한반도 안보불안의 진원임을 알 수 있습니다. 북한은 지난 70년대부터 지금까지 끈질기게 미국과의 평화협정을 촉구해 왔습니다. 그렇지만 미국은 불가침협정마저도 계속 거절해 왔습니다.

둘째, 작전계획을 통해 본 미국의 한반도 안보위협론입니다. 미국의 작전계획 5026, 5027, 5028, 5029, 5030, 콘플랜 8022 등은 모두 북한 침공용 또는 정권붕괴용 작전계획입니다. 진정 미국이 한반도 방위를 위한다면 공격용 작전계획이 아니라 방어용 작전계획이어야 합니다. 이들 대북한 침공 작전계획이 5027-2 등의 경우 남한과 상의 없이 미국 임의로 북한에 대한 정권교체 전략인 공격계획임은 만천하가 다 아는 사실입니다.

셋째, 군사훈련을 통해 본 미국주도 안보위협론입니다. 한반도에는 해마다 세계에서 가장 규모가 큰 군사훈련이 열리고 있습니다. 1976년부터 1992년까지는 팀스피리트 훈련이었고 최근에는 연합전시증원연습과 독수리훈련을 통합한 통합훈련이 매년 3월에 열립니다. 올해 2006년에 열린 훈련은 대북 선제공격과 대북 점령 훈련을 노골적으로 실행했습니다. 3월 30일 충남 만리포해수욕장에서 이상희 합참의장 등 한미장성들 현장브리핑에서 국방부는 "오늘 실시되는 연습은 '작계 5027-04' 3단계 2부에 의해 적용"되고, "만리포는 북한 서해안의 한 지역을 상정한 상륙작전"이고, "평양의 고립을 위한 서해안 상륙작전 준비 중"이며 "한미연합사령관은 평양을 압박-고립하기로 결심했다"며 노골적으로 침략전쟁연습임을 밝혔습니다(『통일뉴스』, 2006.3.30). 작계 5027은 북한정권 교체 작전계획입니다. 이밖에도 8월 하순에 실시되는 을지포커스렌즈(UFL) 훈련, 림펙훈련, 용감한 방패 훈련 등 연간 한미연합 훈련은 지속되고 있습니다.

이에 비해 2005년 3월 8일 상원군사위 2006년도 예산안 심의 미 상원청문회에서 라포트 주한미군사령관 증언에 의하면 북한의 군사훈련은 있으나마나 한 정도입니다. 대조적으로 한국공군과 주한미공군은 한 달에 15시간 비행훈련을 한다고 라포트 사령관은 밝혔습니다.

> (북한) 공군 조종사들은 매년 12~15시간 정도 항공기가 작동하도록 유지하는 수준에서 비행훈련을 하기 때문에 군사준비 태세로는 부족하며, 지상군은 여단규모 기동훈련이 매우 드물 정도로 대규모 기동훈련은 줄어든 채 사단급 이상은 주로 지휘소 훈련을 하고 있다. (……) 이 같은 경향은 최근 수년간 변함이 없으며, 물자 부족 때문으로 분석된다.

넷째, 주한미군의 평택기지 확장과 전략적 유연성을 허용함으로 인해, 곧 주한미군이 미국의 대 중국 전쟁기지나 다른 해외전쟁 기지로 사용되는 미국의 전쟁발진기지(staging base)가 되는 것을 합의해 줌으로써, 한반도는 '제2의 청일전쟁' 위기 속에 빠져 있습니다. 대만 총통은 2008년에 독립선언을 공언했고, 이에 중국은 반국가분열법(anti-secession law)을 제정해 대만이 독립움직임 조짐만 보여도 무력침공을 법률로 의무화 하고 있습니다. 만약 중국이 대만을 침공할 조짐이 보이면 미국은 비행기 1,500대를 동원해 대 중국을 선제공격할 것을 태평양사령부 작전계획으로 세워놓고 있습니다. 이는 중·미 간의 전쟁으로 발화되어 만약 이때까지 주한미군이 철군되지 않고 전략적 유연성이 허용되면 미국의 대중국 공격 최전방은 평택이 되고, 역으로 중국은 뉴욕이나 워싱턴을 공격하기 이전에 평택을 먼저 공격하게 됩니다. 이는 전형적인 1894년의 청일전쟁 재판이 되어 남의 전쟁에 우리 국토는 황폐화되고 남북 주민은 개죽음을 당하는 꼴이 될 것입니다. 바로 이런 안보위협 때문에라도 주한미군은 응당 철군되어야 한다고 보았습니다.

다섯째, 비밀리에 체결된 '미래 한미동맹 합의 보고서'에 의하면 강력한 한미동맹을 기반으로 긴밀한 한·미·일간 안보협의 유지 등을 설정하고 있고, 통일은 남한주도의 흡수통일을 상정하고 있고, 주한미군을 통일 이후까지 주둔하게 되어 있습니다. 통일과 군사부문에 외세가 개입하고 북한을 적으로 상정하고 있어 전쟁위기 속에 구조적으로 놓이게 됩니다.

여섯째, 이미 미국은 2003년 가을부터 북한에 대한 저강도 전쟁 작전계획 5030을 시작해 지금도 전쟁을 진행 중인 상태입니다. 2003년 7월 14일자 『연합뉴스』는 미 시사주간지 『유에스 뉴스 앤드 월드 리포트』(7월 21일자) 기사를 보도하면서 럼즈펠드 국방장관의 지시에 따라 토머스 파고 태평양 사령관과 미 국방부 작전 담당관들이 수립중인 이 '작계 5030'을 다음과 같이 묘사하고 있습니다.

"전쟁 발발 전에 작전권을 쥐고 있는 지역사령관에게 김정일 정권을 전복시키기 위한 다양한 저강도 작전을 구사할 수 있도록 허용한 것"으로, "R-135 정찰기를 북한영공에 근접비행시켜 북한 전투기들의 잦은 출격을 유도함으로써 극심한 에너지난을 겪고 있는 북한의 보유 연료를 소진시키"고 "미군사령관들이 사전 예고 없이 기습적으로 한반도 주변에서 수주간 지속되는 군사훈련을 실시"해 "북한이 불가피하게 대비태세를 갖춰야 하기 때문에 식량 등 전시대비 비축자원을 소진시킬 수밖에 없"게 하고, "아울러 금융시스템 교란과 허위정보 유포 등 전통적인 작전계획에 포함되지 않았던 다양한 전술작전을 구사할 수 있도록 허용하고 있다. (……) 전략예산평가센터 연구원인 앤드루 크레피네비치는 '적(북한)에게 (전쟁의) 주도권을 빼앗길 위험'을 줄이기 위한 것으로 보이지만 새 작전계획 내용은 한반도 전쟁 가능성을 훨씬 높이는 것이라고 말했다고 이 잡지는 전했다"(『연합뉴스』, 2003.7.14).

이 작전계획은 2006년 1월 31일 『세계일보』가 일본의 싱크탱크인 '일본재단'이 미 중앙정보국(CIA)의 극비자료를 토대로 작성한 '한반도의 중장기 전망과 일본의 대응'이라는 제목의 연례 연구보고서를 인용, 최근 미국이 적극 추진 중인 대북 금융제재 조치와 북한 고위층 망명 유도작전 등이 모두 '작계 5030'의 계획하에 이뤄지고 있다고 보도함으로써 현재 진행형임이 확인되었습니다.

또한 이 작전계획은 애초 CIA에 의해 북한 내부체제를 와해시키기 위한 교란작전용으로 수립됐다가 나중에 미 국방정보국(DIA)이 군사작전까지 포함시킨 개념으로 수정·발전시킨 것으로 알려졌으며, 그 주요 내용은 '북한군의 식량 등 전시 비축물을 고갈시키는 지속적인 한미 군사훈련 실시', '북한 항공기 연료를 소진시키기 위해 북한 항공기의 잦은 긴급발진을 유도하는 불시 정찰비행', '전단 살포 등으로 내부혼란 조장', '정권 핵심인사와 그 자녀들의 망명 지원', '김 위원장의 자금원을 막기 위한 외화 유입경로 차단' 등이 포함되었고, 이를 구체적으로 실행된 것이 마카오의 '방코델타아시아은행' 북한 계좌 폐쇄조치, 일본 야쿠자를 동원한 오극렬 노동당 작전부장의 장남 오세욱 전 인민군 대좌의 망명 지원, 북한 상공에 '김일성·김정일 부자의 10대 거짓말' 등 전단 살포, 김 위원장 소재지로 추정되는 장소에 F-117A 나이트호크 스텔스 전폭기를 출동시켜 위협하는 작전 등의 성과라고 『세계일보』는 보도했습니다.

이상과 같이 한반도 전쟁위협론과 안보위협론은 북한주도가 아니라 미국주도의 결과입니다. 이에 바탕을 둔 저의 주한미군철수론은 단순한 주장이 아니라 논증을 바탕으로 한 저의 학문적 귀결입니다. 참과 진실을 밝히고 냉전성역허물기를 학문적 소명으로 삼고 있는 저로서는 이러한 학문적 귀결과 업적에 자긍심을 가지고 있음을 밝힙니다. 저의 주한미군 철수론을 문제 삼으려면 검찰은 비열하게 또 억지로 북한추종의 결과로 몰 것이 아니라 저의 학문적 결론을 기각할 논거를 제시하면 됩니다. 항소심 판사님들께서는 1심 판결과 같이 저의 주한미군철군론을 단순히 허구로 보거나 북한 동조의 산물이라고 보는 어리석음을 범하지 않을 것으로 확신합니다.

16. 민간인 학살

　검찰은 항소이유서 26쪽에서 "이와 같은 인식을 토대로 6·25전쟁 당시의 양민학살 책임을 모두 이승만정권과 미국에 미루고 (……) ④ 전쟁당시 양민학살의 주범은 외세의존세력인 이승만정권과 미군이라고 주장하고 있어 북한의 주장을 그대로 추종하는 것으로"라고, 또 29쪽에서 "④ 객관적인 자료분석의 시도 없이 편파적인 자료만을 근거로 하여 6·25 전쟁 당시 인명피해의 책임을 전적으로 미군과 이승만정권에 미루고 있으며"라고 저의 민간인 학살 연구결과를 모두 북한 추종으로 몰아세우고 있습니다.

　이런 검찰의 터무니없는 억지에 대해 저는 구석명에서 "편파적인 자료"의 명세와 객관성을 어겼다는 것을 입증하는 자료와 통계를 제시할 것을 요청했고, 저의 민간인 학살관련 대표적 논문인「한국전쟁 민간인 학살 양태분석」(『경제와 사회』 2001년 봄호, 5~47쪽) 18쪽의 4항인 "4) 토착공산세력과 퇴각하는 인민군의 민간인학살" 부분을 읽고 확인했는지 여부를 밝히고, 20쪽에서 서술된 남한정부의 공식적인 좌익에 의한 피학살자 수 128,936명을 저의 논문에서 기술된 것이 편파적이고 객관성을 상실한 것임을 입증하는 논거나 다른 통계자료의 제시를 요구했습니다. 그러나 검찰은 이 요구사항에 대해 단지 저의 논문「한국전쟁과 민족통일」결론이 "미군과 이승만정권에 6·25전쟁 당시의 책임을 미루고 있고, 이에 대한 분석을 위한 자료의 선정이 편파적이라는 평가를 한 것"이라고 석명도 변명도 될 수 없는 마이동풍의 대답을 하는 어처구니없는 모습을 보였습니다. 그야말로 한국의 기성 주류신문처럼 '아니면 말고' 식이거나 '치고 빠지는' 수법과 진배없는 모습입니다.

　한국전쟁 전후 민간인 학살에 대한 저의 대표적이고 본격적인 위 논문은 "4) 토착공산세력과 퇴각하는 인민군의 민간인학살"이라는 항을 통해 미군이나 이승만정권하의 학살 뿐 아니라 남한 내 공산세력과 북한인민군에 의한 학살까지 다루고 있고, 인민군과 공산 측에 의한 학살 숫자를 남한정부의 공식 발표로 제시했습니다. 전혀 편파적이지 않고, 있는 그대로 또 알려진 대로 다루고 분석했을 따름입니다. 이러함에도 불구하고 검사는 이를 확인도 하지 않고 여전히 편파적이라고 근거 없이 매도했습니다.
　실제 저의 2000년 논문「한국전쟁과 민족통일」결론이 인명피해의 책임을 결코 '전적으로' 미군과 이승만정권에 미루지 않았습니다. 단지 주도적인 책임이 이승만정권에 있다고 서술했을 따름입니다(258쪽). 이 '전적으로'를 구체적인 근거로 입증하라는 본인의 석명요구에 궁색해진 검찰은 석명에서 슬쩍 이 부분을 삭제하고도 이를 밝히지 않고 있습니다. 이렇게 자신의 잘못을 시인하지 않으면서 책임을 회피하려는 자세는 공권력이 가져야 할 올바른 자세가 아니라고 봅니다. 참고로 위의 논문은 아래와 같이 편파적이 아니라 있는 그대로, 곧 이승만정부의 주도와 미군과 북한군의 소규모 수준에서의 학살이라고 서술했을 따름입니다.

　　　남한 내 민간인학살은 이와 같이 대부분 이승만 정부에 의해 주도적으로 이루어지고 미군과 북한군에 의해 소규모 수준에서 이루어졌다. 북한 내 민간인학살은 미군의 무차별 폭격에 의해 대부분의 학살이 이루어졌고 미군과 남한군이 북한을 점령하는 동안 이들에 의해 17만 2천여 명이 학살되었다 한다. (……) 진상이 이러한 데도 이제까지 우리는 민간인학살을 비롯하여 대부분의 전쟁피해가 북한에 의해 주도적으로 이루어진 것으로 인식해 왔다. 반면 북한은 대부분 미국 때문인 것으로 보고 있다 (258쪽).

17. 검찰항소이유서(2006.6.29) 36쪽 다음 인용문에 관하여,

"사실 피고인이 중시하고 있는 민족중심적 사고에서 '정권의 정통성'은 '민족정통성' 앞에서 아무런 의미를 가지지 못할 뿐 아니라, 피고인은 남한의 지배세력을 '친미사대주의 세력으로 반통일세력'이라고 단정하고 이를 척결하여야 한다고 주장하고 있어 '정권의 정통성'이란 피고인의 '친북사회주의사상'을 감추기 위해 애써 끌어들인 장치에 불과합니다."
　검찰의 위 주장과는 달리 저는 정권정통성이 민족정통성 앞에서 아무런 의미를 가지지 못한 것으로 기술한 적이 없고, 남한 지배세력을 척결하여야 한다고 주장하지도 않았고, 제 자신을 사회주의자로 자기 규정하지도 않았거니와 이를 뒷받침할 어떤 객관적 자료도 없다고 확신합니다.

그래서 저는 검찰에 이 세 가지를 입증할 구체적 자료와 근거를 제시해 달라는 석명을 요청했습니다. 이에 대해 검찰은 첫 번째에 대해서는 '항소이유서에 설명되어 있고 평가의 문제'라고 응답했고, 둘째 경우는 '피고인의 각종 문건이 그런 것임'으로 응답했으며, 셋째 경우 "주체사상이 통일시대의 길잡이 역할을 하여야 한다고 주장하고, 6·25전쟁에 관한 각종 논문 등에서의 피고인의 태도를 종합하면 친북사회주의사상을 가진 것으로 평가가 가능하다"라고 각각 응답했습니다.

법적 심판은 무엇보다 엄밀한 구체적 증거에 의거해야 함은 공리수준의 당연지사입니다. 제가 주장했다는 '남한 지배세력 척결'에서 '척결'은 뼈와 살을 발라내고 긁어낸다는 뜻으로 근원을 송두리째 파헤쳐 깨끗이 없앤다는 의미를 가져 지극히 극단적인 표현입니다. 이런 혐의를 저에게 씌우려면 '피고인의 각종 문건이 그런 것임'이라고 말할 것이 아니라, 각종 문건 가운데 어느 문건, 어느 곳에, 어떤 내용에서 제가 척결 주장을 했는지를 구체적으로 제시해야만 합니다. 또한 검찰은 전혀 구체적인 자료나 증거를 제시하지 않고 평가의 문제로 치부하여 석명 아닌 응답을 하고 있습니다만, 평가의 결과라고 할 때는 그런 평가를 내린 구체적인 기준과 그에 합당하는 구체적 자료와 일관된 논리가 제시돼야만 합니다. 이런 초보수준의 사법적 요구조차 충족시키지 못하는 게 담당검사의 현주소인 것 같습니다.

또 검찰은 저를 친북사회주의사상 소유자로 보는 이유를 "주체사상이 통일시대의 길잡이 역할을 하여야 한다고 주장하고, 6·25전쟁에 관한 각종 논문 등에서의 피고인의 태도를 종합"해 평가한 결과 때문이라고 석명에서 응답했습니다. 그러나 저는 결코 주체사상을 통일시대 길잡이로 삼아야 한다고 주장한 적은 없습니다. 단지 전체 주체사상이 아니라 그 부분집합인 대외적 자주노선을 통일 길잡이로 삼아야 한다고 주장했을 따름입니다. 이 대외적 자주노선은 지구촌 모든 국가들이, 실제 구현정도야 차이가 나겠지만, 보편적 외교원칙 기조로 삼고 있습니다. 그렇지만 남한의 경우 가장 취약한 것이 대외적 자주노선이라는 것은 불문가지의 일입니다. 이런 상황에서 북한의 대외적 자주노선을 통일의 길잡이로 계승해야 한다는 주장은 당연한 논리적 귀결입니다.

또한 6·25전쟁에 관한 저의 각종 논문 연구결과가 저를 친북사회주의자로 규정하는 요인이라고 검찰이 주장하고 있습니다만, 이 주장 또한 저의 어떤 논문, 어느 곳이, 어떤 기준에 의해 저를 사회주의자로 규정할 충분한 논거가 되는지를 밝히지 않는 한 무의미한 해명이고 혐의입니다. 이미 언급됐지만 저의 6·25전쟁 연구는 주로 사회형성론적 분석 틀에서 이뤄졌고 이 연구결과는 북한정권이나 남한정권, 진보세력과 보수세력, 통일세력과 반통일세력 등 여러 집단의 이해관계와는 별개로 분석되고 연구된 것입니다. 이해관계와 억지로 결부시켜 평가하자면 제가 이 전쟁을 '북한지도부가 시도한 통일전쟁'으로 결론 내린 것은 남한에 대한 고무찬양이고 북한에 대해서는 이적행위의 일종이라고까지 해석할 수 있습니다. 이처럼 학문과정 속에 내려진 귀결을 특정집단의 이해관계에 따라 재단한다면 학문의 존재가치를 아예 부정하는 분서갱유와 다름없습니다. 학문연구는 있는 그대로의 진실과 참을 밝히는 작업이기에 그 결과를 가지고 친북이나 사회주의로 모는 것은 마치 붉은 사과를 보고 붉다고 말하면 그 사람을 붉은 사과를 좋아 한다고 말하는 논리와 동일합니다. 이런 논리적 오류를 검찰은 범하고 있는 것을 깨닫기 바랍니다.

18. 검찰항소이유서(2006.6.29) 37쪽 다음 인용문에 관하여,

> 바로 위 글에서 피고인은 '북한은 국가수준의 높은 정통성을 지녔다고 보아야 하고 바로 이 때문에 오늘날 극심한 식량난과 경제난에도 불구하고 정권의 생존권을 지금까지 유지하고 있는 것으로 보이고, 남한의 국가차원의 정통성부재라는 것은 엄연한 역사적 사실이다. 초기 북한의 국가정통성을 우리 통일조국이 계승하는 인식으로 바뀌어야 한다'고 주장하고 있습니다.

위의 검찰 인용문단은 세 부분으로 구성되었는데 첫째 부분은 피고인의 책 323쪽 문장의 뒷부분만 따오고(앞부분은 의도적으로 빼어 버리고), 중간

부분 역시 피고인의 책 328쪽 문장의 뒷부분만 따오고 앞부분은 의도적으로 빼어 버리고), 마지막 부분 역시 피고인의 책 330쪽 중간부분만 따와(앞 뒷부분을 의도적으로 빼어 버리고) 짜깁기로 한 문단을 만들었습니다. 여기에다 마치 제가 서술한 것을 그대로 인용한 것처럼 위장하기 위해 인용부호까지 부쳐 악의적으로 왜곡했습니다.

국어사전은 인용법을 '남의 말이나 글, 또는 고사나 격언 등에서 필요한 부분을 인용함으로써 글의 뜻을 더욱 분명히 하는 표현방법'이라고 규정하고 있고, 인용을 '남의 말이나 글 가운데 필요한 부분을 끌어다 씀'으로 서술하고 있습니다. 이는 대학 1학년생이면 숙지하고 있는 기초 중의 기초입니다. 이런데도 검찰은 위의 문제의 인용문단을 마치 제가 연속 문장으로 서술한 것처럼 보이기 위해 사실과는 달리 인용부호까지 임의로 붙이면서 연결 문장으로 짜깁기 인용 처리했습니다. 이는 명벅한 '사문서 위조행위'로 엄정히 가려야 할 필요가 있습니다.

그래서 저는 검찰에게 인용문 첫 부분인 '북한은 국가수준의 높은 정통성을 지녔다고 보아야 하고 바로 이 때문에 오늘날 극심한 식량난과 경제난에도 불구하고 정권의 생존권을 지금까지 유지하고 있는 것으로 보이고'를 다음에 인용된 저의 책 323쪽 3째 문단에서 따오면서, 한 문장인데도 불구하고 앞부분인 "북한은 권력창출과정 면에서 한계를 가졌지만 권력뿌리와 권력행사에서 높은 정당성을 가졌기 때문에"를 생략한 이유를 제시하라고 석명요청을 했습니다.

> 북한은 권력창출과정 면에서 한계를 가졌지만 권력뿌리와 권력행사에서 높은 정당성을 가졌기 때문에, 국가 수준의 높은 정통성을 가졌다고 보아야 하고 바로 이 때문에 오늘날 극심한 식량난과 경제난에도 불구하고 정권의 생존권을 지금까지 유지할 수 있는 것으로 보인다(강정구, 2002, 『민족의 생명권과 통일』, 당대, 323쪽).

또 검찰 인용문 중간 부분인 "남한의 국가차원의 정통성부재라는 것은 엄연한 역사적 사실이다"를 다음에 인용된 저의 책 328쪽 둘째 문단에서 따오면서 같은 문장의 앞부분인 "결론적으로 남한의 국가 차원 정통성은 이후 상해임정의 계승 등의 노력에도 불구하고, 초기 이승만정권에 대한 객관적 분석에서는 결코 만족할 수준이 못된다는, 곧"을 생략한 이유를 제시하라고 석명요청 했습니다.

> 결론적으로 남한의 국가 차원 정통성은 이후 상해임정의 계승 등의 노력에도 불구하고, 초기 이승만정권에 대한 객관적 분석에서는 결코 만족할 수준이 못된다는, 곧 정통성부재라는 것은 엄연한 역사적 사실이다. (강정구, 앞의 책, 328쪽).

또 검찰 인용문 마지막 문단인 "초기 북한의 국가정통성을 우리 통일조국이 계승하는 인식으로 바뀌어야 한다"를 다음에 인용된 저의 책 330쪽 마지막 문단에서 따오면서 이 따온 부분의 앞과 뒷부분이 동일 문장인데도 불구하고 이를 생략한 이유를 제시하라고 석명요청 했습니다.

> 상대방에 대한 나의 우위를 불문가지(不問可知)의 냉전성역으로 안치할 것이 아니라 나에 대한 상대방의 우위성을 적극적으로 평가하고 수용하는 접근이야말로 이 시점에서 남북화해와 내적 통일기반 조성을 위한 통일 지향적 역사인식이다. 남한의 대북 인식은 초기 북한의 국가정통성을 우리 통일조국이 계승해야 하는 인식으로 바뀌어야 한다. 북한의 대남 인식은 비록 초기 국가정통성은 빈약하지만 지금의 남한정권의 정통성은 훌륭한 것으로 인정하여 미래 통일사회의 지표로 삼아야 한다는 인식으로 바뀌어야 할 것이다. 곧 자기성찰과 상대방의 정당한 자리매김이 서로 변증법적 지양으로 승화하는 인식으로 남과 북 그리고 통일운동진영은 나아가야 할 것이다(강정구, 앞의 책, 330쪽).

자료-정보-연구결과물로서의 텍스트(text)는 텍스트 자체만 따로 떼어놓을 것이 아니라, 곧 텍스트 차원에만 국한시키는 것을 넘어서서 그 텍스트가 위치한 자리를 제대로 매김으로써, 곧 콘텍스트(context) 속에 위치 지움으로써, 심층적이고 올바른 맥락적 이해를 할 수 있다는 것은 사회과학에서 초보 중의 초보에 속합니다.

이런데도 불구하고 검찰은 위의 인용문을 피고인의 책 세 곳에서 자기 구미에 맞는 것만 선택적으로 가려내어 앞뒤 연결부문을 잘라버린 채 새로운 한 문단을 임의로 또 악의적으로 만들었습니다. 이렇게 짜깁기를 했으면서도 그것이 마치 제가 본래부터 쓴 원문인 것처럼 따옴표까지 붙여 현혹시키고 있습니다. 이처럼 앞뒤 맥락을 자른 채 짜깁기를 함으로써 임의 발췌한 부분이 본래 문장 속에 가졌던 맥락 속의 의미를 상실하고 엉뚱한 의미로 바꿔지기 때문에 이는 반드시 규명되어야 합니다.

　이런 맥락을 일부러 빼버린 채 검찰이 원하는 부분만 발췌하여 짜깁기한 결과가 얼마나 사실을 왜곡하는지는 위의 검찰 짜깁기 인용문 마지막 부문인 "초기 북한의 국가정통성을 우리 통일조국이 계승하는 인식으로 바뀌어야 한다"를 보면 알 수 있을 것입니다. 위에서 인용된 저의 책 330쪽의 핵심요지는 '남북화해와 내적 통일기반 조성을 위한 통일 지향적 인식'을 위해서는 남과 북이 서로 상대방의 우위성을 비방·저주할 것이 아니라 적극적으로 높게 평가하고 서로 수용하는 접근을 해야 한다는 것입니다. 그래서 북은 지금 현재의 '남한정권의 정통성을 훌륭한 것으로 인정'하고 '미래 통일사회의 지표로 삼아야' 하고 동시에 남은 북한의 초기 국가정통성을 통일조국이 계승해야 하는 것으로 인정해야 한다는 것입니다. 이는 어느 일방의 것을 타방에 강요하는 것이 아니라 서로의 장점을 수용하고 통일조국에서 계승하자는 것입니다. 이는 통일을 위해서 취해야 할 너무나 당연한 접근방식입니다. 통일을 앞당기기 위해서는 평양은 서울을 찬양하고 서울은 평양을 찬양하는 '찬양고무 상호주의'가(물론 인류사회의 보편적 가치 기준에 부합하는 조건에서) 가장 최선의 방법론이라는 데 누구도 이의를 달 수 없을 것이라고 생각합니다. 이런 '훌륭한' 취지의 글도 검찰의 짜깁기에 의해 제가 마치 북한 것만 통일조국이 계승해야 하는 주장을 편 것으로 왜곡시켜 마녀사냥의 제물로 삼으려 한 것입니다.

　이 때문에 저는 석명요청을 했습니다만 검찰은 '피고인의 글 중 문제가 있는 부분을 요약한 것'이라는 식으로 석명으로 가치가 전혀 없는 답변을 했습니다. 이러한 검찰의 관행은 저의 기소 문제를 떠나 조속히 시정되어야 할 과제라고 생각합니다.

19. 남북한 군사력 평가

2006년 8월 24일 항소심 첫 심리에서 검찰은 '피고인에 대한 검찰 신문사항' 제31항에서 '상당히 위협적이라는 북한군사력' 평가를 하면서 2005년도 국방부 국정감사 자료에 근거를 둔 것으로 진술했습니다. 그러나 2006년 8월 27일 도널드 럼스펠드 미국 국방장관은 "나는 솔직히 북한을 한국에 대한 당면한 군사적 위협으로 보지 않는다"고 말했다고 『로이터』가 보도했습니다(『연합뉴스』, 2006.8.28). 곧 북한군사력이 훈련부족이나 경제력 등으로 남한에 위협적이지 않다고 밝혔습니다. 이렇게 논란이 있는 남북군사력 평가를 검찰이 '국방부 자료'(조직 생리상 북한군사력을 실재보다 과장함으로써 군조직의 유지와 국방예산의 증가를 꾀하는 조직속성)만으로 위협적이라 평가하는 것은 객관성을 담보하기 힘들다고 봅니다.

국방부 자료·통계는 위의 미국 국방장관이나 스웨덴이나 영국 미국 등 공신력이 높은 기관의 자료-통계와 상충되어 신뢰성을 상실한 것은 공인된 사실입니다. 따라서 검찰 평가의 객관성, 신뢰성, 타당성을 검증하기 위해서 구체적인 비교·분석·평가 자료 등을 제시해 줄 것을 요구하는 석명을 요청했습니다. 이에 검찰은 2006년 11월 6일자 추송서에서 '남·북한 전력비교표'(2006년 8월 1일 기준)와 '군사력 비교평가 방법' 사본을 첨부했습니다.

'남·북한 전력비교표'는 평가방법으로 한국합참이 공식적으로 사용하는 '단순 수량비교평가 방법'에 따른 것으로 전혀 신뢰성이 없는 것임은 이미 공인된 것입니다. 검찰 자신에 의해 함께 제출된 추송서 2004번에서도 "단순수량에 의한 군사력 평가는 객관성이 있으나 합리성이 결여되고, 질적 요소를 포함하면 주관적 입장이 강하여 평가자의 의도에 따라 결과가 상이하게 나타날 수 있다"고 문제점을 지적하고 있습니다.

군사력 평가방법은 단순수량비교, 군사비 비교, 전력지수 비교, 워게임 비교 등의 다양한 방법이 있지만 신뢰성이 있고 총체성을 반영하는 평가방법은 군사비 비교입니다. 이는 현존군사력 뿐 아니라 동원능력 등 보다 총체적인 군사역량을 측정할 수 있는 기본 자료를 제공하기 때문입니다. 먼저 이 군사비비교방법에 따른 비교를 해 보겠습니다. 단순한 군사비 비교가 아니라 총체적인 경제력 비교가 함께 이뤄져야 보다 전체의 상을 그릴 수 있습니다.

연도	남한			북한			
	GNI	국방비(출처: 『'04국방백서』, 289쪽)	GNI (『'04국방백서』, 250쪽)	예산 (왼쪽과 동일)	군사비(북한공식발표와 남한 국방부 추정) 출처: 『'04 국방백서』, 250쪽	비고(단위 U$)
1999		13조 3,490억 원 (약 120억 달러)	158억 달러	92.3억 달러	13.5억 달러 (47.8억 달러)	SIPRI Year Book 2000/01은 남한 군사비로 151억 달러
2000	4,552억 달러	14조 4,774억 원 (약 130억 달러)	168억 달러	95.7억 달러	13.7억 달러 (50억 달러)	남한 23억 달러 해외무기수입 세계3위(SIPRI Yearbook 2000, 2001, pp. 414~415)
2001		15조 3,884억 원 (약 140억 달러)	157억 달러	98.1억 달러	14.1억 달러 (50억 달러)	
2002	4,770억 (『'04 국방백서』, 250쪽)	16조 3,640억 원 (약 150억 달러)	170억 달러	100.1억 달러	14.9억 달러 (50억 달러)	
2003	6,061억 (『'04 국방백서』, 250쪽)	17조 5,148억 원 (약 160억 달러)	184억 달러	112.5억 달러	17.7억 달러 (50억 달러)	
2004	6,809억 GDP	18조 9,412억 원 (약 170억 달러)	204억 달러		17~18억 달러	
2005	7,875억 GDP	20조 8,226억 원 (약 210억 달러)	250억 달러 이하		17~18억 달러	남한 GDP는 통계청 발표에 의존(2006.08.28)
2006		22조 9천억 원 (약 234억 달러)				

위의 표는 『2004 국방백서』(국방부, 2004.12.31)에 의존한 것으로 남북의 경제력이 약 30:1에서 2006년 현재는 40:1 이상의 차이가 나며, 북한 전체 경제규모가 개인회사인 삼성전자의 연간 매출액의 50%에 미치지 못할 정도이고, 북한 예산 전액을 모두 군사비에 투입한다 하더라도 남한 군사비 234억 달러(2006년 기준)의 50% 수준이며, 북한 전체경제 규모가 남한 국방비와 비슷한 수준입니다. 군사비의 경우도 남한의 국방비만을 계산하더라도(군사비는 국방비 외 전투경찰 등 기타군사관련 비용까지 포함해야 함) 2006년 현재 234억 달러로 북한 전체경제규모와 비슷한 정도이고, 국방부가 추정한 50억 달러는 북한 전체 예산의 50%에 해당하는 금액으로 전혀 현실성이 없는 추정치입니다. 이 결과 남한은 세계규모에서 경제력이 10~11위이고, 군사비의 경우 세계 8위, 군사력의 경우 세계 6위로 아예 통계에도 제대로 잡히지 못하고 추정치로만 보고되는 북한과는 아예 비교의 대상이 될 수가 없습니다.

이러한 남한의 절대적 우세는 1999년 육군본부 정훈교재「북한군이 국군을 두려워하는 5가지 이유」(『동아일보』, 1999.4.25)에서도 그대로 확인됩니다. 두 가지 이유만 인용하면 첫째, "국군은 평균 신장 171cm에 체중 66kg, 북한군은 162cm에 47~49kg 수준으로 이는 복싱 웰터급과 플라이급 선수의 차이에 해당한다." 셋째, "북한군의 무기와 장비는 양적으로 국군보다 1.6배 많지만 육군무기의 40%, 해군함정의 70%, 공군전투기의 65%가 폐기처분 직전의 노후장비"라는 것입니다.

이런데도 불구하고 미국 랜드연구소의 군사력 평가방법을 적용했다는 국방부 산하 한국국방연구원(KIDA)의 2004년 8월 30일 남북 군사력지수에 의한 평가는 남한 군사력이 북한에 비해 육군 80%, 해군 90%, 공군 103% 수준이라고 밝히고 있습니다. 구태의연하게 북한은 남측에 비해 전차(3천 700대)가 1.54배, 야포(1만문) 2배, 방사포(다연장포) 22배 등으로 전력이 월등히 우세하다고 평가하고 있습니다.

실제 검찰이 석명에서 제출한 자료인 별지2호인 '남·북한 전력 비교표'는 『2004 국방백서』 251쪽의 부록 6인 '남·북 군사력 비교표'와 완전 동일한 것으로 전혀 신뢰할 수 없는 것으로 평가되고 있는 것이며, 특히 국회

국방위 국정감사(2004.10.04)에서 임종인 의원이 제출한 실질평가에 의해 문제점이 여실히 드러난 자료입니다.

검찰이 제출한 숫자 중심의 '남·북한 전력 비교표'(『2004 국방백서』, 251쪽의 부록 6인 '남·북 군사력 비교표'와 완전 동일한 것임)를 일일이 반박할 필요가 없겠기에 해군전력 한 가지만 지적함으로써 그 신뢰성이 어느 정도인지를 가늠해 보겠습니다. 함정 수를 기준으로 남한은 총 170, 북한은 총 820으로(2003년 일본 방위백서는 210 대 600으로 기술하고 있음) 남한전력이 북한 것에 비해 평균 21% 수준에 불과한 엄청난 열세인 것으로 이 비교표는 보여 주고 있습니다.

그러나 현대전에서 해군함정이 제대로 전투를 하려면 1,000t급 이상이 되어야 하므로 이렇게 질적인 고려를 하지 않는 숫자비교는 실상을 완전히 왜곡하게 됩니다. 대형 위주인 남한 해군의 전력을 북한의 소형함정과 비교한다는 것은 전혀 무의미합니다. 1,000t 이상의 함정 수는 남한이 44척(『밀리터리 밸런스』 2003~2004는 39척으로 발표하나 최근 완공된 4,500톤 문무왕함, 대조영함, 왕건함, 독도함을 포함하면 44척으로 추정되고 여기에는 해경 보유 16척은 계산되지 않음)이고 북한은 겨우 3척입니다. 또 숫자 면에서도 남한 해경 소속의 초계·연안 전투함 등을 포함한 경우 남한이 북한에 비해 우세합니다. 남한은 이지스함 도입 이전인 지금도 1,000톤 이상 전투함 숫자로는 이태리, 스페인, 독일을 능가하고 영국, 프랑스와 맞먹는 수준의 해군력을 확보하고 있습니다(『밀리터리 밸런스』 2003~2004는 1,000톤 이상 전투함 보유수를 이태리 18, 스페인 16, 독일 13, 영국 34, 프랑스 34, 한국 39 – 해경 16척 미포함 등으로 발표). 이 때문에 최근 일본과 중국이 남한 해군력 증대에 대해 우려를 표명할 정도입니다. 또한 북한의 잠수정이 전력숫자에 포함되어 있으나 전력효과가 없으므로 『밀리터리 밸런스』는 잠수함전력에서 북한 것을 제외하고 있습니다(『2004 국방백서』는 잠수정을 남 10여 척 북 70여 척으로 의도적으로 부풀리기 하고 있음. 251쪽).

푸대접 받고 있다는 해군이 이 정도면 육군이나 공군의 군사력은 더 말할 나위없습니다. 또 국방중기계획은 자주국방이란 명목으로 2005~2009년 5년 동안 무려 99조를 들여 조기경보통제기(AWACS), 공중급유기, 이지스함, 차세대 미사일 등 온갖 첨단무기를 도입하게 됩니다. 이렇게 되면 하드웨어 수준의 군사력은 세계에서 5위권 안에까지 들 수 있을 정도입니다.

　남한군열세론이 진실이 아니라는 것은 미국 측에서도 확인하고 있습니다. 럼스펠드 국방장관은 2003년 3월 6일 국방부에서 군부 인사들과의 정례회동 때 "우리는 여전히 많은 병력을 매우 앞쪽에 배치해두고 있다. 한국의 국내총생산 규모는 북한의 25~35배에 이른다. 필요한 만큼의 억지력을 부담할 수 있는 모든 역량을 갖고 있다"(『한겨레』, 2003.3.16)라고 평가하고, 2006년 8월 27일에는 알라스카주 미사일방어기지 포트 그릴리 방문 기자간담회에서 "한국의 군사 능력이 개선된 데다 북한군의 상황이 악화됨에 따라 북한이 한국에 큰 위협이 되지 않는다고 생각한다"(『로이터』, 2006.8.28)라고 밝혔습니다. 또한 2005년 3월 8일 상원군사위 2006년도 예산안 미 상원청문회에서 라포트 주한미군사령관은 증언을 통해 북한의 "공군 조종사들은 매년 12~15시간 정도 항공기가 작동하도록 유지하는 수준에서 비행훈련을 하기 때문에 군사준비 태세로는 부족하며, 지상군은 여단규모 기동훈련이 매우 드물 정도로 대규모 기동훈련은 줄어든 채 사단급 이상은 주로 지휘소 훈련을 하고 있다"며 "이 같은 경향은 최근 수년간 변함이 없으며, 물자 부족 때문으로 분석 된다"며, 이에 비해 한국공군과 주한미공군은 한 달에 15시간 비행훈련을 한다고 밝혔습니다.

　또한 남한군 절대우세론은 최근 전시작전통제권 환수 논의에서 시기상조론의 이유로 매번 등장하는 남북 정보전력에서도 그대로 드러납니다. 알려진 바와는 달리 남한의 정보전력은 북한과는 비교대상이 될 수 없을 정도로 완전히 북한을 압도하고 있습니다. 국방부는 『전시 작전통제권 환수 문제의 이해』(2006년 8월 17일, 12~13쪽)에서 "지난 십수년간 지속적으로 정보자주화 노력을 기울인 결과 대부분의 전략·전술 신호정보와 전술 영상정보를 스스로 확보할 수 있는 수준에 도달했다. 전술 레이더와 기타 특수 분야 정보도 거의 100% 독자적으로 확보하고 있다. 이러한 우리의 능력에 기초해서 한미 양국은 상호 비교우위가 있는 분야의 정보를 상호 보완의 원칙에 따라 주고받고 있다"고 밝히고 있습니다. 이는 전략 영상정보를 제외하고는 모든 분야의 정보를 한국군이 독자적으로 확보하고 있다는 주장입니다.

　이 같은 국방부 발표에도 불구하고 대다수 연구자들은 구태의연하게 미국 정보전력에 대한 의존도가 신호정보 98%, 영상정보 99%라는 등을 계속하고 있고, 국방부 또한 충분한 정보전력에도 불구하고 계속 정보전력의 증강을 꾀하고 있습니다. 남한은 1991년부터 착수한 신호·영상 정보수집 장비도입 사업(백두·금강사업)으로 북한에 대한 신호 및 영상 정보를 독자적으로 수집하고 있으며, 북한은 정찰기가 한 대도 없는 반면 남한은 2003년 현재 공군만 무려 58대의 정찰기를 보유하고 있습니다(국방연구원, 『2003~2004 동북아 군사력』, 560쪽). 일본도 정찰기가 20대에 불과합니다. 남한군은 정보기로 호커 800XP 8대, 호커 800RA 3대, RF-4C 20여 대, RF-5A 5대 등을 보유하고 있고, 호커 800XP와 호커 800RA는 영상정보시스템과 통신감청 장비인 원격조종감시체계 등을 갖추고 있어 후전선에서 5백km 떨어진 북한 백두산지역까지 전파를 감시할 수 있고, 평양~원산선 이남까지 영상정보를 수집할 수 있는 첨단 정보기입니다. RF-4C나 RF-5A 등도 카메라, 레이더, 적외선 등의 탐지 장치를 갖추고 야간에도 정보 수집이 가능한 전술 정보기입니다.

　주한미군에 비해 가장 취약한 정보수집분야는 전략영상정보 분야이나 이 분야 또한 우리별 3호나 지난 7월에 발사된 아리랑 2호와 같은 1m급 고해상도를 갖춘 정찰위성 등은 취약한 전략 영상정보 수집을 획기적으로 확대시켜 줄 것으로 보입니다. 지상수집소를 통한 신호정보의 수집이나 인간정보에서는 오히려 미국이 한국에 의존할 정도라고 합니다. 여기에다 남한은 첩보위성, 중·고고도 무인항공기, 전자광학영상장비(EO-X), 장거리 레이더 등 각종의 첨단 정보무기 도입을 서두르고 있고, 조기경보통제기의 도입도 서두르고 있습니다. 또한 일본 전역과 중국 대부분을 커버하는 작전반경 5,500km의 고고도 무인정찰기 글로벌 호크(global hawk)와 한반도와 같은 협소한 전구에서는 효용성이 없는 무기체계로, 정보수집이나 한반도 전구 작전 수행 능력과는 무관하며 오로지 반경 2,000km에 달하는 감시권역의 설정에 꿰맞춘 조기경보통제기도 도입할 예정입니다. 대조적으로 북한은 정보전력이 정찰기 한 대도 없고, 인공위성도 없는 원시적 수준입니다.

지난 2005년 3월 8일 노무현 대통령은 공사졸업식에서 "이제 우리를 지킬만한 넉넉한 힘을 가지고 있습니다. 누구도 감히 넘볼 수 없는 막강 국군을 가지고 있습니다. (……) 이제 우리 군은 한반도뿐만 아니라 동북아시아의 평화와 번영을 지키는 것을 목표로 하고 있습니다. 동북아시아의 세력 균형자로서 이 지역의 평화를 굳건히 지켜낼 것입니다"라는 폭탄선언을 해 많은 사람들을 깜짝 놀라게 했습니다.

언제나 북한에 비해 군사력 열세를 앵무새처럼 반복해 온 국방부 발표에 습관이 든 우리들에게 '누구도 감히 넘볼 수 없는' 국군, '동북아세력균형자로서'의 국군이라는 찬사를 다른 사람도 아닌 군통수권자인 대통령이 직접 언급한 것입니다. 이는 결코 허세가 아니라 위와 같은 논거를 가진 남한 군사력의 실상을 말하고 있는 것입니다. 그것은 남한군 대북 과잉억지력과 절대우세론입니다.

검찰의 분석 수준은 정말 초보 중의 초보에도 끼어들 수 없을 정도의 유치한 수준임을 판사님들께서 잘 인지하실 것으로 믿습니다. 참고로 국회의원 임종인 의원실의 2004년 12월 1일자 「남·북한 군사력비교 토론회 참고자료」를 첨부합니다.

IV. 강정구 학문 궤적의 자리매김

이제까지 검찰의 항소이유서에 대한 구체적 반론을 제시해 그 문제점을 지적했습니다. 이제 보다 총체적으로 저의 학술연구가 가지는 위상에 대한 자리매김을 통해 저의 현주소를 가늠할 수 있도록 해 보겠습니다. 분석 대상은 검찰의 공소사실을 바탕으로 한 것입니다. 아래 분석표는 1심에서 최후변론의 내용으로 제출된 것입니다만 100% 제가 작성한 것이므로 도표 그대로 제출합니다. 이를 통해 저의 학문좌표에 대한 판사님들의 총체적 이해에 도움이 되기를 바라고 기대합니다.

강정구 공소사실 관련 사항 대비 분석표

	북한 공식 견해	남한 통례(수구적) 견해	남한 진보 견해	강정구 견해	비고
김일성 항일무장 투쟁	김일성의 전일적 지도	김일성의 항일무장투쟁 자체 부정과 김일성 가짜설	김일성의 무장투쟁 인정하지만 전일적 지배 불인정	남한진보 견해와 일치	
미·소 점령군	미군 점령군 소련 해방군	미군 해방군 소련군 점령군	1. 미·소 양군 모두 점령군 2. 소련은 상대적으로 미국보다 조선인의 자주성 보장이 높음 3. 소련점령은 미국점령보다 사회적 갈등이 상대적으로 낮음 4. 미군정의 친일파 등용정책 비판	1. 남한진보 견해와 일치 2. 군사정부 설치의 차이점 강조 3. 미·소 차이는 소련은 상대적으로 개입필요가 적었지만 미국은 사회주의 막기 위해 개입필요 높았음 (출처-1)	
친일 청산	남한 전적인 실패 북한 청산 완료	1. 남한 청산 실패 북한 청산 성공 인정 2. 자신의 치부이므로 중요하게 다루지 않음	1. 남한 청산 실패 북한 완벽정도 성공 2. 오늘날 남한 사회 문제점의 근원을 이루는 문제로 봄	1. 남한진보 견해와 일치 2. 해방공간 가장 핵심 문제로 봄 3. 사람청산인 친일청산과 제도·구조 청산 두 가지로 정교화 함 4. 친일청산 실패 주요인은 미군정, 2차 요인은 이승만 정부 강조(출처-2)	
정권 정통성	항일무장투쟁 계승으로 북한만 유일 정통성	유엔주도와 승인으로 남한만 유일 정통성	1. 국가보안법 때문에 일체 본격적인 연구실적 없음 2. 박명림은 단	1 남북 기준 모두 일방적인 것으로 부정 2. 학계 초유로	

			편적으로 "위기의 연원은 기본적으로 남한정권의 정통성 부재에서 기인"(출처-5: 43쪽) 서술로 남 정통성 부재 3. 진보일반은 박명림과 동일: 이재봉 "당시 지도자들의 역할이나 인민들의 지지도에 초점을 맞춘다면 1948년 북한의 정통성은 남한과 비교할 수 없을 정도로 컸다" 등(출처-7)	정권정통성 기준을 권력뿌리, 권력창출, 권력행사로 소분류해 체계적 기준제시(출처-3) 3. 자신의 독창적 기준으로 초기정권(=국가) 북한 우세, 후기 정권 남한 우세 4. 냉전성역허물기 차원에서 본질적 접근(출처-4)	
민족 정통성	항일 무장 투쟁 계승으로 북한만 유일 정통성	유엔주도와 승인으로 남한만 유일 정통성	1. 국가보안법 때문에 체계적 연구 전무 2. 박명림과 같이 단편적으로 남한 정통성 부재 서술(출처5: 43쪽)	1. 강정구는 몇 가지 기준 제시 수준에 머물고 있음(출처-4) 2. 국보법 때문에 총체적–체계적 연구 불가능 피력(출처-4)	
작은 전쟁	남한 자체 내의 인민항쟁	1. 북한 지도와 사주의 폭동(통례), 2. 제주항쟁의 경우 국가 과잉진압에 따른 국가의 공식적 사죄(공식)	1. "본질적 대립축인 분단과 통일, 제국주의와 한국민중"에서 비롯된 "사실상의 내전"으로 "민족의 독립과 해방을 [위해] 투쟁했던 혁명세력의 필연"(출처-5: 40쪽) 2. "위기의 연원은 기본적으로 남	1. 분단을 막고 통일을 이루기 위해 남한 내 혁명세력에 의한 통일전쟁의 시작으로 2·7구국투쟁이 시발. 2. 내전과 국제전이 혼합된 형태로 전개된 한국전쟁의 1단계 3. 수정주의는 내	John Merrill 제주항쟁 분석에서 10만의 희생이 내전임을 의미하고 한국전쟁 시발로 봄(출처-6).

2심 마무리 진술 359

				한정권의 정통성 부재에서 기인" (출처-5: 43쪽) 3. 조돈문 1946년 10월 대구항쟁에서 계급전쟁의 한국전쟁 시작으로 봄(출처-8)	전으로만 보지만 미군정하에 발생했으므로 내전과 국제전이 결합됨 (출처-10,11)	
6·25 성격	1. 남한의 불법 침략전쟁 2. 정당방어로 맞선 정의의 전쟁 3. 조국해방전쟁	1. 북한의 불법 남침 2. 이에 대응한 무력 북진 통일전쟁	1. 북한의 침공으로 시작된 전쟁이나 누가 도발자인지는 중요하지 않음 2. 민족해방, 계급해방, 통일전쟁, 혁명전쟁, 이념전쟁 등 다양 (출처-5)	1. 북한의 정당방어 주장을 부정하고 북한 선제 침공 인정 2. 작은전쟁의 확대전쟁으로 외세기원의 내전 3. 침략전쟁은 국제-국내법적으로 성립불가 4. 통일, 이념, 분단고착화, 민족해방, 계급해방, 방어전쟁 등 다양 5. 시기와 주체를 관통해 통일전쟁이 지배적 전쟁임을 강조(출처-10, 11)	강정구의 전쟁성격규정은 시기별로 일관성을 가지지만 변화-개선됨
6·25 기원	미 제국주의와 이승만 세력	김일성과 소련의 사주	"8·15해방으로 제기된 반제반봉건민주변혁의 과제가 제국주의 점령으로 저지되면서 구조화된 민족모순과 계급모순, 그리고 체제모순을 둘러싼 갈등이 (……) 분단으	1. 기본적으로 진보진영(박명림)과 동일 2. 계급모순보다 분단모순 강조 3. 김일성책임론 부인 않지만 분단을 주도한 미국책임 역시 강조 4. 수정주의-전	

			로 이어진 결과 폭발할 수밖에 없었던 해방5년사의 귀결"(출처-5: 51쪽)	통주의의 인간행위 중심 분석을 비판하고 사회형성론 강조의 사회과학 접근의 국내연구 효시 (출처-10, 11)	
6·25 미국 참전	이승만과 합작해 시도한 제국주의 침략행위	1. 남한을 살려준 생명 구세주 2. 은혜를 갚아야 한다는 보은론	1. 내전에 외세가 개입한 것으로 평가는 유보 2. 전쟁기원인 분단모순과 계급모순 악화를 가져온 미군정 책임 강조	1. 미국개입 없었다면 전쟁 한 달 내 종료, 400만 희생 없음 2. 내전개입은 침략행위 3. 작전지휘권자인 미국이 전쟁 전개과정 모든 일의 궁극책임 4. 금기의 영역인 보은론 비판 5. 냉전성역허물기 차원 접근으로 최초의 본격적인 비판연구 (출처-10,11)	
사회주의 지향	기정사실화하지만 연구는 별로 없음	미국 도움 없었으면 사회주의화 인정	1. 암묵적으로 외세개입 없으면 사회주의화 인정하지만 국보법 때문에 정식논문으로 발표하지 못하고 있음 2. 조돈문 등은 명확히 함	1. 1989년 학계 최초로 정식논문으로 사회주의 필연성 논증(출처-9) 2. 결론은 남한 통례견해와 동일 3. 역사추상형비교방법이라는 강정구 고유 방법론을 통한 논증	
남한사회 성격	1990년대 중반까지 식민지반봉건사회	자주성이 제약되지만 불가피 현상	예속적이고 종속이면서 신식민주의 지배 상존	1. 북한견해와 달리 남한을 식민지로 보지 않음 2. 기본적으로 진	

				보건하와 같음 3. 군사주권이 거의 없는 부문별 신식민 지배 강조 4. 과제로 한미동맹새판짜기와 주한미군철군 제시(출처-17)	
주체사상	사회 지도원칙으로 최고의 진리와 철칙이고 성역임	개인숭배와 독재의 도구에 불과	1. 주체-자주성의 강조는 긍정적으로 평가 2. 수령론과 사회정치적 생명체론을 비롯한 전체에 비판적임 3. 북한사회 경직성의 중요요인 4. 이런 철학관, 사회역사관, 지도원칙 등이 생성된 사회역사적 조건 중시	1. 수령론과 생명체론은 반민주, 경직성, 생산력 저하로 비판 2. 주체사상 전체를 부정적으로 보지만 대외적 자주노선과 대내적 주체노선의 긍정성만은 인정 3. 선호도를 떠나 1990년 위기 극복에 기능적 역할 수행으로 양면성을 가짐(출처-12/13)	
주한 미군	점령군으로 전쟁위기와 통일방해 세력으로 철군당위론	1. 안보 보장으로 주한미군불가피론 2. 냉전성역으로 불가침의 금기영역	1. 자주권침해 전쟁위기 조성 요소 인정하나 국보법 때문에 단편적 서술에 불과하고 체계적 논증화하지 못하고 연구주제로 삼지 않음 2. SOFA 개선 등의 수준에 머물러 본질적 문제 접근을 회피하	1. 1953년 정전이후 9번의 전쟁위기를 주도한 평화위협자로 봄(출처-14) 2. 불가피론의 논거인 북한전쟁위협론, 남한군열세론, 동북아균형론을 반증해 철군당위론 논증 3. 평화통일 등 거시문제 뿐 아	

				고 있음 3. 최근 주한미군 전략적 유연성의 위험성을 인지하기 시작해 주한미군 철군론에 관심 집중	니라 인권, 생활권 등 미시적 삶을 위해서도 철군론 귀결 4. 외국군주둔 자체가 자주성 침해의 근거로 냉전성역허물기 주된 대상 5. 주한미군에 대한 본격적 비판연구의 효시(출처-15/16/17)	
한미 군사 동맹	주한미군의 불법점령을 담보하는 조약	1. 한미동맹 자체가 국익일 정도로 성역화 2. 군사동맹을 위해서는 다른 부분에 양보를 해서라도 지켜야 할 절대영역	1. 냉전성역이기에 본격적인 비판적 연구 전무한 상황 2. 단편적으로 한미관계의 불평등성과 예속화의 근본으로 인식하고 있으나 논쟁이나 논증은 시도 못하는 실정임 3. 최근 한미FTA가 쟁점이 되어 한미동맹자체에 대한 비판적 견해가 확산	1. 냉전성역허물기 차원에서 학계 최초로 본격적인 비판적 연구 2. 근본적 속성을 반민족성, 예속성, 반평화성, 반통일성 등으로 제시 3. 옹호론의 논거인 북한전쟁위협론, 남한군열세론, 동북아균형론, 경제실리론 등을 반증해 동맹폐기론 입증 4. 한미관계를 한일, 한중 등과 같은 관계로 새판짜기로 귀결(출처-16/17)		
전쟁 위기	전쟁위기의 진원지로 미국을 일관되게 상정	북한전쟁위협론은 불문가지의 검증이 필요 없는	1. 이삼성, 이철기, 이장희 등은 단편적으로 미국	1. 전쟁위기의 주도자로 미국임을 논증한 최초의 비	

2소 마무리 진술

		진리	전쟁위협론 제기 2. 냉전성역이기에 본격적인 연구대상으로 삼지 못하고 있음 3. 94년 전쟁위기가 널리 알려짐에 따라 미국전쟁위협론 동조 확대	판 연구(출처-14) 2. 미국전쟁위협론을 구체적 전쟁위기 분석으로 도출 3. 남한군열세론의 허구성 입증 4. ㅇ외 전쟁위협요소로 한미전쟁연습, 작전계획, 평화협정 등을 분석해 미국전쟁위협론 입증 5. 전략적 유연성의 제2청일전쟁 유발성 논증으로 미라 한미동맹의 전쟁위험성 쟁점화(츨처-14/15/18/19/20/21/22/23)	
통일 방안	고민연 연방제와 낮은단계의 연방제	한민족공동체통일방안으로 실질적 흡수통일방안	1. 구색을 갖춘 대표적 통일방안은 김대중 3원칙 3단계통일방안, 문익환 '3단계연방제방안, 김낙중 '3차7개년 4단계 방안 2. 모두 연방제 과도기 설정 3. 통일 후 사회경제체제 명확하지 않음 4. 6·15선언 2항 반영 못한 통일방안(출처-24/25)	1. 6·15선언 2항 반영한 통일방안 2. 진보진영의 통일방안과 같이 연방제 수용, 흡수-적화-전쟁 통일 배제 3. 2단계 연합성 연방을 핵으로 하는 부분통일방안이고 4단계 점진적 통일방안 4. 동북아신냉전에 대비한 통일방안 5. 주한미군 철수 등 실질적 로드맵을 초보적	

					수준이나마 제시 (출처-24/25)	
통일 후 사회 경제 체제	연방제로 남: 자본주의 북: 사회주의	흡수통일로 자본주의체제		1. 예민한 문제이므로 명확히 하지 않고 혼합경제 등으로 제시 2. 김대중은 자본주의 시장경제 암묵적 전제	1. 통일 후 경제형태는 시장경제를 기본으로 한 자본주의적 경제형태일 수밖에 없다고 결론(출처-28: 227쪽)	
북방 한계선	50년대 공해 70년대 영해	영해		1. 국제법과 정전협정의 근거가 없이 남한이 자의적으로 영해 규정 2. 분쟁해역으로 남북합의 해결사항	1. 진보진영과 동일하게 남한 임의로 영해 설정 2. 유엔해양법, 정전협정, 통일전 서베를린 관례 등으로 법적으로는 북의 통항 질서 선포 등은 정당성 있음 3. 해법은 남북이 각기 양보해 통일평화해역으로 설정해 조기통일 해역화라는 상징성 획득을 제안(출처-28)	
서해 교전	1차 남한 선제공격 2차 북한 관련자 처벌	1. 1~2차 모두 영해침범에 대한 정당방위로 규정 2. 북한의 의도적 도발로 봄		1. 우발적 충돌에서 교전으로 격화된 사태 2. 해법으로 공동어로수역 제안	1. 1차 남한의 밀어붙이기식의 선제공격에서 교전으로 격화 2. 2차는 우발적 충돌에 북한 선제포격으로 봄 3. 남북이 각기 한번씩 자제력을 보여 전면전으로 비화되는 것을 막	

				는 예지를 치하 4. 한미연합사 정보분석 비밀문건에 의하면 2차도 남한의 밀어붙이기식의 선제공격이 있었던 것으로 확인되었으나 청와대와 국방부가 공모하여 북의 의도적 선제드발로 조작했음이 드러남(출처-28)	

* 남한 공식 견해는 통례 견해와 일치 또는 불일치할 수 있음.
* 출처 목록(이미 1심에서 제출한 것임)

출처-1: 강정구, 1999, 「분단국가 수립의 반 역사성」, 한국사회역사학회, 『담론201』 통권5호(1999년 봄호), 111~138쪽.

출처-2: 강정구, 1993, 「친일파 청산의 좌절: 그 원인과 민족사적 교훈」, 『한국사회학』 27집.
  Kang, Jeong-Koo, 2003, "The Failure of *Ch'inilch'ŏngsan* and Obstruction of Nation's Future", *The Review of Korean Studies* Vol.6 No.1(51-84), June by The Academy of Korean Studies.

출처-3. 강정구, 1996, 「역대정권의 정통성과 정당성」, 『역사비평』 35호(겨울호).

출처-4: 강정구, 2002, 「남과 북의 자리매김」, 강정구, 『민족의 생명권과 통일』.

출처-5: 박명림, 1989, 「서론: 해방, 분단, 한국전쟁의 총체적 인식」, 박명림 외, 『해방전후사의 인식6』, 한길사.

출처-6: John Merrill, 1983, "Internal Warfare in Korea, 1945~1950, The Local Setting of the Korean War", Bruce Cumings et., *Child of Conflict* (Seattle: Univ. of Washington), p.136.

출처-7: 이재봉, 2005, 「분단과 전쟁에 대하여」.

출처-8: 조돈문, 2005, 「역사연구의 역사추상형 접근방법: 가치중립적 연구와 이데올로기적 공격」.
  ("9월 총파업과 10월 인민항쟁이 일어났는데 이는 국가형성을 둘러싼 계급전쟁이다. 좌파세력도 미군정도 그 당시를 "전쟁으로 생각했다"는 것이다. 또한 노총활동가도 "해방 이후 분위기는 사회주의 국가 수립이 피할 수 없는 것으로 받아들였다. 모두다 좌익이었다"고 증언하기도 했다.)

출처-9: 강정구, 1990, 「남·북한 농지개혁 비교연구: 민족주체적 시각에서」, 『경제와 사회』 가을(통권 7호).

출처-10: 강정구, 1993, 「미국과 한국전쟁」, 『역사비평』 여름호(계간 21호).

출처-11: 강정구, 2000, 「한국전쟁과 민족통일: 전쟁의 통일을 넘어 평화와 화해의 통일로」, 한국산업사회학회, 『경제와 사회』 48호(겨울호).
출처-12: 강정구, 1996, 「북한사회를 어떻게 이해할 것인가?」, 강정구, 『통일시대의 북한학』, 당대.
출처-13: 강정구, 1996, 「주체사상의 구현」, 강정구, 『통일시대의 북한학』, 당대.
출처-14: 강정구, 2005, 「한반도 전쟁위기의 실상」, 강정구 외, 『전환기 한미관계 새판짜기』, 한울.
출처-15: 강정구, 2001, 「주한미군의 반 평화성과 반 통일성」, 『진보평론』 가을호(통권 9호).
출처-16: 강정구, 2004, 「주한미군불가피론과 미래한미동맹에 대한 근본적 재평가」, 『역사비평』 통권 68호(가을호).
출처-17: 강정구, 2005, 「한미관계의 비판적 검토와 새판짜기」, 한국현대사연구회, 『현대사 연구』 1호(통권 14호).
출처-18: 강정구, 1991, 「걸프전은 '제2의한국전쟁'을 부추기는가」, 『사회평론』 6월호.
출처-19: 강정구, 1994, 「북핵문제를 둘러싼 국제적 대응의 실체: 한국·미국·IAEA를 중심으로」, 『역사비평』 겨울호(27호).
출처-20: 강정구, 1999, 「한반도 속의 미국: 5.18에서 금창리 핵위기까지」, 학술단체협의회, 『5.18은 끝났는가』, 푸른숲.
출처-21: 강정구, 2000, "A Critical Evaluation of the U. S. Role in the Division of Korea and the Korean War", 한국사회과학연구협의회, *The Korean Social Sciences Journal*.
출처-22: 강정구, 2003, 「미국의 신패권주의와 한반도 전쟁위기 및 새로운 안보패러다임」, 『민주사회와 정책연구』 제3권 제1호.
출처-23: 강정구, 2004, 「참여정부 자주국방의 전망과 과제: '예속적–흡수형' 자주국방의 반평화성과 반통일성」, 한국산업사회학회, 『경제와 사회』 통권 62호(여름).
출처-24: 강정구, 2002, 「아리랑통일민주공화국을 주창하며」, 강정구, 『민족의 생명권과 통일』, 당대.
출처-25: 강정구, 2004, 「6-15공동선언 실현: 한반도 평화와 통일 만들기」, 한신대사회과학연구소 편, 『미국의 신보수주의 외교전략과 한반도 평화문제』, 271~306쪽.
출처-26: 강정구, 1999, 「통일시대의 민족통일」, 한국사회학회, 『민족통일과 사회통합: 독일의 경험과 한국의 미래』, 사회문화연구소출판.
출처-27: 강정구, 1998, 「4월혁명과 현단계 자주·민주·통일의 과제」, 한국산업사회학회, 『경제와 사회』 가을호(통권 39호).
"첫째, 통일 경제형대는 시장경제를 기본으로 한 자본주의적 경제형태일 수밖에 없다. 물론 이는 중국형사회주의를 포함한다. 이는 선택의 문제나 주관적으로 좋아하거나 싫어하는 데 따라 변화될 수 있는 문제가 아니라 이미 세계자본주의세계체제가 행사하고 있는 객관적 규정력의 산물이다.
물론 현재 남한식의 천민자본주의가 아니라 최소한 복지국가 지향적인 사민주의식, 곧 사회권이 고도로 보장되는(제도적 차원에서 지금 북한이 보장하고 있는 정도의 사회권) 자본주의를 지향하거나 중국식의 시장경제여야 한다. 실제 자본주의 경제도 이념형처럼 순수한 시장경제 원리에 의해 운영되기보다는 현실세계에서는 매우 다양한 유형을 곧, 북구자본주의, 미국자본주의, 독일자본주의, 일본자본주의 등으로 중앙계획과 시장의 다양한 결합의 유형을 띠고 있다. 사회주의 체제가 몰락하여 단기적으로는 전통적 국가사회주의가 역사적 대안으로서 등장할 가능성이 없는 시점에서 사회주의냐 자본주의냐의 이분법적인 접근은 더 이상 실용성이 없다"(227쪽).
출처-28: 강정구, 2002, 「서해교전과 맹목적 냉전성역의 허구성」(The Yellow Sea Naval Clash and the Cold War Sanctuary), 『진보평론』 가을호.
출처-29: 김귀옥, 2005, 「만경대 필화사건을 통해 본 강정구의 학문 세계와 실천」, 『경제와 사회』 여름호(통권 66호).

V. 마무리 말

저는 아래와 같은 연유로 제 자신이 무죄라고 확신하면서 판사님들께 이를 충분히 고려한 정의의, 또 역사에 부끄럽지 않는 판단을 기대하고 또 간절히 바랍니다.

첫째, 헌법 37조 2항 때문입니다. 저는 항소심 첫 심리의 약식 첫머리 진술에서 헌법 제37조 2항의 학문자유 제한 규정과 본질적 내용 불가침 규정 사이에 분명한 관계설정 필요성 때문에 항소는 불가피하다고 진술하고 판사님께 이 올바른 관계설정을 요구했습니다. 곧, 제22조 1항("모든 국민은 학문과 예술의 자유를 가진다")과 제37조 2항("국민의 모든 자유와 권리는 국가안전보장·질서유지 또는 공공복리를 위하여 필요한 경우에 한하여 법률로써 제한할 수 있으며, 제한하는 경우에도 자유와 권리의 본질적인 내용을 침해할 수 없다") 사이의 엄밀한 관계설정을 요구한 것입니다.

어문구조 분석 상 37조 2항의 전항인 학문자유 제한규정은 주절이고, 뒷항인 본질적 내용 불가침 규정은 조건절입니다. 이렇게 조건절과 주절이 함께 문장을 형성한 복합문의 경우, 조건절의 한도 내에서 주절은 그 효력을 발생할 수 있는 것이, 법원이나 대법원 유권해석이 어떻든 간에, 정확한 해석입니다. 그러므로 37조 2항을 정확하게 재서술하면 "자유와 권리의 본질적인 내용을 침해하지 않는 경우에(또는 범위에) 한정해서, 국가안전보장·질서유지 또는 공공복리를 위하여 필요한 경우에 그 자유와 권리를 법률로써 제한할 수 있다"로 되어야 합니다.

결론적으로 37조 2항은 어문 구조상 핵심이 조건절인 '본질적인 내용을 침해하지 않은 경우에 한정해서' 주절인 제한규정이 효력발생할 수 있다고 해석되어야 합니다. 그러나 이제까지 주절에 중심을 두고 본질적 내용임에도 불구하고 제한시키는 판결을 내린 것은 분명히 오류를 범한 것으로 판단되어 집니다. 이를 판사님께서 곧바로 시정해 주시거나 상급기관에 소청해 시정해 주시기 바랍니다.

둘째, 학문윤리 때문입니다. 김병준 교육부총리의 학문윤리 위배 문제를 계기로 학문윤리 또는 연구윤리가 사회적 쟁점이 되었지만, 이제까지의 논의는 타인의 연구결과 표절이나 자기 표절의 문제로 연구윤리 문제를 국한시켰습니다. 그러나 가장 핵심적인 연구윤리 문제 가운데 하나는 국가보안법 7조에서 비롯되고 있다는 점을 우리는 직시해야 한다고 생각합니다. 저의 1심 판결은 미국과 북한에 관한 한 학문적으로 귀결된 진실과 사실을 진실과 사실대로 서술하지 말도록 하는 판결을 내렸습니다. 이 결과 1심 판사는 학문에서 연구윤리 위배를 강요하는 역할을 하였습니다. 결과적으로 북한과 미국에 관한 엄연한 사실과 진실을 밝히고 또 발견하고도, 이에 대한 발표 등을 가로막고 침묵하게 함으로써 진실은폐라는 반학문윤리 행위를 1심 판결은 강요한 셈입니다. 참과 진실을 밝히는 과업을 본질로 하는 학자에게, 발견되고 밝혀진 진실에 침묵을 강요하는 행위는 학자에게 반학문윤리 행위를 강제하는 것과 진배없다고 생각합니다. 학문을 천직으로 삼고 있는 저를 비롯한 학자에게 이런 비학자의 길과 반학문의 길을 강요하는 비극적 현상이 더 이상 허용되어서는 안 된다고 봅니다.

셋째, 남북의 화해와 평화통일을 위해서입니다. 저의 냉전성역허물기라는 학문연구는 단순한 학문적 관심의 발로가 아니라 60년 이상 갈라진 우리 민족에 화해와 협력 평화통일 이라는 민족적 과제를 구현하기 위한 터 닦기 차원에서 수행되어 왔던 것입니다. 이번에 제가 제동이 걸리게 되면 앞으로 이 통일 터 닦기로서의 냉전성역허물기라는 학문적 과제는 시도도 되기 힘든 상황으로 내몰릴 수 있습니다.

넷째, 우리 사회가 건전하고 정상적인 사회로 나아가기 위해서입니다. 유엔사무총장을 배출하고도 자유민주주의의 근간을 훼손시키는 국가보안법을 잔존시키고, 이에 따른 마녀사냥과 여론몰이 폭력몰이가 난무하는 것은 정상적인 역사행보라고 보기 힘듭니다. 저의 무죄판결은 정상화를 위한 하나의 기폭제가 될 수도 있을 것입니다. 이밖에도 많은 까닭을 제시할 수 있지만 이로써 충분하다고 판단하여 이에 그치도록 하겠습니다.

이제까지 장문의 마무리 진술을 읽어 주신데 감사를 드리며 판사님들께서 역사와 민족의 행보에 순응하는 판단과 결단을 내려주시기를 간절히 원하고 바랍니다.

2006년 12월 14일 강정구

별첨: 국회의원 임종인 의원실의 2004년 12월 1일자 「남·북한 군사력비교 토론회 참고자료」

2006년 12월 14일

위 진술인 강정구

서울중앙지방법원   제4형사항소부   귀중

마무리 진술

사　건　200노2194호　국가보안법위반
피고인　강정구

서울중앙지방법원 제4형사항소부 귀중

1. 들어가며

　　저는 이미 검찰의 공소사실에 대한 반론으로 2006.2.3일자 200자 원고지 176매의 1심 '첫머리 진술서'를, 1심 판사의 판결에 대한 반론으로 원고지 390여 매에 이르는 2006년 7월 14일자 '항소이유서'를, 검찰의 항소이유서에 대한 반론으로 2006년 12월 14일자 440여 매에 이르는 '항소심 1차 마무리 진술서'를, 또한 허위사실·짜집기 등으로 구성된 검찰의 '항소이유서'에 대해 진위 및 짜집기 여부와 그 문제점, 이에 대한 해명을 요구한 2006년 9월 14일자 100매의 '구석명신청서1'을, 또 이 구석면신청서1에 대한 답변으로 제시된 변명과 발뺌에 불과한 검찰석명에 대해 반론을 제시하고 재석명 요구를 한 2006년 11월 15일자 원고지 185매의 '구석명신청서2'를, 재판장의 재판 진행이 공판중심주의나 진실 밝히기를 바탕으로 한 재판진행을 방기하고 있는 문제점을 제시하고 시정을 요구한 2007년 5월 2일자 원고지 138매의 '법관기피신청사유서'를, 이 법관기피신청에 대한 서울지방법원의 기각판정에 대한 불복으로 대법원에 재항고한 2007년 6월 21일자 98매의 '항고이유서'를 각기 제출했습니다. 물론 이 밖에도 각종 변호인 신문과 증인신문 등이 이들과 함께 해 왔습니다.
　　이는 2005년 이른바 통일전쟁 필화사건에 관련된 것에 국한되지만 2001년 만경대 필화사건에 관련된 것까지 포함하면 더 많은 진술서와 신문과 증언들이 덧붙여집니다. 그동안 십수 차례의 공판으로 그 기간도 무려 6년

이라는 기간을 지나 7년 째 접어들었습니다. 이제 법정 공방이 거의 막바지에 달한 시점이 도래한 것 같습니다.

드디어 마무리 말을 해야 할 때가 온 것 같습니다. 무엇인가 말을 하지 않고는 배길 수 없다는 것은 분명합니다. 그렇지만 무슨 말을 해야 할지 좀처럼 손에 잡히지가 않았습니다. 또 다시 검찰과 수구세력들에 대해 준엄한 반론과 논고를 펼칠 생각도 해 보았습니다. 비판적 지식인으로서, 참과 진실만을 추구하는 학자로서, 죽음을 가리지 않고 정의와 진실에 정면으로 접근해 왔던 조선시대 선비들의 중후한 기상을 몇 번인가 그려보기도 했습니다. 석궁사건의 김명호 교수가 재판에 임하는 당당한 모습도 생각해 보았습니다. 그러다가도 담당 판사님들께 늦었지만 호감을 사기 위해 무엇인가 듣기 좋은 말을 해줘야 한다는 고민까지도 해 보았습니다. 그렇지만 어느 것도 제 가슴 속에 와 닿지 않았습니다. 해야 할 이야기가 어렴풋이나마 막연하게 나타나는 것 같기도 했지만 명료해 지지 못한 채 가물가물 사라져 갔습니다.

그러다 지난 일요일 우리 향린교회 주일 예배 중 목사님께서 요한복음 8장 33절인 '너희는 진리를 알게 될 것이며 진리가 너희를 자유롭게 할 것이다'라는 예수님의 말씀을 인용하시는 순간 저는 바로 이것이야말로 제가 마무리 진술에서 해야 할 핵심이라는 것을 깨달았습니다. 그리고는 '평화 이루소서'라는 전교인의 나지막한 노래 울림이 저에게 한없는 안정과 평화를 안겨 주었습니다. 그러면서 저는 온통 꿈속에 빠지는 듯 했습니다.

무슨 꿈이냐고요? 그것은 진리와 진실 속에서 우리 모두가 자유로워지는 꿈이었습니다. 그리고 그 결과 문익환 목사님이 꾸셨던 그 꿈을, 나의 꿈으로, 당신의 꿈으로, 또 판사님들의 꿈으로, 드디어 우리 모두의 꿈으로 끌어안고 나아가서, 마침내 모두가 하나 되어 평화와 통일을 이룩하는 꿈이었습니다.

그때는 여기 이곳 법정에 마주한 검사님도, 재판장을 비롯한 판사님들도, 변호사님도, 저의 일거수일투족을 줄곧 왜곡하기에 혈안이 돼왔던 수구세력도, 또한 저와 함께 하신 방청객 여러분들께서도 아래 인용한 문 목사님의「꿈을 비는 마음」처럼 "사팔뜨기가 된 우리의 눈들이 제대로 돌아,

산이 산으로, 내가 내로, 하늘이 하늘로, 나무가 나무로, 새가 새로, 짐승이 짐승으로, 사람이 사람으로 제대로 보이"게 되는 진정한 자유를 누리게 될 것이라고 생각했습니다.

> 벗들이여!
> 이런 꿈은 어떻겠소?
> 155마일 휴전선을
> 해 뜨는 동해바다 쪽으로 거슬러 오르다가 오르다가
> 푸른 바다가 굽어보이는 산정에 다달아
> 국군의 피로 뒤범벅이 되었던 북녘 땅 한 삽
> 공산군의 살이 썩은 남녘 땅 한 삽씩 떠서
> 합장을 지내는 꿈,
> 그 무덤은 우리 5천만 겨레의 순례지가 되겠지.
> 그 앞에서 눈물을 글썽이다보면
> 사팔뜨기가 된 우리의 눈들이 제대로 돌아
> 산이 산으로, 내가 내로, 하늘이 하늘로,
> 나무가 나무로, 새가 새로, 짐승이 짐승으로,
> 사람이 사람으로 제대로 보이는
> 어처구니없는 꿈 말이외다.
> (문익환, 「꿈을 비는 마음」 중에서)

이러한 저의 꿈, 아니 우리 모두의 꿈이 꿈만으로 끝날 수는 없다고 봅니다. 그 꿈을 현실 속에 임재 시켜 우리 모두가 자유로워지는 열매를 거두어야 할 것입니다. 단지 꿈속에서만 꾸는 꿈이 아니라 현실 속에서 이루어지는 꿈이 될 수 있도록 그 길을 탐색해 나가야 한다고 봅니다.

이러한 실천이 뒤따르는 꿈을 꿀 때에만 우리는 진리와 진실을 찾을 수 있고, 또 진리를 진리답게, 진실을 진실답게 만들 수 있을 것입니다. 이러할 때에만 우리는 진실을 진실이라고 말할 수 있고, 진리를 진리라고 말할 수 있습니다. 이때 마침내 우리는 진정한 자유인이 되고 자유를 향유할 수 있게 될 것입니다.

이 진실과 자유를 향한 행보는 결코 특정인의, 또 특정인을 위한 독점물이 될 수 없습니다. 이는 우리 모두를 위한 것이고, 모두의 몫입니다. 따라서 여기 계신 판사님이나 검사님, 또 변호사님이나 제 자신의 몫이고 우리들 모두가 응당 함께 걸어가야 하는 공동의 길이고 광장일 수밖에 없습니다.

비록 각자의 출발지는 달라도, 또 걸음걸이는 다를지라도 진실과 자유를 향한 행로에 함께 동참해야 하는 역사적 소명을 함께 진 운명공동체이며 동반자라는 점을 환기하면서, 저의 마무리 진술 본론으로 들어가겠습니다.

2. 2·13합의와 2차 남북정상회담에 따른 민족사적 전환기

며칠 전 미국의 민간비행기가 수해복구를 위한 구호품과 장비를 싣고 북한의 평양 순안공항에 도착했습니다. 이는 1953년 한국전쟁이 정전협정으로 중단된 지 54년 만에 처음으로 있는, 실로 놀랍고 경천동지할 일입니다. 이렇듯 우리 민족사는 지난 6·15공동선언과 2·13합의로 그 역사전환기, 순수한 우리 말 로는 '역사 갈림길'을 본격적으로 맞았습니다. 6·15선언은 내부로부터의 역사 갈림길 만들기였다면 2·13합의는 외부로부터의 역사 갈림길 만들기였습니다. 2·13합의의 요체는 두 가지입니다. 하나는 한반도비핵화이고 또 다른 하나는 한반도평화체제구축입니다.

이들 비핵화와 평화체제가 함께 병행해서 이뤄질 때, 우리 민족사는 끊임없는 북·미 사이 냉전과 극냉전으로 언제 터질지 모르는 좌불안석의 전쟁위기 상태에서 벗어나 우리의 생명권이 보장되는 평화 상태로 접어들게 될 것입니다. 그리고 이를 발판으로 민족분단이라는 질곡을 극복해 통일을 일구어 내는 역사행로의 대전환을 이루게 될 것입니다. 이처럼 2·13합의가 약속한 한반도평화체제 구축은 지난 60여 년간 우리 민족을 속박해 온 냉전의 역사를 바꾸는 대변혁의 근원이 될 것입니다.

한반도평화체제에서 말하는 평화란 무엇입니까? 적극적 평화(또는 넓은 의미의 평화)란 모든 구조적 폭력으로부터 해방되는 지극히 이상적인 상태를 의미합니다. 그렇지만 우리가 당면하고 있는 화급한 과제로서의 평화는 전쟁 부재 상태를 의미하는 소극적 평화(또는 좁은 의미의 평화)를 말합니다. 전쟁위협으로부터 해방되는 평화, 이것만큼 귀중한 것이 이 세상 어디 있겠습니까? 동서고금을 막론하고 목숨보다 중요한 것은 없습니다. 그런데 이런 지고의 가치인 인간생명을 집단적으로 박탈해가는 것이 바로 전쟁입니다.

6·25전쟁을 통해 우리는 무려 3백만에 가까운 인간생명을 빼앗기는 극단적인 반생명-반평화의 형극을 체험했습니다. 평화를 통한 생명권을 보장받는 평화-생명권은 유엔이 규정하는 두 개의 인권규약인 자유시민권(유엔 B 규약)과 사회경제권(유엔 A 규약)보다 더 상위에 놓여 있는 인권의 인권입니다.

유엔은 서구 열강과 신생 사회주의권의 요구만 수용해 인권가운데 핵심인권인 평화-생명권을 방기하였습니다. 그렇지만 제국주의 침략전쟁과 식민지 지배에 의해 수백만 수십만의 인간생명을 박탈당한 경험을 가졌고 지금도 이들 서구 열강에 의해 억압당하고 있는 우리와 같은 제3세계 피식민국가에게는 이 평화-생명권의 고귀성이 더욱 절실합니다.[1] 이러한 평화-생명권을 한반도에서 보장해 주는 것이 바로 2·13합의가 약속한 한반도평화체제입니다.

지금부터 54년 전인 1953년에 체결된 한국전쟁 정전협정 4조 60항은 협정 체결 3개월 내에 고위급 정치회담을 열어 이 평화체제 문제와 외국군철수 문제를 풀어나가도록 규정하고 있습니다. "한반도 문제의 평화적 해결을 보장하기 위하여⋯⋯ 3개월 내에⋯⋯ 정치회담을 소집하고 한반도로부터 모든 외국군대의 철수 및 한반도 문제의 평화적 해결 등의 문제들을 협의할 것으로 이에 건의한다." 이는 정전협정 당사자인 미국, 중국, 북한, 남한이(참관자 자격이었지만 실질적으로 합의하지 않을 수 없는 상황이었음) 함께 약속-합의하고 서명한 것입니다. 이 합의대로 그들이 정전협정에서 약속한 의무를 제대로 이행했더라면 이곳 한반도에는 평화-생명권이 보장받는 평화체제가 50여 년 전에 진작 구축되었을 것입니다.

---

1) 강정구, 2007, 「미국 북한인권법의 반인권성과 북한정권 붕괴전략」, 평화·통일연구소 엮음, 『전환기 한미관계의 새판짜기 2』, 한울.

그러나 1954년에 열린 제네바정치회담에서 정전협정 핵심당사자인 미국이 이의 이행을 완강히 거절함으로써[2] 우리가 응당 누렸어야 할 평화-생명권은 끊임없이 침해받아 왔습니다. 그 결과 한반도는 냉전기간 세 번의 전쟁위기와 탈냉전기간 8번의 전쟁위기 속에 휘말리게 되었던 것입니다.[3] 이같이 고위급 정치회담을 파탄시킨 미국은 1957년부터 정전협정 13항 ㄹ목을[4] 일방적으로 폐기시키고는 이 남한 땅에 무려 1,000여 기 안팎의 핵무기를 소련이 멸망하는 1991년까지 반입·비치해 두고 있어 우리를 핵전쟁위협의 공포에 떨게 했던 것입니다.[5]

1961년 3차 세계대전이 일어나기 직전까지 치달았던 쿠바위기가 전쟁으로 비화되었더라면, 한반도에 비치되어 있던 미국 핵무기는 소련을 향해 발사되었을 것이고, 소련은 이곳 남한 땅을 핵무기로 공격했을 것입니다. 그야말로 고래싸움에 새우 등이 터지는 제2의 청일전쟁에 휘말리게 되는 상황이 한반도에 배치된 미국 핵무기 때문에 벌어졌을 것입니다. 여기서 더 나아가 외국군인 주한미군은 지금까지 무려 62년 동안 주둔해 우리 역사 최장기록인 일본군의 40년을 한 배 반을 넘기고 있으면서 앞으로 평택으로 이전·확장되면 추가로 100년 이상 더 머물겠다고 합니다.

이렇게 54년 동안 중단되어 왔던 정전협정 4조 60항이 2·13합의로 이제 구현되어 한반도에 평화체제가 구축되고 외국군 주둔 문제가 근본적인 변

---

2) 고영대, 2007, 「미국의 제네바 회담 파탄내기와 중립국 감시소조 추방 및 정전협정 13항 ㄹ목 폐기」, 평화·통일연구소 엮음, 『전환기 한미관계의 새판짜기 2』, 한울.
3) 강정구, 2005, 「한반도 전쟁위기의 실상」, 강정구 외. 『전환기 한미관계의 새판짜기』, 한울.
4) "한반도 경외로부터 증원하는 작전비행기, 장갑차량, 무기 및 탄약을 들여오는 것을 정지한다. 단 정전기간에 파괴, 파손, 손모 또는 소모된 작전비행기, 장갑차량, 무기 및 탄약은 같은 성능과 같은 유형의 물건을 일대 일로 교환하는 기초위에서 교체할 수 있다."
5) 무려 1,000여 기의 핵무기를 남한 땅 곳곳에 배치해 놓고도 문제제기 하나 제대로 하지 못한 남한사회가 작년 2006년 북한의 첫 핵실험 1회에 대해 보여준 청천벽력과 같은 야단법석은 얼마나 균형감각을 상실한 것인지를 극명하게 보여주는 징표라 할 수 있습니다.

화를 맞을 국면이 조성되고 있습니다. 왜냐하면 2·13합의로 남과 북, 미국과 중국 등 참가 6개국은 한반도에서 전쟁을 하고 싶어도 할 수 없는 구조적 조건을 구축하는 의미의 한반도 '항구적 평화체제'에 합의했기 때문입니다.

이러한 외적 정세의 급격한 변화는 남북정세를 바꾸는 원동력이 되어 2차 남북정상회담으로 진척되었습니다. 이제 북미관계는 급속히 탈냉전과 평화동반자로 나아갈 즈음까지 이르고 남북관계는 한 단계 높은 수준의 화해협력평화통일 단계로 접어들었습니다. 그야말로 역사궤적이 근본적으로 바뀌는 민족사적 전환기를 맞을 수도 있는 것 같습니다.

이미 2·13합의의 북핵 폐기 2단계를 올해 안에 매듭짓기로 북한과 미국이 합의했습니다. 이에 따라 미국은 북한에 대한 정치·경제적 보상을 하고 북·미관계 정상화를 부시 임기 중에 마무리 할 것으로 보입니다. 내년 상반기에는 남북한과 미국, 중국 지도자가 한 자리에 모이는 4자 정상회담 가능성도 열리면서 한반도와 동북아시아의 냉전 먹구름도 드디어 거둬질 서광이 다가오고 있는 것 같습니다.

물론 이러한 역사전환기는 그냥 구조적으로 주어지거나 저절로 이루어지는 것은 아닙니다. 이 구조적 과도기에 역사의 주인으로 자리 잡고 있는 우리 자신이 얼마나 역사의 진정한 주체로서, 또 담지자로서, 역사의 물결을 한반도 평화체제와 비핵화의 방향으로 잘 헤쳐 나가느냐에 달려 있습니다.

우리는 과거 역사에서 오늘의 길잡이를 찾아야 합니다. 지난 19세기 말 조선은 봉건사회에서 근대 시민사회로 이행할 시점인 역사전환기에 처했었습니다. 당시 우리 선조들은 여러 가지 시도를 통해 역사순응적인 역사전환을 이루기 위해 투쟁해 왔습니다. 그러나 조선은 결국 일본 제국주의로 귀착되는 식민지반봉건사회로 전락하고 말았습니다.

그 당시 만약 위로부터의 혁명이었던 갑신정변이 성공했더라면, 우리 사회는 독일이나 일본과 같은 유형의 근대사회의 길로 나아갔을 것입니다. 또한 동학농민전쟁이 성공했더라면, 밑으로부터의 혁명인 프랑스와 같은 역사궤도를 그렸을 겁니다. 통탄스럽게도 우리는 위로부터 혁명도 아래로부터 혁명도 모두 실패하고, 결국 일본의 식민지가 되는 비극의 역사행로로 빠지게 되었던 것입니다.

　이제 한반도 평화체제 이행기와 통일이루기라는 역사전환기를 맞아 우리는 이번만큼은 이런 과거의 전철을 그대로 밟을 수는 없다고 봅니다. 전쟁을 하고 싶어도 할 수 없는 구조를 형성하고 공고화해야 합니다. 그래서 진정한 한반도평화체제를 구축하고, 모든 핵으로부터 자유스러워 지는 비핵화를 이루고, 이들을 바탕으로 민족의 숙원인 평화통일의 대장정을 이룩해야 합니다. 이것이야말로 역사순응적인 행보이고 시대적 소명이고 우리의 책무입니다.

　이러한 역사전환기적 과도기에는 역사순응적인 현상과 과거의 냉전분단시대로 회귀하려는 역사퇴행적인 현상들이 서로 중첩·교차하면서 나타나기 마련입니다. 빛과 어둠이 함께 혼재되어 등장하기에 어느 것이 진정으로 우리 민족에게 빛이 되고 어둠이 되는지를 가늠하기 힘들 정도로 현란한 모습으로 우리들에게 다가오기 마련입니다.

　바로 이 때문에 우리는 문 목사님의 꿈처럼 "사팔드기가 된 우리의 눈들이 제대로 돌아 (……) 짐승이 짐승으로, 사람이 사람으로" 제대로 가려 볼 줄 알아야 하고, 또 알 수 있는 준비를 갖춰야 합니다. 참을 참으로, 진실을 진실로, 진리를 진리로 볼 줄 알아야만 하고, 진실을 진실이라고 말할 수 있어야만 합니다. 그래야만 요한복음 8장 33절에 게시된 예수님의 말씀인 '너희는 진리를 알게 될 것이며 진리가 너희를 자유롭게 할 것이다'가 이 땅에 구현되어 우리는 진정한 자유인이 될 수 있을 것입니다.

　거짓을 거짓이라고 또 진실을 진실이라고 말할 수 있어야만 진정한 자유를 누리게 되고, 이러한 자유인으로 우리들이 거듭날 때에만 우리는 우리 민족이 자유로워지는 진정한 한반도평화체제를 이룩할 수 있습니다. 또 이를 발판으로 궁극적으로는 갈라진 민족이 하나가 되는 통일의 꽃을 피울 수 있을 것입니다.

　이러니 진실, 자유, 평화, 통일은 이 역사전환기를 맞은 한반도에서는 각기 개별적인 존재가 아니라 서로 통합적인 연결체가 되는 것입니다. 예수님의 말씀을 확장시킨다면 진리와 진실 속에서 자유와, 자유 속에서 평화와 통일의 씨앗과 열매를 담보 받을 것입니다.

3. 비판적 지식인과 진실·자유 항로의 개척

앞에서 역사전환기 또는 갈림길에는 빛과 어둠이 교착·중첩되어 우리를 현란하게 하고 또 헷갈리게 한다고 지적했습니다. 그래서 많은 사람들이 어느 것이 진정한 빛이고 어둠인지를 구분하지 못하고 우왕좌왕 하는 사이 역사는 잘 못하면 순응적인 행로가 아니라 퇴행적인 파국으로 치닫게 됩니다. 그 전형적인 보기가 바로 19세기 말 조선이 겪은 일본 식민지화 길이었습니다.

지금도 이런 빛과 그늘, 밝음과 어둠은 수 없이 동시에 나타나고 있습니다. 한반도에서 전쟁을 원천적으로 배제하는 구조의 확립이라는 한반도평화체제를 위해서는 무엇보다 주한미군에 대한 근본적 변화가 수반되어야 합니다. 또한 이에 상응하는 북이 보유하고 있는 것으로 추정되는 핵무기 폐기가 이뤄져야 합니다.

험난하지만 희망적인 전망입니다. 이런 빛과 같은 기쁜 소식과 함께 한반도평화체제를 완전 역행하는 어둡고 불길한 조짐이 주한미군의 전략적 유연성과 평택미군기지 확장·이전에서부터 다가오고 있습니다.

또 전시작전통제권이 드디어 62년만인 2012년 한국에 반환되고 한미연합사가 해제된다는 반가운 소식을 접하게 됩니다. 그러나 동시에 한미안보협의회와 한미군사협의회를 그대로 존속시키면서 유엔사를 강화하고 동맹군사협조본부(AMCC)를 신설해 전 구급 기능별 협조본부와 각 작전사별 협조기구를 한미 간에 구성한다는 어이없는 한미군사협력 계획이 함께 진행되고 있습니다. 어둠과 그늘이 다가와 불안한 기운이 한반도에 퍼지고 있습니다. 그야말로 겉으로 표방된 전시작전통제권 반환과 속으로 진행되는 실질적인 미국의 작전통제권 재장악과 재강화라는 속임수가 한꺼번에 나타나고 있습니다.

어디 이 뿐입니까? 한미FTA합의로 이제 우리의 경제생활, 문화생활, 일상생활에 이르기까지 생활규범과 경기규칙까지 미국식에 맞추는 일체화를 여러 방면에서 강요당하게 될 것입니다. 자주의 씨앗을 앗아갈 위험을 안고 있는 게 바로 한미FTA입니다.

비록 이러한 빛과 그늘, 밝음과 어둠이 교차·중첩되면서 전개되는 전환기적 현상들이 우리를 현란(眩亂)하게 하지만, 우리는 기어코 무엇이 진실이고 또 무엇이 진리인지를 가려내야 합니다. 또 탐색한 진실을 진실이라고 말할 수 있는 자유를 향유해야 합니다. 왜냐면 이 전환기적 또는 역사 갈림길 시점과 지점에서 선택한 역사행로는 이후 50년 내지 100년간 우리 역사궤도를 고착화시키고 규정하기 때문입니다. 일단 역사궤도에 올려지면 더 이상 바꾸기는 힘듭니다. 그래서 이 역사전환기의 역사행로는 결정적인 성격을 지니는 것입니다.

현란하게 난무하는 역사전환기적 현상들에 현혹되지 않고 역사순응적인 빛을 가려내고, 항로를 개척하고, 또 이를 공고화하는 역사적 책무가 우리들에게 주어졌다고 봅니다. 특히 여기 법정에 피고로 서 있는 저와 같은 비판적 지식인과 또 국가보안법이라는 자유를 옥죄는 법을 다루는 판사님들께 더욱 막중한 책무가 주어졌습니다.

왜냐면 전환기적 현상들은 현란할 뿐 아니라 냉전성역이어서 이를 진실되게 정면으로 접근하면 국가보안법이란 올가미에 묶이게 되어 참을 참이라고, 진실을 진실이라고, 진리를 진리라고 말할 수 없기 때문입니다. 이런 상태에서 진실 찾기와 진리 찾기는 형극과 시련의 연속입니다.

국가보안법과 같은 외적인 강압과 탄압으로부터 해방되는 초보적인 자유(또는 소극적 자유)마저 보장되지 않은 채 우리 사회가 이 역사전환기를 보낸다면, 진리와 진실을 제대로 밝히지도 못하고, 진실을 진실이라고 이야기 할 수도 없게 됩니다. 이 결과는 역사순응이 아니라 역사퇴행이고 역사 오도의 불가피성입니다. 그야말로 분단 60여 년 만에 맞은 절호의 민족사적 전환기를 역사순응이 아니라 역사퇴행으로 되돌려버리고 말 것입니다.

바로 여기에 판사님들의 막중한 역사적 책무와 사명이 더욱 요구됩니다. 동시에 진실과 자유를 향한 항로를 개척하고 공고히 해야 하는 비판적 지식인의 역사적 소명이 더욱 긴요합니다.

이를 보다 명확히 인식하기 위해 다음 절에서는 냉전성역과 국가보안법이라는 올가미에 갇혀 실종된 진실과 박탈된 자유의 본보기를 제시하겠습니다.

4. 진실 가로막기와 자유 옥죄기 본보기로서 북방한계선 문제

2차 남북정상회담의 의제가 논의되면서 갑자기 북방한계선(Northern Limit Line-NLL) 문제가 우리 사회의 첨예한 쟁점이 되었습니다. 쟁점은 서로 간에 성역 없는 자유스런 논박과 논증이 오갈 때 진실에 입각해 결말이 내려질 수 있습니다. 그러나 이에 관한 신문, TV, 라디오 토론 등은 진실에 입각한 자유토론일랑 거의 원천적으로 봉쇄된 채 대부분 허구에 입각한 논의가 오갈 뿐이었습니다. 이래서는 역사전환기를 맞아 올바른 역사행로를 일구어 낼 수 없습니다.

이는 바로 북방한계선을 영해선으로 성격규정짓는 데서 비롯됩니다. 영토·영해 문제는 협상이나 논의의 대상이 될 수 없다는 '영토신성불가침성'을 합법적 근거도 없이 무작정 들먹이고는 북방한계선이 영해선이 아니라는 상대방 견해를 윽대기면서 마치 친북반역자인 것처럼 몰아가고 있기 때문입니다.

김대중정권 이후 주류언론들이나 정치세력들이 이러한 방식으로 '북방한계선=영해선=신성불가침영역' 등식을 만들어 강요한 결과, 이제는 북방한계선이 영해선이라는 허구적 인식이 공고화되어 냉전성역이 되어 버렸습니다. 이제 이 영해선이라는 허구적인 냉전성역을 부인하면 사회적으로 매장되고 저의 경우처럼 국가보안법 위배로까지 몰리게 됩니다. 이는 진실을 배반하고 자유에 역행하는 역사퇴행적인 행보입니다.

2·13합의에 따라 추진될 평화조약과 평화체제, 서해교전 재발 방지책 논의 등에서 이 북방한계선 문제는 근본적으로 해결돼야 할 문제이고, 또 역사전환기를 맞은 과도기에서 원활하게 풀려야 할 문제입니다. 이럼에도 불구하고 북방한계선을 마치 영해선이나 군사분계선으로 등치시켜, 법적 근거를 바탕으로 한 합리적 논의를 아예 불가능하게 만드는 구도를 형성하고 있습니다. 이것이 우리의 엄연한 현주소입니다.

이제 역사전환기를 맞은 이 시점에서는 더욱 더 우격다짐이 아닌 합리적이고 평화통일지향적인 접근이 요구됩니다. 북방한계선의 출생배경과 문제점 등을 사실적으로 확인해 이를 무조건적으로 영해선과 군사분계선으로 규정하는 맹목주의에서 벗어나야 합니다.

본 재판과정에서도 논의가 있었지만 그 출생은 북방한계선이란 어원을 보면 명확해집니다. '북방'은 북쪽 방향을, '한계선'은 더 나아가서는 안 될 마지막 경계선을 의미합니다. 곧 남측 배가 북쪽방향으로 넘지 말아야 하는 마지막 선을 의미한 것이지, 북한 배가 넘어와서는 안 될 마지막 경계선이 아니라는 점입니다. 이런 취지로 정전협정 체결 직후인 53년 8월 유엔군사령관이 이승만의 북진무력통일 방침에 따른 남쪽 배의 대북도발을 막기 위해 설정됐던 것입니다.

북방한계선의 문제점은 정전협정이나 국제법적 근거도 없을 뿐 더러 북측과 합의도 없이 온전히 자의적으로 그은 선을 마치 군사분계선이나 영해선으로 억지 규정해 북측 배의 월선을 마치 영해 침범으로 몰아 무력저지를 하는데 있습니다. 이 때문에 서해교전이 발생했고, 장성급회담이 중단되었고, 또 54년 만에 맞은 평화조약마저도 암초에 걸릴 것 같습니다.

남한은 '실효적 지배'에 근거해서 북방한계선을 영해선으로 정당화 하려지만, 북한은 한 번도 군사분계선으로 인정한 적이 없습니다. 그래서 북은 57년부터 해마다 연례행사로 한계선을 넘어 와 남의 '실효적 지배'라는 주장에 대응해 왔습니다. 또 다른 문제는 이 북방한계선이 정전협정을 위배하고 있다는 점입니다. 왜냐면 이 북방한계선은 북의 해주 항구를 봉쇄하고 있어, 해상·공중 봉쇄를 금지하고 있는 정전협정 2조 15항 및 16항을 위배하고 있기 때문입니다.

그래서 본 재판에서도 확인했듯이 96년 7월 제180회 국회국방위에서 이양호 당시 국방장관은 "북방한계선은 어선보호를 위해 우리가 그어 놓은 것으로 정전협정 위반이 아니다"라고 사실을 사실대로 밝혔고, 야당 의원의 질책에도 다시 "넘어와도 괜찮다"고 용기와 소신 있는 답변을 했던 것입니다. 또 99년 서해교전 당시 미국도 분쟁해역 또는 공해라고 논평해 남한 영해를 실질적으로 부인했습니다. 또한 이 당시 남한 군 당국도 처음에는 북한 배의 침범이 아니라 월선으로 발표했습니다.

더욱 문제가 심각해지는 것은 북방한계선이 선포된 50~60년대와는 달리 70년대는 유엔해양법이 12해리 영해 규정을 채택하면서부터입니다. 이 개정 해양법상으로는 북방한계선 해역과 서해 5도 인근 해안 전체가 북의 영해 안에 속하게 됩니다. 이로써 북방한계선이나 서해 5도 주변해역은 50~60년대는 공해였지만 70년대는 북의 영해로 분류될 수 있게 됐습니다. 이에 기초해 북은 99년 '해상 군사분계선'과 2000년 '서해 5도 통항질서'를 선언했던 것입니다.

이와 유사한 국제적 사례는 통일되기 이전의 서베를린입니다. 서베를린은 동독의 영토 안에 존재했던 서독의 영토였습니다. 서독이 서베를린으로 왕래할 때는 동독이 설정·관할하던 통행로를 이용할 수밖에 없었던 것입니다.

역사전환기를 맞아 맹목주의와 우격다짐이 아니라 유엔해양법, 정전협정, 서베를린 관례라는 합법적 준거 틀에 의해 근본적이고 궁극적인 북방한계선 해결방안이 모색돼야 합니다. 여기에다 남과 북 모두 기존 연고주의를 뛰어넘는 북의 양보와 남의 협조가 필요합니다. 이렇게 대승적으로 풀어 이 해역을 평화통일해역과 공동어로의 장으로 삼아야 할 것입니다. 이것이야말로 6·15이행이고 2·13합의에 따른 한반도비핵화와 항구적 평화체제 구축의 부분실행입니다.

이렇게 북방한계선에 관한 역사적·사실적 진실을 규명하고, 이 진실 안에서 자유스런 논의를 통해 해결방안을 모색하고, 이 결과를 널리 알려 일반인을 이해시키는 역할을 이 법정에 서 있는 피고와 같은 비판적 지식인이 담당해야 할 역사적 책무이고 사명입니다. 이와 마찬가지로 이 법정에 앉아 있는 판사님들은 이 같이 진실 안에서 자유로워지는 조건을 저해하는 국가보안법의 남용을 막아야 할 역사적 책무를 함께 지고 있다고 봅니다. 이래서 분단 60여 년 만에 도래한 민족사적 전환기를 역사순응적인 행로로 이끌어 나가야 할 것입니다.

역사가 판사님들을 포함한 우리들을 예의 주시하고 있다는 엄연한 사실을 결코 한시라도 잊지 말고 역사 앞에 겸허해 지기를 간곡히 부탁드립니다.

5. 진실 가로막기와 자유 옥죄기 본보기로서 탈레반 문제

지난 8월 20일 공판에서 담당검사는 스쳐 지나가는 이야기로 탈레반에 관한 저의 최근 발언을 언급했습니다. 이는 동아일보를 비롯한 몇 신문들이 지난 7월 31일 고려대에서 열린 '2007 통일학교'에서 제가 상해임정과 탈레반을 다 같이 테러단체로 동일시했다고 보도했다는 것을 지칭한 것입니다. 우선 제대로 확인이나 검증도 없이 검사가 법정에서 이런 이야기를 함부로 한다는 것은 명확한 근거를 바탕으로 진술을 해야 하는 본연의 기조를 어긴 유감스런 일이라는 점을 분명히 밝힙니다.

탈레반관련 저의 발언에 대한 일부 신문의 왜곡은 그야말로 전형적인 언론파시즘의 발로이고, 진실에 대한 배반이고, 자유를 옥죄는 폭거입니다. 저는 이런 신문의 터무니없는 왜곡에 대해 동아일보, 중앙일보, 세계일보, 문화일보에 언론조정신청서 초안을 작성하고 제출 일자를 언제로 할 것인지 사태를 주시하면서 저울질 하고 있습니다.

중앙일보를 상대로 한 언론조정신청서 초안을 바탕으로 사건 전말을 기술해 일부 신문이 얼마나 진실을 외면하고, 진실을 바탕으로 한 자유를 속박하고, 역사전환기를 맞아 역사순응적인 행보에 걸림돌이 되고 있는지를 밝히고자 합니다.

'2007 통일학교'에서 저는 탈레반이 테러단체이면서 독립운동단체인데도 우리 언론이 대부분 테러단체만으로 간주하는 것이 사실과는 다르고 독립운동단체의 성격을 지녔음을 지적하려 했습니다. 이런 와중에 상해임시정부를 비유했던 것입니다.

그리고는 테러집단이 테러를 감행할 때는 반드시 어떤 정치적 목적을 가지지 단순히 테러 자체를 목적으로 한 경우는 거의 없다는 사실을 학생들에 전달하려고 했습니다. 또한 일반인이야 테러에 대해 단순하게 생각할지 모르지만, 학문적으로 테러 문제는 심층적인 분석과 엄밀한 성격규정이 필요한 사항이라고 생각했습니다. 테러의 성립요건으로는 정치적 목적을 가지고, 불특정다수를 표적으로 하고, 폭력행위를 수반하고, 이러한 폭력행위를 수행할 무장력을 체계적으로 갖춘 경우에 테러단체로 규정할 수 있다는 점을 부각시키면서 탈레반의 테러행위를 설명하고자 했습니다.

이런 점에서 탈레반도 독립이라는 정치적 목적을 위해 테러를 감행했고, 아프칸 독립을 목표로 활동하는 독립운동단체라는 점을 설명하려 했습니다. 또한 탈레반은 정치적 목적인 독립을 추구하지만, 한국 자원봉사자라는 불특정다수를 표적으로 삼았고, 납치라는 폭력행위를 감행했고, 또 이런 테러행위를 자행하는 무장력을 가져 테러단체의 토대를 갖춘 조직이기에 명백히 테러단체라는 것을 설명하려 했습니다.

그러나 상해임시정부는 이런 테러를 감행하는 무장력을 가지지 못했고, 또 윤봉길의사 등은 일본제국주의자들을 표적으로 삼았기 때문에 비록 폭력행위가 있었다하더라도 그것이 불특정다수를 표적으로 삼지 않았기 때문에 테러단체로 보기는 힘들고 독립운동단체로 봐야 한다고 이야기 하려 했습니다. 이는 인질사태가 발생하자마자 학문적으로 이를 규정할 필요가 있어 제 나름대로 성격규정을 이미 정립했던 부분입니다. 학생들에게 질문과 토론을 통해 이 점들을 논의의 초점으로 삼고자 했던 것입니다.

그러나 너무 예민한 문제인 것 같고, 또 언론들이 저의 글이나 발언을 종종 와전 또는 왜곡해 왔다는 사실이 곧바로 떠올랐기 때문에 탈레반 이야기를 곧바로 중단했습니다. 1분도 채 되지 않는 짧은 시간이었습니다. 지나고 보니 이 부분을 끝까지 이야기 했더라면 오해를 덜 살수도 있었던 것 같습니다.

제가 한 말은(강연을 들었던 고려대 학생들에 의해 확인되었음) "탈레반이 한 행위는 테러행위이다." "그런데 테러행위는 (사회학적으로 볼 때) 정치적 목적을 띠기 마련이다." "탈레반이 테러집단이라면 상해임시정부도 테러집단이란 말인가? 이라크나 아프카니스탄정부가 미국의 비호가 없었다면 제대로 설 수 있었겠는가?"라고 하면서 추가 질문을 학생들에게 던져 비판적 상상력을 유도하려다 즉흥적으로 중단했습니다. 1분도 채 되지 않는 시간이었습니다.

앞 뒤 맥락에서 확인되듯이 저는 결코 상해임정을 테러단체와 동일시하려는 의도를 갖지 않았습니다. 또한 분명한 것은 저는 상해임정에 대해 "상해임시정부도 테러집단이란 말인가?"라고 질문을 제기했고, 학생들로 하여금 비판적 상상력을 발휘해 토론하도록 유도하려 했지 결코 테러집단이라고 단정 짓지 않았습니다. 저의 발언은 질문형으로 단정을 내리는 종결형이 아니었다는 점에서도 탈레반과 상해임정을 동일시하지 않았다는 것은 명확해집니다.

이런데도 중앙일보는 저의 발언인 "탈레반이 테러집단이라면 상해임시정부도 테러집단이란 말인가?"를 데일리NK 인터넷매체가 왜곡해 보도한 "탈레반이 테러집단이란 말인가? 그렇다면 상해임시정부도 테러집단이 아닌가?"를 인용하면서, 그것도 전체를 인용하지도 않고 자신의 필요에 따라 앞뒤를 뺀 채 "'탈레반이 테러리스트면, 상해 임시정부도 테러 집단'이라고 주장해"라고 교묘하게 이중 왜곡을 했습니다. 마치 제가 단정을 내리는 종결형의 발언을 한 것처럼 조작한 것입니다.

저의 탈레반관련 발언은 지극히 작은 숫자의 학생들 내부 강연에서였고, 주제가 한반도 분단과 외세로 탈레반이나 인질이 주제가 아닌 가운데 나온 것입니다. 그저 스쳐 지나가는 식으로, 채 1분도 되지 않는 시간에 언급된 것에 불과합니다. 이렇게 즉흥적으로 언급한 것을 일부 신문은 직접취재나 사실 확인도 제대로 하지 않고, 이처럼 아주 예민한 부분만을 조작·왜곡 보도해 사회적 파문을 일으키려했습니다. 이것은 사회공기로서의 언론 본연의 책무에 어긋납니다. 또한 토론과 논박의 과정을 통해 진실에 접근하려는 학문연구와 교육을 원천적으로 제약하는 폭거입니다. 예상 밖으로 조선일보가 이를 전혀 다루지 않아 사회적 파장은 별로 없었습니다만, 분명코 우려스런 현상입니다.

저는 대학교수로서 강의에서 학생들에게 언제나 비판적 인식을 강조해 왔습니다. 너무나 당연한 것으로 공인된 상식이나 사안일지라도 일단 의아심을 가지고 접근해 문제점을 들추어내어 내적 모순이나 감춰진 허구를 밝혀야 한다고 교육해 왔습니다. 이런 성역 없는 비판적 접근과 인식이야말로 참과 진실을 밝히는 학문의 본질에 충실한 것이라고 저는 확신하고 실천해 왔습니다. 이번 강연에서 탈레반 발언 역시 이런 맥락에서 나온 것입니다.

학생들과의 강연이나 강의라는 학문세계에서 1분 정도 시간의 비판적 논의가 이렇게 시비 거리가 계속된다면, 곧 이 정도의 유연성도 우리 사회가 갖지 못한다면, 자유롭고 창의적인 발상에 의해 밝혀지는 진실과 진리는, 또 학문발전은 기대하기 힘듭니다. 이렇게 진실은 은폐되고 진실 속의 자유는 속박되는 상황에서 역사전환기에 처한 우리 사회는 과연 역사순응적인 항로를 개척하고 완주할 수 있을지 의문입니다.

다시 한 번 강조하지만, 합리적 논의나 자유로운 토론까지 원천적으로 옥죄는 이들 언론의 파시즘적 발상은 역사전환기에 놓여 있는 오늘날, 역사순응적 이행에 치명타를 가해 역사퇴행을 이끌지 않을까 지극히 염려스럽습니다. 이를 극복하기 위한 과제 역시 여기 계신 판사님들을 비롯한 우리 모두의 책무라고 여겨집니다.

6. 우리 모두가 함께 일구어야 할 자유를 향해서

2005년 10월 25일 한겨레21의 편집장인 고경태 기자는 그 주 한겨레21 「강정구와 마광수」라는 권두언에서 강정구의 6·25통일전쟁론 필화사건에 대해 도대체 토론하고 검증할 분위기가 조성되지 않는다고 절규했습니다.

> 그런데 토론이 안 됩니다. 아니, 토론할 분위기가 조성되지 않습니다. "강정구는 북에 가서 살라"는 저급한 조롱만이 난무합니다. 이러다 보니 강 교수를 학문적으로 비판하려는 사람들도 주저하게 됩니다. 두 달 전, 한 역사학자에게 강 교수의 시각을 비판적으로 점검하는 원고를 부탁한 적이 있습니다. '통일내전' 발언이 막 파문을 빚기 시작하던 때였습니다. "빨갱이다, 아니다" 따위의 '찌질한' 수준을 넘어 역사적 사실관계를 논쟁적으로 다뤄보고 싶었습니다. 하지만 곤란하다는 답이 돌아왔습니다. 시기적으로 너무 민감하다는 거였습니다. 마녀사냥식의 공격이 가라앉기를 기다리자고 했지만, 두 달이 흐른 지금 그 수위는 오히려 절정으로 치닫습니다.

그리고 그는 제가 학문적 방법론으로 발굴 및 활용해 왔던 역사추상형 비교방법과 유사한 역사적 가정을 동원해 결론을 내렸습니다.

아무튼, 저도 역사적 가정을 하나 해보겠습니다. 100년 뒤의 역사가들이 '강정구 교수 구속 소동과 김종빈 검찰총장의 사퇴'로 이어진 2005년 10월의 사태를 평가한다면? 음… 아마도 이럴 거라 굳게 믿습니다. "유치 만빵이었다."

성격이 좀 다르긴 하지만 송두율 사건을 접한 그의 스승인 현존의 저명한 지성인인 하버마스는 '야만적인' 한국사회에서 한시라도 빨리 떠나라고 송 교수에게 다그쳤다고 합니다.

위 두 사람이 각기 '유치 만빵'이고 '야만적'이라고 기술한 것은 이 필화사건과 관련돼 나타난 우리 사회의 문제점을 세 가지 수준에서 극명하게 잘 보여주고 있습니다.

한편에서는 아예 사실에 입각한 토론이 불필요하고 단지 친북좌파로 몰아 마녀사냥만 하면 끝이라는 야만성이 지배하고 있다는 것입니다. 그야말로 유치 만빵이고 야만적인 수준입니다. 다른 한편에서는 이렇게 예민한 문제를 연구주제로 삼았다가는 혹시 강 교수처럼 올가미에 묶이지 않을까 하는 두려움과 공포에 휩싸여 철저히 자기 보신이나 자기 검열을 하는 나약한 지식인 수준입니다. 또 다른 한편에서는 서울대학교 정치학과 김세균 교수 같은 분입니다. 그는 비록 강 교수에 대한 체계적인 비판 논문을 쓰고 싶어도 야만적인 국가보안법에 의해 재판을 받고 있는 학문동료에게 이중삼중의 시련을 안겨주는 것 같아 비판적 논의와 진실규명을 할 수 없다는 수준입니다.

이유야 어쨌든 이러한 구도 속에서는 "진리가 너희를 자유롭게 할 것이다"라는 예수님의 언명은 결코 구현될 수 없습니다. 성역 없는 추론과 탐색, 창의적 발상, 끝까지 물러서지 않고 벌이는 비판과 논박 및 논증, 새롭고 획기적인 대안모색과 미래 전망 등이 조금도 위축되지 않고 발로 될 수 있어야만 참과 진실과 진리의 마당이 펼쳐질 수 있기 때문입니다. 이런 구도 속에서만 우리는 자유인이 될 수 있는 것입니다.

이는 외부의 간섭으로부터 해방된 상태를 보장받는다는 의미에서 소극적 자유의 범주에 속한다고 볼 수 있습니다. 물론 이러한 소극적 자유는 아직 우리에게는 냉전성역과 국가보안법 때문에 미완의 존재입니다. 하지만 이는 기초적 자유에 지나지 않습니다. 우리는 여기서 더 나아가 이런 조건을 장려하고 북돋아 주어 수많은 사람들이 물질적으로나 정신적으로 흡족한 상태에서 이런 진실탐구에 매진할 수 있는 환경을 만들어 주는 적극적 자유의 경지를 열어 나가야 할 것입니다.

더구나 앞에서 지속적으로 강조했지만 분단과 냉전 60여년 만에 맞이하는 역사전환기에 즈음하여 이러한 소극적 자유와 적극적 자유의 장을 여는 것은 지체할 수 없는 막중대사입니다. 이를 통해 과거의 냉전분단시대로 회귀하려는 역사퇴행을 막고 한반도평화체제와 비핵화 그리고 평화통일의 대장정을 이룩하는 역사순응적인 행로를 굳혀야 합니다.

2·13합의와 2차 남북정상회담 등으로 전환기의 빛과 어둠이 현란하게 중첩·교차되는 시점에서 저를 포함한 우리 모두는 서광의 빛을 가려내어 역사 순응적인 행로를 밝히는 역사좌표를 탐색하고 제시해야 한다고 봅니다. 이와 마찬가지로 여기 계시는 판사님들을 비롯한 사법부가 해야 할 일은 이 헷갈림과 중첩·교차의 소용돌이 속에서 거리낌 없는 논의, 토론, 비판, 탐색의 조건을 만드는 소극적 자유를 보장하는 것이라고 생각합니다.

마무리 지으면서 당부의 말씀을 드립니다. 판사님들께서는 강정구 필화 사건이라는 개인과 개별적 사건 차원에 머물지 말고, 보다 거시적이고 포괄적이면서 민족사의 장기지속의 구도 속에서 사법부가 해야 할 역사적 사명이 무엇인가를 기초로, 역사와 후손에 부끄럼 없는 판결을 내려 주실 것을 당부 드립니다.

역사 전환기에 서 있는 우리 모두는 역사의 방관자나 단순한 객체가 아니라 당당한 주체로서, 담지자로서, 또 자유의 화신으로서, 진정한 역사의 주인이 되어야 합니다. 이 반열에 함께할 동반자로서 이 자리에 계신 판사님들을 정중히 초대합니다.

걸어가면 없던 길도 길이 됩니다. 함께 걸어가면 좁은 길도 더욱 넓어지기 마련입니다. 그래서 역사는 진보하고 발전하는 것입니다.

  지난 6여 년 동안 법정 안팎에서 저와 함께 하신 평화-통일일꾼님들, 향린교회 교우님들, 교수단체 회원님과 동료님들, 동국대 학생님들, 대책위원회 여러분들, 이 모든 분들께 진심으로 감사를 올립니다.

2007년 9월 6일

위 진술인   강 정 구

서울중앙지방법원   제4형사항소부   귀중

제4부

국가보안법의 야만성과 반(反)학문성 II

학문의 자유와 국가보안법*

김정인(춘천교육대학교 사회과교육과 교수)

1. 학문의 자유는 없다?

핫이슈를 다룰 때는 두 가지 방식이 있다. 불섶에 뛰어드는 심정으로 어느 한편의 입장에 서서 직접 논쟁에 참여하는 방식이 있다. "국가보안법을 철폐하라" 또는 "국가보안법을 사수하자." 또 하나는 일단 이슈 자체를 타자화하면서 그 논쟁의 실타래를 가장 근원적이라고 생각되는 지점에서부터 풀어나가는 방식이다. 보편적인 잣대에서 출발해서 구체적 현실로 한발씩 다가가는 방식. 그렇다면, 우리 사회에서 다시 한 번 국가보안법 폐지 논쟁을 촉발시킨 '강정구 교수사건'은 어떤 보편적 화두로 되짚어 볼 수 있을까. 지난 57년간 이 땅에 강고한 뿌리를 내린 채 여전한 위력을 발휘하고 있는 국가보안법 체제의 '힘'을 다시 한 번 확인시켜준 이 사건을 통해 만신창이가 되어버린 것은 다름 아닌 근대 민주주의 투쟁의 산물, '학문의 자유'이다.

---

* 이 글은 교수노조, 민주화를위한전국교수협의회, 학술단체협의회, 한국산업사회학회, 한국산업노동학회 주최의 긴급학술토론회 '국가보안법과 강정구 교수 필화사건'(2005.10.15)에서 발표된 글입니다(편집자 주).

그런데, 학문의 자유에 대한 성찰은 대개 헌법이 보장하는 기본권이라는 시각에 한정되는 경우가 대부분이다. 법적 잣대로 본 학문의 자유, 그 이상의 논의가 진전되지 않는다는 것은 그야말로 학문의 자유에 대한 사회적 공감대가 아직 형성되지 않았음을 의미하는 것이기도 한다. 이는 학문의 자유를 확보하고 수호하는데 앞장서야 할 학자들이 소극적이고 미온적인 태도를 보인 것과도 관련이 있다. 70, 80년대 민주화 투쟁은 곧 지식인들에게 있어 '학문의 자유'를 쟁취하는 과정으로 이해되었고, 또한 일정 부분의 지평을 확보한 것도 사실이다. 하지만, 이번 사건에 대한 일반 학계와 학자들의 무관심한 혹은 적대적이기까지 한 태도에서 알 수 있듯이, 아직도 우리 사회에서 학문의 자유가 갖는 민주주의적, 미래지향적 가치에 대한 공감대가 현격히 부족한 것이 현실이다. 이처럼 대학과 학계가 선도하여 향유하고 수호해야 할 본질적 가치로서의 학문적 자유는 등한시 한 채, 그저 법적 잣대로만 학문의 자유를 해석하고 적용하는 관행을 용인하게 만든 우리 사회의 지적 풍토는 어디에서 연유한 것일까?

2. 학문의 자유에 관한 전통적 논의

이러한 문제의식을 보편적 가치로서의 학문의 자유에 관한 설명에서 출발해 풀어나가 보자. "모든 국민은 학문과 예술의 자유를 가진다"고 규정한 헌법 조문이나 여타의 법률 규정의 분석에서 출발했던 종래의 학문의 자유에 대한 접근방식에서 탈피하여, 고답적이지만 그 지적 기원으로 일단 거슬러 올라가 본다.

학문의 자유 이념은 12세기 중세 유럽대학의 출현과 그 역사를 함께 하고 있다. 중세 유럽 대학들이 역점을 둔 학문의 자유는 대학조합의 자치특권과 면책특권이었으며, 학문 그 자체의 탐구를 위한 자유는 아니었다. 하지만, 교회나 국가가 간섭하려고 들 때에는 학자들은 단합된 응집력을 통해 항거했다. '학문의 자유'라는 용어가 최초로 사용된 것은 19세기 독일의 대학에서이다. 프러시아제국은 베를린 대학의 설립을 계기로 대학에 학문의 자유(Akademische freiheit)라는 특권을 부여했다. 이 특권을 통해 독일 대학은 중세의 대학과는 달리 국가의 보호에 전적으로 의지하면서 '진리가 어디로 인도해가든 오직 진리만을 추구함'을 근본이념으로 하였다. 그러므로 독일 대학에서의 학문의 자유 이념은 '지적 자유' 그 자체였다. 20세기에 들어와 미국에서는 학문의 자유 이념을 이론적으로 성문화하여 제도화하는 일이 진행되었다. 1915년에 창립된 미국대학교수연합회(AAUP)는 중세 유럽 대학의 자치특권과 독일 대학의 지적 자유 이념, 그리고 미국의 자유민주주의 전통과 특히 연방헌법의 권리장전에 보장된 시민의 기본 자유를 기초로 학문의 자유에 관한 원칙을 제정했다.[1]

이처럼 '진리추구'를 목적으로 하는 학문의 자유는 대학을 중심으로 형성된 근대 서양의 지적 전통에서 나온 것이다. 이후 20세기 학문의 자유에 대한 지적 논쟁을 주도한 것은 역시 미국 학계였다. 일종의 관용어구가 되어버린 '학문의 자유'라는 개념과 그 가치 역시 오랜 논쟁을 거쳐 정립된 것임을 유념하면서 간략히 전통적인 논의들을 살펴보자.

1) 학문의 자유를 파괴하는 것은 자유사회의 근본 생명을 파괴하는 것이다

학문의 자유는 개방된 자유사회를 위해 반드시 필요한 본질적 가치이다. 비판과 지식의 성취와 개인적 사회적 생활의 질적 향상을 위한 도구이기도 하다. 가치 그 자체로서의 지적 자유는 자유 사회의 주요한 요소이다. 학문의 자유는 모든 집단과 모든 사회를 위해서도 필요한 지적 자유 가운데 가장 중추적인 자유이다. 학문의 자유를 파괴하는 것은 자유사회의 근본 생명을 파괴하는 것이다.[2]

---

[1] 박덕원, 2000, 『대학과 학문의 자유』, PLUS, 201~203쪽. 이하 학문의 자유에 관한 논의는 이 연구성과를 주로 참조하여 작성한 것임을 밝힌다.
[2] Dewey, J., 1938, *Experience and Education*, London : Collier-Macmillan Co.

2) 자유가 없이는 진리 추구가 불가능하다

자유가 없이는 진리의 추구가 불가능하다. 학자가 자신이 연구하고 교수할 것을 결정함에 있어서 권위를 상실하거나, 이단적인 견해라 하여 저지당하거나, 기업가에게나 정치에 불리한 연구와 교수라 하여 억제를 받는다면 지식의 진보란 있을 수 없다. 그러므로 어느 기관이든 지식의 진보에 관심이 있다면 학문의 자유를 보장해야 한다.[3]

이처럼, 지식이란 학자들이 아무런 구애 없이 진리를 탐구하고 그 결과를 교수하고 출판할 수 있는 학문의 자유가 보장될 때만이 진보할 수 있다는 사실은 이미 역사적 경험이 입증하는 바다.

3) 진리의 상대성을 인정하라

학문의 자유는 전문인으로서의 자격을 갖춘 사람이 자기의 전공 분야에서 자기가 본 대로의 진리를 탐구하고 발견하며 출판하고 교수할 수 있는 자유이다. 이 자유는 자기들의 윤리기준에서 규정하는 통제나 자기들의 수칙에서 명시하는 대로, 진리와 결론이 확정되는 합리적 방법의 권위가 아니면 그 어떤 종교적, 정치적 통제나 권위에도 복종하지 않는 자유이다.[4]

즉, 학문의 자유란 진리를 탐구하기 위한 자유로, 진리를 탐구하고자 하는 사람은 사람마다 진리에 대한 인식이 다르다는 사실과, 진리라고 확신했던 것이 오류로 판명된 것이 있는 반면 태양중심설과 같이 오류라고 단정했던 것이 진리로 판명된 경우도 있다는 사실을 인정할 수 아는 자세를 갖추어야 한다.

---

[3] Hirst, P.H. & Peters, R.S., 1970, *The Logic of Education*, London : Rout-ledge and Kegan Paul.

[4] Hook, S., 1984, "The Principle and Problems of Academic Freedom," *Vital Speeches of the Day*, Vol.50, No.22.

4) 학문의 자유는 사회적으로 유용하다

자유로운 탐구는 경제발전과 사회 문제 해결에 필요한 지식을 생산하기 때문에 학문의 자유는 사회적으로 유용하다. 또한 장애 없는 탐구의 자유는 진리추구의 필수조건이며 특히 열정적인 진리추구는 마땅히 존중받아야 한다. 또한, 탐구하고 의문을 가져보고 비판적으로 사고하며 특히 비판력을 기르고 행동으로 실천할 수 있는 등의 자유는 개방적인 사회의 성공적인 자제(自制), 이 양자의 존립을 위해 절대적으로 필요하다.[5]

5) 학문의 자유는 시민의 기본권이다

학문의 자유는 시민의 일반적 자유에 포함된다. 학자 역시 전문지식 분야 이외의 일에 있어 시민의 일원으로서 학문의 자유를 누릴 권리를 갖고 있다. 이에 따르면 학자의 정치활동 참여가 정당화된다.

6) 학문의 자유에 대한 제한은 학계와 대학사회의 몫이다

학문의 자유 역시 다른 모든 자유와 마찬가지로 남용될 가능성이 상존하고 있기 때문에 제한이 따르기 마련이다. 그것은 학계와 대학의 몫이다. 대학과 학계에서는 이미 증명되었거나 곧 증명될 수 있는 사실을 설명함에 있어 진리를 고의로 왜곡하는 학자나 교수를 제거해야 할 도덕적 책임이 있다는 것이다. 구체적으로 보면, 연구실험에 있어 증거를 날조하거나 자기가 주장하는 바의 연구물을 옹호하기 위해 기록을 위조하는 경우에는 마땅히 도덕적 책임을 져야 한다. 물론 이러한 학문의 자유에 대한 제한은 자유를 제한하는 데 목적이 있는 것이 아니라 이 자유를 손상시키려는 파괴자를 방어하는 데 있다.

---

[5] Cadwallader, M.L., 1983, "Reflection on Academic Freedom and Tenure," *Liberal Education*, Vol.69, No.1.

이상의 논의를 요약해보자. 자유 없이는 진리 추구가 불가능하며, 진리는 상대적인 것이다. 시민적 기본권인 학문의 자유는 사회적으로 유용한 가치로, 만일, 이를 파괴하고자 한다면, 이는 자유사회의 근본 생명을 파괴하는 행위로 간주되어야 한다. 만일 학문의 자유가 결여되어 있다면, 그 책임은 대학과 학자들에게 있고 회복시켜야 할 소명 역시 그들의 몫이다. 이처럼 오랜 투쟁 끝에 시민적 기본권으로까지 자리 잡은 학문의 자유는 대학의 자치 전통에서 비롯되는 것으로, 독재정치와 권위주의 체제에 의해 침탈당하고 또 이에 저항한 역사를 갖고 있지만, 줄곧 학자가 연구하고 그 결과를 발표하고 또한 이를 교수하는데 있어 개인의 양심과 선택을 최대한 존중하는 풍토를 양성해왔다.

3. 우리 사회에서의 학문의 자유의 현주소

우리의 현실은 어떠한가. 아쉽지만, 학계에서 서양의 전통적인 논의들을 참조하면서 과연 우리 사회에서 학문의 자유는 무엇을 의미하며 그 실현 방안에는 어떤 것이 있는지에 대해 진지한 논의를 전개하고자 했던 흔적을 찾기 어렵다. 다만, 이번 강정구 교수사건처럼 학자가 소위 '시국사건'의 당사자로 등장할 때, 수면 위에 부상했다가 이내 잠수하기를 반복해왔을 뿐이다.

이처럼 학문의 자유에 대한 논의가 전무한 가운데, 이번 강정구 교수사건의 경우처럼 학자가 자신이 연구한 결과를 발표할 자유를 명백히 침해당한 경우에도, 그와 다른 견해를 갖고 있음에도 불구하고, 그를 결코 인신구속해서는 안된다는 입장을 당당하게 표명하는 학자들이 의외로 적다는 현실에 주목하지 않을 수 없다.

서울대 송호근 교수가 10월 12일 자 중앙일보에 실은 칼럼「민교협, 그리고 강정구 교수께」를 보면, 그 역시 처벌에 반대한다는 입장 표명 없이 학문적 자유를 거론하면서 '객관성의 확보'를 요구하고 있다. 학문적 모양새를 갖췄다고 해도 사회적 발언은 항상 이데올로기적이므로 이념적 혐의를 줄이는 유일한 방법은 양쪽을 같은 거리에서 보는 것이란다. 진리의 상대성을 인정하면서 개별 학자의 학문적 성과를 최대한 존중하는 안목 대신에 학문의 자유에 관한 전통적 논의에서는 거론되지 않는 '편향되지 않는 객관성'이라는 가치를 주장하고 있는 것이다. 그런데, 양쪽을 같은 거리에서 본다는 것은 곧 양시양비론을 요구하는 것에 다름 아니다. 학문의 자유를 보장받기 위해서는 최소한 편향되지 않는 객관성, 곧 중립적이어야 한다는 각박증은 송두율 사건에서도 여실히 드러났다. 재판부는 송두율 교수에게 남북한 비교 연구에서 양시양비론적 태도의 입증을 요구했고, 1심 판결문에서 내재적 접근법을 사용하기 위해서는 '그 사회의 이념(주체사상)이 실현된 결과 스스로 드러나게 된 문제점과 모순 역시 함께 연구하고 이를 지적하고 비판함으로써 학자로서 객관성을 잃지 않도록 노력해야 할 것이다'[6]라고 훈계하기도 했다. 하지만, 우리 사회에서 학문의 자유를 가늠하는 잣대로 평가되고 있는 '객관성'은 진리 혹은 학문의 객관성이 의심받거나 부정되고 있는 학문적 현실에서 볼 때, 오히려 진리의 상대성을 존중하는 학문의 자유를 침해할 가능성이 높은 정치적 수사에 불과한 것이다.

이처럼, 학문의 자유에 대한 학계의 논의가 전무하고 또한 천박한 가운데, 우리 사회에서 학문의 자유가 논란이 되는 계기는 주로 국가보안법에 의해 제공되었다. 학문의 자유는 헌법에 명기된 국민의 기본권이지만, 그 가치와 범위를 제한하는 역할을 한 것은 국가보안법이라는 특별법이었다. 헌법학계에서는 헌법에 명시된 학문의 자유를 '학문적 활동에 관하여 공권력의 간섭이나 방해를 받지 아니할 자유'로 매우 협소하게 정의하기도 한다. 한편에서는 학문의 자유에 관한 전통적 논의를 수용하여 '진리와 진실을 진지하게 탐구하고 인식하는 자유'로 파악하면서 연구의 자유, 연구발표의 자유, 교수(강학, Lehrfreiheit)의 자유, 학문적 집회 결사의 자유 등으로 분류하기도 한다.

(ㄱ) 연구의 자유: 연구라 함은 사색, 독서, 조사, 실험 등에 의하여 진리

---

6) 서울지방법원 2004.3.30. 2003고합1205.

를 탐구하는 행위를 보장하는 자유.
(ㄴ) 연구결과발표의 자유: 연구결과를 외부에 공표 하는 자유. 대학의 강의실 이외의 집회에서 발표하거나 학술지, 또는 저서로써 발표하는 경우를 의미한다.
(ㄷ) 교수의 자유: 연구의 자유의 연장선상에 있다. 대학이나 고등교육기관(한국과학원 등)에 종사하는 교육자가 자유로이 교수하거나 강의하는 자유.
(ㄹ) 학문적 집회·결사의 자유: 학문을 공동으로 연구하거나 발표하기 위하여 집회를 개최하거나 단체를 결정하는 자유[7]

그런데, 학문의 자유가 헌법에 명기된 이상, 법률에 의한 제한 대상이 될 수 있는가의 논란이 있을 수 있다. 이에 대해 헌법학자들은 학문의 자유 가운데 연구의 자유는 외부와의 연계성이 비교적 희박하고 내면적인 자유이므로 절대적 자유권에 속하나, 연구결과 발표나 교수의 자유, 집회·결사의 자유 등 학문의 자유의 외부적 표현은 사회적 전파성으로 인해 헌법 37조 2항[8]에 의하여 최소한의 제한을 받는다고 보고 있다. 이러한 경우라도, 학문의 자유를 제한함에는 표현의 자유에 관하여 확립된 '명백·현존하는 위험'의 원칙이 존중되어야 한다고 주장한다. 그러나 학문 활동이 일단 학문적 목적으로 이루어진 이상 그것을 발표하는 것 역시 연구의 자유와 마찬가지로 보장되지 않는 한 학문의 자유는 공허한 것이 되고 만다. 결국 법적으로 볼 때 학문의 자유의 핵심은 연구결과발표의 자유라고 할 수 있다.[9]

하지만, 이러한 헌법학계의 학문의 자유에 관한 최소한의 원칙론적인 '합의'도 학문의 자유를 둘러싼 법리적 논쟁이 국가보안법 사건을 중심으로 진행되는 현실에서 제대로 구현되기 어려웠다. 대법원 판례에 따르면, '헌

---

7) 권영성, 2002, 『헌법학원론』, 법문사, 498~499쪽.
8) 헌법 제37조 ② 국민의 모든 자유와 권리는 국가안전보장·질서유지 또는 공공복리를 위하여 필요한 경우에 한하여 법률로써 제한할 수 있으며, 제한하는 경우에도 자유와 권리의 본질적인 내용을 침해할 수 없다.
9) 김종서, 2004, 「송두율사건을 통해 본 학문의 자유」, 『민주법학』 26, 88쪽.

법이 보장하는 학문의 자유는 진리의 탐구를 순수한 목적으로 하는 경우에 한하여 보호받을 수 있는 것으로, 반국가단체를 이롭게 할 목적으로 공산주의 관련서적을 소지하고 있었다면 그것은 학문의 자유의 한계를 넘어선 것'10)이다. 또, '반국가단체 또는 국외공산계열의 활동을 찬양 고무 동조 기타 이롭게 하는 행위를 할 목적으로 학문 연구활동을 빙자하여 문서 도서 기타의 표현물을 제작 수입 복사 운반 또는 발표하는 등의 행위를 하는 경우'도 학문 연구로 볼 수 없다.11) 즉, 대법원은 진리탐구를 거론하고는 있지만, 법적용에 있어서는 학문의 자유의 한계를 결정할 수 있는 기준을 이적성 여부에 두고 있다. 더욱이 이제까지 국가보안법에 의해 '이적표현물'로 간주되어 처벌받은 대학교수의 강연내용, 대학교재, 학술용 도서와 논문 등을 살펴보면, 그 이적성조차도 어떠한 표현이 국가의 존립안전을 위태롭게 한 명백한 위험성이 있는 표현인지에 대한 명백한 입증도 없이 그저, '북한의 주장에 동조한다', 또는 '국가변란을 선전선동한다' 등으로 애매모호하게 판시되는 경우가 대부분이었다.

이처럼, 국가보안법이 그야말로 옥상옥(屋上屋)으로 헌법 위에 군림하면서 학문의 자유가 정치지향적인 사법부에 의해 유린되어온 것이 우리의 현실이다.

4. 국가보안법에 의한 학문의 자유 침해 사례12)

국가보안법은 우리 사회에서 학문의 자유가 질식당한 채 표류하게 만든 장본인이다. '국가보안법 체제'로부터 자유로울 수 없었던 대학과 학자들은 끊임없는 자기 검열을 통해 독재와 권위주의 체제에 순응해 나갔다. 그리

---

10) 대법원 1986.6.24. 선고86도403판결.
11) 대법원 1982.5.25. 선고82도716판결.
12) 학문의 자유 침해 사례는 민주화실천가족운동협의회에서 발간한 『국가보안법 적용상에서 나타난 인권 실태』(2003)와 김귀옥(2000, 「한국전쟁과 레드콤플렉스, 학문의 자유」, 학술단체협의회 한국전쟁50주년 기념 학술대회)을 주로 참조하여 작성했음을 밝힌다.

고 학문적으로 금기시되었던 새로운 영역을 개척하고 비판적이고 창조적인 지성인을 양성하고자 했던, 즉 학문의 자유를 향유하고자 했던 학자들은 '적을 이롭게 한다'는 구실로 영어의 몸이 되어야 했다.

1) 연구결과발표의 자유 침해

(1) 금기1, 적성국가론: 리영희 교수의 『8억인과의 대화』사건

1977년 11월 23일 리영희 교수가 반공법 제4조 2항이 적용되어 구속당했다. 이유는 중국 기행문인 『8억인과의 대화』에 실린 글 중에서 중국 공산혁명의 필연성 내지는 정당성을 인정하고, 중국 공산당의 활동을 찬양·고무·동조하는 부분이 있는데, 그 부분을 삭제하거나 혹은 어떠한 이유로 그 부분은 잘못 평가된 것이라는 번역자의 의견을 삽입하지 않았기 때문이었다. 그는 징역 2년을 선고받고 1980년 1월 9일 석방되었다.

(2) 금기2, 민족해방투쟁의 역사

① 항일무장투쟁사: 이재화의 『한국근현대민족해방운동사』사건

안기부는 1989년 12월 1일 이재화라는 필명으로 『한국근현대민족해방운동사』를 집필하고 서울대 및 전남대 학보 등에 항일무장투쟁사에 관한 글을 기고한 혐의로 이승환씨를 구속했다.[13] 문제가 된 것은 '1920년대 말에서 1930년대 초경부터 동만주 일대에서 나타나기 시작한 김일성 등 새세대 공산주의자들의 항일무장투쟁은 우리나라 민족해방운동의 주류운동이고 일제의 패망에 결정적으로 기여한 운동'으로 평가한 부분이었다.[14] 당시 한국역사연구회는 김일성의 실체에 관해 사실여부를 묻는 판사의 질의에 대해 '북한의 최고지도자 김일성이 동만 일대에서 항일투쟁을 벌였던 사실

---

13) 『한겨레』, 1989.12.2.
14) 서울지방검찰청 89형 제105445호 사건의 공소장, 19쪽.

에 대해서는 부정하는 학자가 거의 없다'고 답변했다. 그는 징역 1년의 실형을 선고받았다.

② 빨치산: 김무용의 『빨치산 역사기행』사건

1995년 3월 23일 방송통신대학교 강사인 김무용은 역사학연구소가 만든 기행 자료집 『빨치산 역사기행』 가운데 자신이 집필한 「한국현대사와 빨치산 활동」이라는 글이 "과거 빨치산 활동의 혁명전통을 계승하자는 내용의 이적표현물"이라는 혐의로 구속되었다. 한국현대사 전공자가 문헌자료와 증언을 바탕으로 쓴 글도 헌법에 보장된 학문의 자유를 보장받을 수 없었던 것이다. 그는 1심에서 징역 1년 집행유예 2년을 선고받고 풀려났다.

③ 4·3항쟁: 아라리연구원의 『제주4·3민중항쟁』사건

치안본부는 1990년 7월 12일과 7월 13일에 걸쳐 아시아·아프리카·라틴 아메리카연구원의 김명식 원장, 동 사무국장 부좌현, 이재호 연구원 등과 함께 소나무출판사 대표 유재현씨를 각각 구속했다. 이들이 '반세기 가까이 왜곡·은폐되어온 제주4·3항쟁을 규명'하기 위해 출간한 『제주4·3민중항쟁』이 이적표현물이라는 것이다. 그런데, 이 책은 당시 비로소 조명을 받기 시작한 제주4·3항쟁에 관한 신문, 잡지기사, 디군정보고서, 체험기, 해외논문, 통계자료 등을 엮은 자료집이었다.

(3) 금기3, 맑스주의적 사회과학 연구방법론

① 이진경(본명 박태호)의 '사회구성체논쟁'사건

안기부는 1990년 1월 17일 서울대 사회과학대학원생 박태호(필명 이진경)를 국가보안법 위반 혐의로 구속했다. 그는 1987년 7월 『사회구성체론과 사회과학 방법론』(아침)과 1988년 10월 『신식민지 국가독점자본주의논쟁』(벼리)에 실린 「성격과 임무와 비판의 논쟁에 대한 개괄적 평가」 등의 논문에서 "민중민주주의 혁명으로 노동자계급의 헤게모니가 확립돼야 한

다"고 주장했다는 혐의를 받았다. 그는 이후 국가보안법상 이적단체 구성
('노동계급' 사건)혐의가 추가되어 기소되었고, 1심에서 징역 2년의 실형을
선고받았다.

② 서울사회과학연구소사건

1991년 6월 27일, 기무사와 검찰은 서울사회과학연구소 연구원인 신현준, 권현정, 이창휘, 송주명, 한준, 홍성태 등을 강제 연행했다. 이중 4명이 구속되었다. 그들이 공동 집필한 『사회주의의 이론, 역사, 현실』(민맥, 1991) 때문이었다. 이 책이 '남한 현실을 미제국주의와 파쇼권력, 독점자본가계급에 의하여 노동자계급 등 민중이 착취당하고 있는 신식민지국가독점자본주의사회로 규정하고 (……) 계급동맹을 형성하여 민중민주주의혁명으로 파쇼정권을 타도'하는 데 있다고 보아 북한의 주장과 동일하다는 것이 혐의내용이었다. 그런데, 신식민지국가독점자본주의론은 당시 친북이 아니라 오히려 반북이라는 신문보도가 나가면서 논란이 일자 공안당국은 반북이 아니면 곧 친북이라는 논리로 국가보안법을 적용하는 해프닝을 벌이기도 했다.

③ 박지동 교수의 『진실인식과 논술방법』사건

1997년 11월 26일 검찰은 광주대 박지동 교수에 대해 그의 저서 『진실인식과 논술방법』(일월서각, 1996)이 주체사상과 유물론에 의거하여 남한의 역사를 왜곡, 비난하고 반국가단체인 북한의 활동을 찬양 선전 또는 이에 동조하여 이들의 활동을 이롭게 할 목적으로 제작 반포된 것이라는 혐의를 적용해 구속했다. 박 교수는 구속된 지 두 달여 만에 병보석으로 나왔지만, 6년여 동안 국가보안법 혐의의 굴레에서 자유로울 수 없었다. 2003년 8월 27일, 광주지방법원은 "공소 사실에 기재된 발췌 부분은 국가의 존립과 안전이나 자유민주적 질서를 위협할 정도가 아니다"며 "피고의 저서가 이적표현물이거나 이적 행위를 할 목적이 있다고 인정할 수 없다"고 무죄를 선고했다.

2) 교수(敎授)의 자유 침해

(1) 시험 문제: 이동화 교수사건

성균관대 법대 이동화 교수는 1955년 5월 19일 서울대학교 정치학과가 주최한 강연에서 "원자력의 놀랄 만한 발전과 가공할 엄청난 파괴력은 결국 미·소 양국이나 그 밖의 어느 나라의 전쟁도 불가능하게 만들었으며 따라서 미·소를 중심으로 한 양대 진영의 평화적인 공존은 불가피하게 되었다"라고 발언한 바 있었다. 사법당국은 이와 같은 내용이 "동서진영의 평화적인 공존을 강조하고 있어 반공정신에 어긋나는" 것으로 국가보안법 위반 혐의를 적용했다.[15] 이렇게 시작된 이 교수에 대한 혐의는 "자유진영과 공산진영이 공존할 수 있는 볼셰비키들의 주장을 설명하라", "맑스주의 국가론을 간단히 설명하라"는 등의 시험 문제와 "민주진영과 공산진영은 공존할 수 있다"는 등의 강의 내용에까지 적용되었다.[16] 그는 두 달 뒤인 7월 30일 서울지방법원에서 선고유예 판결을 받았다.

(2) 강의 내용: 임영천 교수사건

조선대학교 국문학과 임영천 교수가 1977년 9월 9일 강의내용 일부가 북한의 활동을 고무·찬양하였다는 혐의로 구속되었다. 6월 중순 경 강의실에서 공과대학 1년생 120명을 상대로 맹자의 인·의·예·지 4덕 중 '인'에 관한 설명을 하면서 "북한은 우리가 식량을 원조해준다고 하더라도 국제여론이나 체면 때문에 그 제의를 받아들이지 않을 것이고 여태까지 굶주리면서도 참고 평등하게 살아온 정신력이 강인한 사람들인데 그 제의를 받아줄 것이냐, 절대로 받아들이지 않을 것이다" "또 우리 나라에도 굶주리는 사람이 많은데 거기까지 도와줄 식량이 있겠느냐"는 취지의 말을 한 것이 문제

---

15) 박원순, 1992, 『국가보안법 연구 2』, 역사비평사, 195쪽.
16) 『동아일보』, 1955.6.5.

였다. 그런데, 이 같은 '범죄사실'을 유죄로 만든 것은 바로 그의 강의를 들은 제자들이었다. 그는 1심에서 징역 3년 6월의 실형을 선고받았다.

(3) 강의 교재: 경상대 교재 『한국사회의 이해』사건

『한국사회의 이해』사건은 1994년 7월 27일 서점에 깔린 교재가 압수되고 지이출판사 대표에게 검찰 출두요구서가 날아오면서 시작되었다. 급기야 대검 공안부장이 대학교양교재 내사를 발표하자 방송·언론사에서는 박홍 서강대 총장의 '빨갱이교수설'과 관련지어 『한국사회의 이해』의 집필자들을 거론했다. 또한 검찰 측은 공안문제연구소의 교재에 대한 분석을 토대로 여론 재판을 전개했다. 그들은 교재가 '한국의 자본주의 발전을 폄하하는 북한의 입장'과 같은 것이고 '저자들은 주사파'라는 억측을 남발했다. 이에 집필 교수 8명은 "학문적 성과에 대한 평가는 학문적 논쟁을 통하여 이루어져야 하는 것이지, 공안당국에 의해 재단되어서도 안되고, 될 수도 없다"는 원칙에 따라 경찰의 출석 요구에 불응할 것을 밝혔다. 8월 31일, 담당 판사(최인석)는 학문의 자유를 이유로 구속영장 청구를 기각했다. 그러나, 11월 30일 검찰은 장상환과 정진상을 국가보안법 7조 등의 위반혐의로 창원지법에 기소하였고, 무려 11년 만인 2004년 3월 대법원으로부터 무죄 선고를 받았다.

5. 학문의 자유 부재가 초래한 비극: 여론재판에 의한 침해 사례

피의자들은, 자신들은 자본주의 사회에 대한 사회과학적 분석방법으로서 마르크스주의를 택하고 있을 뿐이지, 자신들의 사상이 마르크스주의적인 것은 아니며, 자신들은 북한의 체제 및 사회에 대하여 비판적인 시각을 갖고 있으며 (……) 법이 보호하여야 할 중요한 국민의 기본권인 점 등에 비추어 명백하고 현존하는 위험이 존재한다고 보기 어려운 이 건과 같은 경우 (……) 국가공권력의 개입보다는 대학자신의 자율적 조절 기능에 맡기는 것이 여러모로 낫다.

『한국사회의 이해』의 필자들에 대한 구속영장을 기각한 최인석 판사의 사유서 내용이다. 여기서 우리는 마르크스주의적 방법론을 학문적으로 수용했을 뿐이고, 그 사상을 갖고 있지는 않으며, 북한체제에 대해 비판적 시각을 갖고 있다고 강변해야 하는 학자의 심정을 헤아리지 않을 수 없다. 학자로서 최소한의 양심이 국가보안법 체제 안에서는 보호받기 어려운 것이 현실이기 때문이다. 이렇듯 아직도 우리 사회에는 원론적 의미의 학문의 자유가 존립한다고 보기 어려울 뿐 아니라, 학문의 자유를 논할 자리조차 마땅치 않은 실정이다. 이처럼 학문의 자유가 부재한 현실에서 언론이 주도하는 여론재판이 횡행하면서 학문 활동을 위축시키는 비극이 지금도 계속되고 있다.

1) 1988년 서관모 교수사건

1988년 6월 3, 4일의 한양대에서 열린 제1회 학술단체협의회 연합심포지엄에서 충북대 서관모 교수는 「중간 제계층의 구성과 민주변혁에서의 지위」라는 논문을 통해 1980년대 말 사회구조와 그 성격을 분석적으로 설명하면서 1970년대 이래 일어나고 있는 사회변혁의 흐름을 '민족해방 민중민주주의론'으로 명명했다.

그런데, 며칠 뒤인 6월 8일 자 『조선일보』에 김등길은 "자유민주주의가 국시가 되는 것도 힘에 겨워서 허덕이는 이 나라에서 '부르좌적 자유주의는 싹이 노랗다. 이제는 노동자계급이 헤게모니를 잡는 민족해방 민중민주주의 변혁이 될 수밖에 없다'는 주장을 어느 국립대학의 젊은 교수가 들고나와 토론장의 열기를 더욱 뜨겁게 하였다는 것이다. (……) 나를 정말 놀라게 한 것은, 대학교수가 북한당국의 「혁명노선」과 크게 다를 바 없는 이론을 공공연하게 내세워도 잡혀가지 않는 그런 세상이 되었다는 사실이다"라는 내용의 칼럼을 발표했다. 결국 김동길의 칼럼은 서울지검이 서관모 교수에게 검찰출두를 요청하는 사태로 번져나갔다. 하지만, 학계의 적극적인 대응과 학문의 자유를 보장하라는 여론이 비등하면서, 사면초가에 몰린 검찰은 결국 소환 대신 서관모의 의견서를 우편으로 제출받은 뒤 사건을 무혐의 처리하고 말았다.

2) 1993년 한완상 교수사건

1993년 2월 문민정부가 출범하면서 1기 통일원 장관에 임명된 한완상 교수는 취임 직후인 3월 19일, 비전향장기수 이인모씨를 북한으로 송환하였다. 그리고 그 해 『월간조선』 8월호에는 한완상 교수의 통일관을 왜곡하고 폄하하는 기사가 게재되었고, 이후 줄곧 그는 "청와대에 '빨갱이'가 있다"고 주장하는 보수 세력 및 언론의 공격에 직면해야 했다. 다시 『월간조선』은 12월호에 양동안(한국정신문화연구원 교수)을 인터뷰하여 "공직자 사상공개제도가 필요하다"는 기사를 실었다. 직후 한완상 교수는 결국 현직에서 물러났다.

3) 1997년 이장희 교수사건

1997년 『월간조선』 7월호에는 「통일원의 이상한 통일 캠페인」이라는 제하의 기사가 실린다. 여기서 『월간조선』은 외국어대 법학과 이장희 교수가 쓴 『나는야, 통일1세대』(천재출판사, 1995)라는 책이 북한을 고무 찬양하고 이적행위를 했다고 비난했다. 이건개 의원도 이장희의 책을 연방제 통일을 조장하는 내용이라며 현행법 위반상황을 조사 보고하라고 통일부에 지시했다. 이후 보수 언론과 단체들의 여론재판이 잇달았다. 그리고 같은 해 10월 월간조선사는 이장희를 고발했다. 그리고 12월 29일 이장희는 3개월간 출국금지 및 불구속 기소를 당했다.

4) 1998년 최장집 교수사건

김대중정부 시절, 대통령자문 정책기획위원회 위원장이 된 최장집을 향해 돌을 던진 이 역시 『월간조선』이었다. 그 해 11월호에는 그의 글을 짜깁기하여 의도적으로 왜곡한 「6·25는 김일성의 역사적 결단', 최장집 교수의 충격적 6·25전쟁관」이라는 기사가 실렸다. 당시 조선일보사는 보도기사, 사설, 칼럼, 만평, 가십, 독자투고 등 모든 지면을 동원하여 최장집을 집중 공격했다. 결국 최장집도 현직에서 물러나야 했다.

5) 2001년 강정구 교수사건

서울경찰청 보안수사대는 2001년 평양에서 열린 '민족통일 대축전'에 참가한 후 8월 21일 김포공항을 통해 귀국한 동국대 사회학과 강정구 교수를 국가보안법 위반 혐의로 긴급체포해 구속했다. 강 교수에 대한 국가보안법 적용은 애초 평양에서 개최된 8·15민족대축전에 방북단의 일원으로 참가하였다가 만경대에서 방명록에 "만경대 정신"이라는 내용을 기재한 사실이 언론을 통해 대서특필되면서 비롯되었다.

그런데 검찰은 수사과정에서는 그동안 발표한 모든 논문, 강의안들에까지 수사를 확대했다. 만경대 방명록 사건만으로는 처벌하기 어렵다고 판단하고 압수수색을 벌여 찾아낸 2001년 대학가에서 공개적으로 열렸던 토론회의 발제문과 동국대로부터 연구비를 지원받아 작성한 논문을 뒤늦게 문제 삼은 것이다. 이에 대해 변호인은 "그동안 학문의 자유 영역에서 보호받고 아무런 문제가 되지 않다가 방명록 사건이 터지자 이를 계기로 강씨의 학문체계 및 사상체계를 편의에 따라 분해하여 마녀사냥식으로 '김일성 신봉자'로 만들고 있는 과정에 다름아니다"고 주장했다. 이 사건 1심 재판부는 "더 이상 도주 및 증거인멸의 우려가 없고 불구속재판의 원칙에 따라" 강교수에게 보석을 허가했으며 현재 1심 재판이 진행 중이다.

6) 2003년 송두율 교수사건

2003년 9월 22일 37년 만에 고국 땅을 밟은 재독학자 송두율 교수는 곧바로 안기부에 불려가 조사받았고, 결국 11월 19일 국가보안법 위반혐의로 구속되고 말았다. 그 기간 동안 조·중·동을 비롯한 보수언론들은 송두율에게는 "해방 이후 최대 간첩"이라는 덫을 씌우고 확인되지 않는 '범죄사실'

들을 나열하며, 거의 광적으로 마녀사냥에 열중했다. 여론재판에 만신창이가 된 송두율은 자신이 조선노동당 후보위원이라는 혐의를 벗고, 또한 간첩이 아닌 학자로서 남북화해와 통일에 기여하기 위해 북한을 방문하고 또 내재적 접근법에 입각한 북한 연구결과를 발표하고, 남북통일학술회의를 개최한 사실 등을 입증해야 했다. 1심에서 징역 7년의 중형을 선고받았던 그는 2심에서는 징역 3년에 집행유예 5년을 선고받아 석방되었다.

6. 학문의 자유, 국가보안법의 폐지로부터

이처럼 1990년대 이후 발생한 학문의 자유 침해 사례는 조선일보나 한국논단 등과 같은 보수 언론의 여론몰이에 의해 주도되는 특징을 보이고 있다. 사건을 '제조'하면서 보수 언론과 단체들은 그것이 마치 국기를 뒤흔든 중죄 사건인양 과민 반응을 보인다. 광적인 제스츄어를 통해 사실 여부와 상관없이 국민들의 레드 콤플렉스를 자극한다. 그런데, 그러한 '집단적 가학성'에 기인하는 광기가 아직도 국민들에 의해 용납되고 있는 것 또한 현실이다. 여전히 '국가보안법체제'는 강고하다. 이런 상황에서 우리 사회가 학문의 자유를 향유할 수 있는 풍토를 마련하는 것은 요원한 일이다. 그것은 무엇보다도 국가보안법을 폐지하는 일에서부터 시작되어야 한다. 동시에 레드 콤플렉스를 거두어 내는 일도 시급하다.

레드 콤플렉스가 이 땅에 뿌리를 내리게 된 결정적 계기는 바로 한국전쟁이었다. 앞서 한완상, 최장집, 강정구 사건에서도 드러나듯 보수언론이 시비를 건 것도 바로 그들의 한국전쟁관이었다. 이번에 문제가 된 강정구 교수의 글 역시 한국전쟁을 '북한 지도부에 의한 통일 내전'으로 규정하고 있어 논란이 되고 있는 것이다. 이처럼 한국전쟁은 한국 현대사에서 가장 중요한 사건으로 남북 문제를 풀어 가는데 있어서도 최대의 난제이다. 이제는 남남갈등의 빌미까지 제공하고 있는 실정이다. 그렇지만 예상외로, 한국전쟁에 관해서는 오직 하나의 '정설'만이 통용되었을 뿐, 외국 학자들의 지속적인 문제제기와 우리 학자들의 새로운 연구성과가 축적되었음에도 불구하고 본격적인 논쟁이 제대로 전개되질 못했다. 만약 이번 강정구 교수사건을 계기로 레드 콤플렉스로부터도, 국가보안법으로부터도 자유로운 생산적 논쟁이 전개된다면, 그것이야말로 지금의 넌센스 정국을 전화위복의 계기로 삼아 학문의 자유를 누릴 수 있는 길을 모색할 수 있지 않을까 기대해 본다. 위기는 곧 기회이므로.

지금 이 사건을 두고 한편에서는 학문의 자유를 침해했다고 주장하고, 다른 한편에서는 학문적 자유를 악용한 선전선동에 불과한 것이라고 일축한다. 그러나, 상식적인 학자의 눈으로 볼 때, 이 사건은 '진리는 오로지 하나 뿐이다'라는 교조주의에 빠져 명백히 학문의 자유를 침해한 사건으로 학문의 자유 혹은 교권을 수호하고자 하는 학자들은 강정구 교수의 처벌에 단호히 반대해야 마땅하다. 하지만, 학계에도 학문의 자유라는 보편적 가치를 추구하기보다는 반북·반공적 정서에 더 익숙한 학자들이 많은 것이 현실이다. 그러한 성숙되지 못한 여건에서나마 강정구 교수의 처벌에 반대하고 학문의 자유를 침해하고 억압하는 국가보안법의 폐지를 요구하는 동시에 그 학문적 연구결과물에 대해서는 치열하고 생산적인 논쟁의 장을 마련하는 것, 그것이 지금 바로 학계가 해야 할 역할인 것이다.

언론 자유, 그 화려한 신화와 우울한 현실*

전규찬(한국예술종합학교 교수)

1. '자유민주주의'와 언론자유의 모순

"우리는 인권, 민주주의, 자유, 합리성, 정의, 평등 등과 같은 추상적이면서 보편성을 띤 이야기만 나오면 비록 그것이 비열한 정치 음모와 직결됐다 하더라도 그 보편성 때문에 그저 주눅이 들고 움츠리고 뒷걸음질 쳐" 왔다고 비판한다. 기의에 대한, 그 권력과의 접합 및 그에 따른 왜곡된 활용 가능성에 대한 의심 없이 그 번지르르한 기표만 반복 사용 혹은 수용하고 있는 안일한 언어 관습에 대한 조롱이다. 아니 애정 깊은 채찍질이다. 의미와 무관할 수 있는 말에 대한 고발이다. 구체적으로 질문하라. 그 놈의 자유는, 그 놈의 인권은 대체 누구의, 무엇을 위한 자유고 인권이요? 그래서 그는 "'누구누구를 위한 무슨 내용의 어떠한 자유'와 같은 구체적인 내용이 담겨지지 않는 한 속임수와 음모로 둔갑하기 십상"이라고 경고한다. "'어느 정도의 자유를 누구에게 주려고 하는가, 누구를 우리와 동등하

---

* 이 글은 교수노조, 민주화를위한전국교수협의회, 학술단체협의회, 한국산업사회학회, 한국산업노동학회가 주최한 긴급토론회 '국가보안법과 강정구 교수 필화사건'(2005.10.15)에서 발표된 글입니다(편집자 주).

게 인정하려는가, 그것은 어느 정도까지인가' 등을 구체화하지 않는 한 수사에 불과하고 환상을 일으키는 속임수에 지나지 않는다"[1]는 이 에이치 카(Carr)의 이야기를 끌어들이는 것도 구체성 없이 신화로, 이데올로기로, 판타스마고리아로 작동하는 '자유', '인권', '민주주의', '정의'에 대한 심의(審議)의 필요성을 강조하기 위해서일 것이다.

그런 그를 시험하기 위해서인가, '자유'가 강정구 교수를 고발한다. 당신은 '자유'의 방종자이고, '자유'의 적절한 한계를 넘어섰으며, 그래서 '자유민주주의체제'의 공적이라고. 강정구 교수가 비판한 '자유란 거창한 이름아래 진행되는 전쟁'이 이북을 상대로 한 정권붕괴용 저강도전쟁이 아닌, 내부의 적, 바로 강정구 교수를 상대로 한 개인구속용 고강도전쟁 형태로 진행 중인 것이다. 일탈과 위법성에 대한 공권력의 징계 의지는 검찰에서만 발견되는 게 아니다. 심지어 법학을 공부한다는 교수까지 텔레비전에 나와 '자유민주주의' 체제를 위태롭게 그에게는 일정한 처벌, 훈육이 불가피하다고 주장까지 한다. 그래서인가? 그는 입을 다물었다. 인신 구속하겠다는 공권력의, 국가의 선언에 기계 되기로 답한 것이다. 법질서의 작동과 기계(적)작동의 어긋남. 문제는 여기서 그치지 않는다. 그에 대한 검열은 '그'에게 그치지 않고, '그들'로 확장된다. 보다 정확하게 말해서, '우리' 모두를 잠재적으로, 현실적으로 표적 삼는다. 국정 감사 현장에서 강 교수를 들먹이며 "나라의 정체성을 부정하는 세력들이 온갖 소란을 다 피우고 있는데 심히 우려하지 않을 수 없다"[2]고 한 한나라당 의원의 발언은 그 일례에 불과하다.

바로 이러한 점에서 강 교수사건은 우리 모두의 사건이다. 특수한 사건이 아닌, 보편적 사건인 것이다. 좀 더 구체적으로, 언론 보편의 핵심 사건이다. 언론과 매체는 한참 다르다. 말로서 자신의 의견을 표현할 수 있고, 그럼으로써 사회적으로 소통할 수 있는 권리와 실천으로서의 언론(言論)은

---

1) 「강정구 칼럼: 남북 주도로 미국의 '민족 앞길 가로막기' 넘어서기를」, 『데일리서프라이즈』, 2005.6.24.
2) 「최병국 의원 "6.25는 북침?," 반 외교 "물을 필요 없는 질문"」, 『노컷뉴스』, 2005.10.11.

현 체제가 승인한 자유주의론의 핵심이다. 신문과 방송은 바로 권리와 실천을 사회적으로 용이하게 매개하기 위해 마련된 장치에 불과하다. 그런데 바로 이들 매체 중 일부 수구적인 것이 강 교수를 빌미'로 해서 언론 자체에 대해 문제를 삼고 나선 것이다. 언론 자유, 자유 언론에 대한 매체의 공세다. 인·민의 역능에 대한 권력의 검열의지의 작동이다. 자유민주주의라는 것이 엉뚱하게 보통사람들 모두의 보편적 권리에 해당하는 언론의 자유, 언론 즉 자유와 맞서 싸우는 해프닝이 지금 벌어지고 있는 사태의 핵심이다. 그리고 자유민주주의의 기본 신념이라고 할 언론 자유를 바로 그 체제가 고발하고 나선 이번 사태의 배후에는 언론이라는 말을 독점하고 욕망하는 매체, 좀 더 정확히 말해서 냉전 이데올로기에 침윤된 수구매체가 존재함을 간과하지 말아야 한다. 요컨대 이번 사태는 언론 자유에 대한, 그 확장에 대한 거대 매체의 봉쇄(containment) 및 되말아 먹기(roll-back) 총공세에 불과하다.

2. 수구매체의 공세, 언론자유/자유언론의 진압

『Fearless Speech』라는 소책자에서 푸코(M. Foucault)는 왜 어떤 것(행위, 현상, 과정)이 어떻게, 그리고 어떠한 이유로 문제가 되는지 그 '문제화(problematization)' 과정에 주목할 것을 요청한다. 그렇다면 왜 하필 강 교수의 발언은 어떻게, 무슨 연유로 지금과 같이 문제가 되었을까? 이번 공안파동의 핵심에 '수구언론'이 아닌, '수구매체'가 존재함을 분명히 할 필요가 있다. 현 체제에 우호적이고, 전통적 가치에 믿음을 두는 언어 행위, 표현 행위, 소통과정으로서의 '수구언론'은 문제일 수 없다. 그러한 '수구언론'은 그것이 소통과 표현, 언어의 행위인 한 비판적 거입을 통해 다소간 조절 가능하다. 그러나 수구적 질서에 깊이 이해관계를 두고 있는, 수구적 권력과 깊이 연루된 '수구매체'는 전혀 다르다. 수구매체는 제도이자 체제며 권력 그 자체다. 현 정권보다 더 막강한 힘을 행사하는 이 땅의 무소불위 실세다. 언론과 매체를 혼동하는 것과 함께, 이처럼 과정으로서의 '수구언론'과 제도 및 체제로서의 '수구매체'를 혼동하는 것은 금물이다. 이번 강 교수사건의 이면에는 언론 진화를 봉쇄코자 하는 언론을 빙자한 매체의 의지가 강력하게 작동하고 있다. 강 교수 개인의 말하고 글 쓰고 발언·표현·소통할 수 있는 권리 즉 언론을 넘어선, 우리 모두의 (현실적으로 존재하거나 잠재적으로 가능한) 진보적 언론 행위 자체를 차단코자 하는 수구매체의 도발과 이에 대한 공권력의 발 빠른 대응이 사태의 진상이다.

지난 2005년 7월 27일 강 교수는 인터넷 『데일리 서프라이즈』에 「맥아더는 38선 분단집행의 집달리였다!」는 상당히 긴 칼럼을 실었다. 이 글에서 그가 하고 싶었던 이야기의 핵심은 "통일전쟁"론이 아닌, "맥아더 동상허물기가 너무나 당연한 민족사적 요구이고 합리적 행보임을 피력"하는 데 있었다. 폭력은 "21세기 평화와 인권을 지향하는 탈냉전 통일시대"에 어울리지 않음을 분명히 하는 동시에, 그는 맥아더 지지자들 역시 "합리적 논리와 근거를 내면 속에 어느 정도 갖춘 것으로 보여 지기도 한다"고 인정한다. 결국 그가 제안하는 것은 폭력적 충돌을 대신한 "토론이나 논쟁을 통해 시시비비를 가리는 합리적 방법"이었으며, 따라서 자신의 과감한 해석에 대해서도 "욕설이나 비방이 아니라 상응하는 차분한 반론을 기대"한다고 글의 서두에서 밝혔다.[3] 이성적 토론의 제안이고, 합리적 대화의 요청이었다. 그런데 바로 이런 언론 행위에 대해 수구매체는 전체적인 문맥은 둔 채 부분을 갖고 문제를 들고 나섰다. 마치 〈올드미스다이어리〉에서 며느리가 뺨때린 부분을 갖고 '패륜'이라고 전체를 매도하고 나온 것과 비슷하다. 그럼으로써 방송위원회의 판단이 심의가 아닌 검열로 전락했던 것과 마찬가지로, 강 교수에 대한 수구매체의 반응도 자유로운, 신념에 기초한 언론 행위에 대한 검열의 조치였다.

불온하고 은밀한 채널이 아닌, 널리 알려진 인터넷 매체를 통한 강 교수의 언론 즉 공론의 행위는 바로 수구매체의 검열망에 걸려든다. 『중앙일보』와 『조선일보』, 『동아일보』 등 일간지들이 재빨리 그의 "통일전쟁" 발언을 둘러싸고 "논란이 예상된다"고 예고하고 나섰다.[4] 공개적 토론의 주제를

---

3) 「맥아더는 38번 분단집행의 집달리였다!」, 『데일리 서프라이즈』, 2005.7.27.
4) 「강정구 "6.25는 통일전쟁…미국은 은인아닌 원수"」, 『중앙일보』, 2005.7.27.

논란의 문제로 변환시키는 수구매체의 전형적인 수사법이다. 그 이전 조갑제 등 우익의 훨씬 위험스러운 주장에 대해서는 결코 사용하지 않는, 수구적 이념의 틀에서 벗어난 언론 행위에만 제한적으로 적용되는 용법이다. 이제 강 교수는 "적화통일"되지 않은 것을 아쉬워하는 학자도, 지식인도 아닌 "자기 분열적"인 불량 존재로 전락한다. "아무리 사상과 표현의 자유도 있다지만 국가의 기본적 정체성을 흔드는 것까지 용납돼서는 안 된다"5)는 판단이 일찌감치 내려진다. "대한민국에 살면서 대한민국을 부인하는 것으로 삶의 의의를 찾을 게 아니라 그가 그토록 경애하는 김정일 위원장의 조선민주주의인민공화국에서 새 삶을 찾는 게 나을 것,'6) "대한민국에 남아 있을 이유가 없다"7)라며 강 교수에 대해 체제 밖으로의 추방령을 내린다. 사법부에 앞서, 이미 매체에 의해 단 하루 만에 위헌하고 제거되어야 할 반체제 인사라는 판결이 내려진 것이다. 『조선일보』에 실린 강 교수에 대한 "이성적 대응"의 제안8)은 폭력적 응징의 완성된 후에야 공허한 말장난으로 흘러나온다.

이렇듯 강정구 교수는 공개적 발언 직후 쿠데타를 들먹이는 체제 위협의 우익에게는 절대 쓰지 않는 "자라나는 아이들에게 끼칠 해악이 참으로 걱정되는" 존재, "대한민국의 정통성을 부정하고, 적화통일도 허용하는 통일 지상주의자"로 낙인찍힌다. 이러한 '문제화' 과정을 가능케 하는 데는 한홍구 교수의 지적처럼 '방법론에 대한 몰이해'가 결정적이다. 사회과학과 일반인들 사이에서 흔히 쓰이는 '역사추상방법론'에 따른 추리에 대한 왜곡이다. '만약 미국이 개입하지 않았다면' 하고 역사추상방법론에 기초해 "질문을 던진 것 자체가 강 교수가 이북에 의한 공산주의적 통일을 바라기 때문이라 몰아가고" 있는 것이다. 그러면서 오히려 강 교수를 "상상력과 성찰이 빈곤한 사람"으로 규정한다. 이렇게 강 교수에 대한 문제화가 완성된 상태에서 이후의 논의는, 비록 그것이 학문적 형태를 띠고 있다고 해도 정해

---

5) 「아무리 사상·표현의 자유가 있다지만」, 『국민일보』, 2005.7.28.
6) 「강교수는 '경애하는 지도자 동지'의 품에 안겨라」, 『조선일보』, 2005.7.28.
7) 「강정구 교수 왜 대한민국에 있는가」, 『동아일보』, 2005.7.28.
8) 「강정구 교수 변명의 논리, 그 세가지 오류」, 『조선일보』, 2005.8.16.

진 틀에서 결코 벗어나지 않는다.『문화일보』의 칼럼을 통해 철학을 전공하는 한 교수는 암시적이기는 하지만, 자유의 파괴범에 대한 관용의 위험성과 처벌의 필요성을 피력한다. "우리는 강 교수의 극단적인 역사 인식까지도 허용할 수 있는 자유민주주의의 포용력과 시민들의 건강한 판단력을 신뢰한다. 그러나 자유민주주의가 자신을 부정하는 사람들을 언제 어디까지 허용해야 하는지에 대한 사회적 합의에 대한 논의는 시급하다. 한계 없는 관용은 관용 자체를 파괴하고, 제한 없는 자유는 자유 자체를 파괴하기 때문이다."

'논란이 될 것'이라고 사태를 틀 짓는 기사를 이념성 강한 사설이 일제히 이어받고, 이를 외부 '전문' 칼럼이 그럴듯하게 치장된 언어로 승인하는 동시에 일부 우익단체를 중심으로 한 '플래크(flak)'가 요란스레 "규탄 시위"를 떠벌여 실재화 시킴으로써 마침내 사회적 공황(social panic)이 인위적으로 만들어진다는 홀(S. Hall)의 설명 공식, 촘스키의 선전모델(propaganda model)은 이번 사례에서도 여지없이 그 타당성이 확인된다. 사실 수구 신문의 이념 공세는 단순히 강 교수 개인의 차원에 그치지 않는다. 강 교수 개인의 차원을 넘어서, 구체적이지 않은 매우 모호한 "한국의 좌파 세력"으로 확장된다. 사회적 위기(social crisis) 차원으로 확산된 것이다. 미리 준비나 하고 있었던 것처럼,『문화일보』는 바로 다음 날 "이런 역사인식을 가진 교수가 강 교수뿐 만은 아니다. 심지어 통일안보 정책에 관여하는 요직 가운데 강 교수와 유사한 남북관을 지닌 인사가 드물지 않다고 한다. 그런 교수, 그런 정책 담당자, 그런 교과서로 대한민국의 근간이 적잖이 흔들리고 있다"고 주장한다.[9] 정확하게 이들이 누구인지 명시하지 않은 채 사회 이념적 공황 사태를 더욱 강화시킨다. 매카시즘의 혐의가 농후하다.『조선일보』김대중 칼럼도 "저들" "NL 세력"의 "지상으로의 부상"으로 파악한다.

강정구 발언은 이전 상황들을 집약하는 상징적 의미를 갖는다. 이제 친북세력은 당당하고 꺼릴 것이 없다는 태도다. 보수적 입장의 한 대학

---

9)「교수가 '적화통일' 무산 아쉬워하는 나라」,『문화일보』, 2007.7.28.

교수는 "이 다음 단계는 보수층과 우익을 대상으로 하는 테러로 이어질 것이 분명하다"고 단호하게 말했다.10)

요컨대 사태의 촉발은 강 교수의 과감하고 공개적인 토론 제안에 대한 조·중·동 등 수구매체의, 전체적 문맥을 탈락시킨 상태에서 일탈적 부분에만 초점 맞추는 과잉 이데올로기적 검열로부터 시작되었다. '강 교수=좌파세력=친북세력=테러리스트'의 재빠른 등식 설정과 그에 기초한 여론의 선동, 사회적 공포감의 조성은 자연스럽게 공권력의 개입 요구로 이어진 것이다. 수구매체는 21세기에 들어서도 여전히 공안정국을 조성하고, 그럼으로써 자기 존립의 정당성과 자기 권력의 실재성을 확인코자하는 욕망을 잃지 않는다. 수구매체의 힘은 바로 이렇게 일칼자를 감시·적발하고, 사회적 공분을 불러일으키며, 국가적 징계절차의 작동을 촉구하는 선동·선전의 힘을 통해 지속적으로 만들어진다. 경찰, 검찰의 국가 권력에 앞서 매체 권력의 이데올로기 작동에 우선 주목해야 하는 이유가 바로 여기 있다. 이런 틀 형성, 의제 설정의 의지는 검·경찰의 사법처리 검토가 시작된 8월 중순, 9월을 지나면서도 간헐적으로 계속된다. 다만 중요한 것 수구매체를 선도로 한 이러한 공안 분위기 조성의 시도가 그 직전에 터진 '엑스 파일'로 인해 원하는 효과를 얻지 못했다는 사실이다. 일반 시민들은 강 교수사건보다는 '엑스 파일'로 인해 드러난 자본의 부패, 공권력의 타락, 수구매체에 훨씬 공분했다. 그래서 공안정국조성 노력은 잠시 동안 실패했다. 문제는 그렇다고 포기할 수구매체가 아니라는 것이다. 눈치 보던 매체는 '엑스 파일'의 폭발력이 검찰과 매체, 정치권의 조직적 사보타지에 의해 불발탄으로 그치면서, 다시 부활하게 된다.

3. 최종적 구금과 추방을 향한 '사각동맹체제'의 작동

『중앙일보』가 특히 그랬다. 수세의 국면을 돌파코자 하는 정략적 판단이

---

10)「강정구 발언이 의미하는 것」,『조선일보』, 2005.7.31.

작용한 것이라는 추측이 결코 무리는 아니다. 기자와 사측의 자성은 말장난에 그친다. 위기 탈출을 위한 일시적이고 기회주의적인 공약(空約)임이 금방 드러난다. '뼈를 깎는 심정으로 자성할 것'이며, '제대로 된 신문으로 새롭게 태어날 것'이라는 약속은 권력을 되찾고자 하는 사적 이기심에 의해 무효화된다. 결국 공론의 책임, 공론장의 역할, 사회적 소통의 기능이 선전의 책임, 이념기계의 역할, 사회적 선동의 역할에 의해 대체된다. 검-언-권 유착에 대한 진실 규명의 노력이 지지부진한 상태에서, 수구의 목소리는 이렇듯 『중앙일보』를 비롯한 조·중·동·문의 새로이 강화된 '사각동맹체제'에 의해 재작동하기 시작했다. 사실 강 교수사건은 '엑스 파일'이 터지면서 상업적 경쟁심으로 인해 약간 금이 간 세 신문사들이 다시 이념적으로 연대하고, 이들을 중심으로 한 수구매체체제가 강력히 정비되는 중요한 계기가 되었다. '엑스 파일' 사건 동안 잠시 주춤했던 수구의 목소리가 바로 이 새롭게 공고히 된 수구매체를 중심으로 단일 대오로 규합할 수 있게 된 것이다. 강 교수는 바로 이런 사회 정치적 정황의 변화, 바로 정확하게 이를 변화시키고자 하는 수구권력의 필요에 의해 다시 부활한다. 사건을 다중의 기억 속에 끊임없이 각인시키고, 계속해 새로운 사건인 양 설정하며, 그럼으로써 여론을 조성하며, 징계의 목청을 높이는 공세가 계속된다.

 7월 말의 공세가 강 교수(들)를 공중의 적으로 낙인찍는 데 초점 맞추어져 있었다면, 새롭게 시작된 공세에서는 그(들)에 대한 공권력의 강력한 처벌에 더욱 분명하게 맞추어졌다. 신문들은 다투어 강 교수에 대해 "사법처리 불가피"하다며, 익명의 검찰 '소식통'을 인용해 여론을 압박한다. "강정구 교수 글 국보법위반"이라고 검찰을 앞세워 자신의 이념을 설파한다. 8월 18일 『조선일보』는 '"6·25 통일전쟁" 강정구 교수 사법처리 검토'라고 보도했다. 당일 『문화일보』는 자신이 조·중·동·문의 사각동맹체제에 가담해 있음을 "검찰까지 친북시위 방치 하는가"라는 사설로 증명했다. 공권력에 대한 압박 수위를 높인다.

 (……) 이적혐의가 분명한데도 3주 넘게 '수사 검토' 수준을 맴돈다. 검

찰 일각에서는 남북 화해무드에 찬물을 끼얹을 수 있다는 상황논리를 내세우고 있다고 들린다. 그러나 국보법이 엄존하는 이상 법 적용 회피는 곧 직무유기다. 안보형사법의 필요성을 역설해 온 검찰이 바로 그 법의 사문화를 거드는 듯한 처신은 자가당착이 아닐 수 없다.[11]

  국가보안법에 따라 강 교수를 처벌하는 것이 검찰의 유일한 선택이며, 나머지는 "곧 직무유기다"는 이러한 주장에는 국보법을 "엄존"시키고자 하는 강력한 의작 베어있다. 그 이전에 이미 드러난 것이지만 『문화일보』의 수구 이념적 색깔내기는 이번 사건에서도 매우 두드러진다. 조·중·동의 카르텔을 깨고 이를 '사각동맹체제'로 확대시키기에 충분하다. 9월 30일 강 교수가 민교협 토론에서 재차 자신의 신념을 밝히자 "강정구 친북발언 인내하기 힘들다"며 즉각 사설을 내놓은 것도 『문화일보』였다. "북한정권을 모사 표절"한 강 교수가 "대한민국이 공산화 되지 않은 것을 절절히 애통해 하며 결국 공산화 통일의 걸림길인 한미동맹을 폐기하고 주한미군을 철수해야 한다"고 주장했다고 정리한다. 사실의 주장을 가치의 주장으로, 역사에 대한 발언을 이념의 선언으로 왜곡한다. '강 교수=공산화 주장=친북주의자'의 고리 걸기가 재차 시도된다. "학문이라는 포장을 빌려 실체적 진실을 호도하는 발상은 야비하다. (……) 우리는 그가 학문을 도용해 이런 주장을 할 게 아니라 차라리 교수 직함을 벗어던지고 적화통일을 외치는 것이 떳떳한 처신이라고 본다"고 결론 맺는다.[12] 강 교수는 이제 파렴치범이다. "교수 직함을 벗어 던지고 적화통일을 외치는 것이 떳떳한 처신"이라는 주장은 적화통일을 외쳤기 때문에 교수 직함을 박탈시켜야 한다는 주장에 다름 아니었다. 말과 표현, 언론에 대한 검열 혹은 비난 수준을 한참 넘어서는, 물리적 인신 구속, 폭력적 신체 구금의 주장이었다.

  사실 강 교수는 9월 14일 한양대 강연회에서도 같은 의견을 내놓은 바 있다. 요컨대 그는 7월부터 9월까지 줄곧 공개된 매체를 통해 자신의 일관된 의견을 공개적으로 밝혀 온 것이다. 그런데 14일의 발언에 대해서는 잠

---

11) 「검찰까지 친북시위 방치하나」, 『문화일보』, 2005.8.18.
12) 「강정구 친북발언 인내하기 힘들다」, 『문화일보』, 2005.10.1.

잠하던 수구신문들이 9월 30일 훨씬 더 학술적인 매체를 통해 표현된 강 교수의 입장에 대해 흥분하기 시작했다. 마치 새로운 일이 터진 것처럼 "파문", "폭언", "무차별 언어폭력"이라는 딱지가 붙는다.『중앙일보』는 "민주화 종착역은 공산화인가"라는 외부 칼럼으로,『동아일보』는 "'강정구 보호막 치기' 뭘 하자는 건가"라는 사설을 통해, 그리고『조선일보』는 "'강 교수 사건' 내팽개친 검찰"이라는 '기자수첩'을 통해 통일된 반응을 보였다. '조・중・동'이 이들 세 신문들 간 이데올로기 동맹의 관계에 대한 정확한 명칭임을 다시 한번 확인시켜 주는 순간이었다.『중앙일보』에 칼럼을 기고한 신방과 출신의 한 교수는 "이제 공산주의자들이 지하에서 지상으로 떳떳하게 나온다는 시그널이며 마르크스와 엥겔스가 무덤에서 좋아 벌떡 일어날 일"이라고 단정한다. 스스로를 '합리적 민족주의자', '진보적 민족주의자'라고 부른 강 정구 교수의 관점에서 볼 때, 맑스주의 사상의 깊은 침체를 목도하고 있는 현실 좌파진영의 입장에서 볼 때 전혀 현실적이지 않은 말투다. 그럼에도 불구하고 이런 선동・선전의 과격하고 과장된 언설은 대중을 흥분시키고, 사태를 왜곡하며, 불안과 공포를 조성하기에 딱 알맞다. "건국 이래 한국의 반공에 눌려 지하에 머물렀던 NL 세력이 마침내 지상으로 표출하는 신호탄을 올리고 있음"이라는 앞선 김대중 칼럼의 내용을 그대로 빼닮았다.『중앙일보』는 바로 이 외부 칼럼 하나로 그 이전의 다소간 소극적인 자세를 완전히 반전시킨다.

> 그런데 왜 하필 오늘의 이 시대에 공산주의 선언이 나오게 되었을까. (……) 이렇게 국민은 공산화 위협에 협박당하고 있는데 야당은 도대체 어디에서 무엇을 하고 있는가. (……) 한마디로 9.30 강정구 발언은 대한민국과 국민에 대한 테러다. 미국이 당한 9.11 테러보다 한국인들에게 준 충격과 공포가 더 크다. (……) 우리는 대한민국만이라도 '하느님이 보우하사' 공산화가 안 된 것을 천만다행으로 천우신조로 생각한다. 그런데 공산화되지 않은 것을 아쉬워하고, 일생의 한으로 품고 있는 사람들이 우리 사회에 있다니, 앞으로 민주화의 가면을 쓰고 민족의 이름을 팔면서 회색지대에 숨어 있는 공산주의자들이 지상으로 속속 나올 것이다. 이들의 부상을 주목해야 할 것이다.13)

진지한 학자적 논평이라기보다는, 이념의 으름장, 말의 폭력으로밖에 들리지 않는 주장이다. 공황을 조장하려는 의도가 명백한, 과거 공안정국 때에서조차 찾아보기 쉽지 않았을, 절제된 글쓰기와 한참 거리가 먼 주장이다. '전문가'란 '권력이 원하는 말을 그럴듯한 말투로 풀이해 대신 말할 수 있는 자'라는 촘스키의 정의에 따르면, 『중앙일보』는 바로 이렇게 이념의 폭력행사를 위해 전문가를 동원하는 데 주저하지 않는다. 오히려 '전문가'의 입을 통해 "우리"와 우리를 위해하는 "그들"의 냉전 이데올로기를 더욱 효과적으로 가공·재생산한다. 이처럼 이 교수의 문제를 "공산주의자들"의 문제로 복수화하는 경향, 그리하여 제조된 상상의 '그들'을 막연한 '우리'의 위협세력으로 설정하는 대결의 논법은 강 교수의 발언이 "자유민주주의 체제를 위협하는 세력"의 발언이며, 그런 '이적성 발언'은 "우리 사회에서 확산되고 있는 이념 대립의 최전선에 있다"면서 갈등을 조장하는 『동아일보』의 사설에서도 그대로 반복된다. "더 큰 혼란을 막기 위해서도 이제 법원은 서고에서 잠자는 사건기록의 먼지를 털 때가 되지 않았을까"14)면서 강 교수에 대한 사법처리를 종용하는 『조선일보』의 '기자수첩'으로 이어진다. 이러한 '우리 대 그들'의 명확한 이분법의 설정을 통해 조·중·동은 여당의 정치적 판단에 대해서도 이념 공세가 가능함을 노골적으로 드러낸다. '우리 모두 다함께'를 내세워 막상 우리의 정치적, 사회적, 역사적 담론 개방의 여지를 차단코자 한다. 한나라당과 박근혜 대표도 강 교수를 맹비난하고 나섬으로써 '우리'편으로 가담한다.

'우리'를 내세워 오히려 나/우리, 즉 인·민을 구속하는 이 불가사의한 '우리 대 그들'의 대당 구조는 앎과 무지, 문화와 야만의 충돌로 번역되기도 한다. 강 교수를 무지의 주인공, 그가 지닌 시민의 권리에 대한 옹호자 혹은 비판적 지지자들을 무조건 야만의 세력으로 몰아간다. 바로 이런 '앎/문화 대 무지/야만'의 수사법은 강 교수(들)를 마치 〈개그콘서트〉에서 희화화 되는 '팔레스타인＝테러범/집단'처럼 웃겨버린다. 코미디로 처리해버림으로써, 사태의 의미를 무화시킨다. 『조선일보』는 '뉴라이트 닷컴'과 인터

---

13) 「민주화 종착역이 공산화인가」, 『중앙일보』, 2005.10.10.
14) 「강 교수사건 내팽개친 검찰」, 『조선일보』, 2005.10.11.

뷰한 서울대 한 명예교수의 말을 인용하는 간접 화법을 구사한다. 그녀에 따르면 논란은 이념의 문제가 아닌, "지식이 갖춰야 할 최소한의 상식도 갖추지 않은 것의 문제"이다. 그녀/우리＝지식/문화＝상식에 대한 그＝무지/야만의 해프닝이라는 주장이다. "탈북자들이 쓴 책 한 권만 읽었어도" 그런 말할 수 없다는 주장의 인용에도 무지에 대한 냉소적 분위기가 지배적으로 깔려 있다. 강 교수의 학문적 신념은 바로 그 한권의 책을 읽지 않았기 때문에 비롯된 무지의 소산일 따름이다. 강 교수가 아닌, 지식에 대한 모독, 학문에 대한 모독이라고 밖에 보여 지지 않는 대목이다. 아무튼 강 교수만 '무지'한 게 아니라, 그가 지닌 사상과 표현의 자유를 인정해야 한다는 견해 또한 "법리를 오해한 무지에서 비롯된 것"[15]일 뿐이다. '우리'는 모든 것을 올바르게 아는 주체이고, '그들'은 무지하고 야만적인, 그래서 합리적으로 규율·훈육될 대상이라는 묘한 이분법이 완성된다.

　보수신문에서 발견되는 또 다른 특징으로 인신공격성 보도를 빠트릴 수 없다. 그 선봉에는 『조선일보』가 있다. 8월 20일 신문은 강 교수가 자사와 다른 일간지에 시험친 적 있다고 밝힌다. 10월 5일에는 강 교수의 가족 이야기를 들추어낸다. "'장남 미법률회사 근무 차남은 카투사 군복무' 강 교수 가족이력 화제"[16]라는 것이다. 사생활을 "화제"로 만들어내고자 하는 선정주의의 혐의가 짙다. 사건은 이제 언론과 학문의 자유와 법질서/공권력이라는 공적 사안과 아무 상관이 없는, 강 교수 인격에 대한 모독적이고 사생활 침해적인 '스캔들'로 변질된다. 사건과 상관이 없음에도 필요하고 이런 이야기는 여전히 강 교수의 인격 자체를 불법화하는 데는 매우 유효하다. "자식들이 미국에서 활동하고 있다던데, 미국과 가까이 살면 이익이 된다는 사실을 부정하면서 고매한 이론을 펴는 것처럼 하는 위선이야말로 가장 큰 문제"[17]라는 학자의 말을 인용한다. 인신공격은 "온 가족이 미국 혜택 누리며 '미국은 원수'라?"는 제목의 사설[18]에서 극에 이른다. 심지어

---

15) 「강정구 보호막 치기' 뭘 하자는 건가」, 『동아일보』, 2005.10.11.
16) 『조선일보』, 2005.10.5.
17) 「이인호, "강정구, 탈북자 쓴 책 한권만 읽었어도…"」, 『조선일보』, 2005.10.11.
18) 『조선일보』, 2005.10.4.

강 교수의 위상을 실추시키기 위해서라면, 그의 말의 진정성을 훼손시킬 수 있다면, 그 명예를 여지없이 꺾어 놓을 수 있다면 수구신문은 유아스러운 보도도 개의치 않는다. 어떻게 보면 이런 식으로 언론과 신념, 자유의 문제를 윤리와 도덕의 문제로 바꾸어 놓는 게 대중 여론을 조작하고, 일탈을 징계하며, 궁극적으로 질서와 체계를 유지하는 데 더욱 효과적이었을지 모른다.

4. 비판/진보적 매체의 부진과 대항담론의 부실

앞서 지적한 바와 같이, 문제는 이런 인식 공격이 강 교수 개인 차원에 그치지 않는다는 것이다. '그'를 넘어 그와 함께 엮어지는 막연한 '그들'로까지 확대된다. 일반화된다. "우리"를 내세워 상상의 "그들"을 비난하는 폐쇄적 논법은 『주간한국』에서도 쉽게 찾아볼 수 있다. 다음 편집장 칼럼은 '우리'를 반복적으로 호명한다. '반미친북 세력'으로 분류되고 싶지 않다면 '우리' 품안으로 들어오라고 호출한다. 테러리스트가 되고 싶지 않으면, 그래서 응징의 대상이 되고 싶지 않다면 소위 '국제 반 테러 동맹'으로 들어오라는 부시의 이분법적 언설구조를 닮았다. 냉전적이고 전체주의적이며, 국가에 의한 "확고한 자세와 대처"라는 이름의 폭력을 요구한다는 점에서 매우 호전적인 어법인 것도 똑같다.

> 북한 문제와 관련 최근 국내에서 일어나고 있는 일련의 사태를 보고 있노라면 과연 우리는 지금 어디로 가고 있나 하는 생각이 든다. 착잡하기도 하고 우려의 마음이 생기기도 한다. 6.25전쟁 이후 지금처럼 남한에서 북한의 정치, 사상적 입장을 옹호하고 미국을 깎아 내리려는 시도가 숨 가쁠 정도로 줄지어 일어난 적 없기 때문이다. (……) 그러나 한 국가가 이렇게 정체성도 없이 두루 뭉실하게 대처하는 것은 매우 위험하다. 이런 식으로 계속 가다가는 북한에 정신적 무장 해제까지 가는 것이 아닌가 하는 걱정마저 든다. (……) 이런 점에서 앞서 언급한 일련의 사태에 대해 정부의 확고한 자세와 대처가 매우 중요하다. (……) 우리도 이

제 우리의 목소리를 확실하게 내어야 한다.[19]

 이번 사건은 중도지로 분류되고 있는 신문들이 실제 얼마나 수구적인지, 혹은 상황에 따라 수구화 될 수 있는지 여실히 보여준다. 중도와 수구의 보수 이데올로기를 매개로 한 절합 관계를 잘 드러낸다. 중도지의 불안한 위치, 기회주의적 위상을 정확하게 지시한다. 7월 말 조·중·동을 비롯한 수구신문의 과격한 이데올로기 공세에 대해 『한국일보』는 "김교수의 발언은 수용할 수 없을 정도로 독선적이고 무모"하다며 동의를 표했다. 그렇지만 "그의 표현의 자유는 인정하는 것이 옳은 방향"이라는 입장을 조심스럽게 밝혔다. 그게 바로 "우리가 추구하는 자유민주주의의 장점이기 때문"[20] 이라는 것이다. 진보적인 것과는 거리가 멀지만, 그 신문의 독자층들로부터는 여전히 일리 있음의 지지를 받을 수 있는 자세였다. 그러나 앞서 본 바와 같이, 언론의 자유는 인정해야 한다는 입장을 보이던 초기의 입장은 불과 두 달이 안 돼 수구매체와 거의 다를 바 없는 극단론으로 옮겨간다. 물론 신문과 잡지 사이의 '상대적 자율성'이라는 것을 간과할 수는 없지만, 여전히 수구의 동맹관계에 둘러싸여 있는 중도지의 한계를 파악하는 데는 의미 있는 사례가 될 것이다. 이렇듯 강 교수 논란은 비단 수구신문뿐만 아니라 중도지에도 깔려있는 수구 냉전적 이념성을 가시화시키고, 그 지속적 강도에 대해 정확하게 각성할 기회가 되었다.

 그렇다면 그 보다 훨씬 비판적인 매체의 경우는 어떠했을까? 『한겨레』는 일정하게 대안담론, 대항담론을 제시코자 했다. 그러나 양적으로나, 질적으로 크게 부족했다는 지적, 합리성 회복을 위한 대응 노력에 매우 소극적이었다는 비판을 피할 수 없다. 물론 『한겨레』는 9월 2일 "강 교수의 글, 학문적 토론에 맡기자"는 사설을 내놓는다. "학문적 연구 결과물에 대해서는 학문적으로 따지는 게 우선"이고, "국가보안법이 잣대가 되어서는 안"되며, "학문 연구가 법적으로 심판받는 것만큼 불행한 일은 없다"고 분명히 한다. 그것으로 그친다. 소구담론의 조직화 된 작동에 비춰본다면, 공론의

---

19) 「대북 정책 어디로 가나」, 『주간한국』, 2005.10.11.
20) 「강교수의 통일전쟁론과 맥아더 동상」, 『한국일보』, 2005.7.29.

장, 학문의 토론을 회복하기에는 한 마디로 역부족이다. '국가보안법폐지 국민연대'와 '강정구 교수 사법처리 저지 및 학문의 자유 공동대책위'가 서울경찰청 앞에서 기자회견을 열었을 때도, 아무도 제대로 주목하지 않았다. 학자의 문제에 대한 학계의 보다 이성적인 판단이 제기될, 그럼으로써 보수 이념의 공세에 일정하게 맞설 기회임에도 불구하고 비판적 매체가 취재하지 않은 것은 매우 아쉬움이 드는 부분이다.

더욱 눈에 띄는 것은 『경향신문』의 철저한 침묵이다. 7월 28일 신문은 「강정구, '6.25전쟁은 북이 시도한 통일전쟁'」이라는 짧은 기사를 싣는다. 그러다가 8월 24일 "'6·25는 북의 통일전쟁' 사법처리 방침"이라고 모처럼 만에 검찰의 입장에서 사태의 추이를 짤막하게 전한다. 수구매체의 선전전에 가담하지 않지만, 그렇다고 반론을 제기하는 입장을 취하지도 않는 방관자적 자세가 뚜렷하게 드러난다. 논란과 무관하게, 그 바깥에 존재코자 함을 분명히 한다. 그러한 『경향신문』의 탈정치, 반사회적 태도는 그 이후로도 계속되어 세 번째 기사가 나오는 것은 10월 6일에 이르러서다. "허준영, 강정구 교수 구속수사 방침"이라며 검찰의 의중을 다시 한번 확인하는 단신에서다. 강 교수에게 반론 기회를 주거나, 자기 스스로의 시각을 사설이나 칼럼 혹은 심층 취재를 통해 표현하는 대신에 오히려 검찰의 관점과 더 가깝다.[21] 『경향신문』은 같은 날 처음이자 유일한 사설을 내놓는다. 그런데 흥미로운 것은 사건의 본질에 대해서는 별 다른 의견을 내 놓지 않은 상태에서 강 교수 제자에게 불이익을 줄 수 있다는 상공회의소 부의장의 발언을 문제 삼는다. "강교수의 '통일전쟁' 발언이 사회적 파장을 일으키고 있는 것은 분명하지만 그것과 제자들의 취업은 전혀 별개의 문제"[22]라고 주장함으로써, 논란과 일정하게 거리두기를 하려는 의도를 드러낸다. 개혁적이고 비판적인 듯, 심지어 진보적인 것처럼 비치던 신문의 이 같은 발언 부진은 그 정체성에 대해 새롭게 따져봐야 할 필요성을 제기한다.

---

21) 이러한 평가는 네이버 검색, 그리고 『경향신문』 자체의 기사 검색을 통해 얻어진 것이다. 혹시 착오가 있다면, 이는 연구자의 의도나 실수가 아닌 검색 결과상의 문제임을 밝힌다.

22) 「강정구 교수 제자는 취업 불이익을?」, 『경향신문』, 2005.10.6.

조・중・동・문 '사각동맹체제'의 단일 대오에 비춰보자면, 무력증에 빠진 비판 신문들 사이에는 동맹은커녕 어떤 제휴의 가능성도 존재하지 않았다. 대안담론의 생산, 대항담론의 개진에 훨씬 더 주도적인 것은 『오마이뉴스』를 비롯한 인터넷 신문들이다. 『오마이뉴스』는 강 교수의 사법 처리에 대한 반대 입장을 보도에서뿐만 아니라 한홍구 교수 등 외부 기고문을 통해 지속적으로 밝힌다. 강 교수의 주장을 차분히 소개한다. 대학 현장으로 가 학생들의 의견을 청취하는 노력을 기울인 것도 『오마이뉴스』였다. 그리하여 "우리는 대학생이고 교수 발언에 세뇌되는 게 아니라, 여러 주장을 듣고 자율적으로 판단한다"는 너무나 당연한, 그러나 보수 매체에서는 배제되어 있던 목소리를 시민은 청취할 수 있게 된다. "우리가 교수 한 분의 수업만 듣는 것도 아닌데 강 교수님 주장만 스폰지처럼 빨아들일 거라고 생각하느냐"[23]는 질문은 사상의 자유와 같은 그 무슨 이야기보다도 강력하게 보수적 시각에 도전한다. 강 교수가 만약 현행범이라면 그 범죄적 사실을 경찰에 알리지 않은 자신들은 불고지죄로 처벌받아야 한다는 주장은 이념의 경직성을 극복하지 못하는 기성 체제의 교조성에 대해 청년 세대가 지니는 불신과 냉소, 비판과 조롱의 태도가 그대로 담겨있다. 사실 인터넷은 그럴듯하게 무게 잡고 논란을 이끌어 가는 수구매체의 구태의연한 게임 규칙에 웃음과 패러디로 맞선다. 사법처리에 집착하는 수구적 목소리를 풍자의 칼날로 베어낸다. 논란 자체를 웃음거리. 코미디로 만들어버리는 의도는 "국가보안법 본색을 제대로 한번 보여 주세요. 이 나라가 그리 만만한 나라가 아니라는 거. 겉보기엔 많이 변한 것 같아도 실상은 변한 게 별로 없다는 거, 자유와 인권위에 국가보안법이 자리하는 동토의 나라라는 거, 이차에 확실히 보여 주세요"[24]라는 주장에서 냉소는 최고조에 이른다.

한편 방송의 경우, 사안에 대한 심각한 무관심 증세를 지적하지 않을 수 없다. "최근 인터넷 매체를 통해 '6・25전쟁은 북한 지도부가 시도한 통일전쟁'이라고 주장한 강정구 동국대 교수의 발언이 국가보안법 위반에 해당

---

23) 「세뇌? 대학생을 과소평가하지 말라 강교수가 범죄자면 우리는 불고지죄」, 『오마이뉴스』, 2005.10.11.
24) 「강정구 교수를 사법처리하라!」, 『데일리 서프라이즈』, 2005.10.11.

되는지, 검찰이 수사 중이라고 밝혔습니다"라고 한 8월 18일자 〈SBS 8시뉴스〉는 그 일례다. 피상적으로 사건의 추이를 언급하는 수준에 그친다. 수구신문의 이데올로기 공세와는 크게 대비되지만, 그럼에도 불구하고 소극적인 자세로 일관하는 것도 왜곡된 진실, 억압된 언론, 통제된 공론을 바로잡아야 할 저널리즘의 역할과는 마찬가지로 크게 어긋난다. 방송사들은 9월, 10월 시간이 지나면서도 사안의 핵심에 대해 직접적이고 심층적으로 다루지 않고, 여야간 정치적 공방으로 풀이하는 방관적인 방식을 계속해서 채용된다. "천 장관은 또 한국전쟁이 북한의 통일전쟁이라고 발언해 경찰에 입건된 동국대 강정구 교수에 대해서는 금명간 검찰의 입장 표명과 수사지휘가 행해지는 만큼 개인적 의견을 말하지 않겠다고 답"[25]했다고 짤막하게 보도하는 SBS가 또다시 단적인 예가 된다. 선정주의는 섹스나 폭력과 같은 소재를 즐겨 다루는 경향성만을 뜻하지 않는다. 사태의 본질을 탐사하지 않고 피상적으로 다루는 태도, 직접 나서 다각적으로 취재해보는 대신에 검찰, 국회와 같은 국가 정보원에 의존하는 태도를 통해서도 나타난다. 이러한 점에 비춰본다면, 텔레비전의 보도는 상업방송과 공영방송 상관없이 1) 양적인 부족과 2) 질적인 부진으로 인한 선정주의의 전형이었다. 경마 중계식 보도의 한계에서 한 치도 벗어나지 못했다고 결로 내릴 수밖에 없다.[26]

5. 검열의 문제와 자유언론/언론자유

푸코는 언론자유, 자유언론이라는 말을 문제시한다. 언론자유/자유언론(free speech)이라는 것은 과연 무엇인가? 밀톤(J. Milton)이 일찌감치 설파했듯, 그리고 최근 신자유주의자들이 바턴을 이어받아 강조하듯, 누구나

---

[25] 「도청테이프 내용수사, 국민적 합의 필요」, 〈SBS〉, 2005.10.11.
[26] 인터넷 검색과정에서 KBS와 MBC의 보도 사례는 발견되지 않았다. 그렇다고 해서 보도하지 않은 것이라고 해석하기에는 분명 구리가 따르며, 추후 정확한 자료에 기초한 체계적인 분석 비판이 이루어질 필요가 있어 보인다.

자신의 의견을 표현할 수 있는 사상의 공개시장(free market place of ideas)을 말하는가? 언론자유/자유언론은 시장에서 완성되는 것인가? 그는 그 말의 기원을 그리스어 '파레시아(parrhesia)'로 계보학적으로 추적해 들어간다. 서구 자유언론/언론자유의 기원인 파레시아는 다섯 가지 요소로 이루어진다. '솔직함(frankness)', '진실(truth)', '위험(danger)', '비판(criticism)', 그리고 '의무(duty)'다. 푸코에 따르면, 언론자유/자유언론이란 권력에 대해 진실이라는 이름으로 솔직하게, 위험을 무릅쓰고 말할 수 있는 의무에 해당한다. 권리에 앞선 의무다. 자기 목숨을 내놓고 진실이라고 믿는 바를 발언할 수 있는 지적 책무다. 그래서 자유언론/언론자유는 '두려움 없는 발언(fearless speech)'이 된다.[27] 이렇게 본다면 강 교수의 행위는 정확하게 푸코가 말하는 두려움 없는 발언, 즉 자유언론/언론자유에 해당한다. 그에게 언론의 자유를 주어야 하는 게 아니라, 그의 행위 자체가 이미 자유언론/언론자유인 것이다. 수구매체의 검열과 통제, 처벌과 추방의 선전·선동은 이런 원래 뜻에 대한 무지에서 출발하고, 또 이에 대한 의도적 곡해와 억압을 목표로 한다. 요컨대 이번 사태는 자유언론/언론자유에 대한, 자유와 민주주의를 빙자한 수구매체의 폭거다.

강 교수는 자유언론인이다. 사회와 역사에 대한 자기 나름의 일리 있는 판단력을 개진하고, 그에 기초해 상대화의 공개된 대화를 수행하며, 그 결과 가능한 합리적 해석 도출에 책임질 진지한 대화자다. 학자이고 지식인이기에 앞서 언론자유/자유언론의 역능적 주체로서 시민이다. 그는 공적 영역 내에 존재할 뿐만 아니라, 체제 내부에 거주한다. 체제에 대한 시비와 불만, 고발이 시민권 박탈과 강제추방을 뜻한다는 논리는 그야말로 유치한 비약이다. 그랬다면 촘스키와 같은 지성은 그가 고발하는 '테러국가' 즉 미국에서 결코 지금처럼 살아갈 수 없었을 것이다. 강 교수는 체제 바깥에 있지 않다. 1,222명의 교수들과 함께 행정수도이전에 지지를 표시할 정도로 체제 내부 정치의 문제, 사회의 문제에 관심이 많다. 그는 기꺼이 사회적 논란에 대해 우파와 대화할 자세가 되어 있다. 이라크 파병과 관련해

---

[27] M. Foucault, 2001, *Fearless Speech*, Semiotext(E).

그는 이동복, 지만원과 같은 우파 논객들과 기꺼이 소통코자 했다. "사회적 무관심과 정치적 냉소주의, 집단적 편견 및 이기주의 극복을 위해서는 얼굴을 마주보며 함께 토론하는 게 최상의 방법"[28]이라는 진단이 옳다면, 그는 토론과 소통을 통해 공론의 장을 활성화하는 데 크게 기여한 성실하고 우수한 사회구성원이다. 그런 그가 자신의 학자적 신념을 자발적으로 공공매체를 통해 드러낸 사실에 비춰보자면, 수구매체의 대응방식은 명백히 과잉되어 있다. 공론의 규칙에서 한참 어긋나 있다. 무리(無理)한 억지다.

"역사 바로 세우기로 비틀어지고 조각난 민족사를 치유하고, 그 바탕 위에 민족정기를 수립해야 한다. (……) 불행했던 과거가 역사의 전진을 가로막는 족쇄가 되지 않도록 하기 위해서는 과거사 청산을 서둘러 매진해야 한다. 그래야만 역사와 후손들에게 얼굴을 들 수 있을 것이다"[29]라고 한 강 교수의 주장은 사실 결코 과격하지 않다. 일반의 공통감(sensus communis)과 크게 멀지 않다. 그래서 『경향신문』 등 주류 매체는 바로 그런 그를 내부자로 인정해 지면을 준 것이다. 그런 그가 평소 신념을 말로 드러냈다는, 즉 언론 행위를 했다는 한 가지 이유로 테러리스트로, '비국민'으로 고발되는 현 사태를 어떻게 설명해야 하나? 개인의 자유언론/언론자유 의지가 자유와 민주주의의 이름으로, 신체 구속을 요구하는 공포(terrorizing)의 목소리에 의해 압살되는 비극적 사태의 원인은 무엇인가? 강 교수(들)가 문제는 아니다. 두려움 없이 말하는 이(들)를 집요하게 추적해 고발하고 처벌하며 거세함으로써 '안전'을 도모하는 체제의 집착증이 문제다. 우리를 '국민'으로 동원하기 위해 '공중의 적'을 끊임없이 출연시켜야 하는 전체주의적 욕망의 문제다. 차이 나는 의견의 두려움 없는 표현, 즉 역능적 언론의 출현을 공포로 느끼는 권력의 자기 방어적 본능이 문제다. 이번 사태를 통해 분명히 각성할 것이 있다. 언론자유/자유언론을 허락코자 않을 체제의, 수구매체의 결기는 여전히 공고하다는 사실을. 바로 나/그/우리가 언제든지 그 희생자가 될 수 있음을. 내가 강정구임을.

---

[28] 「토론은 사회갈등 해결사」, 『경향신문』, 2004.8.23 중 원탁토론 사회자 강원대학교 강치원 교수의 말 인용.
[29] 「과거청산은 내일을 낳는 진통」, 『경향신문』, 2004.8.18.

강정구사건을 통해 본
학문의 자유와 국가보안법*

오동석(아주대학교 교수)

1. 머리말

'옛날에는 그런 때도 있었지' 하며 이제는 낯설 법도 한데, 아직도 '그러면 그렇지' 할 수밖에 없는 우리 사회의 아킬레스건이 바로 국가보안법의 존재와 그 적용이다. 물론 최근 송두율 사건[1]과 『한국사회의 이해』 사건에

---

* 이 글은 국가보안법폐지와 학문의 자유수호, 강정구교수 탄압반대를 위한 공동대책위원회 주최의 토론회 '강정구 교수 1심판결에 대한 우리의 대응'(2006.7.9 향린교회)에서의 발표문을 수정한 것이다. 여러 모로 부족한 글이지만, 당시의 의미를 그대로 살리는 의미에서 몇 개의 표현을 손보는 정도로 수정하였다(저자 주).

1) 2004.7.21. 서울고법 형사6부(재판장 김××·주심 김××)는 송두율 교수가 저술활동과 통일학술회의 개최를 통해 반국가단체를 위한 지도적 임무에 종사했다는 혐의에 대하여 무죄를 선고했다. 그 밖에도 북한 노동당 정치국 후보위원이라는 공소사실과 김일성 주석 장례식 참석을 위해 반국가단체 지역으로 탈출했다는 혐의 등에 대해서도 무죄를 선고했다. 다만 1991~1994년 5차례에 걸쳐 밀입북해 주체사상을 교양학습한 부분과 지난 1998년 황장엽 씨를 상대로 허위사실을 들어 1억 원의 위자료 청구소송을 제기한 부분에 대해서는 유죄를 인정해 징역 3

서 무죄판결이 내려지긴 했지만, 사실 학문의 자유와 사상·표현의 자유에 대한 법원의 이해는 근본적인 헌법적 문제점을 안고 있었기에 국가보안법 자체의 문제점은 차치하고라도 국가보안법이 학문활동과 표현활동을 중대하게 제약·침해할 가능성은 늘 잠재해 있었다.[2] 예를 들면 송두율 사건에서도 서울고등법원은 형사법의 엄격한 증명 원칙을 적용한 의미는 있지만,[3] 송두율의 저술활동에 대하여 학문자유의 잣대를 적용하지 않았다.[4]

김종서는 송두율 사건에서 법원이 송두율의 저술활동에 대한 평가를 분석하면서 다음과 같이 지적한다.

> 나는 얼마 되지 않는 이 부분의 분석만으로도 우리 법원, 특히 제1심 법원이 얼마나 시대착오적인 편견에 젖어 있는지, 또 사회과학적 진리의 발견에 얼마나 무관심한지, 또 급속하게 쏟아져 나오는 학문적 성취들에 대하여 얼마나 무지한지, 그러나 그러면서도 그러한 편견, 무관심, 무지를 법의 이름으로, 재판의 이름으로 얼마나 오만하게 정당화시켜나가고 있는지를 드러낼 수 있을 것으로 믿는다.[5]

이렇게 볼 때 강정구 사건에 대한 서울중앙지방법원의 판결[6](아래 "제1

년에 집행유예 5년을 선고했다.
2) 1994년 경상대학교 교양과목인「한국사회의 이해」교재였던『한국사회의 이해』(장상환·정진상 외, 1994, 도서출판 지리) 집필자인 경상대학교 교수들에 대한 국가보안법 위반 사건인데, 1, 2심의 무죄판결을 거쳐 11년만인 2005.3.15에서야 대법원2부(주심 김×× 대법관)는 무죄를 확정했다.
3) 1980년대만 해도 국가보안법 사건에서는 무죄추정 원칙, 위법 수집 증거 배제 원칙, 임의성이 의심스러운 자백 배제 원칙 등이 견지되지 못했기 때문이다(국가인권위원회, 2004,『국가보안법 적용상에서 나타난 인권 실태』, 국가인권위원회, 366쪽). 그리고 1990년 이후에도 사법부의 국가보안법 해석은 전근대적이고 보수적인 판결로 일관했다고 평가할 수 있기 때문이다(같은 책, 367쪽).
4) 판결문에서 '학문의 자유'라는 용어는 전혀 찾아볼 수 없다(김종서, 2004, 「송두율 사건을 통해 본 학문의 자유」,『민주법학』제26호, 민주주의법학연구회, 97쪽).
5) 위의 글, 83쪽.
6) 서울중앙지방법원(김×× 판사) 2006.5.26. 선고 2001고단9724·2005고단7068(병합) 판결.

심 판결"로 줄임)은 기본적으로 헌법상 기본권을 제한하는 법리에 대한 오해(2)에서 출발하여 학문의 자유를 이해함에 있어 치명적인 헌법적 문제점을 안고 있어(3), 사실인정과 법적 판단에 있어서 논리적 비약을 보였다(4).

2. 헌법상 기본권 제한법리에 대한 법원의 오해와 이해결핍

1) 기본권 제한의 한계로서 본질적인 내용 침해 금지

헌법 제37조 제2항은 국민의 모든 자유와 권리는 국가안전보장·질서유지·공공복리를 위하여 필요한 경우에 한하여 법률로써 제한할 수 있으며, 제한하는 경우에도 자유와 권리의 본질적인 내용을 침해할 수 없다고 규정하고 있다. 그런데 법원은 '법률로써 제한할 수 있다'는 부분만 강조하였지 '자유와 권리와 권리의 본질적인 내용을 침해할 수 없다'는 부분에 대하여는 침묵하거나 수사적으로 언급함에 그친다.

더욱이 기본권 제한법리 중에는 이중기준 원칙이 있다. 그것은 정신적 자유권과 재산적·경제적 기본권을 구분하여, 전자의 가치는 후자의 가치에 우월하므로 양자에 대한 제한방법 혹은 제한기준을 달리 해야 한다는 원칙이다. 다시 말하면 정신적 자유권은 원칙적으로 제한하지 아니하며, 예외적으로 제한하는 경우에도 제한입법의 합헌성 여부에 대한 판단은 경제적 기본권에 대한 그것보다 더 엄격해야 한다는 논리이다.[7]

그럼에도 불구하고 법원은 기본권 보장의 구조와 법리를 전혀 고려하지 않는다. 제1심 판결은 "국가보안법 제7조 제1항, 제5항은 국가안보 등을 이유로 학문의 자유, 표현의 자유를 제한하는 대표적인 규정으로 남용된다

---

7) 따라서 정신적 자유를 규제하는 법령은 합헌성추정을 배제하여 거꾸로 위헌적인 것으로 추정하여야 한다(합헌성추정배제의 원칙). 그 결과 이러한 법령에 대한 합헌성 논증은 엄밀하게 이루어져야 하며, 그렇지 못할 때 법원의 판결 혹은 헌법재판소의 결정은 정당성과 권위를 얻지 못한다.

면 학문의 자유, 표현의 자유의 본질적 내용을 침해할 가능성이 많다"고 판시하였다.

먼저 국가보안법 제7조 제1항(찬양·고무 등의 죄)과 제5항(이적표현물 소지 등의 죄)이 헌법 제37조 제2항에 의해 정당화될 수 있는 합헌적 조항인지에 대한 새로운 판단 없이 기존 판례를 답습한 것 자체가 문제이다. 즉 본질적 내용에 대한 침해가 아닌지를 판단하지 않고 단순히 제한 조항으로 인정한 것이다. 법원의 임무가 인권 보장에 있다고 한다면 법원은 늘 인권을 최대한 보장하기 위한 법리를 고민해야 한다.

다음으로 제1심 판결은 남용의 경우에 본질적 내용을 침해할 가능성이 많다고 했지만, 그 근거를 살피면 사실상 국가보안법 남용의 경우란 없다. 법원이 전가의 보도처럼 인용하는 것은 1990.4.2. 89헌가113호 헌법재판소 결정과 1991.5.31. 법률 제4373호 법 개정을 통해 주관적 요건으로 추가된 '국가의 존립·안전이나 자유민주적 기본질서를 위태롭게 한다는 정을 알면서'라는 문구이다. 그에 따라 '국가의 존립·안전과 자유민주적 기본질서에 실질적 해악을 가할 위험성이 있는 경우'에는 국가보안법 제7조 제1항과 제5항이 학문자유와 표현자유의 본질적 내용을 침해할 가능성이 없다는 것이다.

국가보안법 개정 이전까지 법원은 표현물의 이적성을 판단할 때 '구체적, 객관적으로 이익이 되었다는 명백한 증거를 필요로 하는 것이 아니라, 추상적으로 이익이 될 수 있는 "개연성"만 있으면 충분하다고 보았다.[8] 국가보안법 개정 이후에는 제1심 판결도 표현했듯 "적극적이고 공격적인" 표현에 대하여 이적성이 있다고 판단하였다.[9] 그러나 법원은 친북, 반자본주의적 요소가 조금이라도 있으면 '적극적이고 공격적인 표현'으로 보아 처벌하였으므로 실제로는 과거의 기준에 비해 달라진 게 없다.[10] 제1심 판결도 이를 따르고 있으며, 심지어는 '국가보안법 철폐' 주장도 이에 포함시키고 있다.

---

8) 대법원 1984.11.27. 선고 84도2310 판결.
9) 대법원 1992.3.31. 선고 90도2033 판결.
10) 민주사회를 위한 변호사모임·민주주의법학연구회, 2004.8,『국가보안법을 없애라!』, 민주사회를 위한 변호사모임·민주주의법학연구회, 90쪽.

더욱이 법원은 국가보안법 제7조 제5항의 주관적 요건인 '이적 목적'에 대해서 적극적 의욕이나 확정적 인식까지는 필요 없고 이적행위가 될 지도 모른다는 미필적 인식만으로도 족하다는 전제 아래 이적표현물을 취득·소지 또는 제작·반포하는 행위가 있으면 이적표현물 소지 등의 죄가 성립하는 것으로 본다.

결과적으로 법원은 그것이 학문연구결과의 발표이든 사상·의견의 표현이든 행위자의 주관적 의사가 어떻든지 간에 그리고 그러한 행위가 구체적으로 누가 봐도 명약관화한 현재의 실질적인 사회적 위험을 초래할 것인가를 판단함이 없이 그 표현과 내용 중 일부라도 북한의 주장과 유사하면 국가보안법상의 찬양·고무 등의 죄와 이적표현물 소지 등의 죄를 적용하는 것이다. 그에 따라 학문자유와 사상·표현자유의 본질적 내용은 유명무실해지고 빈껍데기만 남는다.

2) 표현자유에 대한 명백하고 현존하는 위험의 원칙

'명백하고 현존하는 위험의 원칙(rule of clear and present danger)'은 표현자유의 한계를 가늠하는 기준이면서 동시에 표현 자유를 규제하는 입법에 대한 합헌성판단기준이다. 즉 표현 자유를 규제하기 위해서는 그것을 용인하면 그 결과로서 법적으로 허용할 수 없는 해악을 초래할 명백하고 현존하는 위험이 있음을 입증해야 한다는 것이다. 명백하고 현존하는 위험의 원칙에서 명백이란 표현 행위로 인한 해악의 발생에 밀접한 인과관계가 있음을 말하고, 현존이란 해악이 시간적으로 매우 근접하여 발생하는 경우를 말하며, 위험이란 공공의 이익에 대한 해악의 발생개연성을 말한다. 그리하여 명백하고 현존하는 위험의 원칙은 자유로운 표현 행위로 말미암아 중대한 해악이 발생할 개연성이 있고, 표현 행위와 해악의 발생 사이에 밀접한 인과관계가 존재하며, 또 해악의 발생이 목전에 절박한 경우에 다른 수단으로는 이를 방지할 수 없으면 표현 행위를 제한하는 것이 정당화된다는 이론이다.11)

국가보안법과 관련하여 명백하고 현존하는 위험의 원칙을 이해하기 위해서 미국 연방대법원의 판례를 참고할 수 있다. 1940.6. 미국 연방의회를 통과한「외국인등록법(Alien and Registration Act)」중 일부를 보통「스미스법」이라고 부른다.12) 정식 명칭은「파괴활동금지법(Act to Prohibit Certain Subversive Activities)」이다.13) 그 구성은 세 개의 조항으로 이루어져 있는데, 주로 문제된 것은 제2조였다. 제2조는 '사정을 알면서 또는 고의로 미국정부를 파괴하거나 전복할 필요성과 당위성을 주장·교사·조언·교육한 행위' 그리고 '미국정부를 파괴하거나 전복할 목적으로 하는 단체를 조직하는 것뿐 아니라 그 단체의 위법한 목적을 알면서 그 단체의 구성원으로 가입하거나 구성원인 것'을 범죄로 처벌하는 조항이었다.

미국 연방대법원은 1956년 예이츠 판결(Yates v. US)에서 스미스법에 대하여 위헌결정을 내렸으며, 그에 따라 스미스법은 '사실상' 폐지되었다. 왜냐하면 선판례구속의 원칙에 따라 그 이후의 판결은 특별한 경우가 아니면 선판례를 따라야 하기 때문이다. 예이츠 판결에서는 스미스법상 정부의 폭력적 전복을 '선전 또는 선동'한다는 규정은 즉각적으로 정부를 폭력적으로 전복하도록 선전·선동하는 것을 의미할 뿐 '언젠가는 폭력을 행사할 수도 있다고 주장'하는 것은 그에 포함되지 않는다고 보았다. 할란 대법관은 합법적인 사상·표현의 영역과 불법적인 선동을 구별하는 기준을 다음과 같이 제시하였다.

> 피고들이 즉각적인 불법 폭력행위를 선동했다면 당연히 처벌해야 한다. 그리고 그러한 행동을 취할 능력이 있고 그러한 행동의 발생이 이성적인 판단을 통해 예측된다면 처벌해야 한다. 그러나 폭력행위의 이론적 정당성을 주장하는 것까지는 처벌할 수 없다. 그러한 주장은 설사 궁극적으로 폭력혁명으로 이어진다 하더라도 구체적인 행동과는 시간적으로

---

11) 권영성, 2006,『헌법학원론』, 법문사, 509쪽.
12) 인두세 지지자이면서 의회 내 반노동자블록의 지도자인 버지니아주의 Howard Smith 의원이 제안했기 때문이다.
13) 프랭클린 루스벨트의 서명으로 이 법은 1798년의「외국인선동법」이 단순한 이념 주장을 연방범죄로 규정한 이래 최초의 법으로 성립하였다. 그리고 외국인등록법의 일부임에도 내국인에게도 적용되었다.

너무 거리가 멀어 처벌할 수 없는 것이다. 따라서 담당판사가 폭력혁명의 필요성과 의무를 주장하는 것도 처벌할 수 있다고 한 것은 잘못된 해석이었다. 즉각적인 폭력혁명을 기도하고 이를 선동하는 것만이 처벌대상인 것이다.14)

그렇지만 우리나라 대법원과 헌법재판소의 국가보안법 사건 판례에서는 표현의 자유를 제한하기 위한 단순 억지법리만 있었지 표현의 자유에 대한 침해를 방지하기 위한 명백하고 현존하는 위험의 원칙이라는 법리는 찾아볼 수 없다. 제1심 판결 역시 마찬가지이다. 제1심 법원은 어떤 '주장'이 '적극적이고 공격적'이면 '대한민국의 존립·안전이나 자유민주적 기본질서에 실질적 해악을 가할 위험성'이 있어 '국가의 존립·안전이나 자유민주적 기본질서를 위태롭게 한다'는 것인데, 그 결과 그러한 주장으로 인한 구체적인 실제적인 폭력적 위험이 명백하고도 즉각적으로 초래될 것인가에 대하여는 전혀 고민하지 않았던 것이다. 표현자유의 핵심은 비판적 표현을 보호하고 보장하는 것에 있는데, 제1심 판결의 논리에 따른다면 비판적 표현은 설 자리를 잃는다.

3. 강정구 사건과 학문의 자유

그런데 제1심 판결의 더욱 큰 문제는 강정구 사건이 표현의 자유보다도 더 우월한 지위에 있어 헌법적으로 더 강력하게 보장받아야 할 학문의 자유에 대한 사건임을 간과한 것이다.

1) 기본권의 '절대적/상대적 보장'론의 문제

학설과 판례는 다른 한편 정신적 기본권 중 일부를 절대적 기본권으로

---

14) 장호순, 1998, 『미국 헌법과 인권의 역사: 민주주의와 인권을 신장시킨 명판결』, 개마고원, 123~124쪽.

칭한다. 절대적 기본권은 어떠한 경우에도 또 어떠한 이유로도 제한되거나 침해될 수 없는 기본권을 말한다. 그 예로서는 내심의 작용(의사)으로서 신앙의 자유, 양심형성과 침묵의 자유, 연구와 창작의 자유 등이 이에 해당한다.15) 제1심 판결도 "내심의 영역인 연구의 자유는 절대적으로 보장"된다고 판시하고 있다. 이러한 절대적 보장영역의 인정은 우리를 현혹시킨다. 왜냐하면 '하나의' 기본권 내에서 절대적 보호영역이 아닌 '상대적 보호영역' 또는 다른 기본권들이란 이른바 '상대적 기본권'으로서 헌법 제37조 제2항에 의해 제한되는 것이 당연하다는 논리로 이어지기 때문이다. 제1심 판결도 "연구결과를 외적 활동으로 표현하는 자유의 보호는 상대적이어서 일정한 제한이 가능하다"는 논리를 전개하였다. 그런 점에서 헌법에 근거도 없는 '절대적 기본권' 개념은 수사적 사치이고 허상이다. 오히려 헌법 제37조 제2항의 문언에 충실하게 해석할 필요가 있다. 즉 모든 기본권이 제한될 수 있는 상대적 기본권이기는 하지만, 어떠한 기본권이든 그것이 실현되는데 본질적인 내용을 확정하고 그것을 침해하는 공권력 작용을 막을 수 있는 효력을 부여하는 법리를 구성해야 한다.

헌법이 보장하는 기본권들은 각각 여러 가지의 세부적인 내용의 기본권 보호영역을 포함하고 있는 것으로 이해된다. 학문자유의 경우 연구의 자유, 연구결과발표의 자유, 강학의 자유, 학문적 집회·결사의 자유 등 보호영역을 가지고 있다. 문제는 학문의 자유에 대하여 연구의 자유와 연구결과발표의 자유를 구분하고, 후자를 표현의 자유 문제로서 상대적 보호영역으로 차별하는 태도이다. 왜냐하면 하나의 기본권을 구성하는 다양한 보호영역의 자유와 권리는 서로 유기적으로 연관되어 있기 때문에 어느 한 부분의 제한은 해당 기본권 전체의 유명무실화, 즉 본질적 내용에 대한 침해로 이어질 수 있기 때문이다.

연구자가 연구결과를 자유롭게 발표할 수 없도록 연구결과에 대하여 법적인 처벌과 제재를 가한다면 헌법이 보장하는 학문자유는 치명적으로 훼손되어 그 의미를 상실한다. 먼저 연구자는 처벌과 제재를 감수하지 않는

---

15) 권영성, 앞의 책, 305쪽.

이상 학자적 양심을 저버리고 자신의 연구결과를 다르게 발표하거나 아니면 연구결과에 아예 침묵할 수밖에 없을 것이다. 더욱이 '법적인 제약 없이 발표 가능한'16) 범위 안에서만 연구를 진행함으로써 연구의 자유 또한 본질적으로 훼손되게 될 것이며, 대학이나 고등교육기관에서의 강학의 자유 또한 중대한 제약을 받게 될 것이다. 그 결과 진리 탐구로 정의되는 학문활동은 왜곡될 수밖에 없다.

이렇게 보면 학문자유의 현실적 핵심은 연구의 자유가 아니라 연구결과 발표의 자유이다.17)

2) 연구결과발표자유의 보호범위와 그 효력

연구결과 발표의 자유는 표현의 자유에 대하여 특별법적 지위를 가지므로 더 우월한 지위를 가진다.

먼저 연구결과 발표의 자유에 대하여는 발표내용에 따라(발표내용설) 또는 발표장소에 따라(발표장소설) 보호 정도가 달라질 수 있다는 견해가 있다. 발표장소설은 대학의 강단 또는 학회나 학술지에서의 발표와 일반적인 장소에서의 발표는 그 보호 정도가 다르다는 의견이다.18) 그에 따라 일반 청중이 모이는 공개집회에서 연구결과를 발표하는 경우에는 명백하고 현존하는 위험의 원칙에 따라 제한되어야 한다고 본다. 발표내용설은 발표내용이 학문연구의 결과인 이상 그것을 발표하는 방법이나 대상·장소 등에 의해서 그 보호의 진지성이 달라질 수 없고, 특히 연구결과의 발표가 학문 외적인 고려에 의해서 제약을 받아서는 안 된다는 의견이다.19)

김종서는 표현의 자유에 대하여 연구결과 발표의 자유가 가지는 우월적 지위를 인정하는 의미에서 발표장소든 발표내용이든 어느 하나의 기준에서 학문성을 인정할 수 있다면 그것은 학문의 자유의 보호영역에 속하는

---

16) 김종서, 앞의 글, 87쪽.
17) 위와 같음.
18) 김철수, 성낙인의 의견: 위의 글, 85쪽에서 재인용.
19) 허영, 김학성, 이관희, 홍성방의 의견: 위와 같음.

것으로 이해한다.[20]

여기서 한 걸음 더 나아가 연구결과발표의 학문성을 인정하는 데에는 또 다른 요소가 감안되어야 한다고 생각한다. 첫째, 연구결과를 발표하는 주체의 지위나 성격의 문제이다. 즉 표현자가 학문적 탐구를 업으로 삼고 있는 교수나 전문직 종사자로서 그 직무의 연장선상에서 특정한 표현을 하는 경우에는 이를 모두 학문으로 보아야 한다는 것이다. 그리고 둘째, 학문적 자체통제(평가)의 존부 문제이다. 즉 문제되는 표현물에 대한 공론화 작업이 단 1건이라도 학문적 논의의 장에서 진행되었거나 진행되고 있는 경우라면 해당 표현은 학문적 성격을 갖는 것으로 보아야 한다는 것이다.[21]

이러한 관점에서 보면, 교수 등 전문직 종사자가 자신의 전공과 관련하여 드러낸 표현은 그 성격이 명백히 특정한 폭력적 행동을 선동하는 것으로 인정되는 경우가 아닌 한 학문성을 가진다고 판단할 수 있으며, 국가보안법 위반사건의 경우에는 검찰이 특정한 저술활동에 대하여 학문성을 인정할 수 없음을 입증하지 못하면 명백하고 현존하는 위험의 원칙을 원용할 것도 없이 그 표현 자체가 연구결과 발표의 자유로서 보장받아야 한다는 것이다. 즉 국가보안법의 처벌대상이 될 수 없는 것이다.

---

20) 위의 글, 89쪽.
21) 위와 같음.

4. 강정구 사건에서 제1심 판결에 대한 분석과 평가

1) 학문자유의 보호영역

(1) 제1심 판결의 판단

(1) ① 2000.10.경 「한국전쟁과 민족통일」이라는 논문에서 6·25전쟁은 1948.2.부터 개시된 전쟁으로서 민족자주세력과 외세의존세력간 조국통일해방전쟁의 성격을 띤 내전임에도 미국이 '불법하게' 개입하였고, 따라서 미국은 침략자이며 이제 반해 소련이나 중국의 개입은 정당하다고 왜곡하고, 6·25전쟁에 대해 김일성에게 전적인 책임을 지울 수는 없고 오히려 미국이 책임이 있다고 주장하는 한편, 남한을 외세의존 및 반민중 세력이라고 기술하고,

② 2004.3.1.경 「작은 책」(도서출판 '일하는 사람들의 작은 책' 발행)에 '주한미군이 우리 안보를 지켜준다고'라는 제목의 기고문을 게재하여, 조선의 해방에 직접적으로 도움을 준 나라는 미국이 아니라 소련이고, 미국이 주도하여 한반도를 분단하였기 때문에 6·25전쟁이 발생한 것이며, 6·25전쟁은 내전으로 북한 지도부가 시도한 통일전쟁이었으므로 만약 미국이 개입하지 않았으면 한 달 이내로 전쟁이 끝나 남북이 공산화 되었을 것이고 이는 역사의 필연이었으며, 북한이 아니라 주한미군이 한반도 전쟁위기를 불러오는 주범이므로 철수하여야 한다는 등으로 주장함으로써,

국가의 존립·안전이나 자유민주적 기본질서를 위태롭게 한다는 정을 알면서도 6·25전쟁을 조국통일해방전쟁이라고 주장하면서 미국과 남한에 전쟁책임이 있다고 선전하고 있는 반국가단체인 북한의 활동을 찬양·고무·선전 또는 이에 동조하였다는 것이다.

(2) ① 2001.4. 초순 서울대 총학생회 주최 주체사상 토론회에서 "주체사상은 어떻게 형성·발전되었는가"라는 자료를 제작하여 4.23. 약 150여 명의 학생 및 일반인 등을 상대 강연

② 2001.5. 초순 고려대 총학생회 주최 주체사상 토론회에서 "이북사회 자주노선의 의미와 그 배경"이라는 자료를 제작하여 6.13. 약 200여 명의 학생 및 일반인 등을 상대 강연

③ 2001.7. 말경 경북대 총학생회 측 주최 주체사상 토론회에서 "주체사상이 이북사회에 미친 영향"이라는 자료를 제작하여 8.8. 약 100여 명의 학생 및 일반인 등을 상대 강연 등에서

북한을 민족정통성 및 정당성을 갖춘 정권이라고 서술하고 주체사상을 수용하여야 한다고 주장함으로써 국가의 존립, 안전이나 자유민주적 기본질서를 위태롭게 한다는 정을 알면서 통일을 위해서는 자주적 주체노선의 입장에서 외세 및 남한 사회의 친미사대주의 세력을 척결하여야 한다고 선전·선동하고 있는 반국가단체인 북한의 활동에 동조하였다는 것이다.

(3) 2005.3.16.경 인터넷 신문 「데일리 서프라이즈」에 '그래 주적이 누구인지 분명히 말하마'라는 제목의 기고문을 게재하여, 우리나라는 미국의 신식민지 지배하에 있고, 미국에 의해 한반도의 분단과 전쟁이 강요되었으며, 미국이 북핵 위기를 야기하여 우리 민족을 전쟁의 위기에 몰아넣고 있으므로 미국이 우리나라의 주적이라는 등으로 주장함으로써,

국가의 존립·안전이나 자유민주적 기본질서를 위태롭게 한다는 정을 알면서도, 남조선은 미제의 식민지로서 자주성을 상실하였으므로 반미자주화 투쟁을 힘차게 벌여 나가 민족의 자주성을 회복하고, 미국이 한반도 전쟁위기를 조장하여 우리 민족을 말살하려 하고 있으므로 민족공조로 미제국주의 세력을 한반도에서 축출하여야 한다고 선전·선동하고 있는 반국가단체인 북한의 활동에 동조하였다는 것이다.

(4) ① 2005.6.30. 19:30경 인천통일연대 주최 '한국전쟁의 역사적 재조명과 맥아더의 재평가' 토론회에서 주제발표를 맡아 "6·25전쟁은 통일전쟁으로 분단 때문에 일어났기에 분단을 주도한 원흉인 미국이야말로 6·25전쟁의 원인제공자이고, 미국이 개입하지 않았다면 한국전쟁에서 최소한 400만 명 이상의 사상자가 발생하지 않았을 것이며, 생명은인론을 주장하는

사람들은 통일 이후 숙청대상이었으나 미국으로부터 목숨을 구한 친일민족반역자에 불과하다. 맥아더의 본색을 알면 당장 맥아더 동상을 부숴야 한다"라는 등으로 주장하고

② 2005.7. 인터넷 신문 『데일리 서프라이즈』에 「맥아더를 알기나 하나요」라는 제목의 기고문을 게재하여, 미국이 점령군으로서 직접적인 군사통치를 한 남쪽은 그에 반대한 좌익의 투쟁으로 혼란의 연속이었고 토지개혁과 친일파 청산이 이루어지지 않아 정통성을 결여하였다는 취지로 폄하하는 반면 소련이 해방군으로서 간접적인 통치를 한 북쪽은 혼란 없이 토지개혁과 친일파 청산이 이루어졌다고 긍정적으로 평가하고, 미국이 주도하여 한반도를 분단하였기 때문에 6·25전쟁이 발생한 것이며, 6·25전쟁은 내전으로 북한 지도부가 시도한 통일전쟁이었으므로 만약 미국이 제국주의적으로 개입하지 않았으면 한 달 이내로 전쟁이 끝나 피해가 최소화되었을 것인데 맥아더라는 전쟁광 때문에 수백만이 더 죽게 되었다는 등으로 주장함으로써,

국가의 존립·안전이나 자유민주적 기본질서를 위태롭게 한다는 정을 알면서도, 미군은 우리 민족을 억압하고 자주성을 훼손하는 제국주의 첨병으로서 점령군인 반면 소련군은 우리 민족의 반제국주의 투쟁에 도움을 준 해방군이고, 일제에 이어 미제의 식민지로 전락한 남쪽은 민족사적 정통성이 없는 반면 해방 이전 김일성의 독립투쟁을 이어 받아 토지개혁과 친일파 청산에 성공한 북쪽이 정통성 있는 정권이며, 6·25전쟁을 조국(민족)해방전쟁이라고 규정하면서 제국주의인 미국에 한반도 분단 및 6·25전쟁의 책임이 있고, 주한미군의 존재가 우리 민족의 자주성을 짓밟고 한반도 전쟁위기를 조장하고 있으므로 즉각 철수시켜야 한다는 등으로 선전·선동하고 있는 반국가단체인 북한의 활동에 동조하였다는 것이다.

(2) 제1심 판결에 대한 헌법적 평가

이에 대한 평가 잣대로 원용할 수 있는 것은 『한국사회의 이해』 사건 항소심 판결이다. 이것은 학문적 저술에 대한 법원의 개입 가능성과 한계를

비교적 잘 정리하고 있다.

> 학문의 연구는 기존의 사상 및 가치에 대하여 의문을 제기하고 비판을 가함으로써 이를 개선하거나 새로운 것을 창출하려는 노력이라 할 것이어서(대법원 1982.5.25. 선고, 82도716판결 참조), 학문 외적인 영향력에 의하여 올바른 학문과 그릇된 학문이 구별되어지게 되면 학문의 자유의 본질이 침해될 소지가 있고, 우리 헌법이 표현의 자유와 별도로 학문의 자유를 규정함으로써 학문의 자유에 우월적인 가치를 부여하고 있으며, 우리 헌법이 표방하고 있는 민주주의가 하나의 이념이 아니라 다양한 이념들을 받아들여 이를 조절하는 방식이라 일컬어지는 점 및 본질적으로 학문은 학문적인 질타에 가장 약하다고 할 것이어서, 학문 내의 자율적인 통제력에 의하여 더 큰 발전과 성숙함을 이루게 될 것이라는 점 등에 비추어 볼 때, 사회의 건전한 발전을 도모하기 위해서는 사상, 학문이 이론적인 영역에 머물러 있는 한 그 자유로운 경쟁을 허용함이 바람직하다.[22]

따라서 강정구의 저술과 토론회 및 강연 활동은 학문의 자유의 핵심적 내용을 이루고 있는 연구결과 발표의 자유로서 보호되어야 한다. 그 근거는 다음과 같다.

첫째, 강정구의 저술과 강연 행위는 '6·25전쟁'과 북한의 주체사상에 대한 학문적 연구결과에 그 토대를 두고 있다.[23] 그의 북한의 주체사상에 대한 글 3편에 대하여 성공회대 한홍구 교수는 "강 교수의 견해가 대중의 상식을 다소 앞서가는 점이 있더라도 다양한 학문적 성과를 인정해야 한다는 감정서를 법원에 제출"하였다. 그는 강 교수가 주체사상 등을 북한의 붕괴를 막는 중요한 요소로 본 것은 당시의 한반도 정세를 감안한 역사적 맥락에서였으며, "1990년대 초반 북핵 위기 당시 북한 붕괴라는 잘못된 전제 아

---

22) 부산고등법원 제2형사부 2002.7.24. 선고 2000노764 판결.
23) 조돈문(가톨릭대 사회학 교수)은 강정구의 방법론에 대하여 '역사추상형 접근방법'이라고 평가한다('국가보안법과 강정구 교수 필화 사건' 토론회, 2005.10.15; 『프로메테우스』, 2005.10.17에서 재인용).

래 정책이 나왔지만 북한은 건재했"기 때문에 "이런 상황에서 북한의 붕괴를 막는 요인으로 주체사상 등을 새롭게 연구할 필요가 있었다"고 밝혔다.[24]

둘째, 강정구의 활동은 대중집회에서 선전이나 선동의 방식으로 이루어진 것이 아니라 학문적 저서 또는 학술지에 게재되거나 학문적 토론회에서의 강연 형식으로 이루어졌다. 이 사건에서 문제된 일부의 저술이 이와는 달리 신문 기고형식을 띠고 있다 하더라도 그것은 모두 강정구의 연구결과의 발표라는 점에서 학문적 저술의 연장선상에서 이루어진 것으로 그 형식을 문제 삼아 학문성을 부정할 수는 없다. 뿐만 아니라 그는 동국대학교 사회학과 교수로서 북한관련 전문 학술연구자이며 자신의 일정한 방법론에 입각하여 일정한 주제('6·25전쟁'과 주체사상)에 관하여 나름의 체계적인 저술활동을 하였다면 그 자체로 그 연구결과는 형식과 관계없이 학문적 성과로서 보호되어야 한다.[25]

셋째, 그럼에도 불구하고 법원이 잡지나 대중집회, 인터넷매체 등을 통하여 표현한 점, 대한민국 또는 미국에 대하여는 '불법개입', '불법점거', '불법성 및 위배', '원수', '전쟁광', '주적', '학살책임자' 등으로 표현하고, 북한에 대하여는 '민족정통성', '정당한 월선', '합당' 등으로 표현한 점 등을 단순하게 고려하여 학자의 입장에서 냉철하고 합리적인 학문적 논의를 이끌기 위한 화두를 던졌다고 볼 수 없고 자극적이고 선동적인 방법으로 북한에 동조하거나 친북적인 주장을 한 것이라고 판단한 것은 학문의 자유라는 핵심적인 기본권을 보장하고 있는 헌법의 관점에서 보면 적절한 판단이 아니었다.

---

24) 『세계일보』, 2005.10.28.
25) 한홍구는 강정구가 북한 연구분야에서 가지는 비중도 감정서에 담았다. 그는 "강 교수는 소장학자들을 이끌며 북한 연구의 실질적인 성과를 본격적으로 내기 시작했다"고 평가했다. 『세계일보』, 2005.10.28.

2) 그 밖의 기본권 보호영역

(1) 제1심 판결의 판단

(1) 『진보평론』 2002년 가을호(13호)에 「서해교전과 맹목적 냉전성역의 허구성」이라는 제목의 기고문을 게재하여, 북방한계선은 북한의 영해에 불법적으로 설정된 것이고, 북한의 서해 5도 통항질서 선포는 정당하며, 서해교전은 불법적인 북방한계선에서 비롯된 것으로 한국 측에서 밀어붙이기식 선제공격을 가하여 발생한 것이라는 등으로 주장함으로써,

국가의 존립·안전이나 자유민주적 기본질서를 위태롭게 한다는 정을 알면서, 북방한계선은 북한의 영해에 미군이 일방적으로 설정한 비법적인 선이고, 서해 5도 통항질서는 정당하며, 서해교전은 한국의 선제공격에 의한 것으로 한국의 호전세력과 미국이 주도하여 한반도 전쟁위기를 조장한다는 등으로 선전·선동하고 있는 반국가단체인 북한의 활동에 동조하였다는 것이다.

(2) 3대 헌장탑의 의미와 성격을 잘 알고 있었을 뿐만 아니라 정부가 3대 헌장탑앞에서의 행사를 금지하는 이유를 충분히 이해하고 있었고, 또한 위 방북 전 교육 등을 통해 3대 헌장탑앞에서의 행사 금지방침을 더욱 명확히 인식하고 있었으며 평양 고려호텔에서도 3대 헌장탑앞 행사참가를 두고 논란이 있다는 것을 알았음에도,

2001.8.15. 19:00경 방북단 중 약 150여 명과 함께 통일의 거리에서 하차한 다음 그곳에서부터 3대 헌장탑까지 행진하면서 '조국통일', '민족자주' 등을 연호하는 평양 시민들에게 손을 흔들면서 답례하고, 같은 날 19:20경 3대 헌장탑 앞에 도착하여 북한 최고인민위원회 상임위원회 부위원장이 "자주성이 민족의 생명이며 어떤 경우에도 양보할 수 없는 민족의 최고이익"이라고 연설하고, 계속하여 조평통 부위원장이 "김정일 국방위원장이 방러에 앞서 미군철수와 6·15선언 이행을 강조하신 것은 우리 민족의 자주통일 의지의 원칙적 입장을 밝힌 것이다"라는 연설을 하자 이에 호응하

여 박수를 치는 등,

　김일성이 제시한 조국통일방침을 찬양·선전할 목적으로 건립된 위 3대 헌장탑앞에서의 행사에 참가함으로써 국가의 존립·안전이나 자유 민주적 기본질서를 위태롭게 한다는 정을 알면서도 남한 방북단이 대축전에 참가한 기회에 위 3대헌장에 입각한 통일원칙을 선전·선동하려는 반국가단체인 북한 및 그 구성원의 활동에 동조하였다는 것이다.

　(3) 북한이 김일성의 생가인 '만경대'를 필수적으로 들러야할 관광장소로 조성한 후 김일성의 항일무장투쟁경력 및 그 이후 혁명활동에 대해 찬양·선전하는 장소로 적극 활용하고 있으며 만경대와 김일성, 김일성과 주체사상은 분리하여야 분리할 수 없는 불가분의 관계라는 것을 잘 알고 있을 뿐만 아니라 평소 통일을 위해서는 주체사상의 대외적 자주노선을 수용하여 외세 특히 미국의 간섭이나 개입을 배격하고, 주체사상이 통일시대의 길잡이 역할을 하여야 한다는 생각을 갖고 있으면서 2001.8.17. 16:30경부터 약 40분간 만경대를 방문하여 북측 안내원으로부터 만경대의 유래, 김일성의 일생 및 업적 등에 대해 설명을 듣고 그 안내에 따라 둘러본 후, 방명록이 있는 테이블까지 걸어가 그곳에 비치되어 있던 방명록에 "만경대 정신 이어받아 통일위업 이룩하자"고 기재하여,

　평소 소신대로 자주적인 통일을 이루기 위해서는 김일성 정신 내지 주체사상을 의미하는 만경대 정신을 계승하여야 한다고 주장함으로써 국가의 존립·안전이나 자유민주적 기본질서를 위태롭게 한다는 정을 알면서도 주체사상의 창시자인 김일성을 찬양하면서 통일을 위해서는 주체노선을 견지하여야 한다고 선전·선동하고 있는 반국가단체인 북한의 활동에 동조하였다는 것이다.

(2) 제1심 판결에 대한 헌법적 평가

　제1심 판결문의 논리구조는 과거 대법원의 판례의 답습이며, 그것은 또한 거의 모든 국가보안법 제7조 위반 사건에서 검찰이 작성한 공소장과 같

은 구성이다. 첫째, 우선 피의자(피고인)의 인적 사항과 활동상황을 장황하게 나열하고 이런 상황에 비추어 피의자에 대해 일정한 예단을 한다. 둘째, 문제된 표현의 내용을 나열하고, 이것이 북한의 주장과 외형상으로 동일하거나 유사하며 따라서 북한의 주장을 찬양·고무한 것이라고 한다. 셋째, 피의자(피고인)는 이런 표현 내용이 국가의 존립·안전이나 자유민주적 기본질서를 위태롭게 한다는 정을 알면서 국가보안법 제7조 소정의 행위를 한 것이라고 결론 내린다. 정리하자면 "갑은 북한의 주장과 외형상 동일·유사한 표현을 하였으니 이는 이들 표현이 자유민주적 기본질서를 위태롭게 한다는 정을 알면서 한 것"이라는 것이다.[26]

그러나 이와 같은 논리는 "국가의 존립·안전이나 자유민주적 기본질서를 위태롭게 한다는 정을 알면서"라는 주관적 구성요건을 추가한 국가보안법 제7조의 개정취지만 고려하더라도 문제점이 드러난다. 설령 북한=반국가단체라는 근거 위에서 북한의 주장과 외형상 동일·유사한 표현으로 북한의 주장을 찬양·고무한 것이라 인정할 수 있다손 치더라도, 이 주관적 구성요건을 충족시키지 못하는 한 구성요건 해당성이 없어 국가보안법 제7조 위반으로 처벌할 수 없다.

다시 말하면 과거에는 북한의 주장과 동일 유사함을 입증하면 곧 국가보안법 제7조 위반으로 처벌할 수 있었지만, 새로운 요건의 추가로 인하여 검찰은 특정 표현이 국가의 존립·안전 등을 위태롭게 한다는 점과 행위자가 그러한 사실을 알고 있었다는 점에 대한 입증책임을 진다. 그럼에도 불구하고 제1심 판결은 문제된 표현이 외형상 또는 전체적인 취지에서 북한의 주장과 동일·유사하다는 것만을 근거로 새로운 요건에 의한 입증책임을 회피하고 있다.

사실 '자유민주적 기본질서를 위태롭게 한다는 정을 알면서'라는 주관적 구성요건은 입증하기가 매우 어려울 수밖에 없다. 아니 불가능하다. 그럼에도 제1심 판결은 강정구의 "행위 및 주장은 대한민국의 존립·안전이나 자유민주적 기본질서에 실질적 해악을 가할 위험성이 있는 적극적이고 공

---

[26] 김종서, 1999, 「국가보안법의 적용논리 비판: 제7조를 중심으로」, 『민주법학』 제16호, 71쪽.

격적인 것이라고 판단되고, 피고인의 평소 성행, 전력. 학력·지식의 정도, 직업 등에 비추어 피고인도 그러한 점을 알고 있었다고 보인다"고 판단한다. 생각건대, 국가보안법 제7조의 주관적 구성요건은 헌법재판소가 밝힌 바 있듯이, 자유민주적 기본질서에 대한 위험성이라는 객관적 구성요건과 일체를 이루는 것으로 보는 것이 가장 합당하다고 보인다. 법 제7조에서 요구하는 인식은 일반 범죄에서 요구하는 주관적 구성요건처럼 어떤 객관적 사실을 알았느냐 몰랐느냐가 아니라 위험성이 있느냐 없느냐 하는 데 대한 인식을 의미하는 것이므로 스스로 인식이 있었음을 고백하지 않는 한 이를 객관적으로 추론해낼 수 있는 방법은 존재하지 않기 때문이다. 따라서 이때의 주관적 구성요건은 자유민주적 기본질서에 대한 객관적 위험성이 입증되었음을 전제로 하여 표현을 하게 된 동기나 배경, 목적, 경위 등을 종합적으로 고찰하여 판단하는 방법밖에 없을 것이다. 그럼에도 불구하고 제1심 판결은 객관적 위험성의 입증은 무시하고 주관적 구성요건은 얼렁뚱땅 넘어갔던 것이다.27)

따라서 제1심 판결이 문제 삼은 강정구의 행위는 국가보안법을 적용함에 있어서도 굳이 명백·현존 위험의 원칙을 원용하지 않더라도 적어도 국가보안법상 처벌행위로 볼 수 없다. 구체적으로 보면, 먼저 법적 구속력이 없는 방침에 의해 금지된 행사 참가, 북한 주민들에게 손을 흔들고 북측 인사의 연설에 박수를 친 행위이다. 이러한 행위는 헌법재판소의 한정합헌 판결에 따라 개정된 국가보안법 이전에는 문리적으로 단순 찬양·고무 행위에 해당될 수 있을지 모르지만, 적어도 개정 국가보안법 아래에서는 처벌될 수 없는 행위이다. 오히려 헌법재판소의 줋정에 따르면 이러한 행위를 처벌하는 것은 헌법상의 표현의 자유를 침해하는 것이 될 것이다. 진보평론 기고문과 방명록 기재내용도 그것이 어떻게 국가의 존립·안전이나 자유민주적 기본질서를 위태롭게 한다는 것인지 객관적 위험성의 입증이 없는 점에서 논리비약이며, 상식적으로도 이해할 수 없다.

---

27) 위의 글, 85~86쪽.

5. 맺음말

아이러니컬하게도 국가보안법의 현실적 토대는 강정구가 학문적 관심대상으로 삼은, 분단과 전쟁 그리고 반국가단체로서 북한의 존재이다. 그로부터 법원은 인권을 최우선시하여야 함에도 불구하고 국가안보지상주의에 빠져 있다. 북한을 반국가단체로 보는 헌법의 근거조항인 제3조 영토조항에 대하여 "한반도 전체를 영토로 하는 국가형성이라는 미래에 달성해야 할 목표를 제시하고 있는 미래지향적·역사적·미완성적·개방적·프로그램적 성격을 가진 조항"으로 해석하는 견해가 유력하게 제기되고 있음에도 불구하고 이를 외면하고 있다.[28] 그 결과 제1심 판결은 "북한이 대화와 협력의 동반자임과 동시에 여전히 우리나라와 대치하면서 적화통일정책을 완전히 포기하였다는 징후를 보이지 않는 현 상황에서 피고인의 위와 같은 주장의 국가의 존립·안전 및 자유민주적 기본질서에 대한 위험성이 인정되어 유죄로 판단"하였던 것이다.

또한 제1심 판결은 학문의 자유 중 연구결과 발표의 자유의 보호영역과 보호강도에 대한 법리 또는 표현의 자유에 관한 명백·현존 위험의 법리를 적용하는 것, 심지어 개정 국가보안법에 걸맞은 해석론은 고사하고, 강정구의 활동으로 인해 "국가의 존립·안전 및 자유민주적 기본질서에 대한 위험이 현실화될 가능성은 과거에 비해 상대적으로 낮아졌다고 평가할 정도로 건강함과 자신감을 가지고 있는 점, 이러한 건강함과 자신감에 기인하여 이 사건 범죄사실에 적용되는 국가보안법 규정에 관하여 한동안 개폐 논의가 진행되는 등 사회적으로 다양한 의견이 표출되기도 한 점, 남북에 대한 정통성 평가에서 피고인이 북한의 발생적 결정론과 남한의 몰역사적 결과론에 대해 모두 비판하는 시각도 보이는 점, 피고인의 주장이 일부 이적단체에서 원용되고 있기는 하나 이 사건 이외에 피고인이 구체적인 행동으로 폭력시위 등 실정법을 위반한 사실은 없는 점"을 제시하면서도 무죄

---

[28] 도회근, 1999, 「헌법 제3조(영토조항)의 해석」, 『헌법규범과 헌법현실: 권영성 교수 정년기념 논문집』, 법문사, 867쪽 아래 참조; 최창동, 2002, 「헌법 제3조(영토조항)의 통일지향적 해석론」, 『법학자가 본 통일문제 I』, 푸른세상, 62쪽도 참조.

를 선고하지 못하였다. 오히려 "유죄를 선언하는 것 자체로도 처벌의 상징성이 있"다고 함으로써 국가보안법이 언제라도 학문의 자유와 사상·표현의 자유를 억압하는 차꼬로 활용될 수 있음을 자인하였다. 국가보안법을 더 이상 그냥 둘 수 없는 까닭이 여기에 있다.

강정구

- 동국대학교 사회학과 교수, 평화·통일연구소 소장
- 『분단과 전쟁의 한국현대사』(1996), 『현대 한국사회의 이해와 전망』(2000), 『민족의 생명권과 통일』(2002), 『전환기 한미관계의 새판짜기』(2005, 공저), 『강정구 교수의 미국을 알기나 하나요?』(2006), 『전환기 한미관계의 새판짜기 2』(2007, 공저), 『시련과 발돋움의 남북현대사』(2009, 공저) 등